# India After Gandhi
# 印度
## The History of the World's Largest Democracy
## 最大民主國家的榮耀與掙扎
上

古哈
Ramachandra Guha
周佳欣、陳韋綸、董文琳——譯

# 各界推薦

終於有一部書寫民主印度的歷史了。這本書就跟這個國家一樣博大精深……這是一部權威之作。

——《金融時報》艾德華．盧斯（Edward Luce, *Financial Times*）

一部令人敬畏的作品……書寫詳盡、中立且雅致，符合所有理性讀者之期待。

——《旁觀者》菲利浦．齊格勒（Philip Zeigler, *Spectator*）

一部光彩奪目的著作。

——《倫敦書評》（*London Review of Books*）

古哈最重要的成就之一，是在這本書中釐清了印度政治裡的真實與謊言。

——《紐約時報書評》（*New York Times Sunday Book Review*）

古哈展示了豐富的多元觀點，猶如我們親自聽到印度的異議作家、公務員、夢想家、反對者們相互對話。

——《衛報》（*The Guardian*）

傑出、極其詳盡……這是一本出色且毫無偏頗的書。這本書經過完美的研究及記錄，但古哈絕非一位枯燥乏味的歷史學者。他客觀地展現其知識，但也絕不隱藏其愛國主義或世界性的尼赫魯精神。他避免自誇，並在不忽略這個國家無數失敗與缺點的情況下，慶賀民主印度之倖存。

——《獨立報》（*Independent*）

文筆充滿洞見、具有熱情且典雅。

——《泰晤士報文學增刊》（*Times Literary Supplement*）

引人入勝的敘述……《印度：最大民主國家的榮耀與掙扎》是一部周詳且富有洞察力的作品。

——《週日泰晤士報》（*Sunday Times*）

古哈是一位有驚人活力與智慧的學者，他的書成功地駁斥了時常被提出的托詞：由於（政府之頑固，致使）材料無法取得，故無法書寫印度當代歷史。為了對大量的私人信件、新聞報導、時效性文宣品以及國家文件進行深入研究，他似乎造訪了從阿拉巴馬到安拉阿巴德、從加爾各答到加利福尼亞的每間檔案館，其成果便是一部有趣的豐富著作。

——《每日電訊報》（*Daily Telegraph*）

作者的書寫技巧高超，讓讀者能輕易掌握這部迷人的嚴謹學術作品。

——《週日快報》（*The Sunday Express*）

簡短的評論無法傳達這本卓越且具有廣度的書令人驚豔的程度……古哈以精湛的手法處理事實與數據……毫無疑問地，未來會有其他書籍報導獨立後的印度令人驚奇又興奮的故事，但很難想像會出現一本更好的。

——《週日電訊報》（*Sunday Telegraph*）

這本龐大、嚴謹、有時令人顫抖的書，所有想在印度長期工作的領導者都必須閱讀。

——《週日電訊報》（*Sunday Telegraph*）

結合學術的嚴謹與驚險小說的易讀性，《印度：最大民主國家的榮耀與掙扎》是一本令人心碎的調查結果。

——《Time Out孟買》（*Time Out Mumbai*）

宏觀的敘述……令人著迷的故事，描述無比崇高與異常腐敗；書中有令人難忘的人物與艱困的挑戰，既有飛揚的希望，也有深深的失望。

——《今日印度》（*India Today*）

你通常不會希望一本七百七十一頁的書再厚一點，但當你讀《印度：最大民主國家的榮耀與掙扎》時，會急著一直讀，沒錯，就是急著讀……然後希望它再厚一點。古哈文筆清晰易懂，文風低調好讀，通篇使用基本語彙，以貼切的引述或幽默的評論來描述人物，點出廣泛的主題。但他同時也利用迷人的小細節來維持全書的完美節奏。

——《經濟時報》（*The Economic Times*）

古哈的顛峰之作，完整地描述了印度這個全世界最大的民主國家的痛苦、掙扎、羞恥及榮耀。

——Good Readers

獻給

艾拉（Ira）、薩沙（Sasha）和蘇亞（Suja）

——我的生命之光

印度是個多元社會，以民主、法規、個人自由、社群關係與（文化）多樣性創造出魔力。……這是當個知識分子的好地方！我不介意為了重新發掘印度而投胎十次。

——美國大使布萊克威爾（ROBERT BLACKWILL），於二〇〇三年離任前

發掘當代印度真相的路程中，沒有人比我更清楚其中的陷阱。

——喬杜里（NIRAD CHAUDHURI），《一位無名印度人的自傳》（*The Autobiography of an Unknown Indian*, 1950）

# 地名說明

近年來，印度的幾個市鎮已經改名，孟買（Mumbai）不再沿用英文舊名Bombay，馬德拉斯（Madras）已更名為清奈（Chennai），加爾各答（Calcutta）的英文拼法則改為Kolkata。此外，在本書涵蓋的時期，孟加拉共和國的首都達卡（Dhaka）多半是稱作Dacca，而中國的首都北京（Beijing）在一九八〇年以前的英文拼法是Peking。書中地名的使用是基於歷史慣例，而不是語言的精準度。以馬哈拉什特拉邦（Maharashtra）的首府孟買為例，在孟買正式更名為Mumbai之前，本書都是採用舊名Bombay。

# 目次

導讀

# 獨立印度不可思議的民主立國歷程

方天賜

二〇二〇年二月二十四日，位於印度古吉拉特（Gujarat）的蒙特拉（Motera Stadium）板球場聚集著十萬名以上熱切等待的群眾。事實上，這座世界上最大的板球場當天並無比賽，而是印度總理莫迪（Narendra Modi）特意安排用來歡迎來訪的美國總統川普夫婦。當莫迪總理與川普總統攜手走進場館時，會場歡聲雷動，見證印美關係的友好情誼。雖然不知道史學家以後會如何論斷此場高峰會，但對今天的印度而言，其實深具意涵。

在外交層面上，此次會晤反映了印度逐漸升高的國際地位。兩國領導人同意建立「全面性全球夥伴關係」（Comprehensive Global Strategic Partnership），宣示將進一步強化彼此的交流與合作。對照一九七一年十一月時，美國尼克森總統在與國家安全顧問季辛吉的談話中以「婊子」（bitch）暱稱當時印度的總理甘地夫人（Indira Gandhi），*莫迪與川普的擁抱顯示印度在美國外交議程及國際社會中的重要性今非昔比。印度建國者念茲在茲的強國目標，似已近在眼前。

---

* "Indira was a bitch to Nixon," *The Times of India*, June 30, 2005.

另一方面，印美高峰會代表兩個重要民主國家的交流。就像先前的幾位美國總統一樣，川普在印度的演講中，不忘盛讚印度的民主發展成就。諷刺的是，就在川普訪問印度期間，首都德里的街頭爆發抗議印度公民法案歧視穆斯林的血腥衝突，導致數十人不幸喪生。如果把鏡頭再拉遠一點到印度喀什米爾地區，便可以看到當局正在封鎖網路通訊及軟禁當地政治人物，藉以遏制反印分離情緒。這些發展與川普口中「有史以來最大的民主國家」的美譽並不完全吻合。正如經濟學人情資社（Economist Intelligence Unit）的「民主指數」（Democracy Index）所評價，印度仍屬於有瑕疵的民主國家（flawed democracies）。換言之，印度建國者所推動的民主體制迄今尚未成熟。

## 崎嶇的國家建構工程

事實上，自脫離殖民獨立以來，印度的「國家建構」（nation-building）工程一直面臨內外嚴峻的挑戰。在本書作者古哈的眼中，大概只有蘇聯的試驗足以比擬印度，這兩個廣土眾民之國，都必須融合不同族群、宗教、語言社群和社會階級，建國的基礎同樣不順遂。這也就是古哈在這本九百頁巨著中試圖勾勒與描繪的發展歷程。

嚴格來說，印度所面臨的挑戰甚至早於印度獨立之前。印巴分治讓印度尚未擁抱獨立的喜悅便先面臨分裂的悲痛。殖民政府的蒙巴頓方案（Mountbatten Plan）同意以伊斯蘭為尺度，將英屬印度一切為二，分別成立以印度教徒為主的印度與以穆斯林為主的巴基斯坦。印巴分治導致少數教徒的恐慌，數百萬人因而流離失所，成為甘地口中的「活體解剖」（vivisection）。當印度還忙於安置印巴分治的難民時，印度教極端民族主義者則已舉槍將甘地刺殺，指責其同意印巴分治。一九七一年孟加拉自巴基斯坦獨立，再次驗證蒙巴頓方案的不周延。

印度獨立之初的另一個挑戰是納入英屬境內的五百多個土邦（princely states）。除了喀什米爾，此項任務大致是成功的。但為了爭奪喀什米爾的主權。印度與巴基斯坦自獨立後已爆發兩次戰爭與無數的衝突。喀什米爾是印度唯一穆斯林人口占多數的地方，對印度而言，保有喀什米爾不僅僅是領土問題，也是為了捍衛世俗主義的建國價值取向。然而，印度中央在二〇一九年八月逕行廢除所屬喀什米爾的自治地位，顯示其殘局迄今未解。

帶著上述創傷獨立的印度，並沒有時間等到傷口癒合，就要繼續踏步前進。對內方面，印度先以談判收回法國殖民的本地治里（Pondicherry），再以武力將葡萄牙驅逐出果阿（Goa）。一九七五年時，則以公投方式併入北部的錫金（Sikkim）。與中國的邊界問題則沒有那麼容易處理，一九六二年爆發的邊境戰爭粉碎了中印短暫的友誼及尼赫魯的雄心。二〇一七年夏天，兩國在洞朗地區陳兵對峙七十三天，提醒世人這兩個亞洲大國迄今仍未劃定邊界，雙方的猜忌與互疑也持續至今。

正如同古哈在本書中所指出的，新成立的印度並非相當堅實的國家。對內方面，百廢待興的印度面對共產黨派與印度教基本教義派的左右夾擊。地方主義、語言民族主義、社群主義等不同思潮也帶來裂解的力量。除了喀什米爾，阿薩姆（Assam）、那迦蘭（Nagaland）、旁遮普（Punjab）都有分離運動。一九八四年六月，甘地夫人決定發動「藍星行動」，將坦克開進錫克教聖地掃蕩武裝獨立分子。軍事行動雖然成功了，但她本人在幾個月後遭到錫克教侍衛殉教式的刺殺。二十年後，她的媳婦索妮雅（Sonia Gandhi）指派錫克教的曼莫漢．辛格（Manmohan Singh）擔任總理，成為全世界最大人口國家的領導人，試圖化解家族與錫克教的恩怨。弔詭的是，因為甘地夫人被刺事件，這位錫克教總理的安全隨扈中不准有錫克教徒。

這些事件或多或少已勾勒出印度國家建構過程的崎嶇性。然而，把印度文明轉型成現代國家的障礙並不只這些，造就了奈波爾（V. S. Naipaul）口中的「百萬個叛變」（A Million Mutinies）的現象。但藉由多元的包容性，印度終究可以緩慢逐步地將悠久的印度文明置換成現代權力政治下的民族國家。

## 民主謎題

面對如此多元的文化，英國殖民者利用帝國主義方式將其融合成殖民地。印度的立憲者則選擇以民主政治來打造現代國家。回顧歷史，印度是在相當嚴苛的條件下開始實施民主體制的。當印度採取普遍投票權時，全國識字率僅有百分之十八左右。基於西方經驗發展出來的民主理論，因而無法確切解釋印度的經驗。政治學者李帕特（Arend Lijphart）便直白地指出，印度民主能夠在貧窮、低識字率和高度政治暴力下存活下來，實為一大「謎題」（puzzle）。事實上，除了甘地夫人執政時期曾經採取的緊急狀態（emergency），印度的民主大多在軌道上正常運行。曾任《紐約時報》印度德里分社社長的聖古塔（Somini Sengupta）便認為，印度大多時候都維持自由公正的選舉、具有獨立的司法制度、蓬勃的公民社會運動、撐過與鄰國的多場戰爭和境內的恐怖攻擊活動，即便對一般國家而言，這些都是難得的成就，更遑論印度這一個生來如此貧窮的國家。

但印度的民主政治並非全無瑕疵，家族政治便是其中之一。尼赫魯擔任印度總理長達十六年又兩百八十六天，他的女兒則擔任十五年又三百五十天的總理。第三代的拉吉夫也擔任五年多的總理。拉吉夫的遺孀索妮雅雖然沒有擔任總理，但也以執政黨黨魁的身分在幕後主導印度政局長達十年。難免有人會戲稱當代印度史其實也是一部「尼赫魯—甘地王朝」史。除了尼赫魯—甘地家族，全印度至少還有三十三個以上的政治家族，活躍於印度中央或地方。

莫迪在二〇一四年上臺之後，看似中止尼赫魯—甘地家族與聯盟政治，然而隨之而起的卻是印度教民族主義與民粹主義。涉嫌清真寺恐攻與主張刺殺甘地為愛國者的候選人高票當選國會議員。現任內政部長在競選時稱來自鄰國的穆斯林移民為「白蟻」，上任後即廢除給予喀什米爾自治與推動排除穆斯林移民的新公民法案。這些印度教極端民族主義的興起，很可能因而降低印度社會的多元包容力。

## 崛起及展望

印度政府在二〇〇二年推出「不可思議的印度」（Incredible India）作為推廣國際觀光的口號。事實上，獨立後的印度克服一個又一個的危機與難題，也頗不可思議。在經貿上，印度不再只是吹蛇人形象的窮困國度，而是推動全球經濟的「金磚」。即便在軟實力及科技領域，印度電影跟太空火箭也已躋身世界俱樂部中。對外關係方面，今日印度在強國集團間左右逢源，已無冷戰時遭到孤立的尷尬。「印度崛起」（India Rising）確實有其不可思議之處。但無論外界喜歡與否，印度正處於崛起的過程中，其相對重要性與日俱增，已無懸念。

然而，印度的問題仍然俯拾即是。對內方面，教育普及、性別平權、種姓階級、貧富不均、缺乏效率、政治貪腐等問題都制約印度發展的可能性。對外方面，如何處理與中國、巴基斯坦等鄰國的關係，仍是新德里的巨大考驗。印度獨立以來所秉持的世俗國家及多元文化信念，如今也受到印度教民族主義的強力挑戰。二〇一八年十月三十一日，莫迪總理為「團結雕像」（Statue of Unity）揭幕。它是以印度開國元勛帕特爾（Vallabhbhai Patel）為形象所打造的全球最高雕像。帕特爾向來以尼赫魯的強力政治挑戰者著稱，莫迪政府拉抬帕特爾的舉動，其實意在貶抑獨立以來的尼赫魯治國架構。換言之，在印度崛起並逐漸受到重視的今天，該如何構建及治理印度的爭辯似乎又回到制憲當年。

未來會如何發展，其答案往往已經蘊藏在過去的發展中。古哈成功地寫出一部讓世人認識「獨立印度」的代表性著作；聯經出版社則花了相關可觀的人力與資源翻譯此書，讓這部精采的作品得以中文面貌呈現在更多華人讀者之前。如同本書所呈現與梳理出的脈絡，印度作為最大的民主國家，獨立後的發展歷程雖不順遂，卻值得讚許。世俗主義、多元包容與民主制度這些建國者信奉的理念，仍是凝聚印度的最有效解方。

（本文作者為國立清華大學通識中心副教授、印度中心副主任、前駐印度外交官）

# 序言

撰寫本書並不是我的想法。一九九七年十一月，一位我不曾聽過的英國出版人聯絡了當時人在邦加羅爾（Bangalore，當時還叫這個名字）❶的我。他讀了我在牛津歷史期刊《過去與現在》（*Past and Present*）的一篇文章，希望可以跟我見個面。他很快會前往德里；我是否也會在那裡呢？

結果那位出版人拜訪德里的那一週，我正好在當地有個會議，我們就在他下榻的旅館裡寬敞明亮的中庭咖啡廳見了面。他名叫彼得・史卓斯（Peter Straus），當時是鬥牛士出版社（Picador）的社長，在那裡出版了包括奈波爾（V. S. Naipaul）和翁達傑（Michael Ondaatje）等作家的作品。他隨身帶著刊登了我的文章的那一期《過去與現在》。他問道，我手邊正在進行什麼計畫呢？

我指著他手中的那份期刊，告訴他，我正在把他讀過的那篇文章（有關印度殖民時期的體育社會史）發展成一本書。彼得・史卓斯接著開口問我，我是否會考慮放棄手邊的計畫來寫一本獨立印度的書呢？

---

❶ 譯注：邦加羅爾是印度卡納塔卡邦（Karnataka）首府，已於二〇〇六年正式更名為邦加魯魯（Bengaluru）。

第二個問題讓我啞口無言。他所提議的這本書，其規模與範疇完全超越了我的野心和訓練。雖然我在當時已經開始偶爾為報章雜誌寫些文章，但我還是認為自己主要是個學院的史學家，寫作的對象是自己的同儕和大學生。我先前的著作都是撰寫自己選定的主題：喜瑪拉雅山農民的抗爭社會史、與人合著兩本有關環境衝突的書，以及特立獨行的人類學家埃爾文（Verrier Elwin）的傳記。這些書都是由大學出版社所出版，高度聚焦在限定的主題和／或地區。我怎麼可能為一般大眾寫出一部歷史著作，何況是印度這樣廣大和多元的國家？

一般來說，我在交談或是著作之中並不會有不知該說什麼的情況。我當下沉默不語，前來拜訪的出版人又追問了一些問題。印度歷史學家的敘述就停在一九四七年，難道不是這樣嗎？印度這個國家現在正在見證建國五十週年，難道回顧這段複雜動盪的歷史不是值得學者分析的主題嗎？先別說是對廣大的世界讀者，難道印度的年輕人不會對這樣的一本書有興趣嗎？難道我（誠如那篇《過去與現在》的文章所透露的）不是很喜歡閱讀那些未出版的信件手稿，以及製作成縮影膠卷的新聞報導嗎？

我對這些問題都點頭表示同意。那位出版人因此又說，既然我也同意需要有人來寫這段歷史，為什麼不自己來研究寫作呢？為什麼不至少考慮一下呢？

我們那次的談話就到此為止。一個月之後，史卓斯打電話給身在邦加羅爾的我，詢問我是否對寫書的提議有進一步的想法。我確實考慮過了，感覺到寫這樣一本書的吸引力。他接著要我寄一份正式的寫作計畫給他，我照著做了，於是在一九九八年三月間簽訂了合約，明定二〇〇二年三月交稿，也就是四年之後。

接下來就是要把工作完成，因此我展開了研究。應該要從哪裡著手呢？誠如我在第一版〈序言〉裡的解釋，如果我是歐洲或某個歐洲國家的歷史學者，當我接受委託書寫自己的國家或整個歐洲大陸在第二次世界大戰之後的歷史，我可以從圖書館借出五百本書——有關政治、文化、法律、經濟政策和社會變遷的學術研究，還可以有主要或重要政治人物的傳記。手邊有了這些資料，我就可以試著綜合一切寫出一部作品。

然而在印度，這類第二手文獻卻是不可得的，因為作為歷史分支的當代史根本尚未誕生，我因此必須自行蒐集相關的第一手資料。印度國家檔案館（National Archives）保存了許多殖民時期的國家紀錄，可是一九四七年之後的資料就寥寥可數。慶幸的是，尼赫魯紀念博物館與圖書館（Nehru Memorial Museum and Library, NMML）擁有數百位具影響力的重要印度人士的私人文件，同時也有極佳的報紙期刊的縮影膠卷收藏。

我在ＮＭＭＬ度過了幾個月的愉悅時光，翻閱了館中極其豐富（大多數未曾使用過）的一九四七年以後的相關資料，我所參考的眾多資料的詳盡說明請見本書書末的注釋。而其中或許最發人深省的兩份資料，一份是拉賈戈巴拉查理（C. Rajagopalachari）的文件，他本是尼赫魯（Jawaharlal Nehru）的好友，後來卻變成批評他的人；另一份是哈克薩（P. N. Haksar）的文件，他是甘地（Indira Gandhi）於一九六七年至一九七四年間最親近的政治親信。

ＮＭＭＬ也收藏了讓我得以追溯或充實主要事件和爭議的舊報紙、印度國會的紀錄，以及左翼和右翼（還有中間派）的期刊，其中傳達了整個時期中的許多不同政治爭辯的想法和力度。這間檔案暨圖書館是我的研究的基石，而我也在印度和英國的其他地方找到了珍貴資料。

我的報紙專欄讀者都知道我是個有著強烈主見的人，然而，當我在處理學術工作時，我會試著讓研究自行發聲。

沒有作家能夠完全隱藏或壓抑自己的偏見，但我的確想要盡可能以不含意識型態的方式來撰寫這本書。我尋求的是闡釋而非評斷。我希望的是盡量納入豐富的細節，以便敘述這個反常的國家及其難以想像的民主衝突不斷的歷史。我也希望本書涵蓋全面性的範疇——處理政治與經濟、宗教與語言、種姓與性別等層面，可是單冊書籍的限制和學者個人的局限，這必然意味著我缺乏能力達到自己的目標。

我是在二十一世紀的頭十年書寫本書，正值印度的經濟成長，人們因此熱切地談論著印度正逐漸成為一個強權國家，而我從檔案中找到的資料卻共同訴說著截然不同的故事。當這個新國家忙著收拾印巴分治的殘局，加上難民安置和土邦整合所造成的問題，同時還得面對印度教基本教義派和共產黨員暴動的大張旗鼓，沒有什麼人覺得印度能夠存活下來。在這樣一個極端貧困、深度分化且文化混雜的國家中，民主和多元主義到底該如何扎根呢？

在印度獨立的最初幾年，這個新國家的訃聞卻已經寫妥，滿懷把握地預測印度共和國會陷入內戰、巴爾幹化地四分五裂、歷經大饑荒，或是成為軍事獨裁政權。這樣的訃聞在往後幾十年間繼續流傳著；只要隔年的雨季沒有降臨、總理逝世，或者是發生了重大暴動，某個（自詡的）嚴肅西方作家就會論斷統一民主的印度計畫已經失敗。

但是事非如此。對於印度能夠面對這些巨大挑戰而倖存下來，我甚至比先前更加讚賞印度第一代政治領袖（尼赫魯、帕特爾〔Patel〕、安貝卡〔Ambedkar〕、拉賈戈巴拉查理與他們的同路人）的質地，以及他們面對和克服這些挑戰所展現的勇氣和睿智。大概沒有國家是誕生於比印度更惡劣的條件之下；大概沒有新興國家如印度一樣，領袖們做出了卓越的串聯，帶領著這個國家度過早期所面臨的艱辛。若是沒有這些人，或者是他們採取了不一樣的作為，那些亡國厄運的預言就必然會成真。

雖然我很敬佩這些領袖，但是這不是一部歌功頌德之作。這是因為儘管印度可能存活下來，可是深沉的裂痕隔閡依舊留存於其作為國家的整個歷史之中。我必須寫下喀什米爾（Kashmir）的問題，而我在研究期間卻發現到，早在喀什米爾人之前，一部分的那迦人（Nagas）就已經拒絕承認印度的統治權。那迦蘭邦（Nagaland）的衝突對照著喀什米爾的衝突，就在印度喜馬拉雅山脈的兩端，竟有這麼多人不甘心成為印度共和國的公民。我同時也需要研究和書寫賤民、穆斯林和部落的脆弱性；為了獲得與上層種姓印度教徒的同等地位，這三個社會群體都經歷了漫長痛苦的掙扎，但是有著顯然不同的結果。

我極為享受研究的過程。筆記本愈堆愈多（我當時還沒有筆記型電腦），每一本都是從頭寫到尾，占據了我在邦加羅爾的書房中一大層的書架，其他書架放的則是我從世界各地二手書店蒐羅而來、跟研究有關的絕版書籍和小冊子。可是面對自己聚集成山的資料，我要如何著手理解？又該如何爬梳出條理呢？

我不合理地花了好長的時間才構思出本書可行的架構，包括設計和決定了每一篇章涵蓋的主題，以及各個篇章的前後次序。與此同時，我簽訂的交稿日期來了，又過了。

我在桌上電腦開了一個檔案夾，一個接著一個地放入了我所寫的每個篇章的草稿。我將檔案夾取名為「神話般的歷史書」（Mythical History Book），那是因為我根本毫無概念自己是否真的能夠把書寫完。

然而，我終究是完成了，但已經是在原訂交稿日期的整整四年之後，我終於寄給史卓斯一個改名為「歷史書修訂版」（History Book Revised）的檔案夾。

這本書非常晚才交稿，也花了遠超過出版人所希望或講定的時間。

熟知美國人心（和市場）的一位朋友告訴我，千萬不要寫超過五百頁。深諳英國這方面的一位朋友則認為，這類書籍的最佳長度是四百頁。一般也不認為印度人會偏愛長篇鉅作，不過小說（或神話）就另當別論了。世俗認知對我不利，幸運的是，我的編輯們只能從草稿砍掉五千字，於是一部九百頁的大塊頭著作於焉誕生。

《印度：最大民主國家的榮耀與掙扎》（*India after Gandhi*）第一版於二〇〇七年出版。不過，就其所涵蓋的內容和長度，本書不可能妄想分析印度或印度人的生活中所有重要或顯著的事物。所幸本書出版之後，書寫當代歷史的興趣就快速增長，許多印度或外國的年輕學者，都就印度獨立後歷史的特定面向寫出了傑出的論文和書籍。

自《印度：最大民主國家的榮耀與掙扎》問市後迄今已過十年，就在這段期間，印度共和國見證了兩次大選；國大黨的衰落和莫迪（Narendra Modi）的崛起；一次重大的反貪腐運動；婦女、賤民和宗教少數群體承受了更多暴力；有些邦、地區和階級出現了一波繁榮的浪潮，可是其他人仍舊繼續活在貧困之中；那迦蘭邦呈現了相對和平的景象，可是喀什米爾卻出現更多（或許比以前更為高漲的）不滿；不勝枚舉。

考慮到這種種情形，我完成了這部增訂版，將內容擴及到當下時刻。我以編年記事的方式重新組織了第五部（這個部分在第一版是採主題編排的方式），根據全新的資料增寫了兩個篇章，並且重寫了本書後記。

我所撰寫（或是將來會寫）的書都是由我自發進行的書寫計畫，唯獨本書除外。我衷心感激一位有遠見的出版人給了我書寫自己國家歷史的機會，而我也因為他而完成了本書。我不可能在未經世事的三十多歲時寫出這本書，也不可能在五十多歲的時候有此成就，畢竟屆時我可能沒有體力將之完成。

古哈
寫於邦加羅爾
二〇一六年八月二十一日

前言

# 反常的國家

## I

印度人是如此眾多而如此多元，他們因此也是分裂的，而且似乎一直如此。一八二七年的春天，詩人迦利布（Mirza Asadullah Khan Ghalib）踏上了從德里（Delhi）到加爾各答（Calcutta）的旅程，六個月之後，他抵達了印度教聖城巴納拉斯（Banaras）❶，在當地寫下了詩篇〈廟中燭臺〉（Chirag-i-Dair，英譯為Temple Lamps），詩中有著以下的永恆詩句：

我在夜晚向亙古的先知傾訴
（他知道漩渦般時間的祕密），

❶ 譯注：此地即今日之瓦拉納西（Varanasi）。

「先生，您洞悉一切，
美德和信仰，
忠誠和慈愛，
全都離開了這片可悲的土地。
父子針鋒相對；
兄弟鬩牆。團結
和同盟都遭到破壞。
即使顯現這些不祥的徵象，
為何末日還不到來？
為何最後審判的號角還不吹響？
是誰掌控了最後的災難？」[1]

迦利布的成詩背景是蒙兀兒帝國（Mughal Empire）的衰落時代。印度河—恆河平原是他的家鄉，這塊領土曾經是由一位君主所統治，現在卻因為敵對的首領和軍隊而分裂。兄弟鬩牆；團結和同盟都遭到破壞。但是誠如迦利布所言，英國人正以一個新（外國）勢力之姿在這片土地四處展現其影響力，逐步穩健地取得印度次大陸的大部分控制權。然而，就在一八五七年，大多數地區的在地印度居民挺身起義，英國殖民者將此事件稱為「印度土兵叛變」（Sepoy Mutiny），而印度國族主義者後來則稱這是「第一次印度獨立戰爭」（First War of Indian Independence）。

迦利布的家鄉德里發生了數起最血腥的戰役——這個城市當時在名義上還是蒙兀兒帝國的首

都，但是隨即也會成為英屬印度（British Raj）的首都。迦利布自己是百感交集。一方面，他接受了新的統治者的薪俸；另一方面，他是蒙兀兒文化和禮教的產物。不管是當時的英國殖民者，還是後來的印度國族主義者，迦利布都看得比他們清楚，要對此分辨是非對錯根本是不可能的事，畢竟雙方都犯下了可怖的暴行。他在家中孤獨無助之際，寫下了何以「印度斯坦（Hindustan）成了強大旋風和熾烈大火的競技場」的憂鬱記述。他問道：「印度人可以喜悅看待的是什麼樣的新秩序呢？」[2]

這個問題的答案不久就會揭曉。一八五七年的多起事件之後，大英帝國即控制了印度殖民地。一個精密的官僚體制，取代了原先的東印度公司（East India Company）稍嫌草率的臨時管理行政，並劃分出新的特區和省分，而運作政府的是由得到警察、林木、水利等部門所支持的印度文官體系（Indian Civil Service）。龐大的精力（和金錢）都花在興建交錯跨越整個國土的鐵路網絡，而這為英屬印度的統一與穩定做出了巨大貢獻，使得英國統治者如今可以快速移動軍隊來遏止如一八五七年事件再度發生。

## II

到了一八八八年，英國人已經鞏固了其於印度的統治，甚至可以預想，即使英屬印度不會千年不墜，至少也會超越他們有生之年而長治久安。就在那一年，有個協助建立英屬印度的人在英國劍橋發表了一系列演說，爾後更收錄出版於簡單命名為《印度》（*India*）的圖書之中。這個人是史崔奇爵士（Sir John Strachey），他曾在印度次大陸待過多年，最後還成為總督會同行政會議（Governor General's Council）的成員之一，退休後居住於英格蘭的他則把自己的印度經驗設定在近來歐洲政治發展的背景之下。

史崔奇的著作大部分內容都是英屬印度的行政歷史，包括了軍隊和文官體系、土地和賦稅政策，以及「土邦」的特殊地位。對於從劍橋到印度工作的人來說，這就是一本入門書。此外，還從理論上長篇論述了「印度」是一個方便就事的標籤，只不過是「我們用來稱呼一個許多國家林立的廣大區域的名稱」。

在史崔奇的眼中，歐洲各國的差異遠較於印度各個「國家」的不同來得小。「蘇格蘭和西班牙的相似度要比孟加拉和旁遮普（Punjab）更為相近。」印度有著歧異更大的種族、語言和宗教。有別於歐洲的情況，印度的這些「國家」並不算是國家；它們缺乏獨特的政治或社會認同。史崔奇因此告訴他的劍橋聽眾，這一點「是對印度要有的首要認識——不只是現在，以前即是如此，從來就不存在單一的印度，或者是有過符合歐洲想法，掌控了任何實質上、政治上、社會上或宗教上一統的印度國家」。

過去不曾出現這樣的印度國族或國家；未來也會是如此。史崔奇認為，儘管「可以想像特定的某些印度國家會出現國家同理心」，但是「要讓這樣的同理心普及至全印度，以至於旁遮普、孟加拉、西北省和馬德拉斯（Madras）等地的人們都覺得同屬於某個一統的印度國家，那應該是不可能的事。我們可能還更有理由和可能性，期待見到歐洲各國有朝一日組成一個單一國家呢。」[3]

史崔奇的評論意圖給予歷史判斷。當時的歐洲境內，新興國家正戮力於共有的語言或領土的基礎上來認同自己，可是他所知道的印度各國都沒有展現可堪比擬的國族覺醒。不過，我們也可以把這些評論視為某種政治勸誡，為的是要促使那些之後會服務英屬印度的聽眾們產生堅定意志，畢竟只要印度興起了任何一個新「國家」，那就意味著大英帝國的權力和威信會隨之減少。

諷刺的是，當史崔奇這麼說時，一群印度人卻駁斥了他的定論。這些人創立了印度國民大會黨（Indian National Congress，以下簡稱國大黨），這是要求在地印度人能對自身的事務擁有更多發言權的代表團體。誠如其名所暗示，國大黨希望能夠把不同文化、領地、宗教和語言的印度人聯合起來，以便建構出殖民者認為極不可能成就之事——亦即一個**單一**的印度國家。

關於國大黨發展史的好書實在很多，記述了這個團體如何透過群眾運動而從一個辯論俱樂部轉變成一個政黨，以及戈卡爾（Gokhale）、提拉克（Tilak）和（最重要的）甘地（Gandhi）等領袖在其發展進程所發揮的作用，強化不同的語言社群、宗教團體和種姓階級之間的關係，正是其關注重點。這些努力並未全然成功；對於國大黨宣稱自己是真正的「全國性」政黨，低階級的種姓從來就無法信服，穆斯林尤其不能接受。正因如此，當政治獨立終於在一九四七年實現之際，獨立的並非只有一個國家，而是兩個國家——印度和巴基斯坦。

此處還不是重述印度國族主義歷史的時候，[4]我只需在這裡指出，從國大黨成立一直到印度獲得自由——並且分裂——之際，有些抱持懷疑態度的人認為，印度國族主義根本不是固有的現象。當然，有些英國政治人物和思想家支持印度自治，並以自己的方式來輔助此一想法付諸實行。（國大黨的主要推動者之一是蘇格蘭出身的殖民地官員休姆〔A. O. Hume〕。）然而，還有許多人士也認為，印度不同於法國、德國或義大利，缺乏結合人民的國族精粹，以便有目的地帶領印度人民向前邁進。於是這個觀點就延伸出了一種主張，認為唯有英國統治才能夠將印度和印度人團結起來。

史崔奇主張印度永遠不可能獨立建國，認同這個觀點的作家之中有的知名，有的則是沒沒無聞。前者的代表人物是吉卜林（Rudyard Kipling），他不僅於印度次大陸出生成長，也為這塊土地寫下了一些個人最好的故事。一八九一年十一月，吉卜林造訪澳洲，當地有位記者詢問他「印度自治的可能性」。「噢，不可能！」他答道，「印度人已經在那裡生活了四千年，實在是久到不可能學習這種事情。法紀是他們想要的東西，而我們就是到那裡給了他們法紀，二話不說就給了他們。」[5]

吉卜林強調的是印度文明的古老，而其他殖民者則是側重印度人的心智不成熟而做出相同的結論：亦即印度人無法統治自己。一位曾在印度待過四十年的板球運動員和茶園主人就堅稱：

> 如果我們蠢到讓在地印度人自治的話，印度各地就會陷入無政府狀態。哎呀，天哪！立即可見的結果就不僅只是一片混亂、拙劣作為和管理失敗而已。**只有在我們的帶領之下**，這一大群人才能去任何地方和做任何事情。他們本身在治理和政治才能方面都只能算是嬰兒一般，而其中最糟的就是他們口中所稱的領導人。[6]

這樣的看法在身處印度的英國人之間廣泛流傳，連在英國本土的英國人之間也是如此。就政治方面來說，這些「信奉史崔奇說法的人」之中，邱吉爾（Winston Churchill）無疑是最重要的人。一九四〇年代，正當印度獨立箭在弦上之際，邱吉爾發著牢騷，認為自己並不是為了要主管大英帝國的瓦解才來當英國首相。

十年前，他曾經試圖要重建自己式微的政治生涯，秉持的是反對印度自治的準則。甘地在一九三〇年發起「食鹽遊行」（salt *satyagraha*）❷，在這次抗議食鹽賦稅的示威活動之後，英國政府才與印度國族主義者展開對話，討論授予殖民地統治權的可能性，只是所謂統治的定義模糊，而且沒有設下具體實現的時間表。即便如此，邱吉爾認為這個想法「不只本身顯得荒唐，更會造成糟糕的惡意效果」。由於印度人不適合自治，因此就必須統率「大英帝國清醒果斷的力量」來防微杜漸。

在一九三〇年和一九三一年期間，邱吉爾做了多次演說，為的就是要喚醒腦袋最不清楚的選民來反對印度獨立。於一九三〇年十二月在倫敦的一場演說中，他對在場的觀眾宣稱，一旦英國人離開了印度次大陸，隨後就會「有人僱用一支白人親信軍隊，並不必然是德國派遣的人員，進入當地鞏固印度教徒的武裝優勢地位」。三個月之後，他在皇家阿爾伯特音樂廳（Albert Hall）發表了名為「我們對印度的職責」（Our Duty to India）的演說，當時主持活動的是他的親戚馬爾伯勒公爵（Duke of Marlborough）。邱吉爾在演說中主張：「把印度讓渡給婆羅門（Brahmins，邱吉爾認為國大黨就是為他們所掌控）去統治，這將會是一個既殘酷又邪惡的過失。」他預測一旦英國人離開了，整個由英國人一手創建的公共服務體系——司法、醫療、鐵路和公共建設部門——都會一一消失瓦解，而且「印度還會飛快地倒退幾世紀，而回到中世紀野蠻和困苦的境地」。[7]

## III

儘管邱吉爾發出了這些警告，十五年之後，英國人還是離開了印度。一段野蠻和困苦的時期確實發生了，只是到底該責怪誰則尚待爭論。無需德國人來維持和平，印度教徒如同以往依舊保持著

❷ 譯注：又稱食鹽長征，其為甘地領導的不合作運動之一。「satyagraha」是梵文，意思是堅持（agraha）真理（satya），這是甘地提出來的口號，將之延伸定義為「消極抗爭」，爾後成為他帶領印度人民以非暴力方式謀取社會權力的一種方式。

其優勢地位，可是並非是透過武力，而是經由以成人普選權為基礎的定期選舉制度。

然而，印度獨立後的整整六十年之間，攸關印度統一或是印度的民主機制和程序可以維持多久的臆測不絕於耳。只要一位總理逝世，就會興起民主制度將會被軍事統治取而代之的預測；只要一回雨季沒有如期降臨，就會升起全國性饑荒要來了的揣測；只要爆發一次新的分裂運動，就會被視為是一統的印度將要消逝的預兆。

一九四七年之後，這些末世預言者之中有許多西方作家，而他們要不是美國人，不然就是英國人。值得注意的是，不只是對臨時的觀察家或是懂得常理的記者，印度的存在就是一道謎題；對許多政治科學的學者而言，印度也是異常的，畢竟若以他們的原則來看，文化異質性和貧窮並無法造就一個國家，更遑論是一個民主國家了。印度「似乎極不可能可以承受民主制度」，傑出政治科學家道爾（Robert Dahl）如此寫道，接著指出：「它缺乏了所有的有利條件。」另外一位美國學者寫道：「印度素來享有違背社會科學通則的盛名。」接著又說：「儘管如此，這篇文章的研究結果支持了不相信印度能夠施行民主的論調。」[8]

本書的內容充滿了印度即將解體，或者是陷入無政府狀態或威權統治的預測，容我謹此援引英國記者泰勒（Don Taylor）這位感同身受的訪客的預測。一九六九年，當時的印度已經維持了二十年的統一局面，經歷過四次普選，可是泰勒卻寫道：

> 關鍵問題依舊是：到底印度是否能夠維持統一，還是會分崩離析？……只要審視這個幅員廣大的國家，以及其五億兩千四百萬的人口、使用的十五個主要語言、相互矛盾的宗教信仰與眾多的種族，這樣還可以誕生出一個國家，似乎是不可思議的事。

甚至連要在腦海中勾勒出這個國家都很困難——雄偉的喜馬拉雅山脈、受到烈日灼燒和雨季豪雨肆虐的寬廣的印度河—恆河平原、洪水氾濫的綠色東部三角洲，以及加爾各答、孟買和馬德拉斯等偉大城市。這一切通常不會讓人覺得是同屬於一個國家，然而，印度的某種韌性似乎是其生存的保證，有某種東西彷彿就只能稱為印度精神。

我相信，亞洲的命運維繫於印度的存亡這個說法是一點也不為過。9

內心期盼著印度會存留下來，理智上卻擔心著情況不會如此，這個地方太複雜、太令人困惑——我們或許會說，這並不尋常。

事實上，在建國之後，許多印度人都認為印度的存亡旦夕不保，有些人（愛國志士）戰戰兢兢地為此發言或書寫，而有些人（分裂主義者或革命家）則是滿心期待。他們如同與其志同道合的外國人士，也開始相信這個地方實在是過於多樣而無法持續作為一個國家，而且太過窮困而無法承受民主制度。

## IV

上個世紀的最後十年，我成為了迦利布的家鄉的居民，只不過我不是住在他住家的聯排屋（*haveli*，或說是豪宅）❸依然矗立的城牆環繞的舊市區內，我的居所是在英國人所建立的帝國首都

❸ 譯注：此為印度傳統舊宅建築，多為富商居住的宅第。

新德里（New Delhi）。就像是詩人所生活的時代，印度人還是彼此對抗著。我到工作的地點必須經過拉杰大道（Rajpath，先前稱為國王之路〔Kingsway〕）❹，而這一條大道的名稱和地點展現了國家權力的操演。沿著平緩土地興建的拉杰大道，約有一英里長，兩旁盡是寬闊的空地，為的是要容納前來參與印度共和日（Republic Day）遊行的成千上萬名觀眾。接著，這條大道順著一座山丘向上通到一處雄偉的砂岩建築群，那裡是素為人知的北區和南區，正是印度政府辦公室所在地，而大道的終點就是曾經作為英屬印度總督官邸的大宅第。

當我搬到新德里的時候，英國人早已離開此地，而現在的印度是個享有自由和主權的共和國，可是似乎並不是全然幸福的國家。不和諧的跡象處處可見，尤其是拉杰大道旁的空地，除了慶典期間之外理當保持淨空，卻都成了架滿帳篷的村落，而且每個帳篷外頭都懸掛著五顏六色的標語。其中一個帳篷可能住著來自喜馬拉雅山區尋求獨立建邦的烏塔拉坎德（Uttarakhand）農民；另一個住的可能是為了提高農產品價格而奮戰的馬哈拉什特拉邦（Maharashtra）的農民；還有一個大概住著康坎（Konkan）海岸地區的居民，敦促自己的語言能夠被納入《印度憲法》第八附則而取得官方認可。

這些帳篷的住民和他們堅持的目標總是不斷改變。山上的農民可能被抗議裁員的產業工人所取代；取代馬哈拉什特拉邦農民的可能是尋求印度公民身分的西藏難民；至於取代康坎倡議者的可能是要求禁止屠宰牛隻的印度教僧侶。

一九九〇年代初期，當時的政府擔心這種公開表達異議的景況讓外國訪客留下的印象，於是急就章地拆除了這些帳篷。逐步侵占拉杰大道的人事物被清除了，草地又恢復了先前的榮耀之姿。然而，抗議者重新結集並另起爐灶；他們搬到了大道西北方一英里外的地方，就在康諾特廣場

（Connaught Place）的簡塔・曼塔天文臺（Jantar Mantar observatory）旁邊。在此處，他們遠離了政府的注視，卻直接出現在每天路過這個繁忙購物區的市民的視界之中。一九九八年，警察機關認定這也行不通，於是再次拆除了棚屋，可是誠如一則報紙新聞所言：「這對有關當局而言，只不過是改變了聚集地點罷了——問題依舊存在。這些擅自居住的人只是被遷移到曼迪爾路（Mandir Marg）和香卡路（Shankar Road）的岔口空地，在那裡人們就比較不會注意到他們的存在。」[10]

當我於一九九〇年代住在德里的時候，總是希望自己可以每天有空到拉杰大道上走動，從一月一日到十二月三十一日，逐日記錄下出現和消失的帳篷和住民，這就會成為從一條街來訴說在一年中發生的印度故事。至於讀者現在手中的這一本書，則是採用不同的方式，敘述的時間更是跨越了從一九四七年到現在的六十年歲月。不過，如同我曾經想要寫的那一本書（依據花一整年來回走在拉杰大道所得的觀察），最重要的是，這本書敘述的也是社會衝突的故事，關於這些衝突為何發生、如何表達，以及如何尋求解決之道。

這些衝突順著許多軸線而發生，而我們目前可以從中挑出四個主軸。第一是**種姓制度**，這是許多印度人的主要認同，規定了他們的婚姻、交往和對抗的對象。「種姓制度」是個合併了兩個印度字的葡萄牙文字：印度文「迦提」（*jati*）是指每個人出生所屬的同族團體；「瓦爾那」（*varna*）則是印度教經文授予所屬族群在社會階層系統所占有的位置。瓦爾那有四種階級，而第五個（也是最低下的）階級則是先前被稱為「賤民」（Untouchables，穢不可觸）的階層。這些瓦爾那之中容納了三千多個迦提，而同一地區的每一個迦提會挑戰位階較高的迦提，同時也被位階較低的迦提所挑戰。

❹ 譯注：人們至今依舊習稱為國王大道，為了區別，此處採音譯。

第二是**語言**。《印度憲法》承認了二十二個「官方」語言，而其中最重要的就是使用人口超過四億的某種形式的印地語，其他還包括了泰盧固語（Telugu）、卡納達語（Kannada）、泰米爾語（Tamil）、馬拉雅拉姆語（Malayalam）、馬拉提語（Marathi）、古吉拉特語、奧里亞語（Oriya）、旁遮普語（Punjabi）、孟加拉語（Bengali）和阿薩姆語（Assamese），每個語言都有獨自的書寫文字，並自誇有數百萬的母語使用人口。想當然耳，國家團結和語言多樣性並非總是能夠相容，操著某種方言的印度人就跟說另外一種語言的印度人發生過爭鬥。

**宗教**是第三個衝突的軸線。超過十億的印度人中，大多數都是印度教徒，可是印度同時擁有世界上第二多的穆斯林——約為一億四千萬人（僅次於印尼），還有可觀的基督徒、錫克教徒、佛教徒和耆那教徒。由於信仰就如同語言一樣是人類認同的基本特性，因此敬奉不同神祇的印度人有時會彼此起爭執，幾乎是稀鬆平常的事。

第四個衝突主軸則是**社會階級**。印度的土地不僅擁有無處可比的文化多樣性，還有比較不吸引人的巨大社會差異。一方面，印度有著極度富有的企業家，他們在倫敦和紐約都有大房子；另一方面，印度足足有百分之二十六的人口，也就是三億的印度人據說都生活在官方的貧窮線之下。在鄉下，土地持有的狀況極度不公；在城市，人們的收入所得也存在著巨大差異。因此，這樣的失衡狀況導致抗議行動發生頻繁，也就絲毫不令人意外了。

這些衝突軸線可單獨或是同時起作用。有些時候，信奉特定信仰的團體也同時使用著不同的語言；低階種姓通常也屬於下層階級。而在這四個主軸之外，我們或許應該加上廣泛影響各個軸線的第五軸線：**性別**。就這一點，印度再度讓人見到最為南轅北轍的景況；一位女性可以擔任整整十五年的總理，可是殺害女嬰在印度部分地區卻仍屢見不鮮。沒有土地的勞動者只獲得微薄的薪資，而婦女更是其中所得薪資最低的一群。低階種姓承受著社會汙名，而婦女更是其中遭受汙名最多的一群。每個宗教的聖人往往給女性信徒在今生次等的地位，來世亦然。即使我們不會太常在公開的集體抗議中看到攸關性別的表述，可是就作為歧視的一個軸線而言，性別甚至比其他的軸線更普遍常見。

對於歷史學家來說，宛如社會衝突實驗室的二十世紀印度，至少跟十九世紀的歐洲一樣饒富興味，而這兩者所上演的衝突都是來自於同時發生的社會變遷的兩個實在的轉型過程：工業化與現代民族國家的形成。不過，鑑於橫跨宗教、種姓、階級和語言的多方競爭團體，印度紛爭的範圍則要更大；印度次大陸的衝突也更為明顯，這是因為不同於十九世紀的歐洲，當代印度是以成人選舉權為基礎的民主國家，有著新聞自由和很大程度的獨立司法制度。在人類歷史上，沒有一個時期或地方發生過這樣的社會衝突，它是如此豐富多樣、如此有力表達、如此具說服力地呈現於藝術和文學，或者是如此受到政治系統和媒體的直接關注。

有個方式來概述獨立後的印度歷史（以及本書內容），就是透過一連串的「衝突地圖」。我們可以繪製十年一期的印度地圖，然後再根據當時盛行的衝突的劇烈程度以不同顏色標記於地圖上：藍色標記的是某個特定團體以民主方式促進其利益的衝突；紅色標記的是採取比較激進但依舊是非暴力方式來要求法律的重大變革的衝突；黑色則是標記那些設法瓦解印度政府的武裝起義。

若是按照時間的先後次序來閱讀這些地圖，我們會發現跨越數十載的主要變化，紅色地區變成黑色，黑色地區變成紅色，藍色和紅色的地區變成白色（這個顏色標記的是看起來根本沒有發生重大衝突的印度區域）。這些地圖會呈現出如萬花筒般的生動色彩變化。不過，在這些變化之中，敏銳的觀察家會注意到始終如一的兩件事。首先是地圖的形狀，在時代更迭之中並沒有任何變化，這是因為從來就沒有任何印度的地區成功**脫離**印度；第二則是不管是哪個時期，全都不曾出現過藍色、紅色和黑色的地區的總合可以近似地圖上白色區域的範圍。即使是一度被視為「危險年代」的時期，還是一直有遠超過百分之五十的印度是處於和平自足的狀態。

現今的新聞，不管是大報或小報、左派或右派、印度或西方，無不充斥著印度經濟有成的故事，而這讓人感到與印度過去的貧困及匱乏形成鮮明的對比。不過，現代印度的真正成就並非是其經濟領域，而是政治領域。若要向印度的「軟體產業的繁榮」致敬可能還言之過早，畢竟我們並不知道群眾是否會因而更能共享富裕的生活。然而，經過了獨立以來六十年的試煉，印度依舊是個單一國家，而且極大程度是民主的——這些才是我們應該多關注的事實。根據以一百三十五個國家中民主和發展之間的關係所做的一份新近統計分析，「印度的民主是面臨著極端不利的情況」。鑑於印度的低所得和低識字率，以及高度的社會衝突，該研究時期（一九五〇年至一九九〇年）的印度「理應完全處於〔一個〕獨裁統治時期」。可是，事實上，印度幾乎在這整個時期都是一個民主國家，我們就只能用一個方式來歸納印度的特性，那就是將印度視為「一個重大的異常值」。[11]

若想解釋這個異常、這個悖論，我們或許不能使用統計社會科學的方法，因為印度總是不合規則的例外，而改用敘事歷史學家所採用的較為古老的方法。分裂印度的力量很多，而本書會適時給予關注。不過，也有力量維持著印度的團結，幫助印度超越或遏制階級和文化方面的裂痕，進而至少到目前為止，駁斥了眾多印度無法維持統一或民主制度的揣測。這些緩和運作的影響力都極少為人察覺；本書的一個目標就是讓更多人意識到這些影響力。我認為現在就指出它們還為時過早；隨著書中的敘事推展，讀者就會漸漸清楚它們是什麼。不用多說，這些影響力包括了個人和團體。

# V

「一九四七年之後的印度歷史，」政治理論家基爾納尼（Sunil Khilnani）如此寫道，「可看作是一場政治理念的冒險：民主。」因此，獨立的印度似乎是「繼十八世紀末的美國革命和法國革命開啟的偉大民主實驗的第三個時刻」。這三個實驗都「釋放了巨大的能量、引起了極高的期望，但也承受了悲劇性的失望」。儘管印度的民主實驗是最不成熟的，基爾納尼卻認為「其結果極可能是三者之中最重大的，部分原因是純粹就其人口規模，部分原因則是其所處位置，正是活躍於亞洲大陸的自由的堅實橋頭堡」。[12]

身為印度人，我很樂見印度的民主終會展現出比西方的實驗「更重大」的結果。身為歷史學家，我知道的有關印度民主的研究少得多。研究法國革命和美國革命的書籍有好幾百本，或許是好幾千本：著名和鮮為人知的領袖的傳記、參與革命者的社會背景研究，以及兩次革命發生之後的數十年和數百年的深化或衰退的狀況評價。相較之下，歷史學家書寫印度民主任何面向的著作卻是用一隻手的手指頭就可以數完——或許，如果我們持開放的角度來看的話，就算是兩隻手吧。

教育家庫馬（Krishna Kumar）寫道：「對印度的孩童來說，印度歷史本身隨著印巴分治和獨立而終結。歷史是社會研究的構成部分，爾後更自成一門學科，卻在一九四七年耗盡了自身的內容……過去五十五年以來所發生的一切，可能是透過微不足道的公民課綱、大眾電影和電視節目慢慢傳播出去，可是作為過去的正式建構知識的歷史卻沒有涵蓋這一部分。」[13]

如果對印度孩童來說，印度歷史隨著獨立和印巴分治而終結，這是因為印度的成人命令它如此闡述。在學院裡，歷史學科處理的是過往歲月，而政治科學和社會學學門則是處理當下時刻。這是一種傳統的劃分，而許多方面也都合乎邏輯的分法，問題是在**印度的**學院之中，過去被定義為單一固定的日期：一九四七年八月十五日。因此，當午夜鐘聲響起而印度獨立之際，歷史終結，政治科學和社會學則是就此開展。

一九四七年後的數十年，當下時刻不斷流逝。政治科學家研究了一九五二年的首屆普選，接著是在五年後舉行的第二屆普選。社會人類學家在一九五〇年代寫下了攸關印度村莊的報告，之後一九六〇年代也記錄了一些。可是過往歲月卻停格靜止了。歷史學家受制於訓練和性情，限制自己只書寫獨立之前的時期。論述英國殖民所帶來的社會、文化、政治和經濟的後果的圖書資料大幅成長，至今依舊如此。談論對抗殖民統治的形式、作用、成因和結果的文獻更是不斷湧現，也是至今依舊如此，而反抗殖民統治的領袖，當屬社會改革家、靈性論者、先知和政治策動者莫罕達斯·卡拉姆昌德·甘地（Mohandas Karamchand Gandhi）。

甘地從過去到現在始終受到一些人的極大仰慕，也受到一些人的強烈憎惡，而大致相同的態度也可以用來描述甘地所反抗的英屬印度這個龐然大物。英國人終於在一九四七年八月離開了印度；僅僅五個半月之後，甘地就被一位印度同胞暗殺身亡。緊隨著英屬印度消失之後的是其最受人愛戴的對抗者的離世，這個發展對於歷史的書寫產生了決定性的影響。沒有人可以說，倘若甘地能夠活得更久一些，是否歷史學家就會對自由印度的歷史懷抱更大的興趣。事實證明，因習慣和傳統使然，印度歷史被視為在一九四七年八月十五日「畫下句點」，只是聖雄甘地的傳記作家仍舊容許歷史延長了六個月。正因如此，關於英屬印度那段衝突不斷的激烈末期歲月，有著許多質好且具有爭議的書籍。英屬印度（這個龐大的機構）以及聖雄甘地（這位偉人）持續是歷史學家最感興趣之所在，可是**獨立**印度的歷史卻依舊是大部分無人耕耘的領域。假使歷史是「過去的正式建構知識」，就一九四七年以來的時期，這樣的知識幾乎是付之闕如。

然而，誠如本書所示，自由印度的頭幾年與英屬印度的末年一樣充滿了鼓舞人心的吸引力。儘管英國人終於正式移交了權力，但權威卻必須重新樹立。印巴分治並沒有終結印度教徒和穆斯林的衝突，而獨立也沒有化解階級和種姓的緊張關係。地圖上的泰半地區還是在土邦大君（Maharajas）的控制之下；這些土邦需要勸說或威嚇才願意加入印度聯邦（Indian Union）。就在一個衰敗帝國的殘跡之中，一個新的國家於焉而生，建立發展。

賈德（Tony Judt）在其關於戰後歐洲近代歷史的著作中寫道：「這樣的一本書首先就是必須奠基於其他書籍之上。」他提到：「就歐洲第二次世界大戰結束之後的這段簡短的六十年歷史，我們有著無窮無盡的英文二手文獻。說真的，這可算是這段時期的最大特點。」[14]印度的情況就大不相同了，而且我們的知識存在著巨大的缺口。印度共和國是由二十八個邦所組成的聯邦，其中有些邦甚至大於法國，可是就連比較大或重要的邦的歷史都還沒有化為文字。在一九五〇年代和一九六〇年代期間，印度率先採用了新的方式來處理外交政策、經濟政策及國家規畫，可是關於這些實驗的權威性記述或者甚至只是尚可的文獻卻都還沒有出現。印度培育出了擁有遠見和活力的企業家——但是他們打造的機構和創造的財富卻大部分都無人書寫。另外又不得不再次提起，印度現代歷史的一些關鍵人物也都還沒有適當的傳記：例如，謝赫．阿布杜拉（Sheikh Abdullah）、塔拉．辛格上師（Master Tara Singh）或拉馬錢德蘭（M. G. Ramachandran）等「邦級」領袖，而這些人所屬的每個邦的大小都猶如一個歐洲大國。

有別於戰後歐洲的歷史，撰寫戰後印度的歷史並沒有其他的專門主題書籍可供參考，不論是大事或小事，作者都必須使用親自尋找的資料來填補缺口。我的第一位導師是聰明睿達的資深公務員文卡塔查爾（C. S. Venkatachar），他曾經告訴我，每一件歷史作品都是「暫時的」，等待著後人著書來加以補充、修改、挑戰和推翻。儘管本書涵蓋了一系列的主題，可是並不期盼能夠把每個主題都處理得面面俱到。每位讀者都會有個人挑剔的牢騷；例如有些人可能會抱怨我在書裡關於部落的事情寫得不夠多，而有些人則會認為我應該多留些篇幅來敘述喀什米爾的事。

雖然布洛克（Marc Bloch）寫的是另一個時代的另一個國家，但他的話貼切地表達了我對這本書的期望：

> 我可以把自己比擬為一位探險家，就在驟降至灌木叢而不再可能有寬廣視野之前，迅速地對地平線進行一番勘測。我的敘事自然有著巨大的缺口。我已經竭盡所能地不要掩蓋任何不足之處，不管是我們的一般知識狀態，或者是我自己的文獻紀錄……當我的著作被深入洞察的研究所取代的時刻到來，倘若關於我錯誤推測的爭論能讓歷史習得自身的真相，我理當感到一切的付出都是值得的。[15]

## VI

偉大的劍橋歷史學家梅特蘭（F. W. Maitland）喜歡這樣提醒他的學生：「當下在過去曾經一度是未來。」對歷史學家來說，沒有比這個好的格言，而對研究近代史的歷史學家尤其如此，這是因為他所面對的，是對於自己想要訴說的主題有著既定觀點的聽眾。鑽研越戰的美國歷史學家的著作，其讀者多半都已經對那場戰爭是否是個正義行動有了自己的認定，而書寫一九六八年學運的法國歷史學家很清楚，讀者對那一場熱潮理當有著強烈且可能是彼此矛盾的個人意見。

書寫當代歷史的人都明瞭，讀者面對眼前的文本是不會被動地一概接受。讀者也是一位公民，是有著個人政治和意識型態偏好的**批判性公民**，這些偏好導引並決定了讀者對於過去、尤其是領導人和立法者的觀點。我們生活在現代政治人物的決定所造成的後果之中，而且我們通常會認定，換個政治人物（仿照自己的某人）應該可以做出更好或更睿智的決定。

我們愈往過去回溯，前述的問題就會愈少。十八世紀的歷史學家尋求對那個時代的闡釋和理解，而他們的讀者就是跟隨著他們的腳步。傑弗遜（Jefferson）或拿破崙（Napoleon）的傳記作家可以指望**比較信賴他們**的讀者——他們不會認為自己知道那些人物所知道的事物，或者是希望他們的行事會有所不同。對於這樣的時期，讀者通常樂於接受專家的導引。然而，甘迺迪（John F. Kennedy）或戴高樂（Charles de Gaulle）的傳記作家就不是那麼幸運了。有些潛在的讀者，或許是許多的讀者，早已知道關於這些人物的「真相」，就比較不願意讀到不同於自己已知的版本，即使這些版本都有豐富的注腳來為其佐證也是一樣。

當代歷史學家因此面臨著來自讀者的這種挑戰，而這種挑戰是那些回顧過往的同僚所能避免的。不過，其實還有第二個或許算是比較不常見的挑戰，那就是**歷史學家本身也是個公民**。選擇書寫越戰的學者對此一主題已有強烈的觀點；書寫美國內戰的學者可能就抱持比較不強烈的觀點，而書寫美國獨立戰爭（Revolutionary War）的學者的觀點也是如此。對歷史學家及公民而言，**只要離當下時刻愈近，就愈容易未審先判**。

我撰寫本書的時候，都會盡量把梅特蘭的格言擱在自己面前。驅使我的從不是因為自己毫無疑問，而是出自於好奇，是因為自己渴望了解，而不是想要表達自己的評斷。我試圖看重第一手資訊而不是後來的回顧性材料，因此能夠在闡釋譬如一九五七年的事件時，根據的是所知的一九五七年的事物，而不是二〇〇七年的認識。這本書的首要目的是想要訴說關乎六分之一的世界人口的現代歷史，這是有關獨立印度的重要人物、爭議、主題和過程的記述與分析。然而，書中敘事的手法則是根植於兩個基本志向：對印度的社會和政治的多樣性表示真切的敬意，以及揭開學者和公民、外國人和在地人長久以來所面對的謎團——那就是到底為什麼會出現印度這個國家呢？

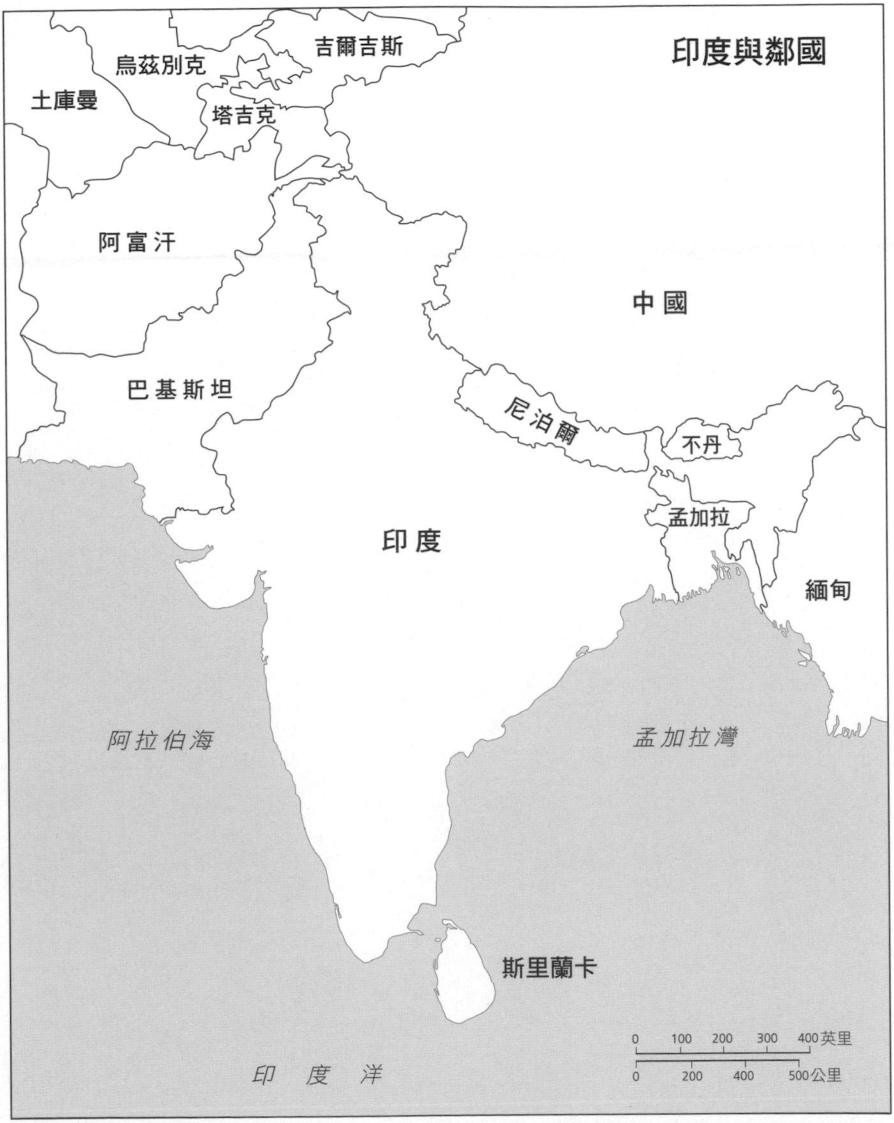
印度與鄰國
吉爾吉斯
烏茲別克
土庫曼
塔吉克
阿富汗
中國
巴基斯坦
尼泊爾
不丹
孟加拉
印度
緬甸
阿拉伯海
孟加拉灣
斯里蘭卡
0 100 200 300 400 英里
0 200 400 500 公里
印　度　洋

# 第一部

# 收拾殘局

# 第一章
# 自由與弒親

英國現在正在失去印度的主權，而這是長久以來無法想像的事。英國將被一個或數個印度政府取而代之，這實在是狂想中最瘋狂的夢想……等到最後一位英國士兵駛離孟買（Bombay）或喀拉赤（Karachi）的港口之後，印度就會成為敵對的種族和宗教勢力的戰場……〔而且〕大英帝國緩慢但穩當地帶入印度的和平進步的文明，也會在一夜之間消逝無蹤。

——加爾各答前主教，威爾頓（J. E. Welldon），一九一五

我從不懷疑，如果英國在一九〇〇年應允但同年否決的事並沒有等到一九二〇年才兌現；或者是英國在一九二〇年應允但同年否決的事並沒有等到一九四〇年才兌現；又或是英國在一九四〇年應允但同年否決的事並沒有等到一九四七年才兌現，那麼百分之九十發生在印度的苦難、仇恨、暴力、拘禁和恐怖行動、謀殺、鞭笞、槍殺、暗殺，甚至是種族大屠殺，這一切都

將可以避免。權力的轉移極可能會平和地完成，甚至可能不會出現印巴分治的情況。

——李奧納德·吳爾芙（Leonard Woolf）❶，一九六七

# I

印度在一九四七年八月十五日獲得自由，但是愛國的印度人早在十七年前就慶祝了第一個「獨立日」。在一九三〇年一月的第一週，國大黨通過決議，確定在該月的最後一個星期日發動全國遊行來支持印度宣布獨立（*purna swaraj*）。人們覺得這項行動會激起國族主義的渴望，並且迫使英國政府慎重考慮放棄主權。聖雄甘地在自己的《年輕印度》（*Young India*）期刊發表了一篇文章，闡明應該如何看待遊行日。「一切將會很好，」這位領袖寫道，「只要〔獨立〕宣言是所有的村莊、甚至是所有的城市所完成……只要能同時在不同地點一同召開集會，一切就會順利。」

甘地建議以點點鼓聲的傳統方式來通知集會時間，慶祝活動則從升國旗開始，當天的其他時間都要用來「進行一些建設性工作，不論是從無到有、為『賤民』服務、聯合印度教徒和伊斯蘭教徒、禁酒工作，甚至是以上都做，那都不是不可能的事」。參與的人都將發誓，確認「印度人就如同其他人民一樣，擁有自由和享受自身心血結晶的不可被剝奪的權利」，以及「倘若政府剝奪了人民的這些權利並壓迫人民的話，人民有權進一步將之改變或廢止」。[1]

這個決議使得一九三〇年一月的最後一個星期日成為獨立日，其通過的地點是國大黨舉行年度大會的拉合爾市（Lahore）。賈瓦哈拉爾·尼赫魯（Jawaharlal Nehru）就是在這裡獲選為國大黨黨主席，確立了他在印度國家運動中快速升高的地位。出生於一八八九年的尼赫魯比甘地年輕二十

歲，於英國的哈羅（Harrow）公校和劍橋大學求學，那時已經是甘地的親密門徒，不僅聰明且口才流利，還熟悉外交事務，更對年輕人有獨特的吸引力。

尼赫魯在自傳中回憶到：「一九三〇年一月二十六日的獨立日到來之際，印度在一瞬之間向世人展現了誠摯和熱烈的情緒。讓人印象極為深刻的是，到處都是偉大的集會，在沒有演說或勸誡之下和平嚴肅地宣示獨立。」[2]在次日發布的新聞稿中，尼赫魯「恭敬地為嚴肅且井然有序的遊行向全國獻上祝賀」。城鎮和村莊「競相展現彼此對於獨立的熱烈堅持」。不僅加爾各答和孟買舉辦了巨型集會，即使是在較小的村莊，人們也踴躍參與聚會。[3]

一九三〇年之後，每逢一月二十六日，支持國大黨的人都會把這一天當作獨立日來加以慶祝。不過，英國離開印度半島的時刻終於來到，他們選擇於一九四七年八月十五日這一天移交主權。當時的英國總督蒙巴頓勛爵（Viceroy, Lord Mountbatten）之所以會選在這一天，是因為該日是第二次世界大戰日本向聯軍投降的兩週年紀念日，而對於蒙巴頓勛爵和等候接收政權的政治人士來說，他們不願意延遲到有些人更喜歡的一九四八年一月二十六日。

就是這樣，迴盪於自由終究來臨的日子的是帝國的驕傲，而不是國族主義情感。在英屬印度和自由印度的首都新德里，正式活動自午夜快來臨前就已經開始。顯然占星學家斷定了八月十五日是個不祥的日子，於是決定慶典活動要從十四日開始，舉行了制憲會議（Constituent Assembly）的特別集會，印度的人民代表就此制定新憲法。

舉行制憲會議的地點是昔日英國殖民立法會（Legislative Council）的挑高圓頂大廳，廳內相當

---

❶ 譯注：英國政治理論家、作家、出版家，其妻為知名女作家維吉尼亞．吳爾芙（Virginia Woolf）。

明亮且裝飾著旗幟，有些旗幟被嵌放入相框中，而這些相框在一個星期前都還裝裱著歷屆英國總督的肖像。會議在晚上十一點整拉開序幕，伴隨著愛國聖歌〈母親，向您致敬〉的歌聲，以及兩分鐘的靜默來紀念「印度和其他地方為了爭取自由而死去的人」，並於印度婦女代表展示國旗中結束慶祝活動。

在聖歌和展示國旗之間則穿插了演說，那晚有三個主要演說家。一位是被推選為印度穆斯林代表的康利克塞曼（Chaudhry Khaliquzzaman），他適時地宣示了少數族群對於這塊剛獲得自由的土地的忠誠。另一位是哲學家拉達克里希南（Sarvepalli Radhakrishnan），其演講的才能與調和東西方的著作讓他雀屏中選，而他也適當地讚許了英國人決定離開印度所展現的「政治智慧和勇氣」，不像荷蘭人要繼續留在印尼，而法國不願意離開中南半島。[4]

不過，自由印度的第一位總理尼赫魯的演說才是當晚的重頭戲，他的演說富含情感與華美詞藻，後來更為人廣泛引述。「就在午夜鐘聲響起，全世界沉睡之際，印度將要覺醒，獲得重生與自由。」尼赫魯說道。[5]這是「一個歷史上少見時刻的到來，我們從舊時代跨入新時代，一個時代就此結束了，一個長久受到壓迫的民族的靈魂，就此可以發聲了」。

演說地點是圓柱聳立的市政廳，至於街道上的景象，一位美國記者做了如是報導：

> 猶似瘋人院般喧鬧，印度教徒、穆斯林和錫克教徒都同歡慶祝……就像是新年除夕的紐約市時代廣場一樣。群眾不要見其他人，他們要見的就是尼赫魯，即使還不到他出席的時間，滔滔的人潮就已經衝破了警察封鎖線而直接湧進會議廳的出入口。好不容易，各出入口的厚重大門都給關上了，為的是防止可能出現橫掃會議廳搜刮紀念品的人潮。尼赫魯神情愉悅地從不同的

出口逃脫了，我們其他人則在不久後才離開了那裡。

在印度，只要是重要活動，從開始到落幕沒有不出岔子的，而這次活動只發生了相對輕微的狀況。在制憲會議的午夜集會之後，尼赫魯向英國總督遞交出自己的內閣成員名單，但他所遞交的其實是一只空信封，等到進行就職宣誓的時候，不見蹤影的名單及時找到了。除了總理尼赫魯，名單上還有十三位部長，包括國族主義的忠實擁護者帕特爾（Vallabhbhai Patel）和毛拉納・阿扎德（Maulana Abul Kalam Azad）❷，以及國大黨年輕世代的四位政治人士。

更引人注意的或許是非國大黨的內閣成員，包括了兩位商界代表和一位錫克教代表。此外，還有國大黨的三位長期政敵：印度最佳財金頭腦之一的馬德拉斯商人契提（R. K. Shanmukham Chetty）、種姓制度「賤民」出身的傑出法律學者安貝卡（B. R. Ambedkar），以及隸屬於（當時）印度教大齋會（Hindu Mahasabha）的重量級孟加拉政治家慕克吉（Syama Prasad Mookerjee）。雖然這三個人都曾經與英國統治者合作，而國大黨成員當時卻是在英國監獄服刑，但是尼赫魯和其同僚現在都很明智地放下這些歧異。甘地提醒過國大黨：「自由降臨給全印度，而不獨厚國大黨。」敦促內閣組成要不分黨派廣納賢才。[6]

自由印度的第一個內閣呈現了超越政治的普遍性，成員則盡可能地納入了五個宗教團體（還含括了幾名無神論者），並且來自印度不同地區；其中還有一名女性代表凱爾（Rajkumari Amrit Kaur）及兩位賤民代表。

❷ 譯注：毛拉納（maulana）是中亞與印度次大陸地區，用於備受尊敬的伊斯蘭宗教領袖名諱前的敬稱。

至於八月十五日的議程，首件事就是向當時的英國總督蒙巴頓勛爵宣誓就職，前一晚他仍是最後一任的總督。當天的行程如下：

| | |
|---|---|
| 八點三十分 | 部長們在政府大樓向總督宣誓就職 |
| 九點四十分 | 預備接送各部長至制憲會議 |
| 九點五十分 | 國家禮車開至制憲會議 |
| 九點五十五分 | 向總督致上皇家禮炮 |
| 十點三十分 | 制憲會議升上國旗 |
| 十點三十五分 | 國家禮車開抵政府大樓 |
| 十八點 | 於印度門舉行國旗升旗典禮 |
| 十九點 | 彩燈秀 |
| 十九點四十五分 | 燃放煙火 |
| 二十點四十五分 | 於政府大樓進行國宴 |
| 二十二點十五分 | 於政府大樓舉行接待會 |

印度人看來就跟即將離去的英國統治者一樣喜歡儀式和典禮。整個德里和印度其他地區，從政府到人民，大家都歡欣鼓舞地慶祝著獨立的來臨。單就首都德里而言，據報就舉行了三百場升旗儀式。在商業中心孟買，該市市長在奢華的泰姬瑪哈旅館（Taj Mahal hotel）作東舉行了一場盛宴。在印度教聖城巴納拉斯，有間廟宇就意味深長地由一位穆斯林來執行揭旗儀式。西隆（Shillong）

是東北方的山城，當地地方首長主持了一場升旗儀式，升旗的四個年輕人是印度教和伊斯蘭教的兩對男女，「印度朝氣蓬勃，理當象徵性地由年輕人來升起剛誕生的新印度旗幟。」

人們認為一九三〇年一月二十六日首次——可以說是幻想的——獨立日當時，群眾是「嚴肅而有秩序的」（尼赫魯的觀察即是如此）。然而，當真正的獨立日於一九四七年來臨之際，印度人表達出來的反而是更為赤裸的情感。援引一個外國人士的觀察，在印度各地，「一個城市接著一個城市，精力充沛的群眾爆發出排山倒海的情緒，宣洩出壓抑多年的沮喪。從磨坊廠區到黃金海岸，民眾來回流連，四處可見他們狂歡作樂……在遺忘了以抗拒歐洲白人的遮陽帽為象徵的幾十年陰鬱怨恨之中，無處不是感染人心的歡樂慶典。」

而印度人口最稠密的城市加爾各答所發生的事，展現的即是這種氛圍。過去幾年以來，儘管這個城市受制於布料短缺的情況，但是那樣的跡象現在卻奇蹟地消失在「從房屋和建築物竄出的旗海之中……汽車和腳踏車上，連孩童和還在吃奶的嬰兒手上都有國旗」。與此同時，新的印度省督在政府大樓宣誓就職，但是看在即將卸職的英國省督的私人祕書眼裡卻挺不是滋味。他抱怨道：「從服裝的角度來看，集會所表現的普遍混雜特點實在是太不莊重了。」看不到晚宴外套和領帶，有的只是纏腰布和白色甘地帽。「會客室滿是閒雜人等」，整個宣誓典禮就是英國人離開印度之後「將會出現的情景的預示」。而整個典禮的最低潮，無非就是卸職在即的孟加拉省督巴洛斯爵士（Sir Frederick Burrows）頭戴一頂白色甘地帽走出房間的剎那。

# II

在會議開始之前，制憲會議的主席援引印度國父聖雄甘地的話，德里就此響起了「久久不歇的掌聲」。會場外的群眾呼喊著：「聖雄甘地勝利！」然而，甘地並不在首都慶祝活動的現場，那時他人在加爾各答，但也沒有參加那裡任何一場慶典或升旗活動。他對展示在政府大樓的甘地帽一無所知，也沒有允許。在十四日的晚上，西孟加拉的省督拜訪了甘地，詢問他隔天該如何舉辦慶祝活動。「到處都有人餓死，」甘地回答，「你竟然想在這樣的浩劫之中舉行慶祝活動？」[7]

甘地的心情無疑是低落的。當主要的國族主義報紙《印度斯坦時報》（*Hindustan Times*）的記者請求他就獨立時刻發表言論的時候，他的回答是：「無話可說。」當英國廣播公司（BBC）請他的祕書幫忙錄製一段他的談話，畢竟他是全世界認可真正代表印度的人，他卻要對方去找尼赫魯。BBC並沒有因而被勸退，反而要使者回去勸甘地，強調錄製的談話會翻譯成多國語言在全球播送。甘地卻還是無動於衷地說道：「就請他們忘了我會英語吧。」

甘地紀念一九四七年八月十五日的方式是進行二十四小時的禁食。他奮鬥了這麼久才獲得的自由，卻要付出讓人無法接受的代價。獨立也意味著印巴分治。過去十二個月以來，印度教徒和穆斯林之間的騷亂幾乎沒有停止過；從一九四六年八月十六日的加爾各答開始，暴力先是蔓延至孟加拉省的鄉村，再到比哈爾（Bihar），隨後是聯合省（United Provinces）❸，最後則是旁遮普省，那裡的暴力程度和殺戮範圍甚至超過了之前的恐怖事件。

一九四六年八月到九月發生的暴力事件，是由煽動巴基斯坦分治運動的政黨穆斯林聯盟

（Muslim League）率先唆使的。聯盟是由真納（Mohammad Ali Jinnah）所領導，他嚴峻而不易親近，但是個傑出的政治謀略家。如同尼赫魯和甘地，真納也是在英格蘭接受律師的養成教育；他也跟他們兩人一樣，曾經是國大黨的一員。由於感受到國大黨是由印度教徒領導而只求印度教徒利益的政黨，他毅然退黨。儘管是國族主義的抗爭，真納卻認為國大黨並無法真正代表印度最大少數族群穆斯林的利益。

透過一九四六年於加爾各答發起的暴動，真納和穆斯林聯盟希望能夠進一步分化印度教徒和穆斯林，以便迫使英國人最終撤離時能夠分割印度，他們在這一方面的努力可以說是相當成功。比哈爾省的印度教徒則是凶殘地報復，而他們的行動得到了當地國大黨領導成員的支持。當時的英國人已經說明，英國不會把權力移交給「遭到生活在印度這個國家的龐大有力的群體直接否定其權威」的政府。[8] 一九四六年到一九四七年的流血事件，似乎表明了穆斯林就是這樣的一群人，他們絕不會輕易地、也不會心甘情願地接受在印度教徒主導的國大黨統治下生活。現在發生的「每一次社群暴動，都被人援引是進一步替兩國理論（two-nation theory）和印度終將實行印巴分治背書」。[9]

目睹暴力的甘地是不會就此沉默的。當孟加拉鄉下的第一手報導傳出之後，他放下一切前往當地。這位七十七歲的男性長者走過滿是爛泥和石頭的艱困地區，沿途安慰了慘遭暴亂蹂躪的印度教徒。這趟七週的旅程，他走過一百一十六英里的路，大多是赤腳行走，並且在近百個村落聚會上發表談話。後來，他也拜訪了受害者多是穆斯林的比哈爾省，之後行至德里，那裡湧入了大量的旁遮普難民，他們是在大屠殺中失去一切的印度教徒和錫克教徒，心中充滿了復仇情緒，而這正是甘地

---

❸ 譯注：聯合省於一九五〇年改為北方邦（Uttar Pradesh），又譯為烏塔普拉德什邦。

想要抑止的，為的無非是害怕那樣的情緒會讓那些選擇分治後留在印度的穆斯林遭到報復。

甘地在預定獨立日的兩週前離開了德里，先是在喀什米爾待了四天，接著搭火車轉往加爾各答，那裡的動亂已經持續一年多了卻沒有停歇的徵象。在十三日的午後時分，他在穆斯林主導地區的貝利亞卡塔（Beliaghata）住了下來，那是「一個擁抱群眾的簡陋住所」，他想要看看是否「能夠在首善之都加爾各答為理智的恢復貢獻自己的心力」。

甘地決定在十五日就只是進行禁食和祈禱。他在當天下午聽到了這樣的消息（此處引用一份新聞報導），在加爾各答一些受害最深的地區出現了「幾乎令人匪夷所思的友愛同歡的場面」。「當印度教徒開始在街道和巷弄的入口架起勝利拱門，並用棕櫚葉、標語、旗幟和彩旗加以裝飾，穆斯林店家和住戶也不遑多讓，他們用印度自治領（Indian Dominion）的旗幟點綴起店鋪和住家。」印度教徒和穆斯林開著敞篷車和貨車在街上呼嘯而過，大聲對人群喊著「印度萬歲」（Jai Hind）的國族主義口號，「大批的友善印度教徒和穆斯林群眾蜂擁上街，也欣然給予回應。」[10]

這個社群自發性融合的消息，似乎讓甘地的心情好了一些，他決定要在當天發表聲明，但不是透過ＢＢＣ，而是用他自己喜歡的祈禱集會的溝通方式。有個報導說有一萬人，另一個則說三萬人，總之就是有廣大的群眾聚集在貝利亞卡塔的拉什蒲甘廣場（Rash Bagan Maidan），聆聽他的公開談話。甘地談到自己寧願相信，當天印度教徒和穆斯林所展現的友愛，應是「發自內心而不只是一時的衝動」。這兩個社群共飲了「騷亂的毒酒」，現在總算和好如初，「友善的甘露」嘗起來不啻更加甜美，天曉得，或許這樣的結果恰好可以讓加爾各答「永遠不再受到社群病毒的毒害」。

八月十五日的加爾各答的平和態勢讓人欣慰，但是也令人意外，畢竟這個城市在獨立日來臨的幾週前一直是處於戰戰兢兢的狀態。根據印巴分治仲裁條款，孟加拉省將被分割，東半部歸屬巴基斯坦，西半部則續留印度。加爾各答是當時該省分的第一大城，自然成了爭奪的焦點。由於邊界委員會（The Boundary Commission）決定把加爾各答分給印度，故而讓人擔憂在獨立日前夕可能出現暴力衝突。

而在印度半島的另一頭，旁遮普的首府拉合爾也出現了麻煩。如同加爾各答，拉合爾也是一個宗教和文化多元的城市，擁有許多最雄偉的精緻建築物，巴德夏希清真寺（Badshahi mosque）即是其中之一，它是偉大的蒙兀兒帝國末代帝王奧朗哲布（Aurangzeb）所興建完成的。不過，拉合爾也曾經是錫克帝國的首都，而在較近的時期更是印度教改革派雅利安社（Arya Samaj）的中心所在。如同旁遮普的所有其他領地，這個城市的命運現在是掌握在英國人手上，由他們來進行該省的分割工作。雖然十五日之前就公布了孟加拉的分割決定，但是旁遮普的「仲裁」結果的宣告則被延到獨立日之後。到底拉合爾及其鄰近地區會分給印度，還是會分入巴基斯坦呢？

後者似乎是比較可能的結果，也更符合邏輯，畢竟穆斯林是該城市最大的社群。確實如此，這個在西旁遮普地區（West Punjab）的巴基斯坦新省分早就任命了一位新省長，並且已經搬入拉合爾的政府大樓。在十五日的傍晚，該省長為了慶祝就職而舉行了派對。

他後來回憶道：「絕對沒有人辦過比這個更糟糕的派對了……電流斷電，電扇和電燈都不能用，我們有的唯一光源是半英里之外燃燒的拉合爾市區的火光。花園四周則是槍響不斷——不是零星的槍聲，而是大量的射擊。至於是誰在對誰開槍，沒有人知道，也沒有人想要問。」[11]

**沒有人想要問**。或許要問也不會在省長的派對上問。但是在貝利亞卡塔的聖雄甘地卻對「仍在拉合爾肆虐的瘋狂」表達了自己的憂慮。要到何時、應該怎麼做，才能將之終止呢？或許我們可以期盼，「加爾各答能夠作為影響旁遮普省和印度其他地區的寶貴例子——倘若真摯的話。」

## III

到了一九四六年十一月的時候，全印度的暴亂死亡總數已經超過了五千人。一份軍事備忘錄的觀察令人悲傷：「加爾各答發生的事報復在諾阿卡利（Noakhali），諾阿卡利發生的事報復在比哈爾省，比哈爾省發生的事報復在加爾穆克泰斯瓦爾（Garmukteshwar），那麼加爾穆克泰斯瓦爾發生的事會報復在哪裡呢？」[12]

到了一九四六年年底，得以暫離暴亂的就是旁遮普省。當地政府有由伊斯蘭教、印度教和錫克教的地主聯盟所組成的統一黨黨員（Unionists），他們維繫著隨時會生變的和平，並且面對著一連串的反對聲浪，有一方是來自激進的穆斯林聯盟，而另一方則是同樣激進的錫克政黨阿卡利黨（Akali Dal）。可是從一九四七年一月開始，旁遮普省的各個城市就出現了一次次偶發性的暴力事件。三月的第一週過後，暴力事件愈加頻繁，統一黨也被迫離開政府。到了五月，暴力的集中點已經決然地從印度的東部轉移到西北方。一份提交上議院（House of Lords）的聲明指出，在一九四六年十一月十八日到一九四七年五月十八日之間，印度死於暴亂的人數為四千零一十四人，其中旁遮普省的死亡人數就高達三千零二十四人。[13]

至於一九四六年到一九四七年的暴力事件，孟加拉省和旁遮普省是事發中心，而這兩個省分有些明顯的相似之處。即使各自仍居住了好幾百萬的印度教徒，但因為主要社群都是穆斯林，故而巴基斯坦主張這兩個省分皆為其所有。在印巴分治的時候，這兩個省分都被切分成兩半，穆斯林為主要社群的區域分入了東巴基斯坦或西巴基斯坦，而其他宗教社群掌控的區域則劃給印度。

不過，這兩個省分還是存有一些重要的差異。孟加拉省有著印度教徒和穆斯林血腥衝突的長久歷史，時間（至少）可以追溯到十九世紀末的幾十年。相較之下，旁遮普省的各個社群則幾乎是相安無事地生活著，一九四七年之前不曾發生過起因於宗教的重大衝突。在孟加拉省，大部分的印度教中產階級積極地尋求分治，他們相當樂意搬離穆斯林掌控的區域，以便在地方首府或其鄰近地區安身立命。幾十年之間，印度教的專業人士逐漸西移，地主也是如此，變賣財產後就把所得投資在加爾各答的房地產或商業活動。反之，旁遮普省的大型印度教社群則多半是與當地農業階級緊密相關的商人和放款人，不願意遷徙，反而希望最終能夠避免分治的局面。

最值得一提的是這兩個省分的最後一個差異，那就是居住在旁遮普省的錫克教徒。孟加拉省並沒有這股第三勢力，當地發生的是印度教徒和穆斯林的直接衝突。如同穆斯林，錫克教徒也有一部經典、無形的上帝，以及關係緊密的信徒社群。不過，從社會學的角度來看，錫克教徒卻更接近印度教徒，他們與印度教徒一樣遵守著一種（只許近親共食和近親通婚的）飲食—婚姻關係（*roti-beti rishta*），而且他們與印度教徒同樣有著一段遭到蒙兀兒帝國迫害的歷史。

如果被迫選擇的話，錫克教徒會選擇印度教徒這一邊，但是他們根本不想要選擇，因為不論是哪一部分的旁遮普省，錫克教農民都是為數可觀的社群。就在世紀之交，英國人要求東旁遮普的錫克教徒到剛剛建好灌溉系統的西部地區定居。經過幾十年之後，他們已經在這些「灌渠殖民地」（canal colonies）建立了繁榮的住所。現在為什麼是他們要從這些地方遷徙出去呢？錫克教的聖城阿木里查（Amritsar）位於旁遮普省的東邊，可是（錫克教創立者的出生地）南卡納薩希布（Nankana Sahib）卻是在西邊。錫克教徒為何不能夠自由出入這兩個地方呢？

不像孟加拉省的印度教徒，旁遮普省的錫克教徒很慢才認知到分治的意義和事實。起初，他們頑強地堅持要留在自己的地方，可是等到分治愈來愈可能成為事實之後，他們就宣稱要有自己的國家，並將國家取名為「卡利斯坦」（Khalistan）。然而，不管是印度教徒或穆斯林，根本沒有人把他們的要求當真，更遑論是英國人了。

歷史學家傑佛瑞（Robin Jeffrey）指出，至少到一九四七年八月的時候，錫克教徒還一直承受著「超過應得的懲罰」，他們「被英國人拋棄、為國大黨所容忍、受到穆斯林聯盟的嘲弄，而受挫最深的就是自己政治領導階層的失敗……」[14]錫克教徒所面對的這種獨特（雖說不上是悲劇的）困境，最足以說明宗教暴力最終之所以會降臨旁遮普省的原因和時機，而且態勢更是愈加頻繁和集中。三月到八月期間，每個月都比前一個月來得火熱和血腥。大自然也嘲諷地為政治和歷史煽風點火，一九四七年的雨季來得異常地遲。就像是遲來的雨季，邊界仲裁也遭到延遲，更助長了不確定的態勢。

關於孟加拉省和旁遮普省的分割任務，是由英國法官雷德克里夫爵士（Sir Cyril Radcliffe）所負責，而他其實對印度一無所知（這似乎算是優點）。不過，他在短短五個星期的時間之內，就得劃分出這兩處東西各半的邊界線。委婉說來，這實在是個很艱巨的任務。套用奧登（W. H. Auden）的話，雷德克里夫爵士必須分割一塊土地，上面住著「水火不容的兩個族群／飲食不同且神祇相異」，但是「手邊有的地圖……陳舊過時」，而「人口普查回報幾乎一點也不準確」。[15]

雷德克里夫爵士是在七月的第一週抵達印度，當局指派了四位旁遮普省的顧問，分別是兩位穆斯林、一位印度教徒和一位錫克教徒。由於這四位顧問對什麼都意見不合，他很快就解除了他們的工作。誠如他寫給侄子的信件，他知道情況就是如此：「沒有一個在印度的人會喜歡我為旁遮普和孟加拉做出的仲裁，大概有八千萬人會心懷不滿而想要找我。我可不希望他們找到我……」[16]

八月一日，為了控制暴力，旁遮普省邊界部隊（Punjab Boundary Force）成立了，領導者是大將軍里斯（T. W. ['Pete'] Rees），他是來自英國阿伯加文尼（Abergavenny）的威爾斯人。在他之下則是位階為准將的四位顧問，包括了兩位穆斯林、一位印度教徒和一位錫克教徒。里斯在第一份報告中，預測了「邊界裁定不會讓任何人感到完全滿意，而且極可能會激怒錫克教徒」。[17]他在八月七日提出這份報告，當時的英國印度軍隊總司令是陸軍元帥奧金萊克爵士（Sir Claude Auchinleck），他則在十四日的時候做出如下觀察：「邊界委員會延遲宣布仲裁結果帶來了最為不安且有害的影響。想當然耳，我們意識到宣布結果可能會火上添油，可是遲遲不宣布卻使得現在充斥著最瘋狂的流言，並且不缺挑撥離間的人到處散播。」[18]

雨季仍舊遲遲不來，就算在陰影處也有一百度的高溫。對於穆斯林來說，那一年的齋戒月（Ramzan）在七月十九日到八月十六日，他們必須奉行從拂曉到黃昏的禁食活動，不管是士兵或一般民眾，這種天候尤其難受。里斯問他的穆斯林司機，雨季怎麼還不來，對方回答說：「因為真主也不高興。」

邊界仲裁終於在八月十六日宣布，結果卻激怒了穆斯林，他們認為古爾達斯普爾地區（Gurdaspur）應該要劃入巴基斯坦而不是印度。錫克教徒則是更加氣憤，他們敬愛的南卡納薩希布現在竟然被圍困在一個伊斯蘭國家之中。就這樣，邊界兩邊的暴行愈演愈烈。在東旁遮普，武裝的錫克教數隊人馬流竄鄉間，搜索並殺害能夠找得到的穆斯林，而僥倖逃脫的穆斯林則跨越邊界到西旁遮普，就在那裡進一步助長報應和復仇的循環。錫克教聖城阿木里查和其附近地區的穆斯林蜂擁逃至（對他們來說）安全的避難之地拉合爾。「這些難民的故事帶著東方式和聖經式的誇大敘述，確實有著殘酷事實的依據，也不乏斷手的殘軀之類的景象，在拉合爾及更往西之處，他們就可以在穆斯林同胞面前展示。」

根據里斯自己統計的數據，三月到七月底旁遮普的傷亡人數，老百姓約有四千五百人死亡、兩千五百人受傷。不過，單就八月來說，軍隊的官方報告傷亡人數則有一萬五千人遭到殺害，里斯也承認「實際人數可能是該數字的兩倍或三倍」。

對於旁遮普的動亂和其影響程度，當時的印度總理尼赫魯甚為憂心。八月下旬，他就造訪了當地三次，不僅與邊界兩邊的居民交談，也進行了空中視察。尼赫魯並不認為「兩方的殘酷行為有什麼不同，全都極為不人道和野蠻」。[19]里斯描述這種野蠻行為的形容詞是「前中世紀的」，但事實上是中世紀和現代並陳。暴亂分子所使用的武器，「有原始的斧頭、矛叉和木棒，以及最現代的衝鋒槍和輕型機槍。」

旁遮普邊界部隊在九月二日解散了，反正也不是特別管用，其一直受制於雙重權威的問題，也就是必須在沒有戒嚴法的情況下向文職官員報告。隨著旁遮普邊界部隊的退場，法律和秩序的責任就落在印度政府和巴基斯坦政府身上。暴亂未歇，兩邊大批人民逃亡的戲碼也繼續上演。西旁遮普清除了印度教徒和錫克教徒，而東旁遮普也趕走了穆斯林。馬德拉斯的地方週報《獨立》（*Swatantra*）受人敬重，其駐旁遮普的通訊記者描述了雙方無情且平分秋色的暴力，他寫到自己目睹的情況：

> 有一天傍晚，有輛空蕩蕩的難民特派車駛進了費羅澤普爾車站（Ferozepur Station）。駕駛被嚇得語無倫次，守衛死在自己的車廂內，添煤的鍋爐不見了。我走下月臺，唯一可見的就是兩個奇形怪狀之物從內到外濺得都是血；一節三等車廂內有三具屍體躺在血泊中。一夥武裝的穆

> 斯林暴民擱下了這輛行駛於拉合爾和費羅澤普爾之間的火車，就在光天化日之下進行了一場乾淨俐落的屠殺。
>
> 還有一幕我大概忘也忘不了的場景。載著穆斯林難民的五英里長的大篷車隊，以龜速通過薩特萊傑橋（Sutlej Bridge）進入巴基斯坦，牛車上堆著高高的寒酸家當，而牲畜就在一旁被驅趕前進。婦女們抱著嬰兒，頭上頂著破爛的錫製小行李箱。兩萬名男女老少艱苦地跋涉前往應許之地——但是這並不是應許了什麼的土地，而是因為法里德科特土邦（Faridkot State）和費羅澤普爾內地的印度教徒和錫克教徒砍殺了好幾百位穆斯林，使得倖存的穆斯林無法在當地生活。[20]

一千萬名難民展開遷徙行動，他們或是徒步、或驅趕牛車、或是搭乘火車，有時是在軍隊的護送下移動，其他時候就把自己交付給命運和各自的神祇。尼赫魯在飛越視察時看到一條綿延十英里的十萬名難民車隊，要從加蘭德（Jullundur）移往拉合爾，中途必須穿過阿木里查，而那裡有來自西旁遮普「正處於亢奮狀態」的七萬名難民。尼赫魯因此建議要沿著城鎮的四周闢出一條路，以便讓兩條車隊不會狹路相逢。[21]

毫無疑問，這是歷史上最龐大的群眾遷徙。「就可知的歷史，沒有任何一個地方發生過這種在短短幾天之內數百萬人遷徙的狀況。」一位目擊者寫道：

> 逃離家園的難民穿越熾熱和雨水、洪水和旁遮普省的苦寒，大篷車隊掀起的塵土低沉地蔓延

整個印度平原，其中混雜著恐懼、汗水、人體排泄物和腐爛屍體的氣味。當仇恨的烏雲散去之後，死者被一一點名，五百萬個名字就這麼回響在這片迷惘的大地上，這些人是死於槍傷、劍、短刃、刀子之下和其他傳染病。死於暴力的人數前所未見，有些疲憊溫和的人就只是望著歷經劫掠的花園而倒下死去。當人們失去理性而抓狂了，生命還有什麼美好呢？為什麼我們需要從刀尖上取下自己的孩子，或從幽暗深井拉出自己的愛人呢？[22]

由於西旁遮普省長穆迪爵士（Sir Francis Mudie）的政黨傾向鮮明，這個省的動亂情況因而變得更糟，他就是「根深蒂固地反對國大黨」。因為穆迪認為他「可以自己統治，因此阻擾內閣行事，尤其是內閣閣員想要化解東旁遮普和西旁遮普的鴻溝，以便修補巴基斯坦和印度關係的企圖」。可悲的是，沒有巴基斯坦的政治人物願意打擊宗教狂熱的現象，不管私底下怎麼想，他們並不願意對此公開發言。對於巴基斯坦的新總督真納來說，他把總部設在臨海城市喀拉赤（該國首都），而且「只在簾幕遮掩和最精心護衛之下才去探訪拉合爾」。他的膽怯行徑完全不同於兩位印度卓越政治家對於少數族群的勇敢防禦態度。確實如此，誠如一位英國觀察家所言：「在西旁遮普的穆斯林的心目中，尼赫魯和甘地享有極高的聲譽。」[23]

在同一時間，孟加拉省的動亂再次興起。諾阿卡利傳來了新的暴動，而在加爾各答，甘地擇居的貝利亞卡塔地區的平靜也遭到破壞，就在八月三十一日，有位年輕的印度教徒受到穆斯林的攻擊，報復性的暴力隨即出現且日益擴大，到了九月一日的黃昏時分，死傷人數超過了五十人。當天晚上，甘地決定要開始禁食。

友人問道：「可是你禁食又怎麼能夠對抗那些流氓呢？」

根據一位在場人士描述，甘地如此回答：「如果我可以控制加爾各答，我知道自己就有能力應付旁遮普。我要是現在動搖畏縮了，衝突就可能會很快擴大。我可以清楚地看到有兩、三個〔外國〕勢力會踩在我們頭上，那樣一來就會終結我們短暫的獨立夢想。」「可是你要是死了，衝突就會變得更嚴重啊！」那個朋友回道。「至少我不會活著看著衝突發生，」甘地說著，「我已經盡力了。」[24]

甘地從九月二日開始禁食。隔天，印度教和伊斯蘭教的流氓就來到他面前放下武器，城市的不同區域舉行了社群和諧的融合遊行，含括了國大黨、穆斯林聯盟和深具影響力的地方性印度教大齋會的重要政治人物，他們組成代表團向甘地保證不會再出現暴動。聖雄這才結束持續三天的禁食。和平維持住了。因為這起事件，蒙巴頓勛爵道出了他的名言：一個赤手空拳的男人可比旁遮普的五萬人軍隊更有效。《政治家報》（*Statesman*）是加爾各答的一份英資報紙，長久以來都反對聖雄甘地和他的政治，但是甘地和他的欽慕者可能也會珍視這份報紙的頌詞：「多年以來，我們一直無法認同印度這位最著名的實踐者，將禁食當作一種政治工具的道德規範……但是在聖雄甘地的漫長生涯中，我們看到了他這一次禁食的動機是前所未有地簡單可敬，沒有人可以料到其訴諸公眾良知居然能夠立即奏效。」[25]

甘地在貝利亞卡塔待了四個星期之後，於九月七日離開當地前往德里，他希望從那裡再西行到旁遮普。然而，抵達德里之後，他隨即聽到衝突和強取豪奪的傳言。德里的穆斯林都很驚恐，他們的家園和膜拜場所都遭受日益嚴重的攻擊。有人告訴甘地，在過去的幾個星期，當地被破壞的清真寺至少有一百三十七座，印度教和錫克教的難民也強占了穆斯林的民宅。有位基督教貴格會（Quaker）救援人員曾經報告過，「不分階級，不論是公務員、商人、工匠、二輪馬車車夫

（tongawallahs）或搬運工人，所有德里的穆斯林都逃到了一些天然據點」，像是位於城中心的高牆堡壘舊堡（Purana Qila），以及蒙兀兒帝王胡馬雍（Humayun）的陵寢。單單舊堡一地就有六萬名難民，他們蜷縮在帳篷裡，「就在城垛的一角或是露天之處，身旁是他們的駱駝、兩輪馬車和馬匹、損壞的老舊計程車，以及豪華轎車。」[26]

甘地暫緩了旁遮普的計畫，而去探訪德里內外的難民營。德里附近的平原住著一個叫做「梅奧斯」（Meos）的農業社群，信仰的是伊斯蘭教，但是卻採用了鄰近印度教居民的許多宗教習俗和儀式。可是在這段瘋狂的時間裡，這種不同教派融合共存的情況卻為人們所遺忘，不管是在印度的領土，或是在阿爾瓦爾（Alwar）和巴拉特浦（Bharatpur）等土邦，好幾千名梅奧斯人不是被殺害，就是被驅離家園。[27]

甘地的傳記作者坦都卡（D. G. Tendulkar）寫到，在九月和十月的時候，甘地「走遍了大大小小的醫院和難民營去安慰苦惱的民眾」。他「籲請錫克教徒、印度教徒和穆斯林忘卻過去，不要執著於所受的痛苦，而是要向彼此伸出友誼之手，努力和平相處……」，並且「懇求所有人一起盡快為德里帶來和平，他才能夠繼續前往東旁遮普和西旁遮普」。甘地說：「自己之所以要前往旁遮普，是為了糾正穆斯林❹在那裡犯下〔傷害印度教徒和錫克教徒〕的錯誤，可是他若不能確保德里的穆斯林的正義，他就不可能妄想成功。」[28]

甘地也到了國民志願服務團（Rashtriya Swayamsevak Sangh, RSS）的陣營發表談話。RSS是印度馬哈拉什特拉的一位醫生於一九二五年所創立，成員是團結積極的印度教青年，甘地折服於他們展現的紀律和不具種姓制度意識，但是對於他們敵視其他宗教的做法就不以為然了。他向RSS的成員說道：「如果印度教徒覺得，除了印度教徒之外，印度容不下其他人，而且如果非印度教徒想要住在印度，尤其是穆斯林，他們就必須成為印度教徒的奴隸，這樣是會滅了印度教的。」甘地可以了解RSS是「一個有組織紀律的團體」，可是他是這麼告訴這些成員的，「他們可以運用他們的力量來造福印度，也可以對印度不利。他不知道那些反對RSS者對他們（引發社群仇恨）的指控到底有多少事實，這就有賴於RSS展現出一致的行為來反駁那些無中生有的指控。」[29]

尼赫魯不同於甘地，並不想相信這個團體。「我覺得看來很清楚了，」他曾對內政部長帕特爾說，「不只是德里，還有其他地方，RSS對發生的動盪要負很大的責任。他們在阿木里查的活動就相當明顯。」尼赫魯對RSS的感受是來自於他對社群處境的深層憂慮。他認為「某些錫克教和印度教的法西斯分子有著相當明確縝密的企圖，他們想要推翻政府，或者至少是要破壞印度當前的國格。這已經不只是一種社群動盪而已。他們有許多人都是極端地殘忍和冷酷，而他們跟純粹的恐怖分子沒有兩樣」。[30]

尼赫魯之所以會有這麼深的憂慮，那是因為狂熱分子的運作是在「對他們有利的輿論氛圍之中」。特別是在德里，來自巴基斯坦的印度教和錫克教難民要的是血債血還，然而，總理堅持印度必須是一個穆斯林能夠自由生活和工作的地方。一位曾任總督幕僚的英國人在日記裡寫道：「近距離觀察這段艱困時期的尼赫魯是個啟迪人心的經驗。他展現了具有人本主義和文明智慧的個人信仰。在共同體主義（communalism）❺的動盪之中，面對著個人詭計和群眾瘋狂等諸多變化，他幾乎

❹ 譯注：此處原文為Mussalmans，是Muslims的古語。

❺ 譯注：為了不與社群主義（communitarianism）和共產主義（communism）混淆，本處採譯為共同體主義，指的是一種以公社（commune）或社群為基礎的政治系統，帶有烏托邦社會主義或無政府主義的色彩，強調集體性而非個人性，種族和

是孤軍奮戰，理性溫柔地發表言論。」[31]

在甘地和尼赫魯的倡議之下，國大黨通過了一項攸關「少數族群權利」的決議，即國大黨永遠不會接受「兩國理論」，不會違背黨的意志而接受印巴分治，並依舊相信「印度是個擁有許多宗教和種族的土地，且必須保持現狀」。不論巴基斯坦的局勢為何，印度將是「一個民主的世俗國家，全體公民不論其宗教為何，都享有完整權利以及皆有權要求國家保護」。國大黨盼望以此「向印度的少數族群保證，該黨會繼續傾盡全力來保護公民的權利免受侵犯」。[32]

然而，國民志願服務團卻非常質疑這個觀點。高瓦克（M. S. Golwalkar）是其領導人暨主席，這位清瘦蓄鬍的科學畢業生，強烈反對不因宗教而有所歧視的世俗國家的想法。他對印度抱持這樣的概念：

> 對於印度斯坦的非印度教徒，他們一定要接受印度教的文化和語言，他們一定要學習、尊重和敬畏印度教，他們一定要頌揚印度教種族和文化而不作他想……總而言之，他們一定要停止當個陌路人，或許可以待在這個國家，但是必須完全從屬於這個印度教國家，不能夠有任何要求，不應享有特權，更別說是特別待遇，甚至連公民的權利也不行。[33]

一九四七年十二月七日，RSS在這個星期天於德里市中心的拉姆利拉廣場（Ramlila Grounds）舉行了大型集會，高瓦克是當天的主講人。根據《印度斯坦時報》的報導，高瓦克否認了RSS志於建立一個印度教印度（Hindu Raj）的說法，但是仍然堅持：「我們志於印度教社會的團結。秉持著這個理想，服務團會在這個道路上繼續前進，而且任何的權威名士都無法阻撓我們。」[34]

他所暗示的權威指的是國大黨和印度政府，而影射的名士就是尼赫魯和甘地，畢竟在那些支持RSS的地區的難民對這些權威名士都懷有相當的敵意。甘地的一些集會就被某些難民打斷，有些反對誦讀《古蘭經》的內容，或者是高喊口號，質問甘地為何不談論那些依舊生活在巴基斯坦的印度教徒和錫克教徒所遭受的苦難。事實上，如同坦都卡所寫，甘地「一樣關心巴基斯坦境內少數族群的苦難，也想要對他們伸出援手。但是當他無法保證德里的穆斯林得到完全救濟時，他有什麼臉到那裡去呢？」

眼看穆斯林繼續遭受攻擊，甘地決定要訴諸另一次的禁食，時間是從一月十三日開始，對象是三個不同的選區選民。首先訴諸的是印度的人民，他不過是跟他們說明，若不相信兩國理論的話，就必須在「永恆之都」德里這個自己選擇的首都，展現印度教徒和穆斯林能夠相親相愛地和睦共處。第二個訴諸的選區選民是巴基斯坦政府。「到底要多久，」他問道，「我才能夠依靠印度教徒和錫克教徒的耐心而不顧我的禁食呢？巴基斯坦一定要制止事態的發展。」（此處指的是將少數族群逐出領土的情況。）

甘地的禁食訴諸的最後對象是印度政府。他們一直扣留巴基斯坦持有的「英鎊結存」，那是英國人對這兩個自治領的共同負債，是為了補償印度在第二次世界大戰的貢獻所產生的債務。累計金

---

宗教通常是其凝聚手段，藉此尋求在一個聯邦國家中的地方自治，故而經常衍生敵對態度，因此即使同樣強調社群力量，不應與重視建設性功能的社群主義混為一談，也不應等同於強調階級鬥爭的共產主義。若就此階段的印度歷史而言，本文所指的應是結合國族主義和宗教力量的共同體主義。

額是五億五千萬盧比，可說是公平的數字。新德里很氣憤巴基斯坦近來一直想要占領喀什米爾，因而不願意釋出這筆錢。甘地認為這是不必要的懷恨心態，就把印度交付積欠巴基斯坦的錢當作結束禁食的條件。

一月十五日晚上，印度政府決定釋出積欠巴基斯坦政府的款項。隔天，一千多名難民簽署了聲明，表示歡迎流離失所的穆斯林回歸德里，允許他們重返自己的家園。但是甘地想要當局給予更多的保證；與此同時，他的健康急速惡化，不僅腎臟出了問題，體重下降，還飽受嘔吐和頭痛的折磨。醫生對此發出警告：「基於職責，我們要告訴大家趕緊採取措施來做到必要的條件，才能立即終止禁食。」

一月十七日，在制憲會議主席普拉薩德（Rajendra Prasad）的領導下成立了「中央和平委員會」（Central Peace Committee），成員包括了其他國大黨員，以及RSS、伊斯蘭賢哲會（Jamiat-ul-Ulema）和錫克教團體的代表成員。在十八日早晨，委員會成員向甘地發表了一份讓他感到滿意而停止禁食的聯合聲明。這個聲明承諾了「我們應當保護穆斯林的生命、財產和信仰，而且日後不會再發生德里所發生的事件」。[35]

德里會重現「加爾各答奇蹟」嗎？雖然激進團體的領袖似乎因為甘地的禁食手段而所有抑制，但是他們的追隨者則仍舊心懷敵意。前幾次探訪德里的時候，甘地落腳的處所是貧民窟❻，但是他這一次則是被安排入住其追隨者百萬富翁比爾拉（G. D. Birla）的家。即使是在甘地禁食的期間，一群群的難民會遊行經過比爾拉的住宅，在門外叫囂：「甘地去死！」到了一月二十日，當甘地在比爾拉的住宅主持一場祈禱集會時，來自旁遮普省的難民勞爾（Madan Lal）往屋內朝他丟了一顆炸彈，還好炸彈爆炸的地點離他有些距離，所幸無人受傷。

甘地面對想要取自己性命的攻擊毫不畏懼，他繼續與人們會面，包括了憤怒的難民在內。在一月二十六日的祈禱集會上，甘地談起了過往大家是如何把這一天當作獨立日來加以慶祝。儘管現在有了自由，但是最初的幾個月卻讓人深感幻滅。不過，他相信「最糟的已經過去了」，印度人會一起努力達到「所有階級和教義皆平等，不再有主要社群施加於次要社群的控制和優越感，而所謂的人數多寡或影響力都是無關緊要的」。他也允許自己懷抱著希望，「那就是儘管印度在地理上和政治上被一分為二，印度人打從心裡都應當是兄弟朋友，互相幫助和尊重彼此，而且對外團結一致。」

甘地為了一個自由而團結的印度奮鬥了一輩子；不過，到了最後，他已經可以淡然且沉著地看待印度的分裂，然而其他人就不是這麼寬容了。在一月三十日傍晚的每日祈禱會上，甘地被一個年輕人槍殺身亡。事後自首的暗殺客是戈德森（Nathuram Godse），一位來自浦那（Poona）的婆羅門（Brahmin）❼。他接受審判後被處以死刑，並於行刑前做了一場精采的演說來辯解自己的行動。戈德森宣稱自己憤怒的主因是聖雄甘地「一直不斷地迎合穆斯林的做法」，「並且在最後的一次禁食達到極點，終於激怒我而決定立即終結甘地的生命。」[36]

---

❻ 譯注：此處原文為the sweepers colony，sweepers指的是被社會孤立且遺忘的邊緣社群，印度種姓制度的賤民的社會地位正是如此，他們的工作多為清掃和清理人們的穢物和垃圾，為便於理解，此處將他們群聚之地譯為一般的貧民窟。

❼ 譯注：婆羅門是印度種姓制度最高層級的階級。

## IV

甘地之死引起了一股排山倒海的哀思，出現了許多動人的悼念，包括了長久以來將甘地視為二十世紀最偉大的人物的愛因斯坦（Albert Einstein），以及一度認為甘地是個騙子的歐威爾（George Orwell），現在則尊他為聖人。蕭伯納（George Bernard Shaw）的回應展現了他一貫的輕率作風——「這顯示了當好人是多麼危險的事」，而另外一個有代表性的卑鄙反應則是來自真納，他說這位老敵人的死亡只不過是「印度教族群」的損失而已。

不過，最中肯的兩個公眾反應是來自帕特爾和尼赫魯，他們兩人是甘地最傑出、更不用說是最有權力的追隨者。帕特爾當時為印度政府的內政部長，他與甘地都是古吉拉特人，早在一九一八年就是甘地的追隨者，他是位卓越的組織者和策士，在國大黨成為全國政黨的過程中扮演著重要角色。就當時的印度內閣來說，他是僅次於總理尼赫魯的第二號人物。尼赫魯追隨甘地的時間要比帕特爾晚幾年，他會說三種語言，但只會用兩種語言（印地語和英語）跟甘地交談，但是他與聖雄之間情感深厚，也跟帕特爾一樣，平時都叫甘地「爸埔」（Bapu），即「父親」之意。在許多方面，尼赫魯是聖雄最喜愛的兒子（遠比聖雄的四個親生兒子還要親近），也是聖雄欽選的政治繼承人。

這時的印度正陷入國內衝突而動盪不安。尼赫魯和帕特爾告訴印度人民，即使大師已逝，但是他的話語長存。就在甘地死後，帕特爾隨即在全印廣播電臺（All-India Radio）發表談話，懇求人民不要尋仇，而是要「傳達聖雄所闡明的愛和非暴力的信息。這真是令人感到羞愧，一位世界上最偉大的人必須為我們犯下的罪過付出自己的性命。即使我們在他生前沒有追隨他，但是至少讓我們在他死後跟隨他的步伐」。[37]尼赫魯將甘地的骨灰沉入恆河之後，即在安拉阿巴德（Allahabad）發表談話，他說自己知道「我們已經為了這個教訓付出了慘痛的代價，我們之中有誰會不想在甘地死後誓言完成他的使命……？」尼赫魯又說，印度人現在「必須要團結起來，一同對抗殺害了我們這個時代最偉大的人的可怕毒藥——共同體主義」。[38]

雖然尼赫魯和帕特爾共同呼籲印度人要團結和寬恕，但是他們兩人之間不久前卻出現了不滿的爭吵。在十二月下半旬，尼赫魯原本計畫要到遭受暴動襲擊的城鎮阿傑梅爾（Ajmer）視察，在最後一刻卻取消了行程，改派自己的私人祕書前往當地。帕特爾深感受到冒犯，他覺得既然內政部長已經派遣了調查小組到阿傑梅爾，總理指派下屬視察行程等於暗示其缺乏信心。尼赫魯解釋是家人過世才被迫取消自己的行程，從而改派祕書，主要是不希望期待他的到來的人感到失望。可是無論如何，他是政府領導人，有權決定自己想要視察的時間和地點，或者是派人代理出席。帕特爾則對此回應，內閣制的總理只不過是同儕之首，尼赫魯並沒有高人一等或能夠支配其他部長。

兩人的爭論逐漸變得白熱化，甚至在某個階段都主動提出辭呈。兩人後來同意要就彼此的不同觀點尋求甘地的意見，可是都還未選定適當時機，聖雄就開始了最後一次禁食。帕特爾在隔一週離開了德里，可是他一直相當掛心這件事，尼赫魯也是如此。事實上，在一月三十日那天，即在進行那場命定的祈禱集會之前，甘地與帕特爾見了面，並且要求他和尼赫魯要化解彼此的歧見，也提及他想要在隔日與兩人會面。

甘地被暗殺的三天之後，尼赫魯寫了一封信給帕特爾，信中提到「隨著爸埔的逝世，一切都變了，而我們必須要面對一個不同且更艱困的世界。我們過往的爭議已經不重要了，對我來說，當下的迫切需求似乎是我們所有人要盡可能緊密合作來行使職責……」帕特爾對此回應，說到自己「完全且衷心地回報你如此感性表達的情感……近來的事讓我非常不快樂，我也寫信給爸埔……懇請他幫我解脫，可是他的死改變了一切，突然襲擊我們的危機必然會讓我們有新的領悟，了解到我們一起完成了多少事，以及我們必須要為這個悲痛欲絕的國家的福祉齊心努力」。

甘地在世的時候並無法使印度教徒和穆斯林握手言和，但是他卻透過自己的死亡讓尼赫魯和帕特爾冰釋前嫌。對於這個非常脆弱的新國家來說，這一次和解帶出了相當可觀的成效。

# 第二章
# 分割的邏輯

這是印度的重大歷史命運，許多的種族和文化應該匯流至此，在這片友好的土地上安身立命，很多的大篷車都應該來此停歇……豐富印度的是一千一百年的〔伊斯蘭教和印度教的〕共同歷史與共有成就。我們的語言、我們的詩篇、我們的文學、我們的文化、我們的藝術、我們的服裝、我們的禮節和習俗，以及發生於日常生活的無數事件，這一切都烙印著我們共同努力的痕跡……千年以來的共同生活已經把我們形塑成一個共同的民族……不管喜不喜歡，我們現在已經是一個印度國家，一統而無法分割。任何以分離和分割為目的之幻想或人為詭計都無法破壞我們的團結。

——阿扎德，國大黨主席演說，一九四〇

印度的問題並不是一種社群之間的問題，而顯然是一種國際身分的問題，因此應該要這麼看待……認為印度教徒和穆斯林可以逐步形成一個共同的民族，這是一個夢想，也是太過踰越一個印度國家的限制的一種誤解，我們的多數麻煩都是由此而來，而且倘若我們不能及時修正我們的行動的話，這也將把印度帶入毀滅。印度教徒和穆斯林分屬於兩種不同的宗教哲學、社會習俗和文學，兩者之間既不能通婚，也不能一同進食，確切說來，就是分屬於主要奠基於相互衝突的想法和概念的兩個文明。兩者的生活關照和生活面向就是截然不同。

——真納，穆斯林聯盟主席演說，一九四〇

# I

印度是否真的非要分割不可？當英國人離開的時候，難道他們不能留下一個完整的國家嗎？自一九四七年以來，人們不停地叩問這樣的問題。而在回答的過程中，這些問題又帶出了另一個問題：**為什麼**印度會被分割呢？

對於一個未被分割的印度的懷舊情懷，在邊界的印度這一邊的人們身上表現得最為明顯，而在歸屬巴基斯坦的人的身上卻也不時有著一種失落感。這確實是一九四七年八月十五日那一天的氛圍，有位資深的統一黨政治人物就曾如此期許自己：

可以做些什麼來保全旁遮普的統一……目睹正在發生的一切真是讓人心碎……這一切都是達成真正的協議之前的肅清與放棄的政策所造成的結果……權力轉移的日子的底定等於排除了任何轉圜的餘地，活體分割就成了唯一的選項……我們必須重新開始，〔可是〕人們現在腦海最先浮現的都是社群仇恨和相互毀滅，要守成創新簡直是希望渺茫。[1]

為什麼無法保全旁遮普地區或是印度的統一呢？我們對此有三個截然不同的回答。首先要責怪的是國大黨低估了真納和穆斯林，接下來該歸咎於真納無視其對人民的影響而追求國家分離的目標，最後該為此負責的就是英國人，他們宣稱促成印度教徒和穆斯林的分割是為了延續其統治原則。[2]

以上的三個解釋，或許該說是指控，其中都有些許的真實。確實如此，尼赫魯和甘地在處理穆斯林聯盟的判斷上犯了重大錯誤。在一九二〇年代期間，甘地不理睬真納，而是想要與穆拉（mullahs）❶追求共同的理想。一九三〇年代期間，尼赫魯傲慢地（事後證明是錯誤的）宣稱，眾多的穆斯林情願追隨他的社會主義信念，而不是一個以信仰為根基的政黨，此時穆斯林卻逐漸從國大黨轉而加入穆斯林聯盟。一九三〇年代，當真納還願意妥協的時候，他卻遭受忽略；等到一九四〇年代，他獲得穆斯林的穩固支持之後，他根本毫無理由妥協了。

確實也是如此，真納的一些政治轉向只能解釋是出自個人的野心。真納曾經一度被稱為「印度教—伊斯蘭教統一的使者」和憲政政治的實踐者。即使他把自己改造成伊斯蘭教和穆斯林的捍衛者，他的私人生活卻忽視著信仰的主張（他喜歡喝威士忌酒，而且有些記載也說他喜歡火腿三明治）。[3]然而，自一九三〇年代末期，他開始苦心鼓動人們的宗教熱情，最後更推升至發起「直接行動日」（Direct Action Day），而就是這一天開始了一條充滿暴力和以暴制暴的血路，使得印巴分治成為定局。

最後，同樣正確的是，英國人的確鼓勵且深化了存在於印度教徒和穆斯林之間的仇恨。一九二五年三月，反殖民抗爭已經確切觸及到大眾層面，當時的印度國務大臣曾向總督寫信報告：「我總

❶譯注：伊斯蘭世界對於神學家、老師和長者的敬稱。

是對永恆的『社群處境』寄予最長久、深切的希望。」[4]縱然英國的自由價值發展使得個人主權受到重視，但是殖民地的個人總是隸屬於社群之下。這明顯反映在政府人員的任用和政治管理上，殖民政府費心去平衡穆斯林和印度教徒的雇員人數，同時也引進了社群選民制度，比方說，穆斯林就只能投票給其他穆斯林。相較於印度教徒，大多數的英國官員比較熟悉穆斯林的崇拜形式和生活方式，也就會偏好穆斯林。總的來說，英國的殖民政策深化了宗教的分歧，如此反而有助於鞏固白人對當地的統治。

國大黨的眼光短淺、真納的野心、英國的非道德和犬儒主義，前述的一切或許都發揮了作用，而印巴分治至少在一九四〇年代初期就寫入了印度歷史的邏輯之中，就算沒有英國政府去鼓勵社群選民，現代選舉政治的肇始也可能助長社群投票票倉。事實上，穆斯林愈來愈能夠將自己想成是「穆斯林」。在一九二七年的時候，穆斯林聯盟仍僅有一千三百名黨員；到了一九四四年，單單孟加拉省就有超過五十萬的聯盟黨員（旁遮普則有二十萬）。各個階級的穆斯林紛紛一同加入穆斯林聯盟，包括工匠、工人、專業人士、商人等等，他們恐懼統一的印度會是「婆羅門巴尼亞英屬印度」（Brahmin Bania Raj）❷的景況，故而全員在「伊斯蘭教有危險了」的號召之下團結了起來。[5]

一九四〇年三月，穆斯林聯盟第一次正式呼籲成立巴基斯坦，但因時值第二次世界大戰，暫且擱置了巴基斯坦問題（連同更廣泛的印度獨立問題）。二戰結束之後，英國由工黨政府上臺執政，不同於保守黨的是他們「認為自己負有道德承諾去加快印度獨立的時程」。在處理印度事務方面，當時的英國首相艾德禮（Clement Attlee）展現了「其生涯中不尋常的決心和熱情」。[6]

有些工黨的政治領導人物與印度國大黨的關係密切，其中包括了克里普斯爵士（Sir Stafford Cripps），他在一九四六年年初受委任為協調印度獨立條款的內閣使節團的三位成員之一。克里普斯和其他工黨領袖都想要留下一個統一的印度來讓國大黨統治管理，可是從一九四五年十二月準備給內閣使節團的備忘錄來看，這是不太可能的結果。該備忘錄的撰寫人是沐恩（Penderel Moon），他是萬靈學院的院士（Fellow of All Souls），有段時間是印度文官體系的成員，他指出，「讓印度教徒同意分割要比讓穆斯林同意統一來得容易」。就英國的觀點而言，「違反穆斯林的意願而統一印度必然會動用武力，但若是背棄印度教徒的心願而分割印度的話，則不一定要動用武力，即使要用到武力的最糟情況也會比較輕微。在馬德拉斯、孟買、聯合省和德里康諾特廣場的印度教徒，可能會為孟加拉省和旁遮普省的同胞脫離印度母國懷抱的處境而大聲哀嘆，可是卻不太可能有決心或力量為了他們而發起任何運動。」[7]

接下來的幾個月可說是體現了這些評論的冷酷智慧。一九四六年年初，許多省議會舉行了選舉，而這些選舉的公民投票權完全受限於教育和財產，大約只有百分之二十八的成年人可以投票，不過，就英屬印度的大小來說，這依舊大約相當於四千一百萬的人數。[8]

全世界的現代民主政治的辭令有著兩種截然不同的語言風格，一個是訴諸希望與大眾渴望，以便達到經濟繁榮和社會和平，另一個則是訴諸恐懼與會遭受自己的歷史性敵人打敗或擊潰的社群憂慮。在一九四六年的選舉中，國大黨依靠的是希望的語言，提出了極為正面的計畫內容，包括了承諾土地改革、工人權利等等。相較之下，穆斯林聯盟則仰賴恐懼的語言，他們告訴選民，一旦沒有獨立的家園，穆斯林就會被統一的印度裡人口較多的印度教徒澈底擊垮。實際上，聯盟尋求的是針對巴基斯坦問題進行公投。真納在競選演說中如此表明：「選舉是結束的開端。只要穆斯林在即將

---

❷譯注：Bania專指商人、銀行家、放款人等經貿商業人士組成的職業社群，在孟加拉地區更是專指特定種姓階級。

舉行的選舉中為巴基斯坦挺身而出，我們就已經打贏了一半的選戰。若是在第一階段吃了敗仗的話，我們可就要完蛋了。」

聯盟幹部積極地推動領導人的訊息。在比哈爾省，地方性的穆斯林聯盟要求選民「判斷集體選票是否應該用來建立『羅摩之治』（Ram Raj）❸的堡壘，還是應該用來打造一個穆斯林和伊斯蘭教的獨立國度」。在旁遮普有張聯盟的選舉海報就出現了一些深具意義的對比式配對：信仰（*din*）／世界（*dunya*）；良知（*zamir*）／財產（*jagir*）；正義（*haqq-koshi*）／職責（*sufedposhi*），而每一個配對中，前者代表巴基斯坦，後者指的是印度斯坦。

聯盟的宣傳內容也敦促選民要克服種姓和宗族的派系分野，如有張海報如是宣稱：「聯合伊斯蘭——團結一致」。聯盟要求穆斯林以單一集體或社群來行動和投票，而學生志工扮演了關鍵角色，他們遊走鄉間挨家挨戶地勸誘選票。

選舉結果顯示穆斯林聯盟競選活動受到驚人的擁護。就全印度來看，國大黨在每個省的一般席次都大有斬獲，但是穆斯林席次卻被訴諸為建立穆斯林獨立國家的單一議題而戰的穆斯林聯盟囊括殆盡。以孟加拉省為例，為穆斯林保留的一百一十九個席次中，穆斯林聯盟就取得了一百一十四席；由於議會席次是兩百五十席，不費吹灰之力即能組成多數力量。在聯合省的兩百二十八個席次中，國大黨得到了一百五十三席，故而得以組成政府。不過，這樣的巨大勝利卻有著一個重大挫敗，該省的六十六個穆斯林席次讓穆斯林聯盟取得了五十四席之多。最令人注目的是南方的馬德拉斯省的選舉結果，該地區主要是追隨真納，但是卻並不擁護預想的巴基斯坦的主張；國大黨贏了兩百一十五席次的一百六十五席，但是聯盟贏了所有二十九席的穆斯林保留席次。整體而言，就一般選民來說，國大黨贏了百分之八十點九的選票，而穆斯林聯盟則囊括了穆斯林保留席次的百分之七十四點七的選票。

選舉結果出來之後，穆斯林聯盟的黨報《黎明》（*Dawn*）宣稱：「這次被選入立法院的人士肩負著選民託付的……贏取巴基斯坦的責任。不論是省級和中央的國會和議會的議場之內或之外，那就是現在唯一的『優先任務』。決定的階段結束了；現在則是採取行動的時刻。」

這份聲明寫於一九四六年四月七日。三天之後，真納召集了穆斯林聯盟選票的四百名立法委員當選人於德里舉行集會，這場大會再次重申一個獨立的巴基斯坦的訴求。然而，真納在五月初參加了於西姆拉（Simla）舉行的一場會議，那是內閣使節團為了取得單一解決之道的嘗試。接下來的兩個月，不同草案在各界輪番審議，允許建立一個民族國家，但是若有強烈意願，每個省可以選擇離開。對於哪一個省會加入或離開計畫中的統一國家的條件，國大黨和穆斯林聯盟無法取得共識。另外一個分歧點則是，真納主張國大黨不能提名任何穆斯林來擔任會談的代表。[9]

真納知道自己有穆斯林的民意作為後盾，故而激烈地討價還價。到了一九四六年六月底，無法達成協議的態勢已經明朗，內閣使節團因此返回倫敦。穆斯林聯盟的領導人在七月二十九日會面，他們公開聲明：「為了穆斯林國而採取直接行動的時刻已經來臨，為的是要能夠建立巴基斯坦，維護穆斯林的公正權利和證明其榮譽，同時去除英國統治之下的奴役情況，以及沉思印度教種姓制度壟斷的未來。」

---

❸ 譯注：即是甘地經常提倡的一個想法，帶有烏托邦的色彩，主張地方自給自足的聯邦式政府。源自印度史詩《羅摩衍那》的羅摩體現了所有印度教雅利安人的美德，他是人也是神，他的統治就是神在大地上的統治，神治樂土是印度人最圓滿的幻想。

兩個星期之後就發生了「直接行動日」，也就是粉碎統一印度夢想的開端。

## II

印度獨立日是一九四七年八月十五日，將這一天標記為哀悼而非慶祝的日子，並非只有甘地一人而已。在跨越印度疆界的巴基斯坦，其獨立日要比印度早了一天，詩人法伊茲（Faiz Ahmad Faiz）如此寫道：

> 這是受到玷汙的破曉時刻，黎明黑夜交替的利牙已經毀損——
> 這不是長久盼望的黎明，
> 不是那些同志們探求的那個清澈的黎明而
> 發起的，相信在天堂的寬闊虛空裡
> 有個地方必然是星辰最後停歇角落，
> 有個地方就在黑夜緩慢侵蝕浪潮的邊際，
> 有個地方是心痛船隻的停泊之處。[10]

詩中的哀嘆並不是為了印巴分治的事實，而是為了其所付出的沉痛代價。至少在一九四五年年底，甚至可能還要更早一些，某種形式的巴基斯坦的建立似乎已經無法避免。不管是國大黨的寬容大度，或者是真納突然顯現的謙卑，皆不可能制止其發生。可是詩人的哀嘆卻促使我們叩問更深一層的問題：倘若印巴分治非發生不可，是不是一定要犧牲這麼多的性命呢？

若要回答這個問題，我們需要簡短地重新檢視在英屬印度的最後六個月裡發生的事件。一九四七年二月二十日，倫敦的英國工黨政府宣布英國將在一九四八年六月放棄印度，也會撤換總督威福爾勛爵（Lord Wavell）。三月二十二日，蒙巴頓勛爵就任為新總督，在接下來的幾個星期中，他與相關人士討論了英國撤離的條款。他發現大部分的國大黨領導人對不可避免的印巴分治有了新的看法，他們覺得「與其延遲整個印度的獨立，還不如讓印度大部分地區立即獨立」。[11] 甘地為了挽救統一進行最後一搏，因此想要邀請真納擔任自由印度的首屆政府領導人，可是這個提議卻沒有得到國大黨的背書，而真納無論如何也不願接受。

於五月二日那一天，總督的幕僚長伊斯梅勛爵（Lord Ismay）帶著印巴分治的計畫返回倫敦，他取得了英國政府內閣的首肯，但是該計畫在他回到印度後還是重新草擬了幾次，為的是讓國大黨和穆斯林聯盟雙方都感到滿意。（在某個階段，自始至終厚顏無恥的真納，要求建立一條行經印度的八百英里長的邊境走廊，以便連結巴基斯坦的東西國境。）計畫修改過後，則由蒙巴頓勛爵親自呈報英國內閣。

花了近一個月的時間之後，蒙巴頓勛爵於六月三日自倫敦返回印度，隨即在全印廣播電臺宣布了印巴分治計畫，尼赫魯、真納和包德夫．辛格（Baldev Singh，代表錫克教徒發言）隨後也一一透過麥克風發表談話。隔天早上，總督在立法議院大樓舉行新聞記者會，他當下首次建議，英國不會等到一九四八年六月才撤離，而是會在一九四七年八月中旬就離開，換句話說，只剩下不到十週的時間。

如此驟然地縮短英國撤離的時間是蒙巴頓勛爵自己的決定，他的傳記作者齊格勒（Philip

Ziegler）對此舉辯護如下：

> 一旦接受印巴分治的原則之後，無可避免地，共同體主義將會大肆盛行。權力轉移之前的時間愈長，緊張情勢就會愈糟，暴力擴散的威脅也會愈大。今天發生在旁遮普，明天就可能是孟加拉、海德拉巴（Hyderabad），或是次大陸裡印度教徒和穆斯林緊密生活在一塊的無數社群。二十萬人〔死亡〕可能會演變成兩百萬人，甚至是兩千萬人。[12]

事實上，就在齊格勒寫下這段話的時候（一九八五年），印巴分治造成了估計約一百萬人死亡，有些後來的學者則認為應該是接近兩百萬人。如果英國按照原訂時間於一九四八年六月才撤離的話，死亡人數又會是多少呢？在對蒙巴頓勛爵聲譽的憤怒攻訐中，羅勃茲（Andrew Roberts）指責蒙巴頓勛爵的軟弱和搖擺不定——「每當需要展現強硬的時候，蒙巴頓勛爵卻是盡量採取最柔弱的方式」——而不願意有效地打擊社群暴力，說得更具體一點，旁遮普省邊界部隊的人力不足，也缺乏空中武力支援。羅勃茲反對齊格勒的看法，相信「驟然草率的撤離」會讓「死亡人數增加，而不是減少」。[13]

有些當代的觀察家也認為，想用兩個月的時間剷平一個歷時兩百年才建立起來的帝國，可算是個拙劣的想法。在一九四七年的夏天，處於最最棘手的職位的人要算是當時還未分割的旁遮普省的省督傑肯斯爵士（Sir Evan Jenkins）。五月初，傑肯斯爵士寫信督促蒙巴頓勛爵，要他「再考慮一下代表印度政治問題解決方案的早先聲明。在旁遮普省，我們即將要面對的是社群完全不願意在任何基礎之上合作的情況。很明顯地，一個沒有社群會接受的旁遮普省分治計畫，即使宣布了也是徒勞無功的」。[14]不管如何，木已成舟，旁遮普省省督則被交付任務，就是要維持分治過渡時期的法律與秩序。七月三十日，他又去函蒙巴頓勛爵，解釋印巴分治帶來的獨立展望激發的不是熱情而是憤怒。穆斯林期盼的是整個旁遮普省，而錫克教徒和印度教徒則是害怕失去拉合爾市。「就算所有相關人士都很友善，也渴望有所進展，但要在六個星期內分治一個有三千萬人口的地方，何況他們已經被兜在一塊兒管理了九十八年之久，」他巧妙地評論道，「這豈不是船遲又遇打頭風。」[15]

事實上，傑肯斯爵士幾度要求加派軍隊，並派遣一支「戰術偵察中隊」，而之所以會沒有足夠的軍隊來處理暴動，原因之一是軍隊都忙著保衛緊張兮兮的英國統治者，他們相信一旦公布決定之後，英國平民即會遭受攻擊。這種感受廣泛地流傳於官員、神父、種植者、商人之間，遍及了身在印度各界的歐洲人。一九四六年夏季，一位年輕的英國官員於家書裡寫道：「簡直整個國家都在反對我們（時間長到足以消滅我們這些散居各地的歐洲人），在必然來臨的分治大秀上演之前，我們就會死在印度教徒和穆斯林的社群幹架之中。」[16]

英國政府的政策差不多是以保護英國人的性命為第一優先。孟加拉省省督在一九四七年二月說道，他對「英國勢力撤離日子的宣告的第一個反應就是……要有『備戰』軍隊，趕緊在惡意反應剛萌生之際，就盡快發出緊急通知把散居的歐洲人集中起來」。[17]事實上，在一九四七年夏天的印度，白人男性和女性是最安全的一群人，根本沒有人想到要殺害他們。[18]不過，這些人的不安全感意味著許多軍事單位被派駐於歐洲人居住地區附近，以至於無暇控制其他地區的暴動。

把旁遮普省邊界仲裁延遲至獨立日之後，也是出自於自我保護本能的決定。在七月二十二日訪查拉合爾之後，蒙巴頓勛爵隨即寫信給雷德克里夫爵士，要求對方加快腳步，因為「只要多早一天」就能降低失序的風險。在獨立日**之前**宣布邊界仲裁的結果，軍隊即得以在權力轉移前提早準備，而旁遮普省省督也非常希望仲裁結果一底定就盡快公布。當結果出來，雷德克里夫爵士已經準備在八月九日宣布，可是蒙巴頓勛爵卻改變心意，反而決定在十五日之後才公布。說得客氣一點，他對延遲宣布的解釋很奇怪：「毫無疑問，仲裁結果愈早宣布，英國人對於絕對會發生的動亂就要負起愈大的責任。」基於相同邏輯，「我們愈晚宣布結果，對英國人不可免的憎惡就會愈少。」[19]

一般而言，我們唯有在事件發生之後才會書寫歷史，而不是書寫歷史可能會怎麼發生。若是時間延長，也就是在一九四七年四月宣布而讓英國有一年的時間撤離，這樣是否就能減輕分治過程的痛苦呢？若是更積極地部署軍隊，而且雷德克里夫爵士能夠早一點宣布仲裁結果的話，這樣是否就能減少旁遮普省所發生的暴力呢？或許會，但也可能不會。就結果來看，關於英國殖民印度的最後一段時間，最適切的蓋棺論定是一位旁遮普省官員對一位來自牛津的年輕社工的話語：「你們英國人秉信公平待遇，於是你們在印度陷入如同你們發現它時的相同混亂狀態時就要揚長而去。」[20]

當人們繼續熱烈地爭辯印巴分治的原因，卻在某種程度上較少關注分治所造成的後果，而其影響確實重大，這也是本書要說明的部分。無論是人口狀況、經濟、文化、宗教、法律、國際關係和政黨政治，印度的分割對其都有著極深遠的影響。

# 第三章 籃子裡的蘋果

印度土邦是經由條約來統治……這些印度土邦若不加入聯邦的話，確實就會停留在如同今日的相同處境之中。

——英國政治人士克里普斯爵士，一九四二

我們遲早要與王公們開誠布公。現在的我們不誠實，佯裝自己可以維持所有這些小土邦，但卻心知肚明，其實我們是做不到的。

——英屬印度總督威福爾勛爵，一九四三

## I

很少有人會像英屬印度的最後一任總督蒙巴頓勛爵一樣，如此關心歷史會如何描繪自己。一位資深記者曾經評道，蒙巴頓勛爵表現得像是「自己專屬的公共關係管理師」，[1]而蒙巴頓勛爵的一位助手說得比較直率，他認為自己的老闆是「現今世上最虛榮的人」。這位總督總是要求他的攝影師要從眼線上六英寸的地方向下拍照，這是因為他的演員朋友葛倫（Cary Grant）告訴他，這樣的角度就不會拍出皺紋了。當英國陸軍元帥蒙哥馬利（Field Marshal Montgomery）訪問印度時，新聞媒體吵著要求兩人合照，而對方身上比自己穿戴了更多勛章，這件事讓蒙巴頓感到十分沮喪。[2]

整體來看，蒙巴頓勛爵的性格與前一任總督威福爾勛爵可說是截然不同。威福爾勛爵主政期間的一位公務員注意到，「這位總督完全不沾染虛榮、浮華等這類缺點」，另一種說法是這位總督既不注意也不在乎歷史對他的評價。[3]然而，開啟英國結束統治印度的功勞卻大多應該歸功於威福爾勛爵。當政治階級抱持懷疑的時候，儘管他在這些人面前維持保留的態度，對印度的熱烈期望卻深感同情。[4]正是他啟動了戰後的討論和協商，也是他敦促了英國撤離的清楚時程，可是卻有待他的虛華的後繼者做出最終的誇張舉動，宣布兩個新國家的誕生。

離開印度之後，蒙巴頓勛爵盡可能替自己的總督任期提出最佳詮釋。他委託或影響了一批書的出版，藉以替自己掩過誇功。這些書籍呈現出一種蒙巴頓勛爵是一個睿智仲裁者的形象，不管是印度和巴基斯坦、國大黨和穆斯林聯盟、聖雄甘地和真納，或者是尼赫魯和帕特爾，他都順利調解了這些吵吵鬧鬧的幼稚人士。[5]他宣稱的功勞竟被當真，有時甚至荒謬到書中暗示著，若不是因為蒙巴頓勛爵的推薦，尼赫魯就不會將帕特爾納入內閣。[6]

說來奇怪，美化蒙巴頓勛爵的傳記作者卻低估了他對印度和印度人的真正貢獻，也就是他參與解決的地緣政治問題，那是其他新興的獨立國家從未面對過（未來也很難出現類似）的情形。英國人離開印度次大陸的時候，留下的是超過五百個不同的領土區塊，印度和巴基斯坦是其中兩個甫成立的國家，其他則組成了為人所知的「印度王邦」，包括了各式各樣的酋邦和土邦。這些領地瓦解的來龍去脈深富趣味，梅農（V. P. Menon）在半世紀前曾以偏頗的觀點在著作《印度土邦的整合》（*Integration of the Indian States*）中訴說此事，但是再也沒有在別處或是往後聽聞過了。[7]

## II

土邦的數目之多，甚至多到沒有一致的統計數字；一位歷史學家認為是五百二十一個，而另一位則認為是五百六十五個。不管是哪個數字，印度總之就是曾經有超過五百個土邦，而且在規模和地位上都有著極大的差異。一端是大小如同一個大型歐洲國家的喀什米爾和海德拉巴等龐大土邦，而另一端則是十二座或更少的村落所組成的迷你領地或封地（*jagirs*）。

較大的土邦是印度歷史長期發展和英國政策造成的結果。穆斯林在十一世紀和十六世紀之間橫掃印度北方，為了抵抗穆斯林一波波的入侵而促使一些土邦興起。有些土邦的歷史則與這些穆斯林入侵者脫不了關係，像是海德拉巴的阿薩夫・扎王朝（Asaf Jah dynasty）就是在十八世紀初葉成為偉大的蒙兀兒帝國的屬國。不過，如東部的庫奇比哈爾（Cooch Behar）和喜瑪拉雅山北方的加瓦爾（Garhwal）等其他土邦，就甚少受到伊斯蘭的影響。

不管有著怎樣的歷史過往，這些土邦於二十世紀中期擁有的（或是缺乏的）組織和權力皆是拜英國人所賜。東印度公司一開始是個貿易公司，後來逐漸擁有封建君主權位般的地位。蒙兀兒帝國的君王奧朗哲布於一七〇七年逝世之後，國勢走向衰頹，這間公司也受益於此。該公司視印度的統治者為策略性盟友，以便有效地抑制共同敵人法國的野心。東印度公司強迫這些土邦簽訂條約，以

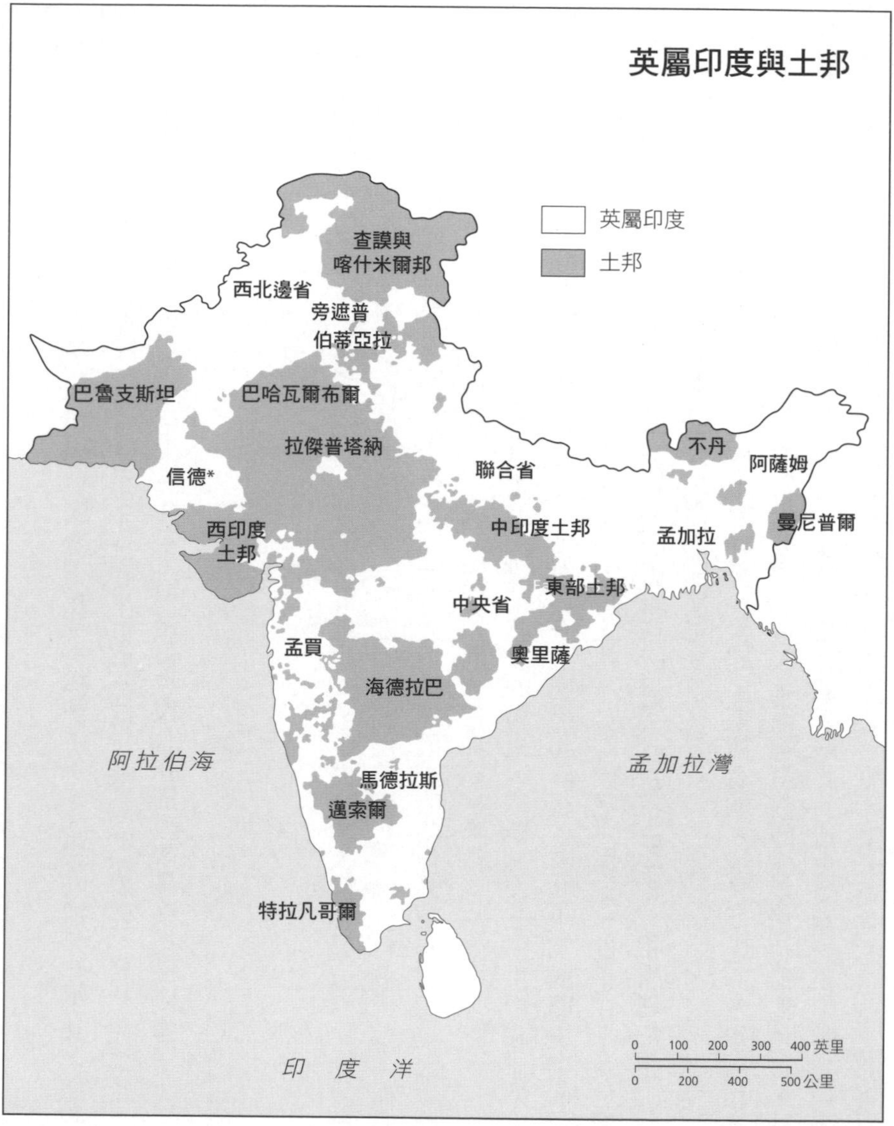


* 譯注：此地名Sind於1988年即遭捨棄而改用Sindh。

承認其具有「宗主權」。於是，儘管各個太守（Nawabs）和大君（Maharajas）❶是合法擁有自己統治的領地，英國人卻保有指派大臣和控制繼承的權利，並且能夠從行政和軍事協助方面索取大量補助。在諸多情況下，條約也會把有價值的區域從印度土邦轉移給英國人。因此，除了卡提阿瓦半島（Kathiawar）的土邦和印度南部的兩個酋邦之外，沒有任何一個印度土邦臨海，這並不是偶然的結果。這些土邦都必須仰賴英屬印度提供原料、工業產品和就業機會，因而經濟上的依賴加深了政治上的依賴。[8]

較大的土邦自身擁有鐵路、貨幣和郵票，以及英國皇室所應許的虛榮。很少有土邦擁有現代產業，而享有現代形式的教育的土邦就更少了。一位英國觀察家於二十世紀初期寫道，整體來看，印度土邦「瀰漫著反動、無能，以及有時遭到惡毒和瘋狂的人所濫用的專制權力」。[9]大致上，主要的國族主義政黨國大黨也是持這種看法，所以從一九二〇年代起，國大黨就對土邦統治者施壓，要求允許至少擁有與英國人相同的少量政治代表。全印度土邦人民大會（All-India States Peoples Conference）在國大黨的保護傘下成立，並進而連繫了土邦各自的人民團體（*praja mandals*，或是人民協會）。

即使是全盛時期，土邦王公的公眾形象也不佳，一般咸認他們軟弱荒淫、過度喜愛賽馬與別的男人的太太，以及到歐洲度假。國大黨和英屬印度都認為這些王公不夠關心日常的行政事務，這多半不假，但還是有例外。邁索爾（Mysore）和巴羅達（Baroda）的大君都會資助良好的大學、對抗種姓制度的偏見，以及推動現代企業，而也有大君一直維持著印度古典音樂的偉大傳統。

❶譯注：土邦王公的尊稱，不同土邦有不同歷史，故其王公尊稱不同。

不管是好或壞、是揮霍或關愛、是專制或半民主，到了一九四〇年代的時候，所有的土邦王公都發覺自己面臨了共同的問題，那就是自己在自由印度的未來。英屬印度於一九四六年上半年舉行了一連串決定性的選舉，但是都未觸及到土邦，結果是「對土邦政府愈來愈反感」，[10]而土邦的憲政地位依舊含糊不清。一九四六年的內閣使節團側重的是印度教徒與穆斯林或是統一的印度與巴基斯坦的問題，幾乎沒有提及土邦。一九四七年二月二十日的聲明也是如此，正式宣布了英屬印度的終結，但也巧妙地應對了土邦問題。六月三日，英國宣布最終撤離的日子和兩個自治領的成立，可是這份聲明同樣沒有釐清土邦的地位，有些土邦統治者因而開始「狂野夢想著在諸多分治的印度裡享有獨立權力」。[11]

就在此時，響起了打破美夢的警鐘。

## III

一九四六年到一九四七年之間，全印度土邦人民大會的主席是尼赫魯，他的傳記作者寫道，尼赫魯「對於土邦的問題有強烈的看法。他厭惡完全壓抑人民感受的封建專制，以及這些傀儡王公的未來展望……想到這些人自我設定為獨立君主就讓他異常惱怒」。[12]這樣的展望是受到當時的「政治部」（Political Department）官員的鼓勵，是他們引導這些王公開始相信，一旦英國人離開了，只要王公們願意，他們就可以落實獨立的主張。

就王公們而言，他們不喜歡且甚至是懼怕尼赫魯，還好國大黨把土邦的問題交付給務實的管理人帕特爾去處理。整個一九四七年的春季，帕特爾舉行了一連串的午餐派對，並在派對上敦促這些王公賓客共助國大黨架構出一套新的印度憲政，他們可以派遣代表參加已於一九四六年十二月在德里召開審議的制憲會議。與此同時，帕特爾寫信給較有影響力的土邦首席部長（*dewans*），敦促他們要求土邦的統治者接受即將統理印度的國大黨。[13]

比卡內爾（Bikaner）大君是首批加入帕特爾陣營的王公中的一位，他的首席部長是潘尼卡（K. M. Pannikar），這位備受尊崇的歷史學者比別人都要來得清楚，他可以看到「亞洲歷史的瓦斯科・達伽馬（Vasco da Gama）❷時代」[14]很快就要落幕。國族主義的力量是無法阻擋的，若是不懂得與之妥協，就會被歷史洪流淹沒。因此，在一九四七年四月的第一週，比卡內爾大君公開訴求自己的同僚王公參與制憲會議，他提到如果這些王公能夠加入制憲會議，「就會讓所有人清楚知道，印度王公不只是為了自己的土邦和祖國的利益而努力，最重要的是為了全印度愛國的高尚子民而效力。」[15]

事實上，巴羅達早在二月就參與了制憲會議，算是第一個加入的土邦。在比卡內爾的訴求下，又有十二個土邦跟著加入，其中許多都是來自拉賈斯坦地區（Rajasthan）。潘尼卡和比卡內爾「帶領了拉吉普特（Rajput）❸的王公以全新的方式向德里獻上傳統敬禮，在蒙兀兒人和英國人之後，那裡現在是由潘迪特尼赫魯（Pandit）❹所統治。他們與國大黨達成協議，而從他們的角度來看，這大

❷ 譯注：此人為葡萄牙探險家，於一四九八年從歐洲航海到達印度，他是歷史上從歐洲航海到達印度的第一人，開啟了西方殖民印度的歷史。

❸ 譯注：拉吉普特人是印度北部的一個民族，自稱是印度武士剎帝利（Kshatriya）的後裔。

❹ 譯注：原意指研習梵文和印度教哲學的博學之士，這是印度人對尼赫魯的尊稱。

概是正確的做法」。[16]

包括比卡內爾在內的數個拉賈斯坦地區的土邦將與巴基斯坦共享邊界，這個事實以及與穆斯林國王戰鬥的古老記憶，都使得他們早一步與國大黨妥協。不過，對於其他的內陸土邦來說，德里的權威在英國人離開之後到底可以擴及至何處就不是那麼確定了。十八世紀的時候，這個半島曾遭到數十個差不多的獨立土邦占據瓜分，誰說現在不會回到那種情況呢？

印度政府於六月二十七日成立了新的土邦部（States Department）來取代既有的政治部，畢竟政治部支持王公、反對國大黨的取向已經造成了這麼多損害。[17]帕特爾擔任部長並選了梅農作為祕書。梅農是來自馬拉巴爾（Malabar）的一位身材矮小、生性機敏且聰明絕頂的馬拉亞利人（Malayali）❺。梅農來自基層，由他這樣的人來擔任這個職位是不尋常的。他完全不屬於印度文官體系的菁英分子（先前的政府祕書都出身於此），而是從印度政府的一名辦事員做起，接著才穩健地一步步往上爬。他擔任過好幾位總督的改革專員和憲政顧問，並在印度獨立法案的擬訂過程中扮演了關鍵角色。

印度文官體系的同事都戲謔地叫他「巴布梅農」（babu Menon）❻，指涉他的出身低下。事實上，從英屬印度過渡到國大黨統治的印度的這段期間，沒有人比梅農更適合來監督轉移之中最微妙的面向。梅農的第一個動作，就是敦促英國政府不要支持任何有關獨立的妄想主張。「即使只是國王陛下政府認可獨立的暗示，」他這麼告訴倫敦當局，「都會嚴重阻礙為了促使土邦和兩個新自治領一起來關心重要議題所做的一切努力。」[18]

梅農也是此職位理想的委任人選，他可以調解自己的舊老闆蒙巴頓勛爵和新老闆帕特爾，讓他們一同擬訂了「加入書」，土邦們據此同意把防禦、外交和通訊的控制權移交給國大黨所組成的政府。帕特爾於七月五日發表了一份聲明，籲請王公們就這三項事務加入印度聯邦，並且參與制憲會議。誠如他在聲明中提到，「一般利益的合作之外的另一選擇」就是「無政府的混亂狀態」。帕特爾訴諸的是王公們的愛國精神，請求他們一同協助來提升「這塊神聖的土地，使其在世界各國之中獲得相稱的地位」。[19]

七月九日，帕特爾和尼赫魯兩人都跟英國總督見了面，詢問對方「會怎麼幫助印度解決最迫切的問題——也就是印度與土邦的關係」，蒙巴頓勛爵同意將此事視為「自己的當務之急」。同一天稍晚，甘地也與蒙巴頓勛爵會面。總督對此記載著：聖雄「要求我盡己所能地確保英國人不會煽動土邦宣布獨立，這樣就不至於在八月十五日留下巴爾幹化（Balkanisation）❼和瓦解的情況……」[20]

國大黨三巨頭敦促蒙巴頓勛爵協助他們抗拒土邦。於此，總督的成功作為莫過於七月二十五日在王公院（Chamber of Princes）❽的演說，他穿上了自己最華麗的服飾，還在胸前佩戴了好幾排的軍事獎章。一位崇拜他的助理回憶，總督是「全套軍禮服亮相，而穿戴的一系列勛章和獎章無一不是精心計算，為的是震懾這些隆重榮華的王公」。[21]

在演說中，蒙巴頓勛爵一開始就告訴王公們，印度獨立法案已經解除了「土邦對英國皇室的所

❺譯注：印度南方的一個民族，主要居住地是現今的喀拉拉邦（Kerala）。
❻譯注：雖然babu的意思是先生、紳士，但是此詞在印度社會有貶義，故採音譯，以與中文的先生或紳士之意有所區別。
❼譯注：這是帶有貶意的地緣政治用語，意指一個國家或政區分裂成相互敵對的國家或政區。
❽譯注：王公院是英國國王暨印度皇帝喬治五世（King-Emporor George V）於一九二〇年下詔創建的機構，功用是讓印度土邦的統治者能夠向殖民地政府表達需求與願望，此機構隨著英屬印度的結束也在一九四七年步入歷史。

有義務」。嚴格來說，土邦現在是獨立的，而換個說法就是無人掌舵的地方。當舊有的連繫斷裂了，「要是沒有任何事物來取代之的話，那麼只會引發混亂」，而這樣的混亂「首先會傷害到的即是土邦」。他建議王公們要與跟自己最緊密的新國家建立關係，並且殘酷地說道：「你不可能逃離緊鄰在旁的自治領政府，就像你不可能逃離那些你應該肩負起其福祉的子民一樣。」

王公們受邀簽署的加入書要求土邦放棄防禦，蒙巴頓勛爵的說辭則是，好歹土邦可以自行「斷絕所有最先進的軍火或武器的供應來源」。加入書同樣要求土邦要放棄處理外交事務，反正王公們可能「也不想大費周章地派遣大使、使節或領事到所有的國家」。加入書還要他們放棄通訊，畢竟這「真的是維持整個次大陸命脈的一個手段」。總督也提到國大黨會讓土邦統治者擁有「極大的內部權威」，但是會分擔他們無法自行處理的事務。[22]

蒙巴頓勛爵向王公院所做的演說十分精采，我認為這堪稱是他在印度最重要的作為。這場演說終於說服了王公們，了解到英國人不會再保護或庇佑他們，而獨立對他們來說只是痴心妄想。

蒙巴頓勛爵在演說之前還捎了私人信件給比較重要的王公，演說完畢，他則繼續對王公們施壓以便讓他們簽署加入書。總督表示，只要他們在八月十五日之前簽署，他就能夠幫他們向國大黨爭取不錯的條件。但若是仍舊屢勸不聽的話，他們可能就要在印度獨立後面對「爆炸性的處境」，因為國族主義者的全部怒火屆時會轉而對他們不利。[23]

到了八月十五日，幾乎所有土邦都簽署了加入書。同時，英國人已經撤離而不再復返印度。國大黨現在回頭檢視王公們是否實踐了所簽署的三項特定事務的承諾，以「絕對尊重他們在其他事務上的自主」。[24]人民團體又開始活躍起來。邁索爾土邦境內出現了「全民主政府」運動，有三千人因而被捕，[25]卡提阿瓦和奧里薩（Orissa）的一些土邦則有抗議人士占領了政府辦公室、法院和監獄。[26]

帕特爾和國大黨靈巧地運用大眾抗議的威脅來逼迫王公們遵守協定。王公們已經**加入**，現在又被要求與之**融合**，就是要消融土邦的獨立實體並併入印度聯邦（Union of India），王公們藉此得以保有自己的頭銜和永久領取年度津貼。倘若不順從的話，他們面對的威脅是來自印度獨立後子民所釋放的受壓情緒，進而爆發不受控制（可能也管不住）的騷動。[27]

一九四七年下半年，梅農走遍了印度去一個一個地利誘說服王公。當時《紐約時報》駐新德里的通訊記者寫到他的進展：

> 可以用隨後的一系列低調的新聞報導來衡量，而每一系列又跟以下的敘述大同小異：先是有個小標題：「梅農先生拜訪喬他哈茲里（Chhota Hazri）土邦」；接下來是總督的每日官方通報刊出簡短告示：「喬他哈茲里大君殿下已經抵達」；然後不久就會出現橫幅大字標題：「喬他哈茲里土邦合併了」。[28]

這樣的報導清楚表明這是帕特爾和梅農奠下了基礎之後，再由蒙巴頓勛爵增添畫龍點睛的效果，那場最終會面有時是對王公虛榮所必須給予的讓步。總督也拜訪了比較重要的酋邦，藉以讚揚對方併入印度是「最具政治家典範的睿智決定」。[29]

蒙巴頓勛爵處理的是王公們融入印度的象徵意義；梅農則是安排其實質內容。梅農在自己的著作中稍微描述了與土邦統治者的迂迴協商，相互讓步的過程不外乎涉及了自尊心的安撫：一個統治者宣稱自己是印度教羅摩神（Lord Rama）的後裔，另一個說自己是黑天神奎師納（Sri Krishna）的子孫，而第三個王公則認為自己的族裔受到錫克教精神導師庇佑而永垂不朽。

每個統治者獲得「私人財庫」以作為交出領地的代價，其用度多寡是由每個土邦的歲入而定。土邦若是面積較大且戰略位置較佳，所獲得的協議條件一定比較好，但是其他因素也會納入考量，如統治王朝的長短、環繞土邦的宗教光環、軍事傳統等等。除了年度私用金，統治者也可以保留自己的宮殿、其他個人財產，以及象徵性的頭銜。喬他哈茲里大君依舊會是喬他哈茲里大君，並且可以將頭銜世襲給他的兒子。[30]

帕特爾試圖讓私人財庫納入憲法保障，以便讓王公們打消疑慮。不過，誠如梅農所言，付出的代價若是與獲得之物相比，可謂微不足道。土邦的整合不僅可以確保印度的政治鞏固，從經濟方面來看更是不折不扣的超值交易。按照梅農的計算，雖然政府要付給王公們一億五千萬盧比，但政府從土邦獲得的歲入於十年之後至少會有十倍之多。[31]

合併土邦的領土之後，緊接而來的行政整合工作同樣不簡單。大多數土邦的土地稅收和司法系統都很陳腐，也沒有任何形式的民意代表。土邦部（Ministry of States）調派了英屬印度訓練出來的官員去建立新系統，同時也監督了全面選舉舉行之前的臨時部會的宣誓就職典禮。

帕特爾和梅農仿效英國的不是只有一招而已。他們採行了「分而治之」的方法，就是先把一些王公納入陣營以便達到動搖其他王公的目的。他們利用了大君們孩子般的虛榮心，除了允許他們保有既有頭銜，有時還會頒予新頭銜。（幾位大君因而被任命為省督。）然而，如同十八世紀的英國人，他們的眼光盯著謀取私利的好機會：物質優勢。對此，帕特爾如此告訴土邦部官員：「我們不要他們的女人和珠寶，我們要的是他們的土地。」[32]

只花了兩年的時間，五百多個自治且有時是古老的酋邦就融入了印度的十四個新的行政單位。不管怎麼看，這都是一個了不起的成就，是智慧、遠見和勤奮但不帶絲毫詭計所帶來的結果。

## IV

當帕特爾第一次與蒙巴頓勛爵討論土邦問題的時候，他要求對方在獨立日帶來「整籃的蘋果」。蒙巴頓勛爵問道，要是沒有全部的五百六十五顆，而只有五百六十顆蘋果的話，帕特爾是否能夠感到滿意。這位國大黨的強人聽後點頭表示同意。[33]結果證明只有三個土邦在八月十五日之前帶來麻煩，而在獨立日之後才又多了三個土邦出包。

特拉凡哥爾（Travancore）是第一個質疑國大黨承繼英國宗主權的土邦。這是位於次大陸極南端戰略性位置的土邦，擁有印度最多受過高等教育的人口、蓬勃發展的海上貿易，以及新發現可提煉出釷來生產原子能和原子彈的獨居石（monazite）礦藏。特拉凡哥爾的首席部長是艾伊亞爵士（Sir C. P. Ramaswamy Aiyar），這位野心勃勃的聰明律師擔任此職位已達十六年之久，一般人都相信他才是這個土邦的真正統治者，而該土邦的大君和其妻子都被他玩弄於股掌之間。

早在一九四六年二月，艾伊亞爵士就表明了自己的信念，即是特拉凡哥爾在英國離開之後會成為「完全獨立的個體」，回歸該土邦於一七九五年與東印度公司首度簽訂條約之前的情況。一九四七年的夏天，他召開了一系列的記者招待會，希冀特拉凡哥爾的民眾能夠與他一起來追求獨立。他提醒民眾他們的統治王朝的悠久歷史，以及該土邦於一七四一年擊沉一艘荷蘭船艦的過往（這顯然是亞洲國家在海上擊敗歐洲強權的唯一事蹟）。他想藉由這種訴諸過去、引人回想起當地榮耀的方法，來抵抗當下的泛印度國族主義。雖然國大黨和印度共產黨（Communist Party of India）在這個土邦占有重要地位，但是首席部長依舊堅持，在一九四七年八月十五日之後，「特拉凡哥爾會成為一個獨立的國家」。「沒有什麼特別的理由可以說明，」他又挑釁地說道，「何以這個國家的地位應該要低於丹麥、瑞士和暹羅（Siam，今泰國）。」

饒富興味的是，特拉凡哥爾追求獨立的行動受到真納的歡迎。真納在六月二十日傳了一封電報給艾伊亞爵士，表明巴基斯坦「已經準備好與特拉凡哥爾建立雙方互惠的關係」。三個星期之後，首席部長寫信給馬德拉斯政府，告知特拉凡哥爾正採取措施來「維護自身的獨立地位」，而作為「主權獨立土邦」的特拉凡哥爾，已經準備好要跟印度和巴基斯坦兩個「自治領政府」簽署協定。

七月二十一日，特拉凡哥爾的首席部長艾伊亞爵士已經與總督約定在德里會面。他在前一晚與一位資深的英國外交官見面，告訴對方自己期盼能夠獲得英國政府的認可。他也問道，假若印度拒絕供應特拉凡哥爾紡織品，英國是否會因此介入？艾伊亞爵士的野心似乎受到了鼓勵，原因是倫敦的政治人士認為，獨立的特拉凡哥爾是即將爆發的冷戰的重要物資來源。事實上，特拉凡哥爾政府已經與英國政府簽訂了供應獨居石的協議，而在倫敦的供應大臣（minister of supply）則建議自己的政府，不要發表任何會「讓印度的自治領有籌碼來鬥爭特拉凡哥爾的獨立主張」的聲明。這位大臣認為這個土邦擁有「現在所知最豐富的獨居石沙礦床」，就英國的立場而言，「至少在目前的狀況，特拉凡哥爾若能維持政治和經濟的獨立，會是個利多」。

七月二十一日，艾伊亞爵士依照安排與蒙巴頓勛爵見了面，兩人會談了兩個小時以上，首席部長在席間照常對甘地、尼赫魯和國大黨發動了嚴厲責難的攻擊。等到他「發洩完心煩的情緒」之後，總督就「讓他離開，並派梅農去極力安撫他」。梅農敦促首席部長要簽署加入書，可是他卻說自己寧願與印度自行協商條約。

艾伊亞爵士返回特拉凡哥爾之後，顯然仍舊堅守著要獨立的想法。後來，他在七月二十五日去聽一場音樂會的途中竟被一名身穿軍短褲的男子攻擊，臉上和身上都受到刀傷而被送去進行緊急手術。（後來證實這位自充為刺客的男子是喀拉拉社會主義黨〔Kerala Socialist Party〕的成員。）這個事件的後果立竿見影，而從印度的觀點來看是可喜的。誠如總督每週向倫敦的報告所言：「土邦的人民組織趁機窮追猛打，特拉凡哥爾很快就會讓步了。」躺在醫院病床上的艾伊亞爵士建議大君要「走調解妥協的途徑」，而那是「獨裁和過度果斷」的他本人沒有選擇的道路。七月三十日，特拉凡哥爾大君以電報通知總督同意加入印度聯邦的決定。[34]

博帕爾（Bhopal）是第二個對於加入問題產生動搖的土邦。這個土邦位於印度中部，多數人口是印度教徒，而其統治者是一位穆斯林，這並非是少見的組合。自一九四四年之後，博帕爾的太守就一直擔任王公院的總理，大家都知道他是國大黨的厲害對手，相對之下與真納和穆斯林聯盟走得很近。當二戰後的英國明白表示了撤離印度的意向之後，未來的遠景卻讓這位太守充滿絕望之感，他認為這「若還不是最淒慘的景況的話，至少也是降臨在人類身上的最大悲劇之一」。因為現在的情況是「仰仗英國主持正義的土邦、穆斯林和群眾整體……發現自己頓時變得完全無助，混亂無章且失去了支柱」，太守因而只剩下一條路可以走，就是「為全世界穆斯林的理想而死」。

上述的話語是取自一封一九四六年十一月的信函，收信人是威福爾勛爵的政治顧問。四個月之後，蒙巴頓勛爵接替威福爾勛爵繼任為總督，而蒙巴頓勛爵碰巧是博帕爾太守早就相識的馬球球友，兩人的友誼已有二十五年之久，蒙巴頓勛爵還曾經宣稱這位太守是他「在印度的第二摯友」。[35]不過，他們兩人分屬不同陣營的情況很快就變得明朗。一九四七年七月中旬，蒙巴頓勛爵寫信給博帕爾太守，跟他寫給其他所有王公的信件並沒有不同，給予加入印度的建議，但是博帕爾太守則寫了一封篇幅很長的自我告白的「感性」回信。信件一開始就先聲稱與英國皇室之間「不間斷的忠誠友誼」，只不過這樣的關係現在卻被國王陛下政府單方面的行動破壞了。英國要把博帕爾和其他王公送給誰呢？竟然是甘地和尼赫魯的那個讓人憎恨的政黨。「難道我們，」博帕爾太守氣憤地問道，「要開張空白支票好讓國大黨的領導分子去填上金額嗎？」

這封信件指控完了背叛之後又釋出了警告。太守說道，在印度，對抗「共產主義興起的浪潮」的主要堡壘是有產業的人。國大黨已經表明他們想要清算地主，而該政黨左派又有掌控運輸工人工會的印度共產黨相挺。倘若共產黨選擇與其攜手合作，他們可能會癱瘓和餓死整個次大陸。「恕我直言，」太守這麼告訴他的朋友，「假如國王陛下政府和您都不支持土邦，而讓土邦從印度政治地圖上消失的話，不出多久，您就會看到一個共產黨獨霸的印度……如果聯合國有一天發現又多了四億五千萬人為共產黨所控制，而將這場災難怪罪到英國身上，也是相當合理的，我自然是不願意見到您的名字與此有所牽連。」

博帕爾太守做了暗示，那就是他會像特拉凡哥爾一樣宣布獨立；無論如何，他都不會參加王公院排定於七月二十五日召開的會議。三十一日，蒙巴頓勛爵回信給博帕爾太守，再次邀請他簽署加入書。他在信中提醒對方自己先前的演說詞：沒有任何統治者能夠「逃離」鄰近土邦的自治領。接著，他也精明地駁斥了共產主義的爭論。沒錯，他告訴博帕爾太守，紅色威脅確實存在，可是國大黨和王公們攜手合作即可提供最佳制衡。對於博帕爾太守這樣的人來說，「他們都跟你一樣畏懼共產主義。倘若能獲得所有其他穩定勢力的支持，像是王公系統，他們就有可能抵擋共產主義的危害。」[36]

此時，博帕爾太守收到了七月二十五日的會議報告。他不僅聽到了他的老朋友在會議上讓大家留下極佳的印象，也聽到其他王公加入印度的情勢已經水漲船高，他因此屈服而只求為自己保有一點尊嚴。總督是否可以向帕特爾施壓而將期限延後十天，使得博帕爾可以在八月十五日**之後**而不是之前加入印度呢？博帕爾太守認為，這麼一來，「就能夠讓我問心無愧地簽下我們的死刑執行令」。（結果帕特爾說他自己不會破例；總督向博帕爾太守提出的替代方案則是，只要願意在八月十四日簽署「加入書」，他會妥善保管到二十五日之後才交給帕特爾。）[37]

久德浦爾（Jodhpur）則是另一個比較不尋常的例子。久德浦爾是一個古老的大土邦，擁有一位印度教國王和龐大的印度教人民。七月中旬，在蒙巴頓勛爵作東的午餐餐會上，年輕的久德浦爾大君連同其他拉吉普特的王公們，表明了加入印度的意願。不過，餐會過後不久，有人（不清楚是誰）向他灌輸了一個想法：由於久德浦爾鄰近巴基斯坦，大君或許可以從巴基斯坦自治領獲得比較好的條件。可能是在博帕爾太守的主動安排之下，久德浦爾大君和真納見了面。在此次會面中，這位穆斯林聯盟領導人的提議是，可以讓久德浦爾擁有喀拉赤的所有港口設施、無限制的武器進口，以及供應信德省（Sindh）的穀物到遭受饑荒蹂躪的地區。而另外有個版本則是說，真納交給了大君一張白紙和一枝鋼筆，然後說道：「你可以寫下所有想要的條件。」

倘若久德浦爾當時真的投誠巴基斯坦的話，可能就會促使鄰近的齋浦爾（Jaipur）和烏代浦爾（Udaipur）等土邦也跟著照章行事。不過，潘尼卡聽到了這個計畫的風聲而要求帕特爾介入。帕特爾連繫了久德浦爾大君，也應允對方能夠自由進口武器，以及獲得足夠穀物。與此同時，久德浦爾的貴族和村莊頭目都告訴大君，不要期望他們能夠安心地待在一個穆斯林的國家。毗鄰的土邦齋沙默爾（Jaisalmer）的統治者也問久德浦爾大君，若是加入巴基斯坦之後，出現了印度教徒和穆斯林之間的暴動怎麼辦？他屆時會選擇站在哪一邊呢？

正因如此，久德浦爾大君也回心轉意了，不過他在最後一刻還是上演了一場挑釁大戲。當他在總督辦公處的接待室收受加入書的時候，他拿出了一把左輪手槍抵著總督祕書的腦袋說道：「我不接受你的命令。」可是他在幾分鐘之後就冷靜下來簽了名。[38]

## V

朱納加德（Junagadh）坐落於西印度卡提阿瓦半島，是沒有在八月十五日簽署加入書的土邦之一。就像博帕爾一樣，這個土邦也是由穆斯林太守統治著印度教徒為大宗的子民。朱納加德有三面邊界為印度教土邦或印度所環繞，但是其第四面則是綿長的海岸線，這一點跟博帕爾極為不同，其主要港口維拉沃爾港（Veraval）距離巴基斯坦的港市（暨首都）喀拉赤有三百二十五海里。一九四七年在位的朱納加德統治者是默哈貝特可汗（Mohabat Khan），他一直以來都非常愛狗，自己的私人動物園就養了兩千隻純種狗，包括十六隻專司皇宮守衛工作的獵犬。當他最喜愛的兩隻獵犬成功交配之後，這位太守還宣布當天為公眾假日；他花了三十萬盧比在兩隻獵犬的「婚禮」上頭，而這個花費大約是土邦子民平均年所得的一千倍。

朱納加德土邦境內不僅有印度教索姆納特（Somnath）神廟，還有吉爾納爾丘陵，在丘陵頂上，耆那教徒興建供奉了很多壯觀的大理石廟。索姆納特神廟和吉爾納爾丘陵吸引了印度各地成千上萬的朝聖者前來朝聖。此外，朱納加德的森林更是亞洲獅的最後避難之地，其受到默哈貝特可汗和其先祖的保護，甚至連高級英國官員都受到勸阻不要獵殺這些獅子。[39]

一九四七年夏天，朱納加德的太守前往歐洲度假，當他不在時，現任首席部長竟然被換成布杜爵士（Sir Shah Nawaz Bhutto），他是來自信德省的穆斯林聯盟的重要政治人士，且與真納關係密切。[40]當太守返回土邦之後，布杜爵士就逼迫他要遠離印度聯邦。等到權力轉移的八月十四日來臨之際，朱納加德宣布加入巴基斯坦。儘管此舉並沒有違背法律，但是就地理而言卻是不合常理，也大大違背了真納提倡的「兩國理論」，畢竟百分之八十二的朱納加德的人口都是印度教徒。

巴基斯坦先是延遲了太守的請求幾星期的時間，可是仍在九月十三日接受了他的請求，這個決定似乎是基於一個想法，那就是相信之後能夠以朱納加德為談判籌碼來保全查謨與喀什米爾邦（Jammu and Kashmir）。這個土邦同樣沒有在八月十五日加入任何一個自治領，它的大君信奉印度教而且子民多半是穆斯林，所以就結構上來看，剛好與朱納加德相反。

對於巴基斯坦接受朱納加德加入自治領，印度的領導人自是萬分氣惱，尤其觸碰到了帕特爾的「痛處」，因為他與朱納加德的居民來自相同的地區，並說著相同的語言（古吉拉特語）。[41]他的第一個反應就是確保朱納加德的兩個附庸土邦曼格羅爾（Mangrol）和巴巴里亞瓦德（Babariawad）加入印度。雖然這兩個附庸土邦的印度教首領自稱他們有權利加入印度，但是朱納加德太守卻對此加以否定，聲稱這些附庸的諸侯都必須要事先徵得他的同意。印度政府則接受了這些附庸土邦，並且派遣一支小型軍隊去支持他們。

九月中旬，梅農前往朱納加德想要與太守進行協商，可是這位統治者卻佯裝生病拒絕見面，梅農因此只得和首席部長見面協商。梅農告訴布杜爵士，從文化和地理的角度來看，朱納加德真的應該加入印度。布杜爵士並沒有反駁這個說法，而是抱怨「古吉拉特報刊（Gujarati Press）的惡毒文字」激怒了在地人的情感。他說自己想要用公投來決定這個爭端。[42]

在這段期間，有個「朱納加德臨時政府」於孟買成立，領導人是沙莫達斯·甘地（Samaldas Gandhi），他是聖雄甘地的侄子，也是在這個王國土生土長的人。這個「政府」成了朱納加德境內公眾躁動的媒介，太守在驚恐之中出奔至喀拉赤，隨身還帶了十二隻自己的愛犬，而讓首席部長留守土邦。十月二十七日，布杜爵士寫信給真納說道：「在加入〔巴基斯坦〕之後，太守殿下和我就馬上接收到數百封訊息，多半是穆斯林對我們的決定表達恭賀之意，可是弟兄們現在卻顯得漠不關心且冷酷。卡提阿瓦的穆斯林似乎已經失去了對巴基斯坦的所有熱情。」

十天之後，布杜爵士通知印度政府自己願意交出朱納加德的行政權，並在十一月九日正式完成移交。然而，身在德里的蒙巴頓勛爵卻為了在領地移交前沒有事先徵詢他的意見而生氣了。部分是為了安撫蒙巴頓勛爵，但也是為了要取得正當性，印度人因而組織了一次全民公投。公投於一九四八年二月二十日舉行，結果百分之九十一的選民都投票加入印度。[43]

## VI

海德拉巴也是擁有穆斯林統治者且主要人口是印度教徒的土邦，但卻比博帕爾或朱納加德來得珍貴許多。這個土邦跨越了次大陸中部的德干高原（Deccan plateau），面積超過了八萬平方英里，擁有超過一千六百萬的人口，分屬於三個語言區：泰盧固語、卡納達語和馬拉提語。海德拉巴的北邊的是中央省（Central Provinces）、西邊是孟買，而馬德拉斯則在它的東邊和南邊。儘管是內陸土邦，海德拉巴在食物、棉花、油籽、煤礦和水泥方面都可以自給自足，可是汽油和鹽就需要從英屬印度進口。

一七一三年的海德拉巴原是蒙兀兒帝國的附庸土邦，其統治者按慣例稱為尼贊王（Nizam），儘管其百分之八十五的子民都是印度教徒，卻是穆斯林主掌了軍隊、警力和文官體系。尼贊王本身擁有百分之十的土地，其餘的則大多是掌握在大地主的手裡。就個人的所有地，尼贊王每年可以從地租上獲得兩千五百萬盧比，土邦財庫還會另外提撥給他五百萬盧比。海德拉巴有一些非常富有的貴族，可是大部分的穆斯林和大部分的印度教徒並沒有兩樣，都是工廠工人、工匠、苦力和農民。[44]

一九四六年到一九四七年在位的是尼贊王七世米爾・烏斯曼・阿里（Mir Usman Ali）❾，他早在一九一一年就即位掌權。他不只是世界上最富有的人，同時也是最吝嗇的人；他很少穿新衣，而喜歡的衣著方式是沒有熨燙過的睡褲、襯衫和一頂平頂有纓無邊的褪色紅圓帽。他「通常都是開一輛一九一八年出產的老舊劣質車，還會發出嘎嘎聲響，而且從來不會殷勤款待訪客」。[45]

這位尼贊王決意保有的不只是他個人的財富而已，他要的是在英國人離去之後可以讓土邦獨立，並且直接和英國皇室建立關係。為了達到自己的目的，他僱請了孟克頓爵士（Sir Walter Monckton），他是一位皇家律師，是英格蘭最受敬重的律師之一。（英王愛德華八世就曾是孟克頓爵士的客戶，在其退位期間給予建議。）尼贊王準備好付出一筆金錢來取得這位英國人的服務，傳言是一年九萬幾尼（guineas）❿。在與總督的一次會面之中，孟克頓爵士「強調了崇高的尼贊王殿下很難接受任何可能會背離其獨立主權的方針」。當蒙巴頓勛爵建議海德拉巴應該要參與制憲會議，這位尼贊王的律師答道，倘若印度方面施壓過大的話，他的客戶可能會「認真考慮加入巴基斯坦的替代選項」。[46]

❾ 譯注：米爾（Mir）是印度土邦統治者的貴族頭銜，主要是指該貴族是延續穆斯林傳統的首長後代。

❿ 譯注：英國舊金幣單位，約值一鎊一先令。

假如尼贊王的野心果真實現的話，印度的南方和北方就真的會被一分為二。誠如憲政專家庫普蘭德（Reginald Coupland）指出：「砍掉了西北方和東北方的穆斯林手足之後的印度可以活下去，可是沒了腹部的印度還能存活嗎？」薩達爾．帕特爾（Sardar Patel）⓫則說得更直接，他認為一個獨立的海德拉巴就像是藏於「印度腹部的癌症」。[47]

在這場尼贊王和印度政府的對峙之中，雙方都有各自的代理人。印度人擁有成立於一九三八年的海德拉巴邦議會黨（Hyderabad State Congress），強力地向土邦境內的代議政府施壓。尼贊王則有穆斯林團結委員會（Ittihad-ul-Muslimeen）⓬，該組織希望捍衛穆斯林在土邦的行政和政治地位。還有另外一個重要的角色，那就是在土邦的泰倫加納地區（Telengana）擁有強大勢力的印度共產黨。

在一九四六年到一九四七年期間，這三方對彼此的發言演變得愈加強硬。海德拉巴邦議會黨要求土邦要依隨印度其他地方的腳步，其領袖組織了街頭抗議並被合法拘捕。與此同時，穆斯林團結委員會則因為拉茲維（Kasim Razvi）而變得激進，這位新的領導人是阿利加爾（Aligarh）訓練出來的律師，熱情地信仰著「穆斯林尊嚴」（Muslim pride）的理念。在拉茲維的領導下，團結委員會創立了名叫「拉扎卡」（Razakars）的準軍事部隊組織，其成員帶著刀劍和槍枝來來回回地於海德拉巴的路上行走巡視。[48]

與此同時，海德拉巴的鄉下地區則興起由共產黨策動的農村暴動，橫掃了整個泰倫加納地區，大型莊園地產都被沒收並重新分配給渴望土地的農民。暴徒先是奪取了所有大於五百英畝的土地，接著再依序把限額降為兩百英畝，然後是一百英畝。他們也廢除了強制性勞役制度。在納爾貢達（Nalgonda）、瓦朗加爾（Warangal）和卡因納加爾（Karimnagar）區域，共產黨員管理了一個等同平行的政府，而且有超過一千座村莊「實際上不再受尼贊王的統治」。[49]

八月十五日的時候，國大黨黨工在海德拉巴土邦的不同地區升起了國旗，這些人因違法而被逮捕入獄。[50]另一方面，拉扎卡成員變得愈加蠻橫，不僅堅稱支持尼贊王的獨立宣示，同時印刷傳單發放，上頭聲明「為海德拉巴人解放海德拉巴」及「不與印度聯邦簽訂協議」。[51]

尼贊王的野心其實受到了英國保守黨的鼓勵。孟克頓爵士本身就是重要的保守黨員，他曾寫信給自己的政黨領導人，請求支持尼贊王。孟克頓爵士聲稱國大黨實踐的是一種「權力政治」，可以說是「希特勒和墨索里尼所沉迷的完全翻版」。由於蒙巴頓勛爵與尼赫魯和帕特爾密切配合，故只能希望保守黨「務必留心，倘若阻止不了我們的老朋友和舊盟友的可恥背叛，至少也要使其受到世界良知的譴責」。[52]

把尼贊王的海德拉巴視為波蘭，而國大黨等同於希特勒的納粹，這個說法真是匪夷所思。可能是因為邱吉爾素來不喜歡聖雄甘地，所以他也接受這個比喻。在英國下議院發表談話時，邱吉爾主張英國有「個人義務……不容許已經宣布擁有主權的國家為暴力所扼殺、屈服，或者是實際壓制」。保守黨當時的後起之秀巴特勒（R. A. Butler）聲援邱吉爾的主張，他認為英國應該要施壓支持「海德拉巴維持獨立的合法訴求」。[53]

尼贊王因巴基斯坦贊同自己的目標而獲得支撐力，拉扎卡成員更是如此。真納甚至還告訴蒙巴頓勛爵，國大黨若是「對海德拉巴施加任何壓力的話，全印度的每一位穆斯林，沒錯，所有一億名的穆斯林都會挺身團結來捍衛這個印度最古老的穆斯林王朝」。[54]

---

⓫ 譯注：指的就是帕特爾，薩達爾（Sardar）是尊稱。

⓬ 譯注：此組織又名為All India Majlis-e-Ittehadul Muslimeen (AIMIM)，英譯為All India Council of United Muslims。

尼贊王現在則說自己會與印度簽署一份協議，而不是加入書。一九四七年十一月下旬，他同意簽署「終止協議」（Standstill Agreement），在此協議之下，繼任政府會維持海德拉巴和英屬印度之間所商議的約定。如此一來，雙方陣營都爭取到了時間；當尼贊王趁此重新考量自己所爭取的獨立之際，印度人則想找出更好的方法來說服對方加入印度。

就此協議，尼贊王和印度政府各自在對方的領地派駐了自己的代理人。印度的代理人是帕特爾所信任的盟友穆希（K. M. Munshi），而尼贊王則是在十一月指派米爾．賴克．阿里（Mir Laik Ali）擔任新的首席部長，他是富裕的商人，也是知名的巴基斯坦支持者。賴克．阿里答應在政府裡安排一些印度教徒的代表，可是看在海德拉巴邦議會黨的眼裡卻是太少且太遲。不管如何，這時候真正的權力已經移轉給了拉扎卡和其領導人拉茲維。到了一九四八年三月，穆斯林團結委員會的成員已經達到一百萬人，其中有十分之一的人都受過軍事訓練。每一位拉扎卡成員都以阿拉之名發誓：「願為維護德干高原穆斯林權力的最高地位而戰鬥到最後一刻。」[55]

一九四八年四月，有位倫敦《泰晤士報》（*The Times*）的通訊記者來到了海德拉巴，他訪問了拉茲維，發現對方是個「極具組織天賦的狂熱煽動家。他是一位令人敬畏的『煽動暴亂者』，即便是私下密談，他也令人懾服」。[56]拉茲維視自己為穆斯林國家的未來領導人，就是海德拉巴的真納，只不過他更激進些。他有一幅巴基斯坦領導人真納的肖像，相當顯眼地掛在自己的房間裡，並且曾經告訴一位印度記者自己極為仰慕真納，又說道：「只要我有疑問，我都會詢問他，而他從來都不會吝於給我建議。」

相片中的拉茲維蓄著濃密的鬍子，使得他看起來「很像是東方的梅菲斯特（Mephistopheles）⓭」，[57]而其最引人注目的五官就是他閃爍光芒的雙眼，「散發出狂熱的火焰」。他蔑視國大黨，曾說道：

「我們這裡不要婆羅門或巴尼亞的統治。」當他被問到，若是巴基斯坦和印度發生衝突時，他會站在哪一邊，他的回答是巴基斯坦可以照顧自己，但是又說道：「不管是哪裡的穆斯林的利益受到影響，我們都會表達關心與同情，這當然也適用於巴基斯坦。就算是地獄裡的穆斯林的利益受損，我們也會感同身受。」[58]

拉扎卡認為德里和海德拉巴的對峙是印度教徒和穆斯林的鬥爭；另一方面，國大黨卻認為這是民主和專制的衝突。事實上，應該是這兩方面都有所觸及。捲入這場紛爭的是海德拉巴的公民，從一九四七年八月之後的幾個月來，他們都處於極度不安定的狀態。[59]有些印度教徒開始逃離到鄰近的馬德拉斯地區，而中央省的穆斯林則是同時蜂湧逃至海德拉巴。這些穆斯林大多不識字，可是他們已經聽到了可怕的報導，那就是孟加拉和旁遮普與他們有共同宗教信仰的人已經遭受攻擊，可是這些人似乎沒有理解到自己在海德拉巴也是少數族群。或許，誠如一位獨立觀察家的說法：「這些移居的穆斯林比較相信尼贊王和阿拉伯人的軍隊會保護他們，而不信任印度聯邦的省級行政管理。」反過來說，有人認為這些中央省的穆斯林在尼贊王的人馬的協助下，把海德拉巴的印度教徒趕出了他們的家園。甚至還有人宣稱有著這樣的一個計畫，那就是要讓穆斯林成為該邦的多數族群：在奧蘭卡巴（Aurangabad）、比達爾（Bidar）和海德拉巴等印度教徒聚集的城市，顯然已經「呈現了空無一人的景象」。[60]

一九四八年的春夏期間，情勢愈來愈緊張。有人指控有槍械（由英國的僱傭兵駕駛的飛機）從

---

⓭ 譯注：一般英文簡稱為Mephisto，中譯名也多採簡稱，其最初出現在《浮士德》（*Faust*）傳說中，是惡靈之名，後來則成為惡魔人物的代表。

巴基斯坦被運送到海德拉巴，以及有人從東歐進口武器。馬德拉斯的首席部長寫信給帕特爾，告知對方自己難以應付來自海德拉巴的難民潮。穆希也遞送了駭人的報告，揭露尼贊王的背信忘義、對獨立的「固執想法」、只要談到印度政府都說是「德里的無賴」，以及「透過演說、尼贊王的廣播、報紙、戲劇等管道，不分晝夜地傳送反對印度聯邦的惡毒宣傳」。[61]

在這樣的情勢中，印度採用拖延策略。時值一九四八年六月，梅農和賴克．阿里在德里進行了一系列的會談。梅農要求土邦引進代議制政府，並且應允就加入印度聯邦問題進行全民公投。為了維護尼贊王的尊嚴，各種例外方案紛紛出籠，其中包括讓尼贊王保有軍隊，可是卻沒有一項能夠讓對方接受。同一時期，備受敬重的前任海德拉巴首席部長伊斯梅爾爵士（Sir Mirza Ismail）試圖從中調停，他建議尼贊王不要向聯合國遞交海德拉巴的案子（賴克．阿里威脅要這麼做），要讓自己脫離拉扎卡的掌控，並且加入印度。他告訴崇高的尼贊王殿下：海德拉巴「一定要理解自己所在位置的弱點」。[62]

一九四八年六月二十一日，蒙巴頓勛爵辭去了總督一職。他在三天前曾寫信敦促尼贊王要妥協，才能在歷史上成為「南印度的和事佬，以及自己的土邦、王朝和人民的救世主」。要是尼贊王堅持現在的立場，他將會「承受有思想的人的共同譴責」。[63]尼贊王選擇不聽他的勸言。然而，隨著蒙巴頓勛爵的離去，帕特爾即可更輕易地採取決定性行動。就在九月十三日，印度軍隊的分遣隊進入了海德拉巴，不到四天的時間就控制了整個土邦；有四十二名印度士兵和兩千多名拉扎卡成員死於這場戰役。

尼贊王於十七日晚間發表了廣播談話，其演說內容大概是由穆希所執筆。尼贊王宣布禁止拉扎卡，並且建議他的子民「要與其他印度人民和平共處」。六天之後，他又在廣播上指出，拉茲維和他的人馬是以「希特勒」的手段和「散播恐懼」來「占有土邦」。尼贊王還聲明自己「急著要與印度達成體面的和解，但是這個團體……讓我不時拒絕印度政府提出的條件……」[64]

不論是意外或人為圖謀的結果，印度攻擊海德拉巴的行動就發生於巴基斯坦的總督逝世的兩天之後。真納曾經預測一億名的穆斯林會因為尼贊王的土邦受到威脅而挺身反抗，結果並非如此，可是的確造成部分巴基斯坦民眾的情緒高漲。在喀拉赤，五千名民眾向印度高級專員公署（Indian High Commission）進行抗議遊行。當時的公署長官長年追隨甘地，他現身街頭來安撫群眾。「膽小鬼，」抗議的人回嘴叫囂，「只敢在我們的國父剛逝世的時候來攻擊我們。」[65]

時間回到六月的時候，一位資深的國大黨領袖曾經告訴尼贊王，只要願意與聯邦和解，崇高的海德拉巴殿下甚至可能成為「駐莫斯科或華盛頓的全印度的大使閣下」。[66]然而結果並沒有這項提議，或許是尼贊王的衣著，或是他的消遣形式，也或許是這兩個原因都有，而使得他不適合外交使命。不過，他還是因為最終的歸順而得到獎賞，成為新的印度海德拉巴邦的拉爾巴拉木（*rajpramukh*），就是該地的首長。

在舊政權結束兩年之後，孟買記者K．A．阿巴斯（K. A. Abbas）參訪了海德拉巴，他發現百年照相館「拉賈．丁戴爾」（Raja Deendayal）的櫥窗裡，尼贊王肖像已經黯然失色，取而代之的是城市的「解放者」印度軍隊陸軍上校喬杜理（J. N. Chaudhuri）的照片。在此時的海德拉巴，國大黨的白帽成為了「新的統治階級頭飾，就如同在警察行動之前戴的圓錐形阿薩夫賈汗頭巾（Asafjahi dastaar，一種現成的標準包頭巾），可以激起人們的敬畏之情」。[67]

# VII

一九四七年八月，有位英國官員曾任職於印度次大陸，閱歷相當豐富的他發表了一篇有著預兆性篇名的文章〈印度及其未來〉（India and the Future）。雖然英屬印度才剛分裂成兩個國家，但是這位作者問道：「分裂是否會就此停止呢？」還是說次大陸會分裂成「無數的敵對的小國家呢」？巴基斯坦似乎本質上就不穩定，其西北部地區不時有可能變成獨立的「巴坦尼斯坦」（Pathanistan），而印度也不必然就比較穩定。因此，「許多有能力的觀察家都相信，馬德拉斯〔省〕最終會分裂出去而實質獨立」。至於土邦方面，較弱小的土邦別無選擇，只能加入印度。不過，「南方的大型土邦，特別是海德拉巴、邁索爾和特拉凡哥爾，則全然有著不同的立足點。在必要的情況下，這些土邦可以維持獨立，而國大黨近來的威脅，也不大可能阻止這些土邦完全從自身的優勢來決定這個問題。」

「印度的最終形式，」這位先知給予了總結，「有可能是原本的英屬印度地區組成了三個或四個國家，再加上一個南印度土邦聯邦（Federation of South Indian States）。大致而言，這麼一來就回到了印度在十六世紀時期的模樣……」[68]

考量其可能性和反對情況，得以整合這些數目眾多且各不相同的土邦，這確實是個驚人的成就。整合工作進行得相當全面而順暢，印度人甚至很快就忘記印度原本不是一個國家，而是五百個國家。然而，一九四七年到一九四八年期間，陷入分裂的威脅是相當真實的，像是「陰謀暗潮洶湧」的博帕爾和特拉凡哥爾，以及「戰略要點」的海德拉巴。當最後一位大君簽署讓渡土地的協定之後，只不過五年的時間，印度人就「把整合的印度視為這麼理所當然的事，以至於時至今日，還需要一番心力才能夠去想像可能出現的不同結果」。[69]

印度王公們在印度政體中的所處地位，「古今中外所知的制度都找不到足以對等或相似的位階」。不過，透過「和平誠摯的協商」，這些酋邦即自行瓦解，而「幾乎跟組成（印度）聯邦的其他民主單位融合一起」。

以下這些文字取自印度政府於一九五〇年發行的小冊子，散發著一份當之無愧的沾沾自喜。這五百個「封建專制的中心」，在幾乎無人傷亡的情況下，「變成了印度聯邦的自由民主單位」，反之，英國所主導的印度分治卻付出了沉痛的代價。用來標示這些酋邦的「地圖上的黃點」現在已經「消失了，而主權和權力也已轉移到人民身上」。「這是有史以來的第一次，」小冊子繼續寫著，「幾百萬的人們於土邦裡一向是各自群集，過著狹隘靜僻的生活，如今成為印度這個更大家庭的一分子，他們全都可以呼吸到瀰漫整個國家的自由民主的新鮮空氣。」

這是一本官方小冊子，自然會把功勞歸給領導人。「當英國殖民地的總督努力不懈了兩個世紀後還是終告失敗，」小冊子的宣傳人員寫道，「帕特爾卻是針對王公系統更高貴的情感提出動人的訴求而達到目的。」[70]

帕特爾的指導確實是明智果決；其他的國大黨政治人物，甚至連（或尤其是）尼赫魯，可能也無法有這樣的耐性和遠見來監看王公的滅絕。不過，要是沒有梅農，帕特爾是幾乎不能成功的，是梅農來回酋邦好幾百趟去逐步瓦解這些統治者。反過來，要是沒有影響實際權力過渡的官員，梅農所能成就的也就微不足道了，畢竟是這些官員創造了環境條件，土邦方能與印度其他地區在財政和社會上進行整合。

事實上，不管是政治人物或是官僚，他們必不可少的盟友是那些最不為人所知的人們，也就是群眾。幾十年來，土邦的眾多群眾早已大聲疾呼要求擁有如同英屬印度賦予公民一樣的權利。許多土邦都有活躍、強力的人民團體，王公們對此都深為敏感；事實確實如此，要是沒有來自底層群眾的抗議威脅，王公們大概不會這麼輕易地把權力交給印度政府。

帕特爾得到了眾多助力才完成了印度的統一大業，這些人大部分現今仍是沒沒無聞之人，而沒有完全為人遺忘的人是梅農，他是王公整合的首要起草人，同時也是其第一位編年記事者。讓我們在此了解一下他從整個過程學到的教訓：

將五百五十四個土邦融入共和國的體制中才將之瓦解；從恐怖的混沌中我們開始理出秩序，並將所有陳舊土邦的行政管理加以民主化，這一切都應將我們鍛鍊到了足以在其他領域一樣有所成就。71

我們爾後會適時地關注創建國家的「其他領域」，但是首先還是必須研究一下帶給印度聯邦最大麻煩的土邦個案，它是放在籃子邊緣的一顆獨特的蘋果，情況岌岌可危；它從未在籃內過，但也不曾落到籃子外頭。

# 第四章
# 染血的美麗山谷

由於我對山的愛以及對喀什米爾的親密感，讓我特別為當地所吸引；那裡讓我感受到的不只是當下的生活、活力和美好事物，同時還有千古歲月的記憶魅力……每當我想起印度，就想起許多的事物……〔但是〕最常想起的就是峰頂白雪皚皚的喜瑪拉雅山，或是春季降臨時的某個喀什米爾山谷，覆滿了新生的花朵，並且有條溪流潺潺淙淙地流過。

——尼赫魯，一九四六

## I

總共有超過五百個土邦加入印度，而其中最重要的就是查謨與喀什米爾邦。這個土邦甚至比海德拉巴還要大，面積為八萬四千四百七十一平方英里，但是人口卻不過四百萬出頭，可以說分布地頗為稀疏。這個土邦有著相當大的文化異質性，並有五大主要地區。查謨省緊鄰著旁遮普省，有著低緩丘陵和廣大耕地。在印巴分治之前，穆斯林是查謨省比較大的社群（占百分之五十三），不過隨著驚恐的移出浪潮，印度教徒在分治的那一年就成為優勢社群。相對之下，位於查謨省北方的喀什米爾山谷（Valley of Kashmir）則一直維持穆斯林為多數社群的狀況。喀什米爾山谷是公認印度最美麗的地方之一，當地的湖光山色吸引了德里和旁遮普的富有旅客於夏季造訪。有群技藝精湛的手工師傅以此地為家，利用絲綢、羊毛、木材和黃銅做出精美的工藝品，出口到印度各個角落或國外販售。而查謨省和喀什米爾山谷兩處也都有零星的錫克教徒。

喀什米爾山谷的東邊是拉達克（Ladakh）高山區，界鄰西藏，其居民主要是佛教徒，向西更遠處則是人煙稀少但土地遼闊的吉爾吉特（Gilgit）和巴爾蒂斯坦（Baltistan），那裡的居民大多是穆斯林，不過他們是伊斯蘭教的「什葉派」（Shia）和「伊斯瑪儀派」（Ismaili），而非（如同喀什米爾山谷一樣）屬於最大宗派「遜尼派」（Sunni）。

這幾個不同地區要等到十九世紀才被整併為單一土邦，統一者為查謨的道格拉．拉吉普特族（Dogra Rajputs）；這個部族於一八三〇年代攻克了拉達克，一八四〇年代從英國人手中攫取了喀什米爾山谷，而到了十九世紀末則擴張至吉爾吉特。自此之後，查謨與喀什米爾（以下僅稱「喀什米爾」）即與阿富汗、中國新疆和西藏相鄰，而與蘇聯之間只隔了一段狹小的阿富汗領土。[1]

正是這樣的地理位置，使得這個土邦的戰略重要性與其人口總數不成比例。一九四七年八月十五日之後，由於喀什米爾與兩個新成立的自治領共享疆界，更增加了它的重要性。這個土邦是由一位印度教徒統治大多數是穆斯林的居民，而地理環境的偶然因素又深化了這種不正常情況：喀什米爾跟朱納加德和海德拉巴等其他有爭議的酋邦不同，它和印度與巴基斯坦皆相互毗鄰。

一九四七年，喀什米爾的大君是哈里．辛格（Hari Singh）。這位大君自從一九二五年九月即位之後，大部分的時間不是在孟買的跑馬場，就是在自己領地上廣大茂盛的叢林裡打獵。另一方面，他這個人就是那副德性；他的第四位（也是年紀最輕的）皇后就如此抱怨過：他「從來不接見人民，這就是問題所在。他就只是坐著，身邊都是逢迎拍馬的朝臣和喜愛的人，卻從來不想真正了解外界發生了什麼事情」。[2]

這位王公在位統治的大半時間，他的眼中釘、肉中刺是喀什米爾山谷的一位穆斯林，那個人名叫謝赫・穆罕默德・阿布杜拉（Sheikh Muhammad Abdullah）。出生於一九〇五年的謝赫是個披肩商人之子，擁有阿利加爾穆斯林大學（Aligarh Muslim University）的科學碩士學位。儘管他的條件資格都符合，可是喀什米爾的土邦政府行政卻是由印度教徒所掌控，故而使得他在當地根本找不到任何政府工作。謝赫不禁開始質疑「為什麼獨獨是穆斯林要承受這樣的待遇。我們是最大的社群，貢獻了土邦最多的歲收，卻還是不斷受到壓迫……難道就只是因為大部分的政府公僕不是穆斯林嗎？……我的結論是，穆斯林遭受不公平對待是一種宗教歧視的結果」。[3]

找不到政府工作的謝赫成了一名教師，不只是組織讀書會，還開始毫不保留地談論支持穆斯林的議題。謝赫具有鼓舞人心的氣度，身高六英尺四英寸，是一位機智且深具說服力的演說家。他會抽怪異的香菸，但是不飲酒。此外，他每個星期五都會到清真寺，對於《古蘭經》有著豐富的知識。[4]

一九三一年夏天，謝赫被選為穆斯林代表團成員之一，冀望能向大君進言捍衛穆斯林。[5]在代表團晉見大君之前，運動人士卡迪爾（Abdul Qadir）卻遭到逮捕和起訴審判，這起事端引發了抗議者和警察的衝突而造成二十一人死亡，隨後喀什米爾山谷出現了一波社群暴力，許多印度教徒的店鋪因此被洗劫和燒毀。

隔年，也就是一九三二年，名為「全查謨與喀什米爾穆斯林會議」（All-Jammu Kashmir Muslim Conference）的政黨成立，漸漸形成反對大君的勢力。謝赫和來自查謨的律師谷藍・阿巴斯（Ghulam Abbas）是該政黨的重要人物，六年後，在謝赫的主導之下，這個組織轉型成「國民會議黨」（National Conference），而且允許印度教徒和錫克教徒加入；這個新的政黨組織訴求以普選權為基礎的代議政府。

大約在此時，謝赫結識了尼赫魯，很快就一拍即合。兩人都是衝動和觀點強烈的人，但幸運的是有著一致的想法，皆致力於印度教徒和穆斯林的和諧以及社會主義。國民會議黨與印度國大黨走得愈來愈近，使得一些成員開始變得格格不入，最明顯的就是谷藍・阿巴斯，這些成員後來離開了國民會議黨而自行組織喀什米爾的穆斯林，而這也造成了他們與謝赫對立的難堪情況，雙方的存在意味著私底下的失和，也是意識型態的爭執。

一九四〇年代中期，謝赫輕而易舉地贏得了人氣大賽，一位同時期的人士回憶道，他「在當時極度受到喀什米爾人民的愛戴」。[6]自一九三一年以來，謝赫經常進出監獄；在一九四六年的時候，由於要求道格拉王朝「放棄喀什米爾」並把權力交與人民，他又再次因此入獄，而有二十多人死於隨後發生的動亂之中。大君因此宣布戒嚴，而且以「煽動叛亂」的罪名判決謝赫入獄服刑三年。尼赫魯對此尤其憤怒，急忙飛奔至喀什米爾替朋友辯護，但是大君的人馬擋在疆界不讓他進入，並要他返回英屬印度。[7]

當英國不久即要撤離次大陸的態勢明朗之後，哈里・辛格大君的首席部長卡克（Ramchandra Kak）鼓勵他開始思考土邦獨立的事情。一九四六年七月十五日，大君聲明喀什米爾將會「決定自己的命運，而且不會受到不屬於土邦不可分割的部分勢力所左右」。[8]一位住在斯利那加（Srinagar）

的英國人觀察到當年十一月的情勢：

> 大君和卡克正認真地考慮，倘若〔印度〕聯邦真的成立，不要讓喀什米爾加入的可能性。卡克在上一次見面的時候曾經暗示我，由於國大黨領導的中央政府對喀什米爾極可能展現出敵對的態度，喀什米爾可能因此而不加入聯邦。至於大君的態度，我的臆測是，一旦最高權威（Paramountcy）❶離開了喀什米爾，喀什米爾就必須要靠自己，而不會再有對英國政府忠貞與否的問題，並能自由地選擇想要結盟的勢力（包括俄羅斯在內）。[9]

獨立的想法可以說是緊緊纏繞著大君。由於厭惡國大黨，他無法想像加入印度；可是若是加入巴基斯坦，那或許意味著他的印度教王朝將會壽終正寢。[10]

一九四七年四月，新總督於新德里就職。結果新總督是哈里．辛格大君的舊識；當威爾斯親王（Prince of Wales）於一九二一年到一九二二年拜訪印度的時候，他們兩人曾共同擔任親王的幕僚人員。一九四七年六月的第三個星期，印巴分治的決定確定之後，蒙巴頓勛爵就動身前往喀什米爾，「主要是為了先發制人，以防尼赫魯或甘地也這麼做。」[11]他想要自行評估這個土邦的未來走向。總督與卡克在斯利那加見了面，他建議對方要告訴大君，不管是要加入哪一個自治領都好，他一定得加入。首席部長則大膽反抗地回答，他們希望喀什米爾維持獨立。[12]總督因此訂下了與大君的私人會面。到了約定的當天，也就是總督到訪的最後一天，哈里．辛格大君卻因為腹絞痛而無法下床見

---

❶譯注：此係描述大英帝國的主權與各邦統治者之間的關係。

面；這極可能是個伎倆罷了，以便回避肯定是不歡而散的一場會面。[13]

尼赫魯就此對蒙巴頓勛爵說道：「在我看來，你到訪喀什米爾沒有成功。」因為如此，尼赫魯想要自己到當地去打破政治僵局，甘地也打算前往。不出所料，哈里．辛格大君當然兩個都不想見。[14]不過，由於尼赫魯忙於其他事務，結果就由聖雄甘地代勞。因應大君的要求，停留斯利那加的三天期間，甘地沒有舉行任何的公開會談，倒是與工人和學生的代表團見了面，這些團體要求釋放謝赫以及首席部長卡克下臺。[15]

到了八月十五日，查謨與喀什米爾並沒有加入印度或巴基斯坦，而是提出與兩個自治領簽署「終止協議」，以便讓民眾和物資可以自由穿越疆界。巴基斯坦簽了協議，可是印度卻認為要靜觀其變。然而，到了九月中旬，往返西旁遮普的錫亞爾科特（Sialkot）和查謨的鐵路卻遭到停駛，而且為土邦運送物資的貨車運輸也無法通行巴基斯坦的國境。[16]

隨著土邦與巴基斯坦的關係繼續惡化，大君很快接連撤換了兩位首席部長，先是卡克被名為真納克．辛格（Janak Singh）的士兵所取代，而真納克隨後也被免職，讓位給旁遮普高等法院的前法官馬哈金（Mehr Chand Mahajan）。馬哈金與國大黨領導人的關係比較友好，其中又以與兩個最高領導人的關係最為重要：印度總理尼赫魯（其本身是喀什米爾人）和內政部長及土邦部長帕特爾。值得一提的是，儘管尼赫魯總是想要喀什米爾成為印度的一部分，可是帕特爾曾經一度傾向於允許該土邦加入巴基斯坦，只不過他在九月十三日就改變了心意，原因是巴基斯坦政府在那一天接受朱納加德加入該自治領：「倘若真納可以掌控一個穆斯林統治多數印度教人民的土邦，何以帕特爾不應該對一個印度教徒統治多數穆斯林的土邦感興趣呢？」[17]

一九四七年九月二十七日，尼赫魯寫了一封長信給帕特爾，信中提及喀什米爾所面對的「持續惡化的危險」處境。尼赫魯聽到巴基斯坦準備派臥底人員「滲透喀什米爾，而且人數眾多」。哈里・辛格大君和其行政機關幾乎無法獨自應付這樣的威脅，因此需要「與國民會議黨重修舊好，以便能夠有足夠的民眾支持來對抗巴基斯坦」。而釋放謝赫以及爭取其追隨者的支持，也有助於「實現喀什米爾加入印度聯邦的期許」。[18]

九月二十九日，謝赫被釋放出獄。隔週，他即在斯利那加崇高的哈茲拉特巴爾清真寺（Hazratbal）發表了演說，要求「將喀什米爾的權力完全交付於人民手中，然後，民主的喀什米爾的人民代表將會決定土邦應該要加入印度或巴基斯坦」。他又說，一個喀什米爾的人民政府「將不會是某個社群獨有的政府，這個政府會是印度教徒、錫克教徒和穆斯林所組成的聯合政府，這樣的政府也是我奮戰的目標」。[19]

巴基斯坦自然會期望喀什米爾，以及占其境內人口多數的穆斯林社群能夠加入該國；印度則認為宗教是個不相干的因素，尤其是大家都知道身為領導政黨的國民會議黨的特點就是不分教派。到了十月初的時候，帕特爾在寫給尼赫魯的信中提到，「我和你對於喀什米爾的相關政策是沒有不同的。」亦即他們兩人都希望該土邦加入印度。[20]喀什米爾人對此有何感受呢？在謝赫剛被釋放之後，土邦政府軍隊的英國指揮官注意到，「絕大部分的喀什米爾人並沒有特別偏好印度或巴基斯坦」。不過，「喀什米爾並沒有鼓吹加入巴基斯坦的良好組織」，卻有「親印度的國大黨和反巴基斯坦的國民會議黨」。[21]

哈里・辛格大君則依舊死守著獨立的夢想。十月十二日，查謨與喀什米爾的副首席部長在德里說道：「我們打算與印度和巴基斯坦都保持友好關係。儘管有層出不窮的流言，我們並沒有加入任何一方的打算……唯一會讓我們改變心意的事，就是其中有一方決定使用武力脅迫我們……大君是這麼告訴我的，他的野心是要讓喀什米爾成為東方瑞士——一個完全中立的土邦國。」[22]

## II

**唯一會讓我們改變心意的事，就是其中有一方決定使用武力脅迫我們**。此番談話才結束的兩星期之後，一支幾千名武裝人員的軍隊就從北方入侵了喀什米爾，他們在十月二十二日跨越了西北邊省（North-West Frontier Provinces）和喀什米爾之間的疆界，並且迅速地往首府斯利那加前進。

這些入侵者大半是帕坦人（Pathans），他們現在隸屬於巴基斯坦的一省，儘管其身分毫無爭議，但是卻無法確定他們入侵的**原因**，以及**誰**是幕後支持者，而這兩個疑問也成為喀什米爾爭議的核心，即使過了六十個年頭，歷史學家仍然無法給予確切的答案。之所以如此，原因之一是喀什米爾的極北方偏僻難行，因而沒有鐵路或道路貫穿該地區的高山。沒有人類學家曾到過那裡，更遑論新聞記者了，因此對於後來所謂的「喀什米爾部落入侵」事件，我們也找不到任何獨立目擊者的證言。

不過，偏袒印度或巴基斯坦的不公正敘述則是相當多。不管是當時或後來，印度人都相信是巴基斯坦供應所需的槍彈，推促這些部落成員跨越疆界。巴基斯坦則否認與入侵行為有任何關係，堅稱其是穆斯林帕坦人的一次「自動自發」的猛攻行動，目的是要協助受到印度教國王和印度教行政機關迫害的穆斯林教友。[23]

喀什米爾確實有個情緒不滿的地區，那就是位於斯利那加西邊的蓬奇區（Poonch）。一直到一九三六年，蓬奇區都還是由道格拉統治家族的旁系宗親所統治；不過，就在這一年，這一區開始由斯利那加的大君直接掌控。失去了自治權，加上大君施行的新稅制，都讓當地人受到傷害。山羊、綿羊和牛隻要按頭繳納稅捐，連進入森林都要繳稅；承受最大衝擊的就是蓬奇區的放牧人家，而這些人幾乎都是穆斯林。[24]

二次大戰期間，許多蓬奇區的穆斯林都服役於英屬印度軍隊，等到戰後返回家園，就像一般退伍士兵一樣，也變得對政治高度敏感。喀什米爾大君的統治除了在山谷區受到謝赫的挑戰，現在又增加了來自蓬奇區人士的考驗。

在八月十四日的時候，蓬奇區的幾間商店和辦公室掛起了巴基斯坦的國旗，藉此表明他們擁戴的是巴基斯坦，而不是仍舊尚未歸屬任何一方的喀什米爾土邦。接下來的幾個星期，不斷出現道格拉軍隊和地方抗議者發生衝突的消息。到了九月初，數十個蓬奇區的男子利用從「巴基斯坦的非正式管道」取得的槍枝來武裝自己，並在巴基斯坦的穆里鎮（Murree）建立基地，以便將收集到的武器和彈藥偷渡過界到喀什米爾。根據巴基斯坦的說法，總理利雅奎特（Liaqat Ali Khan）和旁遮普穆斯林聯盟的資深領袖伊夫蒂哈盧丁（Mian Iftikharuddin）知道且批准了對反叛軍的援助。監控整體運作的是巴基斯坦的陸軍上校阿卡巴．汗（Akbar Khan），他從陸軍的武器供應集結了四千把步槍轉交給喀什米爾的反叛軍使用。更異想天開的是，他還取了個戰鬥化名「塔里克將軍」（General Tariq），靈感是來自中世紀於西班牙對抗天主教徒的一位摩爾戰士（Moorish warrior）。[25]

在蓬奇區境內，穆斯林官員和士兵離開了政府行政機關的崗位，並加入反叛軍的行列。到了九月底，這個異議地區和哈里．辛格大君的政府之間出現了嚴重衝突的危機。然而，儘管有零星的衝突事件，但尚未爆發重大衝突，也沒有正面對槓的戰鬥。由於緊鄰西旁遮普，人們可以輕易從蓬奇區到達巴基斯坦的拉瓦平第（Rawalpindi）等城市，可是西北邊省的距離則更往西一些。到底來自西北邊省的入侵軍隊是因為聽到醞釀中的叛亂消息而來到蓬奇區？還是他們本來就計畫要入侵呢？

沒有人可以回答這些問題而不引發異議。然而，我們確切知道的是，等到帕坦入侵者於十月二十二日跨越疆界之後，他們就以驚人迅速之勢往南逼近。「這起部落入侵的主要特點就是，」歷史學家布勞契（Michael Brecher）寫道，「部落的奇襲戰略、喀什米爾政府軍隊缺乏最基本的防禦，以及入侵部落對印度教徒和穆斯林的掠奪、搶劫和豪取。」或者，誠如一位熟悉喀什米爾的英國社會工作者言簡意賅的說法，入侵的帕坦人察覺到「一個獲取宗教功績和豐富戰利品的機會」。

進入喀什米爾之後，入侵的部落成員很快就南下到達傑赫勒姆河谷（Jhelum valley）。他們的第一站是位於奇山干加河畔（Kishanganga，即尼藍河〔Neelum River〕）的穆扎法拉巴德鎮（Muzaffarabad），該地離邊界只有七英里。當地駐紮了一個查謨與喀什米爾的步兵團，但是這個步兵團被一分為二，一半是來自蓬奇區的穆斯林士兵，他們這時候聲稱自己不再對大君懷有幻想。駐軍被打敗了，但是有一些士兵僥倖在落敗之前逃脫並致電通知斯利那加所發生的事，政府軍隊的代理指揮官拉金德・辛格准將（Brigadier Rajinder Singh）因而能夠集結幾百名人馬急速趕往烏里鎮（Uri），那裡是離斯利那加和穆扎法拉巴德鎮都路途相當的中繼小鎮。

正當入侵部落進逼烏里鎮的時候，拉金德・辛格准將已經先率隊抵達，而他的預防動作就是炸毀連結小鎮到北方的橋梁。入侵部落確實因此延遲了四十八個小時，可是最終還是渡了河而摧毀了准將的人馬。他們接著從烏里鎮前進到馬胡塔（Mahuta），當地的發電廠供給了喀什米爾山谷的電力，所以他們關閉了開關，讓斯利那加陷入一片漆黑。[26]

對於入侵部落的人數估計不一（有些人認為只有兩千人，其他人則說有一萬三千人之多），我們大可不必感到驚訝。不過，我們確實知道他們擁有步槍和手榴彈，並以卡車為交通工具。部落侵入喀什米爾受到西北邊省行政首長卡雲（Abdul Qayyum）的公開鼓勵，英國省督康寧漢爵士（Sir

George Cunningham）則是對此視而不見，而與巴基斯坦軍隊共同服役的英國軍官也是如此。誠如真納的美國傳記作家的觀察：「卡車、汽油和司機幾乎不是部落的標準配備，但是在橫越巴基斯坦北方的路途中，沿途的英國軍官和巴基斯坦官員都知曉且給予支持。因此，即使真的不是他們組織和唆使的，巴基斯坦似乎寄望十月的暴力活動可以促使喀什米爾併入該自治領。」[27]

於二十四日占領了馬胡塔電廠之後，入侵者接著就勢如破竹地南下到斯利那加。途中有個叫做巴拉穆拉（Baramula）的城鎮，就是在這裡，我們第一次找到了事實發生經過的真實證言。巴拉穆拉的一間木材公司的英國經理目擊了入侵者來到此地，擁有「充足的卡車、汽油和彈藥，還有兩英寸和三英寸的迫擊砲」。

這位經理很慶幸自己才剛從銀行領出了一千五百盧比。入侵者的下一個目標是聖若瑟修道院（the Convent of St Joseph），他們不僅砸毀了附屬醫院的機器，更射傷了女修道院院長，而且還當場殺害了住在那裡的一位陸軍上校。根據一份報告指出，修道院的修女列隊等著被射殺，還好曾經在白沙瓦（Peshawar）的修道院學校上過學的一位阿福利第人（Afridi）❷阻止了自己的族人施加最後行動。[28]

專研喀什米爾爭議的歷史學家蘭姆（Alastair Lamb）寫道：「毫無疑問，帕坦人踏上了征途，途中的那些人卻是厄運來臨。」他告訴我們，帕坦人不只攻擊修道院，還燒毀了印度教徒和錫克教徒的商店，又談到他們的作為「可能是參與所謂的聖戰（*jihad*）的戰士所背負的期待」。[29]只是對於在巴拉穆拉的入侵部落來說，貪婪肯定戰勝了宗教認同。他們在當地「也侵入了崇尚和平的喀什

❷譯注：此為帕坦部落之一。

米爾的穆斯林住家。他們不只強取豪奪了穆斯林的家產，更強姦了年輕的穆斯林女孩，只聽見那些女孩們的痛苦和恐懼的尖叫聲傳遍了巴拉穆拉」。[30]

對於入侵者來說，發生於巴拉穆拉的騷亂是策略上和宣傳上的災難，顯示的是「等到聖戰的初始狂熱消退之後，只剩下了掠奪的動機」，當下出現了「搶著把從喀什米爾各地市集搜刮來的戰利品，裝滿一輛輛的卡車送回家鄉瓦濟里斯坦（Waziristan）的情形」。[31]部落入侵者在當地掠奪強暴，忘記了自己的主要目的是要拿下斯利那加，而且攻擊穆斯林與印度教徒也損害了發動聖戰的使命。在這當中，殺傷力尤其大的是他們殺害的人竟然包括了做「好事」、無關政治的基督宗教教士，而且還被附近的一位英國通訊記者記錄下倖存者的見證。[32]

十月二十四日，正當入侵的部落族人從烏里鎮到巴拉穆拉的途中，哈里·辛格大君拍了電報請求印度政府給予軍事援助。翌晨，印度政府的國防委員會在新德里為此開會，會中決定派遣梅農前往當地視察。梅農當天稍晚就飛往斯利那加；當他抵達當地機場之後，他對「四周的一片死寂感到鬱悶，一切都籠罩在一場蓄勢待發的災難的氛圍之中」。梅農隨即前往大君的住所，了解到入侵者已經抵達巴拉穆拉，就在不到五十英里之處。在與大君會面的時候，他建議對方要遷移到查謨的安全地區。

梅農於二十六日早上飛回了德里，隨機同行的還有喀什米爾的首席部長。國防委員會再次召開會議，與會人士除了蒙巴頓勛爵、尼赫魯和帕特爾，那天碰巧人在德里的謝赫也列席討論。謝赫和馬哈金齊聲敦促印度立即派遣軍隊協助擊退入侵的部落。不過，蒙巴頓勛爵則是建議，在印度投入任何支持哈里·辛格大君的軍力之前，最好先確保大君答應加入印度。

梅農隨後飛往大君避難的查謨省。抵達皇宮的時候，梅農「發現貴重物品散落滿地，簡直是一片混亂」。從斯利那加撤退的大君經過了整夜舟車勞頓正在睡覺，他被喚醒後立刻同意加入印度，梅農於是帶著簽署好的加入書返回德里。[33]

就在二十七日拂曉之際，載著士兵和武器的第一架飛機從德里飛往斯利那加，共計有二十八架達科他軍機（Dakotas）在那一天飛抵斯利那加。接下來的數日，又有上百架飛機從德里飛往喀什米爾山谷，去程載滿士兵和供給物資，回程則運回難民和傷患。[34]

二十七日飛往斯利那加的飛機中，有些是陸軍或空軍所有，有些則是印度政府向私人航空公司徵調來的飛機。按搭乘過客機的一位軍官的回憶：「機艙內的豪華設備都被拆除了，舒適的座椅也從固定裝置上卸了下來，在短短幾分鐘的時間，全副武裝的軍人就登入飛機，能塞多少就盡量塞滿。」當飛機飛越旁遮普的上空，他們可以看到「下方地面是一列又一列的難民大篷車車隊」，並且「有零星的房屋或村莊依舊在悶燒」，而降落在斯利那加機場的時候，還可以聽到「小型武器和機槍射擊的聲響」。[35]

隨著印度軍隊進駐喀什米爾山谷，印度總理總算鬆了一口氣。「如果我們猶豫而晚到了一天的話，」尼赫魯在寫給姊姊的信上提到，「斯利那加大概就被燒成冒煙廢墟了。我們真是在千鈞一髮之際到達那裡。」他認為印度政府已經「警告了巴基斯坦要遠離喀什米爾。我們同意喀什米爾的未來要由當地人民自行決定，並且同時委任謝赫籌組政府部門的工作。至於我，倒是不在意喀什米爾有某種程度上的獨立性，但若是成了另一個被巴基斯坦剝削的地方，那將是殘酷的打擊」。[36]

但另外一方的看法卻是大相逕庭。印度軍隊進駐斯利那加的消息激怒了巴基斯坦總督真納，他先灌了幾杯白蘭地來激勵自己，隨後就命令底下的將領率軍前往喀什米爾，[37]可是英國最高統帥卻拒絕奉命行事。正因如此，儘管巴基斯坦的軍官與入侵部落依舊密切連繫，但其軍隊當下並未捲入衝突之中。

當印度軍隊飛抵斯利那加的時候，大君已經離開，也看不太到他的行政管理團隊的蹤跡。到處都見不到警察，取代警力的是國民會議黨的志願軍，他們在街角和橋梁駐守防衛，大致上是監察人們和物資的流動。一位負責報導旁遮普暴力事件的新聞記者自己招認，他「沒想到會在斯利那加看到難以置信的和睦互助景象。這個城鎮絕大多數的住民是穆斯林，然而印度教徒和錫克教徒卻能全然自在地遊走其間；大家肩並肩地行走在斯利那加的街上，一起投入志願者的工作」。[38]另一位記者則想起了國民會議黨和軍隊之間的和樂關係，謝赫與軍隊師長蒂邁雅大將軍（Major General Thimaya）共同乘車就是其象徵景象。[39]

當印度準備擊退入侵者的時候，蒙巴頓勛爵飛到了拉合爾市進行一項和平任務。一九四七年十一月一日，他與真納做了一次具爭議性的會談。他在會中得知倘若印度願意放棄喀什米爾，巴基斯坦就撤出另一個有爭議的土邦——朱納加德。真納形容喀什米爾加入印度是基於「欺騙和暴力」，而蒙巴頓勛爵則暗示暴力其實是來自身為巴基斯坦公民的入侵部落族人；他知道哈里．辛格大君事實上是想要獨立，唯因自己的土邦受到襲擊才被迫加入印度。真納反駁答道，那是大君虐待蓬奇區的穆斯林才會咎由自取。[40]

此時，駐紮喀什米爾的印度軍隊沿著斯利那加建立了一道保護圈，派駐了配備機關槍的四千名武裝部隊來護衛這個城市的安全。[41]等到斯利那加不再不堪一擊之後，印度軍隊就開始掃蕩喀什米爾山谷其他地區的入侵者。十一月八日收復了巴拉穆拉，四天之後收回馬胡塔，及時制止了當地電廠被炸毀的命運，隔天則是奪回烏里鎮。[42]

隨著冬季來臨，軍事行動暫時停歇，人們因而又關注起了喀什米爾的內政問題。馬哈金仍然是土邦的首席部長，只是現在有國民會議黨領袖的積極輔助。十一月十一日，尼赫魯寫信懇請哈里．辛格大君要對謝赫有「充分的信心」，這其實是要讓阿布拉杜取代馬哈金正式成為行政首長。「在喀什米爾，能夠不負眾望的只有謝赫，」尼赫魯如此堅稱，「不用說，他是喀什米爾深得人心的重要名人。他應對危機的方式展示了他這個人的本性，而我對他的正直跟整體的心態平衡有很高的評價。他也努力不懈，大致順利維持了社群和平。他或許會在小事上犯錯，但是我認為他所做的重大決定可能都是正確的。」[43]

聖雄甘地同樣對謝赫印象深刻。一九四七年十一月的最後一週，謝赫到訪德里，他陪伴甘地去參加在錫克教創始人那納克上師（Guru Nanak）誕辰日舉辦的一場集會。甘地向聚眾說道：

你們看看我身旁的謝赫先生。我並不願意帶他來這裡，因為我知道有一道很大的鴻溝，把印度教徒和錫克教徒分隔在一邊，穆斯林在另外一邊。然而，大家都知道的喀什米爾雄獅（Lion of Kashmir）謝赫先生儘管是個貨真價實的穆斯林，卻贏得了兩邊信徒的心，讓大家忘記了三個宗教信仰之間的差異……即使查謨近來發生了印度教徒和錫克教徒殺害穆斯林的事件，他到當地請求做壞事的人忘記過去，並為自己做的錯事加以悔改。印度教徒和錫克教徒都聽到他所說的話。現在的穆斯林、印度教徒和錫克教徒……正齊心齊力捍衛美麗的喀什米爾山谷。[44]

對於甘地和尼赫魯來說，謝赫已經成為宗教世俗化的象徵，他是不同信仰之間的和諧的實踐者，而其在喀什米爾的作為激勵人心地駁斥了「兩國理論」。另一方面，巴基斯坦總理利雅奎特則是鄙視地把謝赫當成「賣國賊」。十一月二十七日，利雅奎特與尼赫魯在德里會面，蒙巴頓勛爵也以裁決人的身分出席。當有人提出要以公投來打破僵局的時候，利雅奎特認為首先「喀什米爾應該設置一個全新的行政部門，一個巴基斯坦人可以接受的公正機構」。[45]

到了此時，尼赫魯認為印度必須「在喀什米爾的問題上，迅速與巴基斯坦政府或多或少達成最終決定」，因為持續的軍事行動，意味著「土邦的人民必須承受嚴峻困難和苦難」。這位印度總理捎了封信給哈里．辛格大君，信中勾勒出幾種可能達成和解的方式。整個土邦可以舉行公投決定要加入哪一個自治領，或是土邦獨立存在，由印度和巴基斯坦保證為它提供防禦。第三個選項是採取分治，查謨歸屬印度，其餘地區則加入巴基斯坦。第四個方式就是查謨和喀什米爾山谷加入印度，蓬奇區和其他地區就讓給巴基斯坦。尼赫魯個人比較希望採取最後的方式，原因在於他認為蓬奇區的「多數人民可能會反對印度聯邦」。但是他並不情願放棄喀什米爾山谷，畢竟那裡是國民會議黨的大本營，居民的心裡似乎比較傾向印度。尼赫魯從印度的觀點對大君寫道：

> 最重要的是喀什米爾應該要留在印度聯邦……不過，不管我們多麼期待這件事，最終還是要人民大眾樂意如此，我們才能如願。即使軍事力量可以駐守喀什米爾一段時間，其造成的後果卻可能會嚴重與此期望相左。因此，基本上，這是一個如何接近群眾心理的問題，是一個要讓人們覺得留在印度聯邦會對他們有利的問題。如果一般穆斯林覺得自己在聯邦裡沒有安全感或確切地位，那麼他必定另尋他方。我們的基本政策一定要謹守這個方針，否則就會失敗。[46]

尼赫魯這封理當知名的信件並不太知名。《尼赫魯著作精選》（*Selected Works*）（不知何故）並未收錄這封信，但是他曾經寄給帕特爾一份副本，就埋藏在他與帕特爾的通信文集之中。這封信不同於世俗認知，顯示了這位印度總理已有準備要對喀什米爾讓步。事實證明，他於一九四七年十二月所勾勒出的這四個選項，至今依舊是爭議所在。

## III

一九四八年一月一日，印度在蒙巴頓勛爵的建議之下，決定把喀什米爾問題交付聯合國。由於喀什米爾已經加入了印度，故印度認定效忠巴基斯坦的團體是非法占據喀什米爾的北方，希望聯合國能夠協助掃蕩該地區。[47]

一月和二月的時候，聯合國安全理事會就喀什米爾問題開了幾次會。巴基斯坦的代表是演說才能出眾的扎法魯拉．汗爵士（Sir Zafrullah Khan），因而得以提出遠優於印度的論據。扎法魯拉．汗說服了與會代表，入侵喀什米爾是一九四六年到一九四七年印度北方各地的悲慘動亂的結果，更是穆斯林對於自己的同胞所承受的苦難的「自然」反應，他譴責印度人在東旁遮普犯下的「大屠殺」罪行，迫使六百萬穆斯林逃至巴基斯坦，喀什米爾問題因而搖身一變，成了印巴分治的未竟之業的一部分。當聯合國安全理事會將議程項目「查謨與喀什米爾問題」改成「印度—巴基斯坦問題」之際，印度不啻承受了重大的象徵性挫敗。

巴基斯坦又建議所有軍事力量撤出喀什米爾，並成立「公正的臨時政府」來舉行公投。諷刺的是，巴基斯坦之前拒絕了朱納加德的公投提案，真納當時的立場是要依照土邦統治者的意願來決定土邦該加入哪一個自治領，相反地，印度認為應以人民意願為依歸。由於當時在朱納加德的做法如此，印度現在就不可能在喀什米爾問題上輕易回避。不過，印度政府堅持由國民會議黨所主持的政府來進行公投，該政黨的領袖謝赫是「土邦境內最受歡迎的政治領導人」。[48]

一九四八年二月五日，當謝赫在聯合國發表談話時，他自己也表達了相同的看法。根據一位觀察家的回憶，謝赫採用的是「坦率、直接且不含外交辭令」的語言。「世界上沒有任何力量可以取代我〔在喀什米爾〕的地位，」他告訴安全理事會，「只要人民支持我，我就會繼續在那裡。」[49]

聯合國針對喀什米爾問題的討論，其中最引人注目的特點是英國盲目地一邊倒，其代表諾爾—貝克（Philip Noel-Baker）強力支持巴基斯坦的立場，印度人對英國的偏見感到深惡痛絕。有些人認為這種偏見是來自獨立前那段時期的後遺症，也就是把對穆斯林聯盟的支持轉化成支持巴基斯坦。有些人則認為這是對於剛成立的以色列所提出的一種補償，藉以安撫全球的穆斯林。第三個論調則認為這是為了隨後即將發生與蘇聯的對峙，如此巴基斯坦才會是更可靠的盟友，加上巴基斯坦的地理位置較佳，方便英國進出他們中東地區的空軍基地。[50]

一九四八年三月的第一週，《週日泰晤士報》的編輯寫信向諾爾—貝克呼籲：「在與共產主義鬥爭和對抗的世界裡，多數人沒有理解到喀什米爾所處的位置非常重要，那是大英國協可以實質接觸到蘇聯的一個角落。這個毫無戒備的脆弱區域位於印度洋盆地的邊緣，整個大英國協的安定，甚至是世界和平，可能都要此地安然無恙才得以維繫。」[51]

這時的尼赫魯相當後悔尋求聯合國的協助，他告訴蒙巴頓勳爵自己感到震驚，發現這個「完全由美國人運作」的組織的治理竟然是「權力政治而非道德規範」，而美國人跟英國人沒有兩樣，「毫不掩飾〔他們〕同情巴基斯坦的看法」。[52]為了驅逐喀什米爾北方的入侵者，印度內閣內部因再度萌生的敵意而承受漸增的壓力。可是這在軍事上是可行的嗎？一位服務於次大陸多年的英國將官發出警告：

喀什米爾可能仍是個「西班牙潰瘍」。我沒有見過有印度人熟悉「半島戰爭」（Peninsular War）是如何耗損了拿破崙的人力和財力。❸有些時候，我覺得印度的部長們不願意從這樣的發展角度去思考喀什米爾的問題；我覺得他們仍然寧可相信有結束爭端的可能，認為要用一次快速的決定性軍事行動，把大量的優勢印度軍力「丟到」喀什米爾去發動猛烈的突擊。[53]

與此同時，一九四八年三月謝赫取代了馬哈金，成為查謨與喀什米爾的首席部長。接下來，就在春雪融化的五月中旬，戰事再起。一支步兵旅從烏里鎮向北方和西方前進，拿下蒂特瓦爾（Tithwal）之後，卻在前往關鍵的穆扎法拉巴德鎮的途中遭受猛力的反抗。[54]

在不斷改變的印巴控制線的另一邊，巴基斯坦資助成立了一個「自由喀什米爾」（Azad Kashmir，azad是「自由」之意）政府，同時在巴基斯坦軍官的援助和指導之下，還創建了一支自由喀什米爾軍隊，成員是來自土邦這些地區的男子，這些部隊非常善於利用地形。一九四八年夏末，他們攻下了卡吉爾鎮（Kargil）和德拉斯鎮（Dras），並對海拔一萬一千英尺高的拉達克地區的首府列城（Leh）造成威脅。不過，一支印度空軍中隊順利把物資送到列城，他們也為位於西邊且周遭受到入侵者控制的蓬奇區城鎮帶來救濟物資。[55]

---

❸譯注：十九世紀初發生於伊利比亞半島的戰爭，時間長達五年，涉及的國家包括法國、英國、西班牙和葡萄牙，法國占領西班牙後，不僅喪失盟友，更需付出極大物資和軍力維持勢力；面對英國的屢次挑戰，西班牙內部也始終有游擊隊起義反抗。法國內外受敵使得國力受損，終於在一八一三年被英國、西班牙和葡萄牙的聯軍擊敗。一般認為，西班牙戰爭的結果反而成為久病不癒的潰瘍，為法國帶來了嚴重災難。

喀什米爾衝突，約於1947年至1948年

雙方軍隊交戰，一直打到一九四八年年尾。十一月，印度收復了卡吉爾鎮和德拉斯鎮，這使得列城和拉達克地區暫時安全無虞；就在同一個月裡，也肅清了蓬奇區附近的丘陵地帶，不過，喀什米爾的北部和西部地區則依舊受到巴基斯坦的控制。由於一些印度指揮官想要繼續推進，因而要求從平原地區調遣三個旅的軍力。他們的請求卻未獲批准，一方面是冬天即將來臨，再者是因為攻擊行動不僅需要增援部隊，還需要大規模的空中支援，[56]也有可能是印度軍隊自己中止了推進行動。當時有位學者緊密追蹤喀什米爾問題的發展，他曾評道：「若不是透過分治手段解決，就是印度必須介入西旁遮普，畢竟想在喀什米爾境內以軍事達成決定**不啻是天方夜譚**。」[57]

聯合國為了喀什米爾成立了一個特別委員會，其成員進行了大規模的地方參訪，視察德里、喀拉赤和喀什米爾等地。在斯利那加著名的夏利馬爾花園（Shalimar Gardens），他們接受了謝赫的招待。稍後，謝赫與一位聯合國代表促膝長談，對方是捷克學者外交官柯貝爾（Josef Korbel）。首席部長謝赫否決了公投和獨立的提議，表明「唯一的解決之道」就是喀什米爾實行分治。若非如此，謝赫認為「這一場仗會繼續打下去；印度和巴基斯坦的爭吵將無限期延長，喀什米爾人的苦難不會就此打住」。

在斯利那加，柯貝爾前去聽了謝赫在清真寺的談話。四千名聽眾「聚精會神地聽著，只見信仰和忠誠在他們的臉上展露無遺。至於過去一般會用來催生這種忠誠度的警力，我們現在卻看不到任何人影」。委員會隨後參訪了巴基斯坦，發現其並不會考慮把穆斯林為主的喀什米爾山谷讓給印度的解決方案。[58]

## IV

到了一九四八年三月，謝赫已經是喀什米爾山谷最重要的人物。哈里．辛格仍然是土邦的儀式性首領，現稱是「國家元首」（sadr-i-riyasat），但是並沒有實質權力，印度政府更是完全不讓他參與聯合國的審議過程。在印度政府的眼中，他們要的人就是謝赫；他們認為只有他能夠為印度聯邦「拯救」喀什米爾。

在這個階段，謝赫傾向於加強喀什米爾和印度的關係。一九四八年五月，他在斯利那加舉辦了長達一星期的「自由」慶祝活動，並且邀請了印度政府的領導人士前來共襄盛舉。行事曆上的活動包括了民謠和詩歌朗讀、紀念烈士和探訪難民營。這位喀什米爾領導人表彰了「喀什米爾人的愛國精神，以及印度聯邦的英勇戰鬥力」。「我們的奮鬥，」謝赫說道，「不只是喀什米爾人的事情而已，更是每一個印度子女的戰役。」[59]

印度獨立一週年的時候，謝赫寄給馬德拉斯主流刊物《獨立》週報一份訊息，傳達了團結北方與南方、山區與臨海地區，特別是喀什米爾和印度的企圖。這個訊息值得在此全文引述：

透過《獨立》週報，我希望向南方的人們傳達友愛的訊息。印度自古以來，南方和北方就在喀什米爾的土地上相遇。偉大的商羯羅（Shankaracharya）❹來到喀什米爾傳播其動態哲學，但是在這裡辯論時被一位潘迪特（Panditani，同Pundit）打敗，卻也造成喀什米爾的獨特哲學濕婆教（Shaivism）的興起。喀什米爾有一座紀念著偉大的商羯羅的神廟，巍巍矗立於斯利那加的商羯羅山（Shankaracharya Hill）山頂，寺廟裡頭供奉著一尊濕婆神像（Murti of Shiva）。

近來，有一位南方人向聯合國提出了喀什米爾的情況；全印度的人都知道，他帶著南方人身上常見的頑強和韌性來捍衛喀什米爾。

身在喀什米爾的我們，期望能夠繼續得到南方子民的支持和同情，並且盼望著會有這麼一天，我們可以用「從喀什米爾到科摩林角（Cape Comorin）」這句話來描述我們國家的涵蓋範圍。[60]

這份馬德拉斯刊物本身的回應，則是刊出了一份喀什米爾與印度統一的頌詞。「匯集了許多勇敢的泰米爾人（Tamilian）、安德拉人（Andhra）、馬拉雅人（Malayalee）和古爾格人（Coorgi）的鮮血，」頌詞稱道，「滲入了喀什米爾的沃土，而與喀什米爾愛國志士的鮮血交融，恆久鞏固著南方和北方的統一。」週報又指出，許多喀拉拉和泰米爾納德（Tamil Nadu）的穆斯林士兵，無不凝神聆聽謝赫的慶典演說。在離斯利那加六十英里遠的烏里鎮，鎮上有個來自特拉凡哥爾的基督宗教士兵的墳墓，墳墓上銘刻了吠陀萬字飾和《古蘭經》的經文；大概「沒有比這個更悲痛感人的象徵，可以傳達出印度必不可少的完整和統一」。[61]

不管謝赫算不算是印度的人馬，他肯定不會向巴基斯坦靠攏。一九四八年四月，他曾形容巴基斯坦是「野蠻無恥的敵人」。[62]他屏棄神權政治的巴基斯坦，也拒絕「支持王公」而不「支持人民」

❹譯注：印度教重要的哲學家，出生於八世紀，是印度教之所以盛行的重大推手之一。

的穆斯林聯盟。在他的眼中，「印度——而非巴基斯坦——的領導人……始終支持土邦人民的權利」。[63]有位派駐德里的外交人員曾詢問謝赫對於獨立這個選項的想法，他答說，喀什米爾太小、太窮，那是永遠行不通的。他還說道：「巴基斯坦會把我們吞掉，他們既然試過了一次，就有可能再犯。」[64]

在喀什米爾境內，謝赫的首要工作就是重新分配土地。在大君政權之下，擁有大量土地的印度教徒為數不多，穆斯林則更少，而極大多數的農村人口都是工人或佃農。執政的第一年，謝赫轉移了四萬英畝的剩餘土地給沒有土地的人。他還禁止了「不在地主所有權」（absentee ownership），把佃農的穀物分配由百分之二十五提高至百分之七十五，而且暫時停止債務償付。謝赫的社會主義式政策讓印度政府的部分人士不禁擔憂，尤其是對被剝奪財產的地主沒有給予任何補償，然而謝赫卻認為這是喀什米爾得以前進的關鍵。誠如他在德里的一場記者會的發言，他指出自己要是不能實施土地改革，就不要繼續擔任查謨與喀什米爾的首席部長。當被問到要是中央政府中的反對聲音占了上風，他會怎麼做，他答道：「即使你們都拋棄了我，也不要覺得我會拋棄你們。我會辭職，去跟那些願意改善窮人經濟的印度聯邦的人們一起奮鬥。」[65]

同一場記者會上，謝赫還對哈里．辛格大君在斯利那加陷入危機時就倉皇逃走做了一番譏諷批評。一九四九年四月，十八歲的卡蘭．辛格（Karan Singh）取代父親哈里．辛格成為「國家元首」，謝赫取得了重大勝利。隔月，謝赫和其他三位國民會議黨人士獲選為德里制憲會議的喀什米爾代表，更進一步確定了喀什米爾與印度整合的態勢。[66]就在那年夏天，喀什米爾山谷再次開放旅客進入。一位同情當地的記者曾如此寫道：「這個夏季前往喀什米爾的旅客宛如上前線打仗的士兵一樣，都會為喀什米爾（以及印度）幫上大忙。」[67]

到了秋天，喀什米爾來了一位比其他百萬名旅客都還要重要的訪客，那個人就是尼赫魯。沿著斯利那加的主要通衢傑赫勒姆河，尼赫魯和謝赫悠閒地度過兩小時的乘船時光。根據《時代週刊》（*Time*）通訊記者的評論，當兩人乘坐的駁船行駛河面的時候，「幾百艘的西卡拉船（*shikaras*，平底狹長的小船）在四周亂轉，船上擠得滿滿的乘客都想要看個清楚，並且紛紛向尼赫魯拋獻鮮花。」河岸上則有成千上萬的人一邊看著船隻前行，一邊不時燃放鞭炮。「接受過細心指導的學童」高喊口號，讚揚著尼赫魯和謝赫。商人也趁機掛出了自己的貨品，只見廣告布條上寫著「最棒的波斯地毯和喀什米爾地毯」。

「所有的徵兆都顯示，」《時代週刊》做下結論，「印度認為已經打贏了這場喀什米爾戰役，而且還打算保有這個勝利的果實。」[68]

# V

這場喀什米爾戰役從過去到現在都不只是為了領土而戰，甚至也不是主要都是為了領土而戰。誠如柯貝爾在半世紀前所言，這場戰役「是一場堅定且或許是不容妥協的搏鬥，攸關著兩種不同的生活方式、兩種不同的政治組織、兩種不同的價值標準，以及兩種不同的精神態度」。[69]一邊是印度的信念，另一邊則是巴基斯坦的信念。一九四八年春天，英國記者馬丁（Kingsley Martin）走訪了這兩個國家，他想要了解兩方各自是如何看待喀什米爾。他發現印度人極度信服喀什米爾加入印度的合法性，並且帶著憤怒譴責巴基斯坦援助入侵部落的作為，對他們而言，喀什米爾人的宗教信仰根本是完全不相干的問題。單就謝赫是緊急政府的人民領導，這個事實即是「極佳明證，印證了印度不是『印度教至上』，而且有穆斯林自願落居印度。這樣的印度應該是尼赫魯所強調的民主國家，少數民族也可以在此安居樂業」。

當馬丁越過了印巴邊界，他發覺「巴基斯坦是以全然不同的角度來看待整個情勢」。他遇見的多數人都有親友死於印度教徒或錫克教徒之手。對巴基斯坦人來說，爭端的起點是蓬奇區的叛亂，而這在印度「是不該遺忘卻幾乎被人遺忘了」。喀拉赤和拉合爾的人們「完全同情」來自西北邊省的入侵部落；在他們眼中，入侵部落正在打的是「反抗壓迫伊斯蘭的人的一場聖戰」。[70]澳洲資深戰地通訊記者穆爾黑德（Alan Moorehead）認可馬丁的結論，他在參訪巴基斯坦的時候，也發現喀什米爾的衝突被巴基斯坦人視為「一場穆斯林的聖戰……我看到有些人狂野地說要前進德里，到處都在募兵，而穆斯林的勝利更是激起了不少的興奮與騷動」。[71]

巴基斯坦與其意識型態的脆弱不堅，都具體顯現在其主要領袖的矛盾認同之中。其總督真納是古吉拉特人，卻與一位帕西人（Parsi）❺締結連理。總理利雅奎特是來自統一省的貴族，其通婚對象則信仰基督宗教。不管從哪一方面來看，他們兩人都不算是虔誠履行信仰的穆斯林。巴基斯坦的高級公僕，如真納和利雅奎特，都是所謂的「穆哈吉爾」（mohajirs）——祖先是來自印度邊境的移民——這也表示這群領導階級與他們現在所屬的國家並沒有任何根源。我們不禁懷疑，是否因為如此，這些人反而更熱衷於要讓喀什米爾成為巴基斯坦的一部分。

不過，新成立的印度也不是相當堅實的國家。當印度把死於喀什米爾戰事的穆斯林軍官神聖化為一個世俗英雄，其不安全感可以說是表露無遺。不同於巴基斯坦的軍隊，印度軍隊實是由不同宗教信仰的士兵所組成。印度的資深指揮官之中，有一位錫克教徒、一位帕西人和兩位古爾格人，古爾格人是南印度的一個山地族群，素來喜歡認為自己是「非印度教徒」。然而，最受敬重的指揮官烏斯曼准將（Brigadier Usman）則是一位穆斯林，曾在安拉阿巴德和桑德赫斯特（Sandhurst）❻受過教育，他在印巴分治時選擇留在印度。據說，巴基斯坦稱他為「叛徒」，而且自由喀什米爾政府還提出五萬盧比的賞金，不管是生擒或死後見屍，就是要取他的項上人頭。

一九四八年的一月到二月期間，烏斯曼准將率人擊退了入侵者在瑙謝拉鎮（Nowshera）發動的一波猛烈攻擊。同年七月，烏斯曼准將死於戰場。有位印度記者在報導他的死亡消息時寫道：「一條寶貴的生命，充滿想像力和堅定愛國心，已經成為族群狂熱的受害者，烏斯曼准將的英勇事蹟將會永遠啟發著自由印度。」[72]尼赫魯以降的國大黨領袖也都公開哀悼他的死亡，悼念如排山倒海湧入，讚揚的不只是他的英勇，還有他的品格；印度的大眾得知，身為軍官的他還是一個「吃素、不抽菸和滴酒不沾的人」。烏斯曼的遺體從喀什米爾運回德里，並以隆重的軍葬禮下葬，就葬在前一世代的傳奇穆斯林國族主義者安薩里博士（Dr M. A. Ansari）的墓旁。[73]有人或許會說，烏斯曼准將之於印度軍隊的角色，就如同謝赫之於印度政治的角色，都是包容的世俗主義的象徵，確認其（如果真有包容的世俗主義的話）是完全有別於秉持固守教條和思想狹隘的巴基斯坦。

印巴雙方都投入了人力和金錢來打這場喀什米爾戰役，而更重要的是，雙方也投入了代表各自國家地位的意識型態。孟買的主要週刊《思潮》（*Current*）曾經針對喀什米爾的未來舉辦了一場辯論會，就完全展現了這兩種意識型態的衝突。擔任主辯的是兩位年輕的記者，他們都是穆斯林，一位來自印度，另一位則是來自巴基斯坦。他們兩人都被要求回答這個問題：如果聯合國真的順利舉

❺ 譯注：印度當地對波斯移民的稱呼。

❻ 譯注：此地是英國桑德赫斯特皇家軍事學院的所在地。

辦了公投，喀什米爾會做出怎樣的選擇？

代表印度發言的是極有天賦的小說家和編劇K・A・阿巴斯。他提到有四分之一的喀什米爾人都會斷然地支持謝赫和國民會議黨，這些人代表的是懷有政治意識的「進步」分子。至於堅決反對謝赫的四分之一人口，其組成分子盡是那些「完全被灌輸了巴基斯坦意識型態」的人。剩下的一半人則是尚未決定，而他們倒向任何一邊都是有可能的事。這些人被謝赫這個人所吸引，但同時「對所謂的『伊斯蘭有難』的呼籲抱持懷疑」。等到清算的日子來臨，阿巴斯認為入侵部落的殘暴行為的記憶，加上世俗主義的進步意識型態的訴求，都會激起決定性的作用而有利於印度。不過，如果印度「想要完全確定可以獲得令人信服的多數選票」，那就一定要廢除大君及其王朝，並且允許謝赫完全施行他的經濟計畫。[74]

隔週，回應阿巴斯的是駐喀拉赤的記者伊斯哈克（Wares Ishaq）。他認為宗教的引力可以確保巴基斯坦取得喀什米爾公投的勝利，並主張伊斯蘭並不只是一個宗教而已，更是一種文化和一種生活方式。若想要讓喀什米爾人忽視信仰的呼喚，只有在一種情況之下可能發生，那就是印度確實說到做到，成為一個世俗國家。然而，自從聖雄甘地逝世之後，少數社群的地位就面臨令人憂慮的危機。伊斯哈克還在文中寫到，特別是印度解除了對印度教盲目的愛國組織國民志願服務團的禁令之後，「全印度的穆斯林，尤其是喀什米爾的穆斯林，終於相信自己在印度的地位會一直是為人欺壓的少數社群。」等到關鍵時刻來臨之際，大部分的喀什米爾人都會投票選擇投入「伊斯蘭禮儀之邦」的懷抱。[75]

# VI

我們或許可以說，涉及一九四七年到一九四八年的衝突的人都是失敗者。優柔寡斷——印度和巴基斯坦都無法取得整個喀什米爾——不只在過去對雙方造成傷害，連到今日都還無法終止，陰謀論因而盛行不衰。印度把矛頭指向英國總督，因為是他將喀什米爾問題呈報到聯合國；以及印度軍隊中的英國指揮官，一般相信是他們制止旗下人馬前進喀什米爾北方。[76]巴基斯坦人也同樣責難蒙巴頓勛爵，認為他與雷德克里夫爵士共同圖謀，要把古爾達斯普爾區拱手讓給印度，為印度進軍喀什米爾鋪路。[77]巴斯斯坦人也譴責自己的政府沒有給予入侵部落更多援助。有位資深的公僕曾在一九九八年哀嘆：

巴基斯坦取得喀什米爾的唯一機會，即是輔以聖戰之名進行迅雷不及掩耳的閃電戰，趁著敵人還來不及從震驚中恢復就先取得木已成舟的結果。部落入侵是個周密的行動，是對抗印度的意圖和補足巴基斯坦軍隊弱點的唯一手段……唯一扯巴基斯坦後腿的部分就是部落群不佳的領導能力……這是唯一且具決定性的錯誤，而組織入侵行動的那些人……必須對此負起責任。[78]

本書之後會不時回來討論喀什米爾問題，但是請容我在此援引一些先見之明，算是對於這個爭端起源的觀察的小結。以下的引言是觀察家在衝突最初幾年的言論，而不是一九九〇年或二〇〇〇年的近期之言。[79]

喀什米爾可能是造成印度和巴基斯坦垮臺的一個重大問題。

——美國駐印度大使格雷迪（Henry Grady），一九四八年一月

只要喀什米爾的爭議持續下去，就會嚴重消耗這兩個偉大國家的軍事力量、經濟力量，以及最重要的精神力量。

——聯合國調停人麥諾頓將軍（General A. G. L. McNaughton），一九五〇年二月

擁有喀什米爾似乎對巴基斯坦的經濟和政治安全極為重要，以至於巴基斯坦的整個外交和防禦政策都繞著喀什米爾爭議打轉……比起可怕但短暫的旁遮普大屠殺事件，喀什米爾爭議有著更廣泛的影響，迄今已經毒害了印巴關係的所有層面。

——英國社會工作者與作家西蒙德斯（Richard Symonds），一九五〇年

喀什米爾的局勢是一旦爆發就不可能只局限在當地，而是會影響到整個伊斯蘭世界。「這個局勢」可能是世界上最危險的問題。

——聯合國資深官員本奇（Ralph Bunche），一九五三年二月

# 第五章
# 難民與共和國

難民〔正〕被送到印度各處。他們會大規模地散布社群的仇恨，四處激起敵意。雖然難民是需要受到照顧的，可是我們必須採取措施防微杜漸，不能讓仇恨的浸染擴大到不可收拾的地步。

——孟加拉省省督拉賈戈巴拉查理，一九四七年九月四日

但願聖雄甘地的傷口流出的鮮血，以及全印度的婦女聽到他的死訊而流下的眼淚，能讓一九四七年的詛咒到此為止；但願這一年的可怕悲劇就此沉睡於歷史之中，不會增添當下的激情。

——拉賈戈巴拉查理，一九四八年三月二十日

## I

在印度人的想像中，俱盧之野（Kurukshetra）占有一個特殊的位置。這個地方是印度史詩《摩

訶婆羅多》（*Mahabharata*）描述的血腥戰役的發生之處。根據史詩，戰事發生於古城因陀羅普拉斯塔（Indraprastha，即今日之德里）西北方的空曠平原，該平原被稱為俱盧之野且沿用至今。

《摩訶婆羅多》撰寫完成的數千年之後，史詩設定的發生地點成為了另一場戰役的受害者的暫時居所。近代的這場戰役也是近親之戰：從史詩中的般度族（Pandava）和俱盧族（Kaurava）換成了印度和巴基斯坦的爭戰。在印度政府的指引下，許多逃離西旁遮普的印度教徒和錫克教徒落腳於俱盧之野的難民營；平原上建起了一座有著無數帳篷的巨大城市來接納一波波的難民潮，有些時候是一天就湧進了兩萬名左右的人。這個難民營起初只計畫容納十萬名難民，可是後來的人數卻是三倍之多。一位美國觀察家寫道：「軍隊猶如打造奇蹟般地在每批難民來之前就搭建起帳篷。」這些俱盧之野的新住民每天要消耗一百噸麵粉，加上龐大的鹽、米、扁豆、糖和食用油的用量，而這些都是印度政府免費提供。「救援和福利聯合委員會」（United Council for Relief and Welfare, UCRW）是由印度人和外國社工組成的網絡，則盡其力來協助政府。

難民不只要有地方住和有東西吃，同時也要有衣物和娛樂。隨著冬季逐漸接近，「政府很快就發現傍晚和夜晚是最難熬的時段」。於是UCRW從德里徵募了一堆電影放映機架設在俱盧之野的營地，放映的電影包括了美國迪士尼特製的米老鼠和唐老鴨的電影，而大型布幕可以雙向投映一部電影，因此可供多達一萬五千人一同欣賞。一位社工就評說：「這兩個小時是暫時脫離現實世界的空檔，真的是難民的救星，讓他們忘卻了震驚的生活經驗和苦難，而擁有兩個小時笑聲連連的黃金時光。是的，這些人都傷痕累累且筋疲力竭，無家可歸且背負傷痛，他們要是能夠歡笑的話，這就有了希望。」[1]

為了安置來自西旁遮普的難民所設立的近兩百個難民營之中，俱盧之野是最大的一個。有些難民是在權力轉移之前就來到這裡，包括了有先見之明的商人，事前就帶著變賣財產的所得逃難而落腳於此。然而，極大部分的人都是在一九四七年八月十五日之後才抵達，除了身上的衣物，幾乎是身無分文；這些人都是農民，而之所以「會留到最後一刻才走，是因為他們認為只要當局保證他們能夠保有一個尊嚴的生活，就堅決要留在巴基斯坦」。可是在九月到十月期間，旁遮普的暴力情勢加劇，迫使他們放棄原先的想法。僥倖逃過暴徒蹂躪的印度教徒和錫克教徒，利用公路、鐵路、海路，或是徒步的方式逃到印度。[2]

像俱盧之野這樣的難民營只是臨時的安置措施，難民需要協助以便找到永久住所和有生產力的工作。一九四七年十二月，有位到訪俱盧之野的記者描述這裡本身宛如一座城市，裡頭的三十萬人都「發瘋似地呆呆坐著」。「逃難到俱盧之野的農民的腦海中不斷縈繞的想法，」他寫道，「就是『給我們一些土地，我們會好好耕種』。這就是他們的吶喊。這些渴望土地的農民告訴我們，他們不是那麼在乎給的是哪裡的地，只要〔土地〕可以種東西就好。他們對土地的熱情永恆不渝。」[3]

與此同時，有大量的移民也經由反方向的路線從印度前往巴基斯坦。因此，重新安置難民的第一選擇，就是穆斯林從東旁遮普遷離後所空出來的土地。如果說這次的人口轉移是歷史上「最大規模的群眾遷徙」，它現在更啟動了「世界上最大規模的土地重新安置工作」。印度教徒和錫克教徒拋棄了兩百七十萬公頃的西旁遮普土地，可是穆斯林於東旁遮普卻只有留下一百九十萬公頃。事實上，由於西旁遮普的土壤較為肥沃，水利灌溉更豐沛，土地短缺的情況因而更形嚴重。早在十九世紀末期，確實就有幾百個錫克教村落集體遷徙到西邊新開闢的「灌渠殖民地」去開墾耕地，使得該處的沙漠區蓬勃發展。然而，一九四七年，突然有一天，這些人卻收到通知說自己的庭園現在已經屬於巴基斯坦，於是在不過兩代人的時間裡，這些被剝奪財產的錫克人發現自己又返回了原初的家園。

一開始，每個逃難農夫的家庭不論在巴基斯坦有多少持分，都會分配到四公頃土地，還可以預借貸款購買種籽及器具。一旦開始開墾這些臨時的小土地，農民就可以申請永久持有分配到的土地，每個家庭也都要遞交證據證明在巴基斯坦所放棄的土地面積。申請工作從一九四八年三月十日開始受理；在一個月內，提出的申請聲明書就超過了五十萬份。這些申請聲明書接著交由來自同一村莊的其他移民組成的公開審查會加以驗證；先由一位政府官員一一宣讀每份申請聲明書，再由審查會決定是否批准、修正或否決。

如同預期，許多難民最先都會誇大申報數字。不過，每件造假的申請可是要受到懲罰的，有些是減少分配的土地面積，極端的例子則是短暫監禁，這也有嚇阻的作用；儘管如此，根據密切參與整個過程的一位官員的估計，整體大概浮報了百分之二十五左右的面積。為了收集、整理、驗證和執行申請聲明書，印度政府在加蘭德設立了重建祕書處（Rehabilitation Secretariat），高峰時期共計約七千名官員在該處工作，並因而促成了屬於他們的難民城的出現。這一大批官員被安置住在帳篷，營地提供權宜之用的照明設備和公共茅房，也有臨時附設給印度教徒使用的神殿和寺廟，以及錫克教徒使用的謁師所（*gurdwaras*）[1]。

印度文官體系的薩達爾．塔洛克．辛格（Sardar Tarlok Singh）是領導整個運作的重建處處長，他畢業於倫敦政經學院（London School of Economics），善用其學術訓練，採取了兩項創新措施，事後證實是妥當安置難民的關鍵。這兩項措施就是「標準英畝」（standard acre）和「分級削減」（graded cut）。一個「標準英畝」的界定，是以能夠生產十孟德到十一孟德（*maunds*，一孟德約為四十公斤）稻米的土地量。在乾燥和沒有水利灌溉的東部地區，實際的四英畝等於一個「標準」英畝，但是在肥沃的灌渠殖民地，一英畝實質土地則大約等同於一個標準英畝。

如此一來，創新的標準英畝的概念就解決了整個旁遮普省不同地區受到土壤和氣候影響而出現的差異，同時再搭配「分級削減」的概念，藉此克服難民遺留的土地和他們現在可以分配到的土地在面積上的差距——兩者的差距接近一百萬英畝。就此概念，每份申請聲明主張的前十畝土地會被削減百分之二十五，即是農民分配到的第一份土地不是十畝而是七點五畝。而且聲明主張的面積愈大，削減的比例就愈大：十畝到三十畝的削減比例是百分之三十，由此向上分級削減，最大等級是超過五百畝而必須「繳付」百分之九十五的削減面積。單一失去最多土地面積的人是米蒂雅瓦蒂（Vidyawati）夫人，她繼承了（也失去了）丈夫的一萬一千五百英畝土地，範圍涵蓋古傑朗瓦拉（Gujranwala）和錫亞爾科特地區的三十五個村莊，但只獲得卡爾納爾（Karnal）的一個村莊的八百三十五英畝土地予以補償。

時至一九四九年十一月，塔洛克．辛格和其手下完成了二十五萬件土地分配，合理地安排了這些難民到東旁遮普的各個地區。儘管不可能重造還原整個村落社群，但是鄰居和家庭都受到安頓而再度聚首。難民若對分配結果不服可以提出申訴；有近十萬個家庭請求重新評估，其中三分之一的申訴案件獲得重審，因此有八萬公頃的土地必須再次轉手。

這些難民是以灌溉充分的西部土地交換東部的貧瘠土地，加上施行分級削減，他們實際上得到的更少。但是秉持著特有的獨創性和進取心，他們鑿了新井、蓋了新屋，並種了農作物。到了一九五〇年，原先人口銳減的鄉村地區又再次生氣蓬勃。[4]

然而仍舊有一種揮之不去的失落感。縱然可以重建經濟，但是印巴分治所造成的文化錯誤，不

❶ 譯注：錫克教徒的敬拜場所，為其宗教活動中心。

論是在印度或巴基斯坦，任何一方都是無力回天。雖然錫克教徒再次擁有土地耕種，但再也回不去摯愛的敬神禮拜之地，包括了埋葬偉大錫克戰士領袖藍季德・辛格（Ranjit Singh）的拉合爾的謁師所，以及錫克教創始人那納克上師的出生地南卡納薩希布。

一九四八年四月，加爾各答的《政治家》雜誌的編輯拜訪了南卡納薩希布，並與少數錫克教徒見面，他們都是獲得巴基斯坦批准允許留守神殿的人。幾個月過後，這位記者也拜訪了伊斯蘭阿赫邁底亞教派（Ahmadiya）的中心，即位於印度旁遮普的卡迪亞恩鎮（Qadian）。雖然方圓幾英里遠都可以看到阿赫邁底亞清真寺的巨塔，但是清真寺裡卻只住了三百名教徒。除了這些人，這個鎮的住民已經換成了一萬兩千名印度教和錫克教的難民。不論是卡迪亞恩鎮或南卡納薩希布，「每日朝拜的人明顯減少了，有的是痛苦的空虛，感受到的是等待、期望和使人謙卑的苦難所強化的信仰。」[5]

## II

雖然大部分來自西旁遮普的難民都是農民，但是其中還是有許多工匠、商人和工人，而為了安置這些人，印度政府只得興建全新的城鎮。其中之一即是在國家首都德里南方二十英里外的法里達巴德（Faridabad），「印度合作工會」（Indian Cooperative Union，以下簡稱ＩＣＵ）是當地的一個活躍團體，該組織的領導人是查托帕迪亞雅（Kamaladevi Chattopadhyaya），一位與聖雄甘地關係親近的社會主義者和女性主義者。

法里達巴德的居民大多是來自西北邊省的印度教難民。社會工作者甘許（Sudhir Ghosh）鼓勵這些人自己動手蓋房子，印度政府則希望是由其「公共工務局」（Public Works Department，以下簡稱ＰＷＤ）來興建房屋。由於ＰＷＤ素以怠惰和腐敗而惡名昭彰，廣被人們稱為「公共浪費局」（Public Waste Department）與「侵吞不殆局」（Plunder Without Danger）。為了抗議這個安排，一群難民包圍了位於德里的總理官邸。對於尼赫魯來說，每天早上出門上班都見到這些難民，著實「令人苦惱」，可是至少這些人讓他正視難民而「苦思問題」。結果就是採用典型的印度妥協之道，政府允許難民自建約百分之四十的房屋，其餘才交由ＰＷＤ興建。

ＩＣＵ在法里達巴德組織了合作社和自助團體，並且設置商店和小型生產單位。為了這些地方的發電和住家照明問題，在極短時間內，一座柴油電廠就興建完成。電廠原本是要設在加爾各答的一處棚式建築物，而其興建是德國戰後的補償條件之一，然而沒有人想讓電廠在城市裡，才會設在法里達巴德。甘許連絡上興建漢堡電廠的德國工程師，並且說服對方來到印度。工程師抵達之後，才沮喪地發現根本沒有起重機可以用來蓋電廠。他只好訓練法里達巴德的人操作十五公噸重的千斤頂，然後再一點一點地吊起設備。十個月後，電廠蓋好了。一九五一年四月，尼赫魯親自主持開工儀式，當他「一按下按鈕，法里達巴德的燈亮了，也連帶提振了所有人的士氣。現在鎮上掌控了電力，未來就可以發展工業」。[6]

同一時期，數千名難民也在德里安身立命下來。在一九一一年以前，德里展現的還是穆斯林城市的特質和文化；同一年，英國把首都從加爾各答遷到德里。一九四七年之後，新德里成為自由印度的政府所在地，促使講烏爾都語（Urdu）的穆斯林遷至巴基斯坦，而許多人都是在不情願的情況下離開當地。與此同時，講旁遮普語的印度教徒和錫克教徒則遷入填補留下的空缺，只要是可以的地方，他們就搭建起房子和商店。位居市中心的是康諾特環形廣場（Connaught Circus），那是由羅素（R. T. Russell）設計的雄偉拱廊購物商店街。如果羅素看到自己的作品的下場，他大概會「像跳著德爾維希（dervish）舞蹈的苦行僧一樣，在墳墓裡不斷迴旋」❷。在一九四八年和一九四九年期間，「各式各樣的攤位和推車」紛紛林立於人行道旁，如此一來，「原先顧客可以在遮陽通道悠閒地行走，看看販售的商品，要不是自己走入店裡，是不會碰到固執急切的推銷員的；可是這個地方現在卻變得烏煙瘴氣……總而言之，這個新德里的高檔購物區，在獨立前是為了迎合社會菁英和有錢人的需求，現在就只是一個美化了的大眾市集。」7

印巴分治之後，有近五十萬難民遷至德里定居。他們湧進這個城市，「無不到處移動，群聚在難民營、學校、大學、寺廟、謁師所、廟宇宿所（*dharamshalas*）❸、兵營和花園，也擅自占用火車站月臺、街道、人行道和任何想得到的地方。」沒過多久，在魯琴斯德里（Lutyens's Delhi）❹的西方和南方，這些擅自占地自用的人就在分配到的土地上蓋了住房。這些難民的聚集地區至今已經被旁遮普人所掌控；這些地區的帕特爾、拉金德拉和拉吉帕特等城鎮名稱，都是以難民特別景仰的印度教國大黨領袖的名字來命名，如帕特爾、拉金德拉．普拉薩德和拉吉帕特．拉伊（Lajpat Rai）。

就像落腳在東旁遮普田地上的難民一樣，定居德里的難民也展現了相同的勤奮和幹勁。沒過多久，他們就取得了「德里的絕對影響力」，掌控當地的貿易和商業活動。確實如此，這個曾經屬於蒙兀兒和英國的城市，到了一九五〇年代，明顯地成了旁遮普人的城市。8

## III

如同德里，孟買這個城市的文化和社會地景也受到印巴分治的影響而出現轉變。到了一九四八年七月，孟買共計湧入了來自信德、旁遮普省和西北邊省的五十萬難民。難民使得原是孟買最嚴重的住宅短缺問題更是雪上加霜：將近一百萬人睡在人行道上，貧民窟急速擴張，住宅擁擠不堪，可以十五個人或二十個人共住一房。[9]

一位新聞記者宣稱，來自信德的難民總共損失了四十億到五十億盧比的財產，這是因為他們在家鄉擁有大量土地，壟斷當地的公共服務，並且控制商業和貿易活動。來自旁遮普的難民如今在東旁遮普落地生根了，然而信德人卻沒有類似的重建基礎來落實「獨立企業所需的基本要件，以及自治政府的必備要素」。[10]有些人因而苦苦請求或氣呼呼地期盼政府給予援助，有些人則是自行著手處理問題。因此，我們可以在孟買「看到連信德小男孩都在城市大街上兜售布料，他們天生就有銷售的本領，這也是為什麼古吉拉特人和馬哈拉什特拉人對這些信德外來者都沒有好感的原因，就連來自信德蠻荒地區的小頑童，也可以在郊區火車上賣小飾品來討生活」。[11]

孟買共有五個難民營，而其生活條件都亟需改進。克萬達（Kolwada）的難民營的兵舍就住了一萬零四百個人，而每個家庭平均分配到的空間是三十六平方英尺，整個營舍只有十二個水龍頭，沒有醫生，僅有一間學校，但沒有電力，而管理這個地方的是獨裁作風的普拉塔普・辛格（Pratap Singh）。一九五〇年四月，有些住民為了抗議生活條件而拒繳租金，因而發生了一次小暴動。普拉

❷ 譯注：無法入土為安之意。

❸ 譯注：係指宗教機構特別為參拜旅客設置的住宿場所，類似臺灣的香客大樓。

❹ 譯注：魯琴斯（Edwin Lutyens）是大英帝國時期的英國建築師，英屬印度的主要建築多由其設計。他在德里設計了許多重要建築，包括總督府和涵蓋面積二十六平方公里的獨棟平房區，這些英屬印度的建築所在集中地就以他的名字命名。

塔普・辛格下令把那些人逐出難民營；難民起而抵抗，他就叫來警察，一個年輕人在隨後的騷亂中喪生。報導該事件的記者適切地使用了「囚犯」一詞來描述難民營的住民，還提到「其他的囚犯〔是〕跟貓一樣大的醜陋大老鼠、蝨子、蚊子和蛇」。[12]

來自信德的難民後來向外遷居到印度西部各地的城鎮，除了孟買，浦那（Pune）和艾哈邁達巴德（Ahmedabad）也都有可觀的信德社群。一九五〇年秋季，一位社會心理學家拜訪了這些社群，發現信德人都對生活深感不滿。「抱怨幾乎是千篇一律：擁擠髒亂的環境、用水不足、配糧不夠，以及最讓人詬病的是政府援助不力。」艾哈邁達巴德的一位難民說道：「我們現在吃的，是我們在巴基斯坦會丟給鳥兒吃的東西。」有些人還抱怨受到在地古吉拉特人的苛薄對待，此外他們也特別對穆斯林懷有敵意。他們嚴厲批評印度政府，卻為尼赫魯辯護開脫。「政府無能，」他們說道，「根本是物以類聚。只有尼赫魯還行，其他人都沒用而且自私自利。尼赫魯親自說了自己可以做些什麼，可是政府機關的其他部門根本不行。」[13]

## IV

不斷湧進的難民同樣改變了印度第三大城加爾各答的景觀。印巴分治之前，東孟加拉較興旺的印度教家庭就已經開始連同財產一起遷移到此；分治之後，遷徙到這個城市的人則泰半是工人階級和務農的家庭。不同於旁遮普的大逃亡來得又快又急，孟加拉的出走情形就不是那麼集中。然而，一九四九年到一九五〇年的冬天，東巴基斯坦發生了一波社群暴動，迫使更多印度教徒跨越疆界。往年，移居西孟加拉的難民人數約為四十萬人，可是一九五〇年的數目卻躍升至一百七十萬人。

這些人要到哪裡避難呢？找得到親戚的人就會依親，其他人則在市區火車站搭了臨時住處，只見他們的床鋪、箱子和其他用品散放在月臺上。火車站是「這些家庭居住、睡覺、性交、排泄和吃飯的地方，就在水泥地上，到處都是蒼蠅、蝨子、嬰兒和水樣糞便。只見罹患霍亂的人筋疲力竭地躺著瞪視自己的嘔吐物，婦女忙著互相幫忙驅除蝨子，而乞丐們則到處跟人要東西」。此外還有人住在街上，「就跟街上閒晃的牛隻一起生活，也跟這些牛隻一樣喝水溝水、吃垃圾、在路邊睡覺……」[14]

以上是《曼徹斯特衛報》（*Manchester Guardian*）❺當時駐印度的通訊記者的文句。事實上，難民並不像這位記者描述的那麼消極順從。早在一九四八年，「大批難民厭惡了自己在希爾達火車站（Sealdah station）的悲慘境況，就霸占了湖區軍營、久德浦爾軍營、邁索爾屋，以及沙赫浦爾（Shahpur）、杜加浦爾（Durgapur）、巴利貢吉環形道路（Ballygunge Circular Road）和達瑪特拉（Dharmatala）等地區無人居住的房子和軍營。幾乎是在一夕之間，這些廢棄住所就擠進了一大群逃難的男女老少。這種非法霸占方式其實是蓄意的行動。」[15]

有些難民侵占了空屋，有些難民則是把馬路和鐵道旁的空地占為己有，連剛清除的灌木叢林和抽乾的沼澤地也不放過。這些非法占地的人「趁著夜晚鬼鬼祟祟地侵入這些小土地，在黑夜的掩護之下快速地搭建臨時居所。他們之後就賴著不走，而很多時候則願意用合理價格買下自己非法占有的土地」。[16]

但正是西孟加拉政府的作為，難民才不得不逕自採取法外行動。原因是當地並沒有出現如旁遮

❺譯注：即今日英國《衛報》的前身。

普一般的大規模出走情況，也就沒有無人照管的農田可以安頓這些難民。再者，政府寧願相信（或說是希望）大規模湧入難民只是暫時的情形，等到情勢穩定之後，印度教徒就會返回在東邊的家鄉。而這個想法的背後原由，是認定孟加拉人不知為何就是比旁遮普人更缺乏「社群意識」。共居此地的穆斯林與他的印度教徒鄰居說著相同的語言、吃著相同的食物，或許因而更欣然繼續脣齒相依地一起生活。

難民本身強力否定上述最後提到的論點，他們是不可能回到他們認為已經變成伊斯蘭國家的地方。他們有找到支持他們觀點的人，即是歷史學家薩卡爵士（Sir Jadunath Sarkar），他可能是其所屬世代最有影響力的孟加拉知識分子。在一九四八年八月十六日舉行的難民大型公眾集會上，薩卡爵士發表了談話，比較了東孟加拉印度教徒的移居活動和法國路易十四時期的胡格諾教徒（Huguenots）❻的遷徙狀況。他敦促西孟加拉的居民要接納和整合移民，如此即可滋養當地的文化和經濟。這位歷史學家說道，在難民的協助之下，「我們必須要讓西孟加拉成為類似猶太人統治下的巴勒斯坦一樣的地方，讓這裡成為黑暗中的一盞明燈、一個中世紀般無知和過時神權政治的偏執沙漠的文明綠洲。」[17]

「全孟加拉難民行動理事會」（All-Bengal Refugee Council of Action）於一九四八年九月成立，隨即籌組了遊行示威活動，要求給予難民合理的補償和公民權。運動的領袖們打算要把「受到嚴格管制的難民隊伍放到加爾各答街上，藉此持續向政府施壓……遊行、示威集會、交通阻塞、碎磚、催淚彈殼和警棍（*lathis*，即警察用來當武器的一種竹棍）紛紛出現，燃燒的電車和公車，以及零星火災——這一切都成了這個城市當時的印記」。[18]

各地的難民因為自身無法控制的外力而流離失所，其實都有可能成為極端主義者運動利用的對象。國民志願服務團（RSS）是德里和旁遮普的激進印度教徒組織，很早就在難民間取得立足之地。在孟加拉，這個組織的姊妹組織是印度教大齋會，致力於為當地的難民問題增添宗教色彩，他們說孟加拉的印度教徒「已經成為印度自由的偉大祭典（Yajna）的獻祭山羊」。政府要求這些人返回東巴基斯坦，等於是犯下了「姑息」和教唆「種族滅絕」的罪行。儘管印度政府要求難民要順從，但難民需要的就是一帖「人民的力量」的有效藥方。「我們只能期望，」一位憤怒的印度教徒在一九五〇年三月寫道，「難民之中能夠出現一位希瓦吉（Shivaji）或普拉塔普（Rana Pratap）❼。」[19]

這是對抵抗穆斯林君王的中古時代印度教戰士的召喚，而德里和旁遮普能夠接受這個想法的人比較多。不過在孟加拉，最能夠動員難民的其實是共產黨員；他們組織了向政府機關抗議的遊行示威，並且精心策畫了強行占據加爾各答休耕地的行動，使得「難民在沒有官方允許之下，迫於貧困而自行組織力量」來取得土地。因此，城市的不同地區開始出現無數臨時搭建的難民住所：「東孟加拉建築樣式的棚屋聚集成群，有著用茅草、磚瓦或波狀鐵皮搭蓋的屋頂、竹編牆壁和泥巴地板。」[20]

一九五〇年年初，這些非法占有的居住地住了約二十萬名難民。由於缺乏政府支助，難民就「組織了自己的委員會，不僅有了居住地的管理規範，同時也形成了一個龐大的團體」。[21]「南加爾

❻ 譯注：屬於法國新教教派之一，受喀爾文主義影響，反對君主專制，故與法國皇室屢有摩擦，法王路易十四公開宣布其為非法，使得教徒大舉外移。

❼ 譯注：希瓦吉應指十七世紀印度馬拉塔帝國（Maratha）的立國君主希瓦吉大君（Chhatrapati Shivaji Maharaj），普拉塔普則是十六世紀印度梅瓦爾帝國（Mewar）的拉傑普君王，這兩個君主皆曾率領印度人對抗入侵的蒙兀兒帝國。

各答難民重建委員會」（South Calcutta Refugee Rehabilitation Committee）宣稱代表了四萬個家庭，這些家庭在各自的居住地開闢了共計五百英里的道路、挖鑿了七百口管井、開辦了四十五所中學和一百所小學，而這一切都是他們自掏腰包和自動發起的成果。這個委員會要求政府將這些居住地「合法化」，納入「加爾各答市政府」（Calcutta Municipality）的管轄，畢竟其同樣是在管理私人用地和學校建築，以及協助發展市場和安排借貸。[22]

為這些難民發聲的人士經常抱怨，來自旁遮普的難民受到比較好的待遇。有個孟加拉的社工團隊參訪了北印度的難民營，發現那裡的「生活狀況好多了」，居民住的是有自來水和衛生合格的永久住宅；相較之下，西孟加拉的難民住的是湊合的「腐朽竹搭棚屋」，「素以缺乏隱私和廚房空間而臭名遠播」。北方的難民也獲得比較多的現金和衣物津貼。[23]

整體而言，旁遮普的重新安置過程是明顯比較不痛苦的。到了一九五〇年代初期，北方的難民已經有了新家和新工作，可是東部的難民還是心神不定。只要孟加拉的難民繼續「不安和失業」，一位通訊記者在一九五四年七月寫道，「對經濟和政治的不滿就會擴大，而這樣的委屈不平則可為共產黨輕易利用。」[24]

## V

印巴分治的主要受害者無疑是婦女，印度教徒、錫克教徒或是穆斯林的婦女皆然。誠如受人敬重的信德的國大黨政治家吉德瓦尼（Choitram Gidwani）所言：「連戰爭都沒有讓婦女承受這麼多的苦難。」婦女受到殺戮、傷殘、侵犯和拋棄。獨立後，德里和孟買的妓院滿是難民婦女，她們遭人凌辱，之後又被家人趕出家門，這一切都不是她們願意的。[25]

一九四七年夏天，旁遮普省的暴力在一個又一個村莊蔓延開來，該省東部地區的印度教徒和錫克教徒綁架並拘留穆斯林婦女，而另一方面，穆斯林男人也禮尚往來地（若是可以這麼說的話）劫持了年輕的印度教和錫克教婦女。然而，在情勢明朗而不再出現流血暴力之後，印度政府和巴基斯坦政府達成協議，一定要讓這些被俘虜的婦女回到原本的家庭。

在印度，主導找回遭劫婦女這項工作的是薩拉巴伊（Mridula Sarabhai）和尼赫魯家族的拉梅薛瓦莉（Rameshwari Nehru），兩人都是出身貴族家庭，皆有深厚的國族主義者資歷背景。印度總理尼赫魯個人深切關心處理過程，對於她們兩人的工作給予支援。在一次對難民的廣播談話中，這位印度總理特別向「這些苦難下的受害婦女」喊話，對她們保證，「她們不應該感覺政府在把她們帶回家方面有任何遲疑，也不應該覺得有人會懷疑她們的貞操。我們是出自情義要帶她們回家，這不是她們的錯，她們是遭到強行挾持，所以我們恭恭敬敬地帶她們回家，關愛她們。她們一定要相信自己會回到自己的家庭，還會得到一切可能的協助。」[26]

相關單位一件一件地追查遭到綁架的婦女，一旦追查到某位婦女的下落，警察就會在黃昏時刻進入村莊，此時男人都從田地返家了，「告密者」會帶領警察前往綁架者的住家。犯下罪行的男子通常不會承認他的女人是搶來的，當推翻了他的否認說法之後——有時候需要動用武力——被強占的婦女將被帶離，她們會暫且先安置在政府的收容所，之後才送過邊界。[27]

截至一九四八年五月，約有一萬兩千五百名婦女被尋獲送回原屬家庭。說來諷刺但也非常可悲，許多婦女壓根兒不想要被搭救。她們在被挾持之後，已經以某種方式接受了新的生活環境，可是現在被救回之後，她們不知道原屬家庭會如何看待自己，因而深感不安。她們已經被「玷汙」

了，而且情況更形複雜的是許多婦女還懷了身孕，這些婦女很清楚，就算家人接納了自己，卻永遠不會接納與「敵人」結合所生下的孩子。時常發生的情況是，警察和幫手必須使用武力才能帶走她們。「你們當時救不了我們，」有位婦人說道，「你們現在憑什麼強迫我們呢？」[28]

## VI

食物嚴重短缺則讓難民危機雪上加霜。戰後的糧食進口量穩定成長：一九四四年為八十萬公噸，四年後則增加至兩百八十萬公噸。獨立前夕，當一位政治人物旅行經過東哥達瓦里區（East Godavari）的時候，他發現當地的男男女女會將羅望子（tamarind）種籽、扇葉樹頭櫚（palmyra）果實和孔雀椰子樹（*jeelugu*）樹皮混合熬煮成稀粥維生，可是食用這種粥品卻會導致胃部腫脹、腹瀉，有時還會致死。

隔年，西部的古吉拉特省沒有降雨，水源和飼料不足的問題愈加嚴重；水井和河床都枯竭了，牛隻和山羊也因為飢餓和疾病而死亡。[29]

有些地方的農夫飢餓難耐，而有些地方的農夫則是倔強焦躁。趁著印度政府接收海德拉巴而引發不安的時候，共產黨很快控制了泰倫加納地區，並得助於拉扎卡撤退時留下來的一批點三〇三口徑的步槍和V型手槍（Mark V）。共產黨摧毀了富麗堂皇的地主宅院，並把地主的土地分配給耕地的農民，他們還自己分成幾個小組，而每個小組有專門負責的幾個村莊；共產黨要求農民不要上繳土地收益，並且自行執法維安。[30]他們在瓦朗加爾和納爾貢達等地區，致力於廢除封建制度而替共產黨贏取了相當大的支持。一位國大黨的政治人物拜訪了當地，不得不承認：「當地的每位家庭主婦都默默向共產黨提供了寶貴的協助，而一臉無辜的村人都會主動同情〔共產黨員〕。」[31]

共產黨員受到海德拉巴的成功經驗鼓舞，開始構思一場全國性的農民革命，期盼泰倫加納成為紅色印度的起點。一九四八年二月，共產黨於加爾各答的祕密代表大會中揭示了運動的新陣線。一位與會人士的發言為會場的氛圍定了調，他說道：「泰倫加納的英勇人民」指出了「通往自由和真正民主」的道路；他們才是「印度與巴基斯坦的真正未來」。只要共產黨的幹部能夠「在群眾和勞動階級之間激起革命的精神，我們就可以造成如同推倒紙牌屋般的連鎖反應」。[32]

在加爾各答的代表大會上，共產黨選出了新的總書記，由拉納蒂夫（B. T. Ranadive）取代喬希（P. C. Joshi）。就性格方面，拉納蒂夫不像喬希愛打趣和討人喜歡，相對比較嚴肅和深謀遠慮。（值得注意的是，他們兩個人都屬於印度教種姓制度的上層階級，而這是當時共產黨領導人的典型出身。）[33]

喬希是尼赫魯的朋友，故而敦促共產黨要做執政的國大黨的「忠誠反對派」（loyal opposition）❽。喬希表明在甘地被刺殺身亡之後，自由印度的存亡可謂危在旦夕。他監督了共產黨的一份小冊子的製作，上面的標題宣揚著「**我們應該捍衛尼赫魯領導的政府**」（一同對抗印度教復興運動的力量）。但是拉納蒂夫則是強硬派，他相信印度正由受惠於帝國主義者的資產階級政府所控制。因此，共產黨的態度已經完全翻轉，現在是以美國帝國主義的走狗來描述尼赫魯。由前任總書記印刷的那本小冊子被完全銷毀，連喬希本身都被降級成一般黨員，並且承受一連串對他不利的控訴；喬

❽ 譯注：這是現代議會民主政治的概念，意指少數黨／在野黨要以負責的態度監督和抗衡多數黨／執政黨，不過儘管是站在對立角度，可是秉持的是對政府權力來源的忠誠。

希更被貼上了助長黨內「反革命」傾向的改革派的標籤。[34]

印度共產黨的新陣線主張，尼赫魯領導的印度政府加入了英美國家陣營，因此與蘇聯領導的「民主陣營」產生了「無法調和的衝突」。對於民眾處處對國大黨感到幻滅的情況，拉納蒂夫將之視為「革命熱潮增溫」的徵兆。他從祕密藏身處號召黨員進行全國性的大罷工和農民起義，共產黨的通報驅策幹部要「親近工廠裡的革命工人和街道上的學生」，「把手上的槍枝和刺刀轉向，對準國大黨的法西斯主義者開火」，運動的終極目標就是要「摧毀滿手血腥的國大黨政府」。[35]

中國共產黨在中國的勝利振奮了拉納蒂夫及其人馬。一九四九年九月，在毛澤東剛上臺的時候，拉納蒂夫寫了一封恭賀信，信中寫道：「印度的勞工群眾無不對中國的偉大勝利感到歡欣鼓舞，他們知道這一來就能夠加快自身自由的來到。在這場勝利的激勵之下，他們更堅定勇敢地為終結眼前的〔印度〕政權而戰，以便建立一個人民民主（People's Democracy）的政體。」[36]印度共產黨黨員也受到俄國理論家的煽動；這些理論家相信：「在許多方面，印度的政治政權很類似中國的反群眾的反動派國民黨政權。」[37]德里的蘇聯大使館有大批自己的工作人員，這樣一來（借用一名資深公僕的話），印度的「共產主義運動即刻有了一流的指導」。[38]

印度共產黨已經向印度政府宣戰，印度政府則動用了受其控制的所有力量來加以反擊，結果有多達五萬名的共產黨黨員和支持者遭到逮捕拘禁。海德拉巴的警察拘捕了共產黨組織的重要領導人，只是還沒有抓到雷迪（Ravi Narayan Reddy）——「這位德干高原的共產主義運動之父依舊在逃。」時任該邦軍事首長的喬杜理同時發動了反共產主義者的政治宣傳戰。泰盧固語版的小冊子被投放到各個村莊，告知村民尼贊王的王室土地將會分配給農民。劇團也至各個村莊巡迴演出，透過話劇和啞劇介紹政府；其中有個戲劇演出把喬杜理描繪成印度教的神祇，而共產黨則成了惡魔。[39]

政治宣傳和鎮壓行動確實達到效果。一九四八年的共產黨黨員人數曾達到八萬九千人，可是兩年後就減到只有兩萬人。印度政府的逆襲揭露了「共產黨放縱的革命性經驗並無法引起大眾的共鳴」，而且該黨顯然過於低估國大黨在印度人民心中的地位。[40]

儘管共產黨員逐漸喪失其影響力，一群極端主義分子卻集結了右派力量。這裡指的就是RSS。聖雄甘地於一九四八年一月遇刺身亡之後，RSS曾一度為政府所禁；這個組織雖然沒有直接涉入暗殺行動，卻一直積極參與旁遮普的暴力活動，對政府不滿的難民相當支持他們。由於RSS成員的世界觀近似戈德森的世界觀，因此到處流傳著RSS的人曾私下慶祝戈德森成功暗殺聖雄甘地。甘地逝世兩週之後，尼赫魯寫信給旁遮普政府，信中提到：「我們印度已經承受了夠多的苦難，而這都是RSS和類似團體的緣故……這些人的手上沾滿了聖雄甘地的鮮血，偽善的免責聲明和撇清關係都是毫無意義的。」[41]

RSS因此受到政府取締，而其幹部也遭到逮捕。不過，一年過後，政府決定再讓這個組織合法化。RSS的領袖高瓦克同意會要求組織成員效忠印度憲法和國旗，並且活動範圍只限於「棄絕暴力或祕密的文化領域」。這位RSS的領袖應允了內政部長帕特爾，「我們會幫助苦惱的人們，同時會盡力促進國家和平。」帕特爾則對RSS懷著複雜的情緒，一方面，他強烈反對他們反穆斯林的煽動性語言，可是另一方面，他又欣賞他們的奉獻和紀律。在解除對該組織成員的禁令時，他向他們提出建言：「如果他們覺得國大黨正在往錯誤的道路前進，他們的唯一方法就是從國大黨的內部進行改革。」[42]

等到RSS合法化之後，高瓦克巡迴全國進行了「勝利」演說，而且還吸引了「龐大的聽眾」。根據一位觀察家的紀錄，RSS「獲得了廣大的支持而走出了近來的苦難，包括國大黨在內的其他政黨對此可能都會心生羨慕而有所提防；可是時候未到，除非這些政黨想要見到國家陷入印度教民族統一主義所帶來的某種災難之中」。RSS是印度教徒對於穆斯林聯盟的回應，「充滿激進的社群思想，而且絕不放棄建立一個純正印度教文化普及的婆羅多國（Bharat-Varsh）❾的理想。」[43]跟共產黨人拉納蒂夫一樣，高瓦克也是上層種姓的馬哈拉什特拉人，兩個人都還算年輕（四十歲出頭），也都掌控了幾百個比自己年輕許多的忠誠幹部。RSS和共產黨員一樣，利用了年輕人的精力和理想主義，也利用了這些人的狂熱。印度獨立初期，執政的國大黨最積極的對手即是這兩個組織。

國大黨的舵手是總理尼赫魯。與左派和右派的激進分子交手時，尼赫魯有兩個重大缺陷。首先，尼赫魯是個溫和的中間派，因此一般來說並不善於傳達那種能夠策動人們行動的煽動語言。再者，尼赫魯及其同儕的年紀都比這些政治對手大上許多。尼赫魯在一九四九年就已經年屆六十歲，對於印度教徒來說，到了這個年紀就應該要從工作崗位退休並準備進入遁世期（*sanyas*）❿。

尼赫魯認為RSS是兩者之中較大的威脅，可是政府裡的其他人卻不這麼想，尤其是帕特爾也不同意。饒富趣味的是，高瓦克曾經寫信給帕特爾，提到自己願意伸出援手對抗共同的敵人（共產黨）。「如果我們可以利用你們的政府政權和我們組織的文化力量，」他在信中寫道，「我們就可以很快消滅掉〔紅色〕威脅。」[44]這個聯合陣線的想法契合了帕特爾的心意；確實因為如此，帕特爾考慮過要把RSS吸收到國大黨。

結果到頭來，國大黨並沒有接納RSS的成員。不過，高瓦克依舊保持自由之身，可以恣意向願意聆聽的人宣傳他的主張。一九四九年十一月的第一個星期，這位RSS的領袖於孟買希瓦吉公園（Shivaji Park），向聚集的十萬名群眾發表談話。根據身在現場的記者描述，他是「一個中等身材的人，有著凹陷的胸口，留著一頭凌亂長髮和濃密山羊鬍」。儘管這位〔RSS〕領袖外表跟一個無辜的印度教苦行者沒有兩樣，但是「那一雙深陷眼窩的銳利眼睛，讓他看起來活脫就是一位陰沉魔法師，隨時要變出令人膽戰心驚的把戲」。演說之前，擅長健身和武術的社團為高瓦克獻上花環，演說本身則「推崇強化」印度教文化的美德。那位記者於是這麼寫道：「他對這個國家的所有弊端有一帖萬應良藥，那就是讓高瓦克成為全印度的領袖（Führer of All India）⓫。」[45]

尼赫魯在一個星期後動身前往孟買，並在高瓦克演說的相同地點也發表了談話。希瓦吉公園的青青綠地是孟買市中心的城市綠洲，處於主要是講馬拉提語的高密度中產階級住宅區的核心。尼赫魯使用的也是高瓦克發表演說時所拿的麥克風，提供此設備的是莫特萬芝加哥電話暨廣播公司（Motwane Chicago Telephone and Radio Company）。然而，尼赫魯傳遞的顯然是全然不同的訊息；他的談話內容是維持印度境內的社會祥和，以及海外爭戰國家之間的和平。

尼赫魯發表演說的日子正好是他的六十歲生日（一九四九年十一月十四日），而他得到的是自己國人的豐沛情感，可說是沒有比這更好的禮物了。總理預計會在下午四點半抵達孟買，然而他的飛機降落在聖塔克魯茲機場（Santa Cruz airport）的前一小時，「商店就開始打烊，民眾也放下手邊

---

❾ 譯注：婆羅多國意指印度。

❿ 譯注：印度教哲學將人生在世分成四大階段（ashramas），前三個時期分別是梵行期（Brahmacharya，虔誠的獨身學生）、居士期（Grihastha，結婚的居家生活）和林棲期（Vanaprastha，居住在森林中），遁世期（雲遊的禁欲者）為第四階段，也是人生的最後階段，目標是放棄世俗和物質的追求，把生命奉獻給精神生活，去除一切無知，達到自己與梵成為一體。

⓫ 譯注：Führer是納粹德國的國家元首名稱，似有言外之意。

工作，希望這樣一來就有機會見到尼赫魯。在載著尼赫魯的栗色敞篷汽車快速來到之前，人行道和街道早已被人們擠得水洩不通。當他的座車通過時，只見群眾猛烈地招手且臉上一陣狂喜。」

一小時之後，梳洗和換裝過的尼赫魯抵達了希瓦吉公園，只見「廣闊的草地上站滿了前來聆聽演說的人潮，共計超過六十萬人出席了這個值得紀念的夜晚，盛況空前。大批的民眾群聚亢奮；男女老少都來……聽他發表談話，無非就是因為他們依舊相信他的領導和能力，可以為人們在未來的艱苦和試煉時刻指引明路」。[46]

雖然共有十萬人出席聆聽了高瓦克擁戴印度為印度教神權國家的訴求，但是在孟買這個馬哈拉什特拉人的大本營，前來聆聽總理為了捍衛民主而反對專制、為了捍衛世俗主義而反對大印度教主義的演說的人數則是六倍之多。在這場攸關印度的概念的角力之中，尼赫魯可謂大獲全勝，至少情況是暫時如此。

## VII

印度難民的重新安置如同土邦的整合情形一樣，不論在性質上或規模上都是史無前例的政治問題。從巴基斯坦來到印度的一位移民曾寫道，移民的數目「就像是風中的秋天落葉，也像是沙塵中四處飄散的報紙碎片」。對於「能夠身心健全逃離的那些人來說，他們是既沒了方向，也失了根」。[47]

獨立後逃到印度的難民人數估計接近八百萬人，這個數目比奧地利和挪威等歐洲小國的人口要多上許多，也跟廣大澳洲的居民人數相當。這些難民是憑藉著時間、金錢、努力，以及尤其是理想主義，才能重新安頓下來。

新印度的建立確實很勇敢也很偉大，但也有疏失和錯誤，以及尚待完善的未竟之業。消滅王公體系的過程有著痛苦和折磨，難民的重新安置過程也是如此，但是這兩件工作終究還是完成了。

值得一提的是，涉及這個複雜折騰的過程的人都是印度人。至少對於英國人來說，這是完全料想不到的局面。孟加拉省的一位前任省督於一九四七年就寫道：

英國對印度的政治控制的落幕，並不是意味著英國人會遠離印度。印度要花上許多年的時間，才能夠不需要大批的英國人在政府服務部門工作。這些英國人會簽訂合約續留印度的中央政府、省政府和土邦政府，擔任行政、司法、醫藥、警察，以及專業和技術專員等範圍廣泛的工作。印度需要許多年的時間，才能讓自己人補齊政府單位的許多資深職位，而這些都是管理印度四億人口不可或缺的職位。[48]

事實上，印度政府並沒有請求英國人協助，也根本不需要。不可否認，英國統治者確實留下了一套足以運作的機構，包括了文官體系、警察、司法和鐵路等等。獨立的時候，印度政府邀請印度文官體系的英國人留任下來；出乎意料的是，所有英國人都決定跟服務於其他部門的同事一同返回英國。正因如此，這本書所記憶的英雄都是印度人，不論是尼赫魯和帕特爾這樣的政治人物，或是塔洛克．辛格和梅農等官僚，還是如同查托帕迪亞雅和薩拉巴伊一般的社會工作者。當然還包括了無數當時和到現在都不知名的人物：收受和施行土地分配申請書的官員、搭建住宅和維持醫院與學校運作的官員、在法院和祕書處辦公的官員，此外還有那些善意哄騙、安慰和關心難民的龐大印度社工。

有位美國建築師曾於獨立初期的印度工作過，他寫下了對於當時自己周遭的人的能力和理想主義的感受。「就我遇過的形形色色的人們來說，」梅爾（Albert Mayer）寫道，「這些人的能力、外表、活力和奉獻，在計畫、期望和不安的刺痛氛圍下，仍然顯得冷靜沉著——這一切加總所呈現的就是一個國家誕生的當下狀態。」[49]

在國家建構的歷史中，只有蘇聯的試驗足以比擬印度。這兩個國家都必須融合許多不同族群、宗教、語言社群和社會階級，以便團結一致；兩個國家的（地理和人口）規模都相當龐大；建國的基礎都同樣不順遂；人民都因為信仰而分裂，並且都被債務和疾病壓得喘不過氣來。

二戰後的印度與一戰後的蘇聯非常相似，都試著在分崩離析的局面中建立起一個國家，只不過印度的建國過程並非得利於階級敵人的消滅或是古拉格（gulag）[12]的建造。

---

[12] 譯注：這是前蘇聯的政府機構「勞改營管理總局」（Glavnoe Upravlenie Lagerei），掌管關押百萬政治犯與刑事犯的各式集中營，現在也意指前蘇聯的勞役制度本身。

# 第六章

# 印度的概念

治理就是體現放棄的一切形式；治理就是統合一切聖禮；治理就是一切知識的集成；治理就是立足於一切世界的中心。

——《摩訶婆羅多》

憲法的道德並不是天生的情感，而是需要經過後天教化。我們必須領悟到我們的人民其實尚未學會。在印度，民主現在只是表層的東西，尚未落實到這塊本就缺乏民主的土壤之中。

——安貝卡

## I

印度憲法包含三百九十五條條文和十二個附表，大概是世界上最長的一部憲法。這部於一九五〇年一月生效的憲法，共花費了三年的時間訂定完成，時間是從一九四六年十二月到一九四九年十二月。制憲期間，印度制憲會議逐條審查了憲法草案，共召開十一次制憲會議，而總開會天數為一百六十五天。在每一次會議之間，不同的委員會和小組委員會則負責了修改潤飾的工作。

印度制憲會議的會議紀錄刊印成厚厚的十一大冊。這些會議紀錄（有些超過了一千頁）不僅見證了印度人的高談闊論，也展現了印度人的洞見、智慧、熱情和幽默感。這些會議紀錄是鮮為人知的寶庫，不只對歷史學家來說極為珍貴，對有興趣的公民也可以是啟蒙的潛在來源。從這些紀錄之中，我們可以發現許多彼此衝突的觀點，關於何謂國家、這個國家應該使用什麼語言、其應該遵循怎樣的政治和經濟系統，以及應該堅持或否定什麼樣的道德價值。

## II

早在一九三〇年代初期，國大黨就堅持印度人要制定一部自己的憲法。威福爾勛爵終於在一九四六年同意了這個請求。制憲會議的成員以該年的省級選舉結果為準，可是穆斯林聯盟則選擇杯葛早期會議，所以實際上是單一政黨的論壇。

首次制憲會議是在一九四六年十二月九日舉行。整個會場充滿了期待的氛圍，只見前方的長椅坐著尼赫魯和帕特爾等國大黨領導人。為了表明這並不是一場專屬國大黨的政治秀，該黨安排了既知的政敵與這些領導人同坐，如孟加拉省的博斯（Sarat Bose）等人。一份國族主義報紙特別提到，在一片白色甘地帽和尼赫魯上裝的景象中，「九位國大黨女性黨員的出席增添了不少色彩。」[1]

除了英屬印度各省派來的成員，隨著土邦一個一個地加入聯邦，制憲會議也有各個土邦派遣的代表出席。百分之八十二的制憲會議成員都是國大黨黨員。不過，國大黨本身是個包容各式各樣觀點的組織，有些人是無神論者和世俗主義者，有些人「嚴格說來算是國大黨黨員，可是精神上卻接近RSS和印度教大齋會」。[2]有些人在經濟哲學上崇尚社會主義，有些人則捍衛地主的權利。除了內部的不同觀點，國大黨同時任命了不同種姓和宗教團體的無黨派人士，並且確保婦女代表的參與，也特別邀請法律專家與會。在這樣的情況下，「制憲會議幾近呈現了所有的民意。」[3]

某種程度上，擴大制憲會議的社會基礎，回應了英國的批評。邱吉爾就特別蔑視由「印度的一個主要社群」（印度教種姓）掌控制憲會議這一點，在他眼中，國大黨並非是個真正的代議政黨，而是一個傳聲筒，傳達的聲音只屬於「受到積極組織動員的少數族群，其利用武力、詐騙或詭辯的手段獲得權力，之後以群眾之名來行使該權力，殊不知早已失去了與群眾之間的實際連繫」。[4]

為了有更廣泛的社會參與，制憲過程也邀請廣大的民眾提交意見書。民眾的回應眾多，而他們希望制憲成員必須考量的利害關係，我們可以從抽檢樣本得到一些線索。「全印度種姓自治團體」（All-India Varnashrama Swarajya Sangh）（設立於加爾各答）要求憲法「必須遵循古印度教經典闡明的原則」，特別建議要禁止屠殺牛隻和關閉屠宰場。下層種姓團體要求終止「上層種姓的虐待」，並且「要依據他們的人口數保留立法機關、政府部門和地方團體等等的獨立席次」。弱勢語言族群要求「使用母語的言論自由」，以及「要依據語言重新配置省分」，而少數宗教族群也要求特別保障。其他如維濟亞訥格勒姆的地區教師工會（District Teachers Guild of Vizianagaram）和孟買中央猶太人委員會（Central Jewish Board of Bombay）等團體的需求則是，「取得包含立法院在內的所有公共組織的……足夠代表。」[5]

這些意見書不只證實了印度本身難解的異質性，也顯示了印度人之間早就存在著一種權利文化。印度人很多，意見紛雜，而最重要的是每個人都直言不諱。印度憲法必須裁決成千上萬彼此衝突的主張和要求，然而這項任務卻因為時代動盪而不易達成。制憲會議的召開是在一九四六年到一九四九年這段時期，面對的是食物短缺、宗教暴動、難民重新安置、階級戰爭和封建制度頑強抵抗的時代背景。誠如一位歷史學家的描述，這是一個「在根本錯誤（Fundamental Wrongs）的殘殺之中制定基本權利（Fundamental Rights）」的過程。[6]

## III

參與制憲會議的人士超過了三百人。在其印度憲法的權威歷史著作中，奧斯汀（Granville Austin）認定了二十位最有影響力的人，其中多達十二人擁有法學學位，包括了尼赫魯、帕特爾和普拉薩德等國大黨的中堅分子。

一九四六年十二月十三日，尼赫魯在制憲會議發表了首次演說，也在這次會議推動《目標決議》（Objectives Resolution）。此決議聲明了印度是個「主權獨立的共和國」，保障其公民享有「社會、經濟和政治的正義；地位的平等；機會的平等；法律之前的平等；在法律和公共道德約束下的思想、表達、信仰、信念、崇拜、工作、結會、行動的自由」，而享有以上一切的同時，國家保證「少數民族、落後和部落地區，以及受壓迫的其他落後階級會獲得充分的保障……」。提出此決議的時候，尼赫魯借助了甘地的精神和「印度的偉大歷史」，同時也援引了法國革命、美國革命和俄國革命等現代的先例。[7]

九個月之後，尼赫魯於午夜時分在同一個圓柱大廳再次發表談話，懇請印度人民履行與命運之約。在這兩次談話之間的一九四七年七月二十二日，尼赫魯推動了一項印度國旗的決議，決定以「三個相等的橙黃色、白色、深綠色橫長方形」組成國旗，而且旗面中心有一個藍色法輪。在這次的決議中，尼赫魯帶領了一場相互較勁的愛國主義的討論，每個隨後的發表人都尋求國旗顏色能夠展現其所屬社群對於印度的特殊貢獻。[8]

不用多說，重要的象徵性演說當然都是來自尼赫魯，而大部分的私下協商工作自然都是由帕特爾所完成。帕特爾是個完美的委員會成員，在起草各式報告的過程中都扮演了關鍵角色。由於尼赫魯的性子比較急，因此多虧了帕特爾努力協商對立的團體，他會在晨間散步時與頑強的委員談話，促使對方能夠以更寬廣的角度來看事情。同樣也多虧了帕特爾，推動了一項更具爭議性的決議，即是攸關少數族群權利的決議案。[9]

第三個重要的國大黨會議成員是擔任制憲會議主席的普拉薩德。他在制憲會議正式召開的那一天獲選為主席，自尊自重擔任主席到會期結束。他的工作一點也不讓人羨慕，畢竟印度人都是能言善道但較不善於聆聽，而印度的政治人物更是如此。普拉薩德必須維持爭吵不休的委員之間的和平，還要控制（具有相同難度）有時不知道該如何就發言內容權衡輕重的計時人員。

除了國大黨的三巨頭，制憲會議極關鍵的一位成員是出身下層種姓的優秀律師安貝卡。安貝卡是聯邦政府的法律部長，同時擔任「印度憲法起草委員會」（Drafting Committee of the Indian Constitution）主持人。與他共同分擔起草工作的另外兩位令人敬畏的人物：一位是穆希，這個博學的古吉拉特人不只是名小說家和律師，還是一位自由鬥士；另一位是泰米爾人艾爾（Alladi Krishnaswami Aiyar），他曾經擔任十五年的馬德拉斯的佐審官。

除了上述六人，我們也不能不提到一位不屬於制憲會議的人物，那就是擔任印度政府憲政顧問的勞（B. N. Rau）。勞長期任職於印度文官體系，做過一連串的法務職務，其憑藉個人的學經歷和甫完成的西方民主學習之旅的成果，準備了一些摘記供安貝卡及其團隊深度思考。不過，勞反過來也獲得首席起草人穆克吉（S. N. Mukherjee）的協助，穆克吉「能以最簡明的法律形式寫出最複雜細微的提案，這樣的能力幾乎是無人足以匹敵」。[10]

## IV

印度憲法的制定融合了道德願景、政治技巧，以及法律才能，匯集成奧斯汀所謂的「國家」革命和「社會」革命。[11]國家革命聚焦在印度人民在殖民統治經驗之下無法擁有的民主與自由，而社會革命則是側重於傳統和宗教經典剝奪婦女和下層種姓的解放與平等。

這兩個孿生的革命能否以本土方法來加以實現呢？有些人倡議一套「甘地式憲法」，憑藉的是恢復以鄉村為政治和治理單位的鄉議會潘查亞特自治體系（*panchayati raj* system）。安貝卡嚴厲批評了這項主張，認為「就是這些鄉村共和國造成了印度的毀敗」。安貝卡「感到訝異，那些譴責本土主義（Provincialism）和共同體主義的人，竟然會挺身而出推崇鄉村；鄉村是什麼？難道不是地方主義的滲坑，匯聚了無知、狹隘思想和共同體主義嗎？」[12]

這些言詞激怒了一些陣營。卡馬特（H. V. Kamath）身為社會主義者，駁斥安貝卡的態度是「典型的都會高級知識分子」。農民領袖朗高（N. G. Ranga）認為安貝卡的評論只顯示了他對印度歷史的無知；「他完全不懂我們國家所有的民主傳統。他若是知道過去千年來鄉議會潘查亞特制度在南印度的成就，他就不會說出那些話。」[13]

不過，活躍於中央省的女性成員貝岡・艾薩茲・拉蘇爾（Begum Aizaz Rasul）❶則「完全同意」安貝卡博士的說法。就她的看法，「現代的趨勢是走向公民的權利，反對任何可能會非常專制的法人團體和鄉議會潘查亞特制度。」[14]

最後的憲政單位終究還是選擇了個人而非村落。其他方面也是如此，印度憲法是向歐美看齊而非走回印度先前的模式。美國總統制和瑞士直選內閣大臣的方式❷都曾被考慮但最終否定。有些人主張比例代表制（proportional representation, PK），但這從未是慎重考慮的選項。同樣曾經屬於英國的殖民地，獨立後的愛爾蘭採用了比例代表制，不過，當憲政顧問勞拜訪都柏林的時候，德瓦勒拉（Eamon de Valera）❸曾親口告訴他說，自己希望愛爾蘭採行的是英國的「簡單多數決」（first-past- the-post）制度和英國內閣制，對他來說這樣才能有強勢政府。就印度的情況來看，彼此競爭的利益團體的數目可謂不計其數，因而追隨英國模式是比較合理的選擇。[15] 印度國會的下議院將依據成年人普選權進行選舉組成，各省政府的下議院也是如此。經過一番討論之後，印度國會和大多數的省分也決定要設置第二院，作用是抑制過度發燒的民主狂熱，而其成員採間接選舉產生，如國會上議院的成員就是由各邦立法機關選出。

---

❶ 譯注：其為制憲會議中唯一的穆斯林女性委員，貝岡為尊稱，意思是具有高社會地位、高成就或高權力的穆斯林女性。

❷ 譯注：瑞士的憲政體制是採取委員制，國家元首只有象徵性意義而無實權，產生方式是由內閣大臣組成的委員會成員互選。

❸ 譯注：德瓦勒拉是二十世紀愛爾蘭的重要政治領袖之一，愛爾蘭憲法的關鍵性推手，愛爾蘭共和國誕生後的第一任總理與第三任總統。

政府內閣的首腦是總理，國家元首則是總統，是由國會和各省立法機關成員組成的選舉人團選舉產生。總統是武裝部隊的最高統帥，並且有權向國會提交法案。雖然總統是擁有「極大權威和尊貴」的職位，但是跟英國的君主制一樣並「沒有實質權力」。[16]（至於各省則設管理者，係由「中央」〔也就是大家知道的中央政府〕提名，角色功能與總統相當。）憲法規定獨立選舉委員會，以及獨立審計長。為了保護司法不受政黨政治影響，法官是經由總統與首席法官會商之後任命，其薪資不是交由國會決定，而是讓國庫直接支付。德里的最高法院被視為社會革命的監護者，也是公民權利與少數族群權利的保證人；最高法院被賦予廣泛的「上訴管轄權」，只要涉及釋憲的工作，任何民事和刑事案件都可以向最高法院提出申請。

印度憲法所授權的是一套複雜的財政聯邦主義制度：有些稅款（如關稅和公司稅）是由中央保有所有收益，其他稅款（如所得稅和消費稅）則是中央與邦政府共享，還有一些稅款（如遺產稅）則全數歸屬各邦。同時，各邦可以自行徵收一些稅款，包括土地和財產稅、營業稅，以及收益可觀的瓶裝酒品稅。

這些財政規定大量引用了《一九三五年印度政府法》（Government of India Act of 1935）。至於「憲法良知」，[17]則是包含在第三部分和第四部分，描述了一系列的基本權利和指導原則。基本權利具有司法強制性質，源自於國家不得逐步侵犯或壓制個人自由的義務，以及必須保障個人和團體免於專斷的國家行動的義務。訂定的基本權利包括了自由和法律之前人人平等的權利、少數族群的文化權，以及制止實行賤民制和強迫勞動。[18]至於國家指導原則並不具司法強制性質，是源自於國家有讓其公民生活更好的積極義務。這些指導原則是各方角力的奇特混合體；有些原則是與國大黨的社會主義派系妥協的產物，而其他一些原則（如禁止屠殺牛隻）則是向黨內保守派讓步的結果。[19]

若是公正的人士來看，這是採用了西方原則來符合印度人民所需的一部憲法，可是有些愛國人士卻不是如此看待，他們宣稱成年人選舉權是印度人發明出來的。普拉卡桑（T. Prakasam）談及了擁有千年歷史的康及瓦蘭寺廟（Conjeevaram temple）的碑文，上頭提到了以樹葉做選票和以罐子做票箱的一場選舉。[20]這種盲目的愛國主義並不是南方獨有，例如印度教學者維拉（Raghu Vira）就宣稱古代印度是「共和政府制的鼻祖」，並且「還把這個制度傳播到了世界上的其他角落」。[21]

詳細審視這部憲法條文的人卻無法感到欣慰。特吉（Mahavir Tyagi）就「因這部憲法看不到任何甘地色彩而大失所望」；[22]哈努曼迦亞（K. Hanumanthaiya）則是抱怨，像他這樣的自由鬥士想要聽到的是「印度維納琴（*Veena*）和西塔琴（*Sitar*）的樂音」，到頭來卻只換來了「英國樂團的音樂」。[23]

## V

印度憲法試著尋求國家團結，也希冀促進社會進步。一方面，人民有傳播宗教的基本權利，另一方面，國家保留給自己致力於社會改革的立法權（如一部統一的民法）。中央有權透過國家規畫，把資源從較富有的省分重新分配給較貧窮的省分。這是政府規範的社會公益優先於個人權利的例子，而另外一個例子則是財產法不允許「正當程序權」（the right of due process）❹。許多省分正在進行土地改革法案的審議工作，政府還希望杜絕心懷不滿的放款人和地主興訟的可能性。

❹ 譯注：此一法律原則主張政府必須要尊重所有法律賦予人民的權利，而非僅尊重其中一部分或大部分的權利。

基本權利須符合社會改革的需求，以及國家安全和社會秩序的考量，但是同時也受到這些需求和考量的限制。在「國家緊急狀態」下，憲法規定了暫停某些權利。有條憲法條文允許審判前進行「預防性羈押」，一位資深的自由鬥士即稱這是「印度憲法最大的汙點」，其本身在「英國奴役印度人的時代的地牢和死刑犯的牢房」度過了十年的人生歲月，知道「未經審判的羈押意味著怎樣的折磨，故而永遠無法接受這樣的條文」。[24]

印度憲法顯示了某種傾向印度聯邦而非其組成邦的權利的偏見。印度早已在英國殖民力量的強加之下而施行單一體制，而時代的暴力更進一步促使中央集權的出現，因其被視為先一步斷絕混亂情況和規畫國家經濟發展的必要手段。

憲法規定了聯邦職責、邦職責，以及共同職責三個範疇：首先羅列的項目是中央政府的職責；第二部分列出歸屬於邦職責的項目；第三部分則是中央政府和邦政府的共同職責。然而，專屬中央控制的職責項目要比其他聯邦多上許多，而歸屬共同職責的項目也比邦所預期的職責項目要來得多。中央政府同時控制了礦產和關鍵產業，第三五六條（Article 356）也允許中央政府有權在首長的建議下接收邦政府的行政機關。[25]

地方上的政治人士為了邦的權利而艱苦奮戰，以便可以減少納入共同職權和聯邦職權範疇的項目。他們要求各邦可以分配到更多稅收，也在意識型態上抨擊這種職權劃分的原則。來自奧里薩的一位制憲成員認為憲法「擁有的權力這麼集中，我擔心這種過於集中的情況反而會使得中央容易瓦解」。一位邁索爾的與會成員覺得，會議提出來的是一部「單一制」而非「聯邦制」的憲法；根據憲法條文規定，「民主以德里為中心，而且不允許印度其他地方闡揚同樣的意義與精神。」[26]

若是談到捍衛邦的權利，馬德拉斯的仙特蘭（K. Santhanam）或許是其最具說服力的辯護人。

他認為財政規定會使得各省成為「中央門前行乞的乞丐」，如在美國，中央政府和州政府皆可各自徵收「各式各樣的稅」，而在印度，各省卻不能課徵如所得稅等重要的稅收來源。此外，起草委員會還要「讓中央政府擁有本不該有的各項權力」，這包括了原本應該列入邦職權範疇卻被列入共同職權的「流浪罪」（vagrancy）。仙特蘭因此嘲諷地問道：「難道是想要讓整個印度都有遊民的困擾嗎？」如其所言，與其讓聯邦政府負荷過重，「各省人民的身心健康的初始責任本就應該由省政府承擔。」[27]

隔天，來自聯合省的一位成員回應了這些指控。聽到仙特蘭的話，他很好奇那難道不就是「這些堅信不疑的人說出了印度分裂的長久歷史趨勢」。「在焦慮緊張的年代中」，一個強大的中央是絕對必要的，唯有中央強大，「才能夠在其位謀求整體國家的福祉」。[28]

起草委員會的成員同樣強力地捍衛憲法的單一制傾向。一場早期會議中，安貝卡在會場表達自己的想法；他想要的是「比《一九三五年印度政府法》所打造的中央還要更強大的聯合中央（**說得好，說得好！**）」。[29]穆希則表明要建構「一個聯邦，並盡我們所能地強大中央」。[30]對於某些事務，穆希比較是一位大印度教主義者，但是就這個議題，他發現自己與穆斯林的立場一致，這是因為一九四六年到一九四七年間發生的可怖社群暴力，證明了印度需要一個強勢的中央政府。借用卡里穆丁（**Kazi Syed Karimuddin**）的話語，（就宗教之間和諧的承諾而言）「並不是每個人都是尼赫魯」。「由於各省充斥著無能和優柔寡斷的行政人員，」卡齊說道，「我們現在需要的是一個穩定的政府。我們現在需要的是一個愛國的政府。我們現在需要的是一個強大的政府，一位公正堅定且不會迎合群眾一時衝動的行政管理人。」[31]

## VI

制憲會議相當關注少數族群的權利。印巴分治後的第十天，會議即針對這個主題首次做了廣泛討論。在這個期間，馬德拉斯的一位穆斯林代表就強力請求保留單獨選舉（separate electorates）。「就這個國家目前的情況」，巴哈德說道（B. Pocker Bahadur），非穆斯林的族群「很難」去「理解穆斯林社群的需要和要求」。倘若廢除了單獨選舉，重要的團體就會覺得「自己在國家治理上沒有足夠的發言權」。[32]

內政部長帕特爾極度不支持這項請求，畢竟單獨選舉在過去曾經導致國家的分裂。「巴基斯坦可以容得下想要這種東西的人，但是印度不行。」帕特爾的怒吼博得了一陣熱烈掌聲。「我們在印度是要建立一個國家，而現在正在為一**個國家**打下基礎。因此，對於那些選擇再次分裂和埋下分裂種子的人，他們在這裡沒有立足之地，也不會有陣營。我應該說得再明白不過了。」[33]

不過，有些穆斯林從一開始就反對單獨選舉，其中包括貝岡·艾薩茲·拉蘇爾，她認為現在根據宗教的保留席次做法是「完全沒有意義的事」。單獨選舉是「自我毀滅的武器，原因在於少數族群會因此而一直與多數族群分離」。生活在一個世俗民主國家，穆斯林的利益跟其他公民的利益「並無二致」。[34]

到了一九四九年，原先提出單獨選舉請求的穆斯林成員就轉向接受了拉蘇爾的觀點；他們體認到這種為穆斯林保留席次的方式「真的會對穆斯林本身有害」。反之，穆斯林應該要重新自組一個投票陣營，如此一來即可在選區中顯得人數眾多，讓候選人無法忽略他們的存在，甚至可以「在選舉中具有決定性地位」；「選舉的結果反而可能是，明顯的絕大多數的族群……發現自己被一張選票擊敗。」正因如此，「穆斯林的安全保障其實有賴於能夠有智慧地參與選舉，並與印度教徒一同處理公共事務。」[35]

印度婦女是人數甚至多於穆斯林的弱勢少數族群。制憲會議的女性成員歷經國家運動洗禮，很早就感染了統一的精神。因此，來自孟買的梅塔（Hansa Mehta）拒絕了婦女保留席次、配額和單獨選舉。「我們從來不曾要求享有特權，」她評道，「我們要求的是社會正義、經濟正義和政治正義。我們要求的是平等，其本身可以是相互尊重和理解的基礎，若是缺乏了平等，男女之間就沒有真正的合作關係。」[36]孟加拉的洛伊（Renuka Roy）也表示同意：不同於「許多所謂的已開化國家」的「狹隘婦女參政運動」，印度婦女爭取的是「地位平等、正義和公平競爭，而且最重要的就是能夠擔任有權責的職務來為這個國家服務」。「自從印度出現婦女運動以來，婦女基本上就是反對特權和保留席次政策。」[37]

唯一支持女性保留席次政策的聲音反而是來自一名男性。這並不尋常，而更奇怪的則是這位男性的論證邏輯。就其個人「擔任國會議員和豐富的閱歷」，僑都里（R. K. Chaudhuri）說道：

> 我認為聰明的做法是提供一個婦女選區。我們都知道，當女人要求某樣東西的時候，簡單的方式就是找到那樣東西來給她；如果女人沒有特別要什麼，想知道她要的是什麼，可是比登天還難。如果我們給她們一個特別選區，她們就可以在裡頭自行攪和與彼此爭奪，而不至於影響到一般選區。否則的話，我們可能有時會不夠堅強而讓她們得利，讓她們得到根本沒有資格取得的席次。[38]

# VII

印度憲法並沒有為穆斯林和婦女提供保留席次。不過，憲法確實建議要給予賤民保留席次，不僅承認了賤民所承受的恐怖歧視待遇，同時也是向聖雄甘地致敬；他一直堅信只有當印度教社會本身能夠擺脫掉邪惡的種姓制度，真正的自由或自治才會真正來臨。同樣是因為甘地的緣故，取代「賤民」的新稱呼「哈里真」（Harijans，意思為神的子民）才會廣為人知。

印度憲法為下層種姓規定了立法機關的保留席次和公家機關的職務配額，也將印度教廟宇開放給所有種姓，並且要求社會全面廢除賤民制。這些規定受到各界的歡迎。馬德拉斯的皮萊（Muniswamy Pillai）對此評道：「印度的好名聲都因為賤民制而遭受詆毀玷汙……偉大的聖者竭盡全力要廢止賤民制，卻要等到此次威嚴的制憲會議和一部新憲法的大聲疾呼，才讓我們的國家不再有賤民制。」[39]

中央省的康德卡爾（H. J. Khandekar）就指出，在政府行政管理的上層階層的賤民代表名額是明顯不足的。以各省來看，賤民可能占了多至百分之二十五的人口，卻通常只有一名哈里真部長；可是只占人口百分之三的婆羅門卻可能控制了三分之二的內閣席次。康德卡爾因此表示，儘管國大黨給予了公共承諾，「可是除了聖雄甘地和其他十位或二十位〔上層種姓的〕人士，根本沒有人真的在思考如何提升『神的子民』的地位。」

這位成員同時強力捍衛要增設政府職位的保障配額。印度行政服務局（Indian Administrative Service）承繼了印度文官體系的事務，他含沙射影地提到了這個政府單位最近的招募情況。儘管有許多哈里真前往面試，卻都以成績不夠好的理由而被核定不適任。康德卡爾在向上層種姓同儕發表演說時堅稱：

你們要對我們今日不適任的情況負責。我們已經被你們壓迫了好幾千年，你們只專注在自己的服務來達到你們自己的目的，卻把我們壓迫到如此的境地，使得我們的腦袋、我們的身體，甚至是我們的心靈都不管用了，也讓我們停滯不前。這就是我們現在的地位。你們把我們貶低到這樣的位置，然後再來說我們不適任、沒有達到必要的成績。請問我們怎麼可能會達到呢？[40]

這樣的論點不是不可能駁斥，但確實難以置疑，然而有些會議成員警告了這些規定或許會為人所濫用。有位成員的想法是，「那些吵著要求這些席次、要求保留、要求報償的人，代表的不過是哈里真社會中的少數菁英」，都是這些團體中具有「政治影響力」的人。[41] 對於國大黨的左派政治人士特吉來說，保留席次並不能選出真正的代表。「沒有任何種姓可以因為保留席次而得益，真正得利的都是某人或某家族。」與其保留給種姓，或許應該是保留給階級，像是「鞋匠、漁民和其他類似階級都可以經由保留席次選出自己的代表，因為這些階級才是真正沒有任何代表的團體」。[42]

## VIII

一九四七年八月底，制憲會議公布了第一份少數族群權利的報告，其中僅只賤民有保留席次。在當時的情境之下，穆斯林的請求遭到否決是可以預期的結果，可是有位會議成員感到惋惜，畢竟

「最需要關懷且最應該幫助的原住民團體（adibasis，即部落之意）竟然完全不受重視」。[43]

這位成員即是傑帕爾．辛格（Jaipal Singh），儘管相當獨特，但他本身就是原住民（adivasi）。傑帕爾是來自焦達納格布爾高原（Chotanagpur）的蒙達人（Munda），該森林高原位於比哈爾南部，那裡居住了幾乎不同於印度教種姓社會的許多部落。傑帕爾受到傳教士的資助前往英國牛津大學讀書，並且成為享有盛名的曲棍球運動員。他曾獲頒牛津大學的「運動藍」（Blue）❺的榮譽，後來更擔任贏得一九二八年奧運金牌的印度曲棍球隊的隊長。

學成返回印度之後，傑帕爾並沒有如其贊助者殷切的期望，從事傳播福音的工作，反而創造了自己的福音，即相信部落是印度次大陸的「原住民」——儘管「adibasi」和「adivasi」的拼法不同，但同樣都是這個意思。一九三八年，傑帕爾創立了「原住民黨」（Adibasi Mahasabha），其訴求是與比哈爾分割成立一個獨立的「賈坎德邦」（Jharkhand）。對於焦達納格布爾高原的部落來說，傑帕爾是他們的偉大領袖（*marang gomke*）；在制憲會議中，他代表的不只是自己土生土長的高原，而是全印度的所有部落。[44]

傑帕爾是個天生的演說家，每次的發言都會讓會堂活絡而引起滿堂彩。（就這一方面，教堂之失無疑是政治之得。）他在一九四六年十二月十九日發表第一次演說，欣然接受「目標決議」，也為原住民事務做出巧妙總結。傑帕爾說道：

身為一位印度叢林原住民，我並不期望能夠了解《目標決議》的縝密法律條文。但是我的直覺告訴我，我們每一個人都應該大步走向那條自由的道路並一起戰鬥。各位先進，如果有任何印度團體遭受過卑鄙對待，那一定是我的族人。過去六千年來，我的族人蒙受羞辱和漠視。我是印度河流域文明的子孫，而這個文明的歷史清楚地顯示了，後來的新移民——大多數的你們對我來說都是入侵者——把生活在印度河流域的我的族人趕到叢林要塞……我族人的整個歷史就是印度的非原住民所加諸的一連串剝削和驅逐，以及不時發生的抗爭與失序。不過，我相信尼赫魯的話。我也相信你們所有人的話，那就是我們正要展開歷史新頁，揭開機會均等且不容任何人遭到忽視的獨立印度的新篇章。[45]

三年之後，傑帕爾在討論憲法草案時發表了一次熱情洋溢的演說。屈服於甘地追隨者的壓力之下，禁酒成了指導原則之一，而這位原住民領袖指出，這干涉了「這個國家最古老的族群的宗教權利」，因為酒是他們的慶典、儀式，甚至是日常生活的一部分。在西孟加拉，「桑塔爾人（Santhal）要是沒喝大米啤酒的話，他們就不會下田插秧。這些衣衫襤褸的男人……必須一整天站在水深及膝的田裡、或是在傾盆大雨中、或是爛泥巴裡工作。到底大米啤酒裡面藏了什麼東西讓他們生龍活虎呢？我希望這個國家的醫界權威人士可以在他們的實驗室研究一下，大米啤酒到底含了什麼是原住民不能沒有的東西，竟然可以讓他們遠離〔預防〕各種疾病。」[46]

制憲會議召開了部落權利小組委員會，主持人是資深社會工作者塔克卡爾（A. V. Thakkar）。小組委員會的調查發現和傑帕爾及其同儕的發言，使議堂意識到了部落的困境。誠如比哈爾的一位成員的觀察，「部落族人被當成了地方政治棋盤上的一顆棋子」，會議中可以看到「大規模的剝削；對此我們真的應該感到羞愧」。[47] 這裡的「我們」指的是整個印度教社會；這個社會不是以忽

❺ 譯注：表彰大學運動員成就的獎項。

視就是以剝削的方式來侮辱原住民，不僅在提供原住民現代教育和健康設施方面做得很少，同時還拓墾了原住民的土地和森林，更讓他們必須藉由高利貸和債務來過生活。因此，為了給予部分補償，在立法機關和公家機關也有「保留」給部落的席次和職務配額。

## IX

語言是制憲會議最受爭議的主題，爭議之處包括：會議發言的使用語言、憲法的書寫文字，以及單一指定的「國家」語言。一九四六年十二月十日，於議會程序尚在討論階段之際，聯合省代表都列卡爾（R. V. Dhulekar）提出了修正案。當他開始用印度斯坦語（Hindustani）發言的時候，會議主席提醒他有許多成員聽不懂這個語言。以下是都列卡爾的回答：

> 不懂印度斯坦語的人沒有權利留在印度。現在這個議會中參與訂定印度憲法的人，要是不懂印度斯坦語，那就不配成為制憲會議的成員。這樣的人最好離開。

他的言論引起會場一片譁然。主席大喊：「安靜，安靜下來！」可是都列卡爾卻繼續說：

> 我提議，程序委員會（Procedure Committee）應該要使用印度斯坦語而不是英文來制定規範。我是印度人，我呼籲要為這個國家贏取自由、為這個國家而戰的人，都應該用我們自己的語言來思考和說話。我們一直在談美國、日本、德國、瑞士和下議院（House of Commons），

談到都讓我頭痛了。我很想知道印度人為什麼不說自己的語言。身為一個印度人，我認為議會議事應該要使用印度斯坦語來處理，我們不需要關心這個世界的歷史，我們自己的國家就有源遠流長的歷史。

刊印的會議紀錄記載了接下來的情況：

主席：安靜，安靜下來！

都列卡爾（依舊使用印度斯坦語發言）：我請求您允許我提出修正案。

主席：安靜，安靜下來！我不允許你繼續下去。議會與我的立場一致，你違反程序。[48]

這個時候，尼赫魯走到講臺，說服都列卡爾回到自己的座位。事後，尼赫魯告訴這位脫序的成員維持議會紀律的必要性。他跟對方說：「這裡不是占西（Jhansi）的公開集會，在占西你必須用印度斯坦語『兄弟姊妹』（Bhaio aur Behno）問候，再扯著喉嚨大聲講話。」[49]

然而語言的議題並沒有就此消失。有一次開會的時候，成員即敦促議會命令德里政府規範所有的汽車牌照都要使用印地語（Hindi）文字標示。[50]說得更具體一些，他們要求官方版本的憲法使用印地語，而英文版是非官方的版本。對於這項要求，起草委員會並沒有接受，其所持理由是英語更能夠將專業法律用詞納入文件之中。儘管如此，當憲法草案提交大會討論的時候，與會人士還是要求討論每條條文該如何以印地語文字書寫，他們認為，採用以英文書寫的文件是個「侮辱」。[51]

這裡需要介紹一下「印度斯坦語」和「印地語」的差異。印地語主要源自於「梵語」，書寫文字是「天城文」（Devanagari）；至於源自於波斯語和阿拉伯語的「烏爾都語」，其文字則是修改過的阿拉伯文字。印度斯坦語通用於北印度，是印地語和烏爾都語的獨特混合語言。十九世紀以降，隨著北印度的印度教徒和穆斯林的緊張情勢逐漸升高，印地語與和烏爾都語也就開始漸行漸遠；一方興起了深化印地語的梵語根源的運動，另一方則是促使烏爾都語更深植於孕育它的古典語言。這部分的發展尤其表現在文學界，使用純化的印地語和純化的烏爾都語的作品開始於當地流傳。52

在這一切發展態勢之中，印度斯坦語依舊是當地民眾的溝通語言，這是因為使用印地語或烏爾都語的人都能夠了解印度斯坦語，而印度大平原（Indo-Gangetic plain）的主要方言的多數使用者也沒有問題，這些方言包括：阿瓦迪語（Awadhi）、博傑普爾語（Bhojpuri）、邁蒂利語（Maithili）和馬爾瓦爾語（Marwari）等等。不過，如同印地語和烏爾都語，印度斯坦語其實並不通用於東印度和南印度；東印度和南印度使用的語言是阿薩姆語、孟加拉語、卡納達語、馬拉雅拉姆語、奧里亞語、泰米爾語和泰盧固語，而且這些語言都有自己的一套文字和高雅的文學傳統。

英國統治期間，英語成為高等教育和國家行政的通用語言。英國人撤離之後，英語還能擁有這樣的地位嗎？北印度的政治人物認為印地語應該取代英語，可是南印度的政治人物和民眾則希望英文能夠繼續作為各地方之間的溝通語言。

尼赫魯很早就為這個問題所困擾。一九三七年，他寫了一篇長文，表達了自己對於主要地方語言的讚賞。他認為只要不對「這些語言區域有絲毫的侵害」，還是應該有一個全印度的通用語言。由於一般大眾並不熟悉英語，他轉而選擇了印度斯坦語，而這個語言在他的定義之下是介於印地語和烏爾都語之間的「中庸之道」。在此刻，印巴分治仍不是個選項，尼赫魯因此認為可以同時使用這兩種語言的文字。印度斯坦語的文法簡單，相對之下容易學習；不過為了更便於學習，語言學家可以比照基礎英語的模式發展出一套基礎印度斯坦語，再透過政府於南印度加以推廣。[53]

甘地跟尼赫魯一樣，也認為印度斯坦語可以統一南方和北方，讓印度教徒和穆斯林團結起來。因此，比起英語，印度斯坦語更應該被推舉為國語（*rashtrabhasha*）。如其所言：「穆斯林書寫時是用烏爾都語，而梵語學者則是使用印地語，印度斯坦語則是這兩種語言的甜蜜混合語。」[54]一九四五年的時候，甘地與丹頓（Purushottamdas Tandon）進行了一次熱烈的交流，丹頓為了去除印地語的外來元素而奮戰到可說是英雄般的地步。丹頓是「全印度印地語文學會議」（All-India Hindi Literature Conference）的副主席，該組織主張使用天城文的印地語應該單獨作為國語，而一直是「全印度印地語文學會議」成員的甘地則對這種盲目的愛國主義發展態勢感到沮喪。由於甘地的信念是應該同時使用天城文和烏爾都文，他開始思考或許是退出這個組織的時候。丹頓試著打消甘地退會的念頭，可是如同甘地的回應：「我如何能夠同時騎兩匹馬呢？當我說國語＝印地語，以及國語＝印地語＋烏爾都語＝印度斯坦語，有誰能夠理解我的說法呢？」[55]

印巴分治基本上扼殺了印度斯坦語成為國語的可能性，而推動印地語梵語化的動作則是加快了步伐。我們從制憲會議就可以看到端倪；雖然早期提及的是印度斯坦語，但是到了後期就全都是印地語。等到國家分裂之後，推崇印地語的人就變得益發狂熱。奧斯汀就觀察到：「這些印地語的僕人瘋狂地追求統一，甘願冒著分裂制憲會議與這個國家的風險。」[56]他們的改革運動幾番在議會挑起了極盡猛烈的辯論。印度斯坦語無法為南印度人所接受，至於印地語就更不用說了。每當有會議成員用印地語發言，就會有別的成員要求把發言翻譯成英文。[57]當有人提出印地語作為唯一的國語的建議，就會遭到激烈否決。馬德拉斯的克里什納馬查里（T. T. Krishnamachari）的以下發言可為代表：

過去的我們不喜歡英語。我不喜歡英語，是因為自己被迫學習一點都不喜歡的莎士比亞和米爾頓（Milton）……如果我們現在被迫學習印地語……我大概會因為年紀的關係學不來了，也可能是因為你們強逼別人就範而不想學……這種偏狹的態度讓我們對一個我們覺得需要的強大中央感到害怕，儘管一個強大的中央是有必要的，但是這也意味著中央會奴役不懂中央的語言的人。各位先生，我希望代表南方人發出警告，理由是因為南印度早就有人期望能夠脫離印度……，我所尊敬的聯合省的朋友們卻完全不伸出援手，反而是極盡可能地兜售［他們的］「印地語帝國主義」（Hindi Imperialism）。各位先生，現在是聯合省的朋友們來決定是否要有一個完整的印度，也是他們來決定是否要一個印地語的印度。決定權在他們的手上……[58]

制憲會議最終還是做了妥協。「聯邦官方語言應採用天城文書寫的印地語，」不過，「自憲法生效後的十五年之間，對於生效前使用英語的所有聯邦官方事務，則應繼續使用英語。」[59]無論如何，迄至一九六五年，法院、公共服務和全印度官僚體系的注記與正式紀錄都要使用英語。

## X

聖雄甘地曾經表示，希望看到一位賤民婦女成為印度的第一任總統。雖然未能如願，但是當下還是得到了些許補償，那就是賤民出身的安貝卡博士獲邀擔任制憲會議起草委員會的主席。

一九四九年十一月二十五日，即是制憲會議結束所有議程的前一天，安貝卡發表了動人演說來總結他們的工作。[60]他感謝了起草委員會的同仁、協助的工作人員，以及他個人的終身敵對政黨。

要不是國大黨大老們在議會內外的安靜作業，他就無法在一片混亂中理出秩序。「因為國大黨展現的紀律，起草委員會才能夠指引制憲會議的憲法訂定工作，中肯了解每條條文和修正條文的後果。」

在愛國的懷舊情懷之下，安貝卡退一步承認了古印度有過某種形式的民主。「印度曾經有段時間到處都是共和國。」他援引了具代表性的以「比丘僧團」（Bhikshu Sanghas）推動民主理想的佛教徒，其中運用了類似「議事程序」的規則，如投票、動議、決議、審查、投票書面通知。

安貝卡也向議會保證，憲法的聯邦制絕對不會否定各邦的權利。他說到，人們誤解了這是「過度中央集權，各邦因而降格為直轄市」。然而，憲法劃分了立法和行政的職權，而中央不能擅自更動這樣的分野。依照他的說明，「中央和各邦在這方面是平等的。」

到了演說的尾聲，安貝卡以三個關於未來的警告作結。第一個警告關注的是民主體制中的群眾抗議行為。當然，民主體制不容流血革命；不過，依他之見，民主體制同樣容不下甘地式模式。「我們必須放棄公民不服從、不合作和群眾抗議（*satyagraha*）的方式。」這些方法在專制政權之下或許可能找到一些正當理由，但是現在則不然，這是因為我們現在可以採取憲法救濟的方式。對於群眾抗議和其他類似的手段，安貝卡覺得它們「不過是無政府狀態的慣習罷了，因此能夠愈早放棄的話，對我們愈好」。

第二個警告關注的是盲目服從於魅力型權威。安貝卡援引彌爾（John Stuart Mill）的話語，這位英國學者警告公民不要「讓他們的自由被踐踏在即使是個偉人的腳下，也不要把權力託付給他，以至於他可以顛覆他們的制度」。這個警告對印度來說要比對英國更加中肯，原因在於：

> 在印度，不論是巴克提（Bhakti，或是所謂的虔誠之道）或英雄崇拜，其對政治所造成的深

邃影響超越了世界上的任何一個國家。宗教上的巴克提可能是靈魂救贖之道，可是政治上的巴克提或英雄崇拜卻絕對是敗壞之道，終將導致極權的出現。

安貝卡的最後一個警告，則是敦促印度人不要自滿於他所謂的「僅只於政治的民主」。雖然印度已經擺脫了外來勢力的統治，但是依舊因為不平等和階層分野而四分五裂。因此，於一九五〇年一月二十六日，這個國家正式成為共和國之後，就會

進入一個充滿矛盾的生活。當我們擁有政治平等之際，我們的社會經濟生活卻還是不平等。政治上，我們認可「一人一票，票票等值」的民主原則；在社會經濟生活方面，我們還是會因為我們的社經結構而繼續否定「票票等值」的原則。我們還要過多久這樣的矛盾生活呢？我們還要繼續否定社會經濟生活的平等到什麼時候呢？如果我們一直不願意接受的話，只會讓我們的政治民主陷入危險之中而已。

## XI

在印度制憲會議召開之前八個月，日本國會就已經通過了一部新憲法。不過，日本的這部憲法幾乎全部是由一群外國人寫出來的。一九四六年二月初，有二十四個人（全是美國人，其中有十六名是軍官）於東京一處改裝過的宴會廳開會。他們在那裡待了一星期之後，提出了自認日本應該要採用的一部憲法。這部憲法是以既定事實來提交給日本的領導階層，而他們所能做的「日本化」工

作就只有把這部草案翻譯成當地語言。這部草案也提交到了日本國會審議，但是每一條修正條文（即便只是粗淺潤飾）都必須得到美國當局的批准之後才能通過。

有位研究這個奇特過程的歷史學家寫道：「這個國家所立基的憲法是現代國家中受外力影響最深的一部。」[61]與之相較，印度憲法可以說是南轅北轍。一部憲法是在最隱密的狀況下完成，而另一部的起草和審議則是完全受到新聞輿論的關注；一部憲法是由外國人以驚人的速度撰寫完成，而另一部則完全是由在地人經過幾年的反思辯論之後才敲定。不過，持平而論，儘管起源不同，但就本質而言，我們應該承認這兩部憲法都是自由人本主義的信條。我們同樣可以借用日本憲法草案的美國顧問的說法來評論印度憲法，即是「其構成明顯脫離了極右派政治思想，然而也不對極左的激進概念做出任何讓步」。[62]

奧斯汀宣稱，印度憲法的制定「大概是自一七八七年美國費城開始之後的一次最偉大的政治冒險」。❻其勾勒出一套國家理念，以及實現這些理念的制度機制，「對於先前多是付諸於非理性手段來完成其他世俗目標的人民來說，這可以說是巨大的進展。」誠如奧斯汀的著作最後一部分的標題所言，這一切「都要歸功於印度人」。[63]

❻ 譯注：此處意指美國憲法的制定。

# 第二部

# 尼赫魯時代

# 第七章
# 史上最大的賭局

我們是為崇高理想服務的平凡人，正因理想之崇高，成了我們必須肩負的責任。

——尼赫魯（Jawaharlal Nehru），一九四六

對我們而言，印度只代表兩件事：饑荒與尼赫魯。

——某位美國記者，一九五一

## I

獨立第一年，執政的國大黨面臨內憂外患。作為反抗英國統治的抵抗者，民族主義者是勇於犧牲的理想主義者，但作為統治者，他們卻有些坐享執政成果。如同一位資深的馬德拉斯記者所說：「甘地過世後的權力鬥爭中，正直是第一個受害者。」[1]《時代週刊》評論道，取得獨立後的國大黨

「發現自己喪失一致的目標，淪為懶散的肥貓，如今窩藏許多等著退休的公務員與為數眾多的黑市商人」。[2] 一份具影響力的孟買週刊評論道：「從西孟加拉到北方邦（Uttar Pradesh），國大黨正沿著恆河河谷分裂。印度第一個政治組織的昔日光環逐漸暗淡，派系間愈趨尖銳，該黨也愈來愈不受歡迎。」[3]

由區至省，國大黨都存在派系問題，但影響未來最巨的分裂則存在於兩名最堅定的忠實成員：尼赫魯與帕特爾之間。分別擔任總理與副總理的兩人，在獨立後數月即出現重大分歧。甘地逝世讓兩人再度聯手，但一九四九與一九五〇年，歧異再度浮上檯面。

尼赫魯與帕特爾的特質及性情截然不同。總理來自上層婆羅門階級，父親也是民族運動中的顯要人物。另一方面，他的副手來自農民階級，是參與一八五七年兵變的印度士兵（sepoy）後裔❶。尼赫魯喜愛美食與酒、欣賞藝術與文學，並且周遊各國。帕特爾不吸菸、茹素、滴酒不沾，總體而言是位「肩負重任而無暇玩樂的能者」。他每天早上四點起床，專注於書信往返一小時，接著在昏暗的路燈下散步巡視新德里。除此之外，「嚴肅的外表、冷酷且犬儒的表情，都讓帕特爾看起來性格強悍」，以《紐約時報》的話來形容，就是「鐵石心腸」。

兩人也有相似之處。尼赫魯與帕特爾都有一位身兼管家、夥伴與紅粉知己的女兒，兩人也都是相當正直的政治家與熱情的愛國者。但兩人的想法並非總是一致。如同一位觀察家的精妙評論：「帕特爾對國內左派人士的反對，是印度政治改革時的主要問題之一。」他的意思是，帕特爾對資本家友善，而尼赫魯相信經濟應由國家掌控；冷戰初期，帕特爾傾向支持西方；他也對印度教極端主義較為寬容，對巴基斯坦卻較為嚴苛。[4]

一九四九年末，尼赫魯與帕特爾有了嚴重的意見不合。印度在即將到來的新年後，將從英國國王統治的「領地」全面轉型為共和國。尼赫魯認為，由總督過渡至總統治理之際，時任總督的拉賈戈巴拉查理應繼續出任總統。「拉賈吉」（Rajaji）是一位彬彬有禮的學者，尼赫魯與他相處愉快。但是帕特爾偏好與自己親近、同時也在國大黨內擁有廣泛接受度的普拉薩德。尼赫魯已向拉賈吉承諾，後者將成為總統，但是帕特爾在國大黨各階層的支持下提名普拉薩德，此舉令尼赫魯感到不悅與尷尬。[5]

一月二十六日是印度獨立日，並被選定為共和國首日。普拉薩德在日後將成為每年例行公事且規模愈漸壯觀的遊行中接受眾人致敬。三千名士兵自總統面前遊行而過。當砲兵發射三十一響禮砲，印度空軍的解放者轟炸機也自頭上掠過。甘地的印度宣布成為了一個主權民族國家。[6]

帕特爾獲得首勝。第二局幾個月後開始，這次是國大黨主席競選。帕特爾推出來自聯合省、黨內資歷豐富的丹頓。他來自總理的故鄉安拉阿巴德，與尼赫魯有私交，卻非意識型態相同的盟友，因為這位主席競選人是一位「蓄鬍、受人尊敬的正統印度教徒。備受推崇的他，代表國大黨內極端社群主義的勢力」。總之，他象徵「陳舊的政治與社會勢力」，也是一位「反穆斯林、支持種姓制度的印度教徒」，代表「消逝的文化與廢止已久的社會制度再度死灰復燃」。[7]

尼赫魯過去曾就丹頓意圖於不諳印度語的地區施行印度語而批評他。當這位來自安拉阿巴德的同鄉在對難民的演說中表示將報復巴基斯坦時，他感到十分沮喪。尼赫魯相信印度需要多一些療傷

❶ 譯注：十九世紀中期已經控制印度大陸大部分土地的東印度公司，為鞏固統治採用當地人擔任傭兵，是為「土兵」。一八五七年至一八五八年，因為不滿東印度公司使用的子彈潤滑油含有牛、豬油，引發信仰印度教與伊斯蘭教的土兵不滿，最後演變為反抗東印度公司的叛變。

並讓印度教徒與穆斯林和解的政策。推選丹頓作為第一大黨的主席，還是總理自己的政黨，將會釋放錯誤訊息。

一九五〇年八月，國大黨舉辦黨主席選舉，丹頓輕鬆獲勝。尼赫魯致信拉賈吉表示，結果「清楚地顯示丹頓的勝出，比我在政府與黨內的存在還重要，直覺告訴我，我已經在黨內與政府喪失影響力」。隔天他再度致信拉賈吉表示：「我感到精疲力盡，身體與心靈皆然。我不認為未來能在自己滿意的情況下行使職責。」[8]

拉賈吉試圖讓對立的兩方互相妥協。帕特爾願意修補關係，提議兩人發表聯合聲明，表示將堅持國大黨政策的部分綱領。然而總理決定一意孤行。經過兩週的沉思，他決定繼續鬥爭而非屈服辭職。一九五〇年九月十三日，他發布一份聲明，抨擊「社群主義人士與反動勢力難掩（對於丹頓勝選的）喜悅」。他說自己對於「社群主義與宗教復興的精神正逐漸入侵國大黨，有時候甚至影響政府政策」的情形感到沮喪。但是，與巴基斯坦不同的是，印度是一個世俗國家。尼赫魯堅持「對待少數族群的方式必須與對待多數人的方式一樣」；「確實，平等對待並不足夠。我們還必須讓他們感同身受。」如今，「有鑑於普遍存在的困惑與荒謬信條的威脅，國大黨提出清楚、明確的回應政策就變得至關重要。」[9]

尼赫魯認為國大黨與政府有責任讓印度的穆斯林感到安全。另一方面，帕特爾則傾向將責任拋回給少數族群。他曾告訴尼赫魯：「印度的穆斯林公民有責任消除多數人對於其忠誠度的疑慮與懷疑，因為他們過去曾支持巴基斯坦，其中一些人甚至從事不恰當的行動。」[10]

一如其他哲學與政策議題，尼赫魯與帕特爾在少數族群問題上的觀點從未完全一致。然而如今，黨主席激烈競選之後留下的創傷，讓較年長的帕特爾不再堅持己見。他知道如果國大黨現在瓦解，也意味著印度的毀滅。因此，他告訴來訪的黨內成員「照尼赫魯的話做」，並且「無須在意兩人的爭執」。十月二日，他為一間位於印多爾（Indore）的婦女中心開幕，趁著甘地誕辰的機會，他強調自己對總理忠誠。演說中，他形容自己只不過是甘地底下其中一位遵奉非暴力原則的士兵，如今聖雄已逝，「尼赫魯是我們的領袖。」帕特爾如此說道。「國父（甘地）任命他繼承遺志並對他極度讚揚。作為國父的士兵，我們有責任貫徹他的遺志……而我並非是個不忠誠的士兵。」[11]

這是為帕特爾撰寫傳記的作家拉傑莫漢・甘地（Rajmohan Gandhi）呈現在我們面前的證據。這也應證尼赫魯傳記作家戈帕爾（Sarvepalli Gopal）曾經表達的感受：阻止（兩人之間）公開決裂的是對於彼此的尊重，以及帕特爾的克制與正直。[12]帕特爾惦記著自己曾對甘地承諾，將與尼赫魯攜手合作。此外，當國大黨主席競選發生爭議的時候，他已臥病在床。十一月十四日，他在床上送出一封恭賀尼赫魯生日的手寫信。一週後，當總理親自拜訪他時，帕特爾說：「我想趁氣力猶存時與你單獨談話……我認為你對我逐漸失去信心。」尼赫魯回答：「我是對自己失去信心。」[13]

三週後帕特爾逝世。起草為帕特爾逝世致哀的內閣決議是總理之責。尼赫魯特別指出帕特爾為了建設「團結而強盛的印度」的貢獻，以及解決複雜的土邦問題時展現的智慧。對尼赫魯而言，帕特爾是同志也是對手，但是對印度同胞而言，他是「一位無可匹敵、追求自由理想的戰士，也是熱愛印度之人、為人民服務的偉大公僕，以及深具智慧與崇高成就的政治家」。[14]

## II

一九五〇年十二月帕特爾逝世後，國大黨失去唯一能與尼赫魯平起平坐的政治家。印度執政黨再也沒有兩個權力中心。然而，總理仍須與兩個次要對手競爭。黨主席丹頓與共和國總統普拉薩德。尼赫魯的傳記作者稱普拉薩德「以中世紀層級來看相當傑出」，對於一位為印度獨立犧牲許多的愛國者而言，這樣的評論未免過於嚴苛。[15]不過，總理與總統在某些重要議題，例如宗教在公眾生活中的重要性，確實有不同看法。

一九五一年春天，總統受邀為古吉拉特邦重新修復的索姆納特廟開幕時，兩人的分歧達到高峰。過去以富麗聞名的索姆納特廟，曾數度遭穆斯林首領夷為平地，包括十一世紀惡名昭彰的掠奪者：伽色尼的馬哈茂德（Mahmud of Ghazni）。索姆納特廟每次歷經夷平就會再度重建，直至蒙兀兒帝國的奧朗哲布下令完全摧毀。過去兩個半世紀以來，索姆納特廟一直呈現斷垣殘壁的狀態，直至帕特爾於一九四七年九月造訪後承諾重建。帕特爾的同事穆希於是開始負責重建任務。[16]

當印度總統選擇出席索姆納特廟的祝聖儀式，尼赫魯大感震驚。他致信普拉薩德，建議他不要參與「索姆納特廟盛大的開幕儀式……（因為）這會讓人有負面的聯想。我個人認為目前無暇強調索姆納特廟的大規模建設工程。此事可在日後以循序漸進且更有效的方式進行。不過工程已經完成，即便如此我還是認為你不要主持這場重大聚會比較好」。[17]

普拉薩德無視建議，執意前往索姆納特廟。不過我們仍須肯定他在演說中強調甘地對於不同信仰間維持和諧的理念。沒錯，他以緬懷的口吻提及昔日的黃金時代❷，當時印度廟宇內的黃金象徵巨大的財富與繁榮。然而之後索姆納特廟的歷史帶給我們的教訓是，「宗教上的不容異己只會挑起仇恨與不道德的行徑。」同樣地，重建蘊含的啟示並非「重揭過去幾個世紀以來已經得到一定程度療癒的舊傷口」，而是「協助每個種姓階級與社群獲得完全的自由」。總統呼籲「對於不同宗教的完全寬容」，並鼓勵他的聽眾「試圖理解宗教的本質」，「並不是強迫人們遵循單一路徑來理解『真理』與『神』」，因為「就像所有河流終將交匯流入廣大的海洋，不同宗教也都能協助人們接近『神』」。[18]

我們無從得知尼赫魯是否讀過這份演說。無論如何他都寧願普拉薩德不要出席。總理認為政府官員永遠不該與宗教及寺廟**公開地**有所關連。另一方面，總統則相信要對所有宗教抱持平等且公開的敬意。普拉薩德在索姆納特廟表示，雖然他是印度教徒，「造訪教堂、清真寺、穆斯林聖陵（dargah）以及錫克教謁師所時，我對所有宗教抱持敬意。」

同時，國大黨的印度教色彩愈來愈濃厚，導致某些最熱誠的領導者選擇離開。早在一九四八年，就有一群傑出且年輕的國大黨成員離開並創立社會主義黨（Socialist Party）。到了一九五一年六月，受人尊敬的甘地主義者克里帕拉尼（J. B. Kripalani）離黨以建立自己的農工人民黨（Kisan Majdoor Praja Party, KMPP），一如其名，該黨代表農民、工人與其他勞苦大眾的利益。社會主義黨與克里帕拉尼都表示丹頓的國大黨已淪為極度保守的組織。

隨著農工人民黨的成立，尼赫魯加強對付丹頓的力道。他現在可以宣稱，國大黨必須拋棄近日的反動路線，重新奪回民主與包容的傳統。九月，全印度國大黨委員會（All-India Congress Committee）於邦加羅爾召開，尼赫魯決定與丹頓及其支持者正面對決。黨內各階層愈來愈關心即將到來的大選。如同一位南方記者指出，顯而易見的，「國大黨黨主席缺乏選票魅力」這點就足以讓全印度國大黨委員會支持總理對付丹頓。相較之下，「大學者囊括選票的能力出類拔萃。大選前夕，誰能贏得選票，誰說了算。大學者尼赫魯的價值是國大黨其他成員所缺乏的。」[19]

❷ 譯注：指西元四至六世紀的笈多王朝，在科技、藝術、宗教與哲學都有許多成就。

這正是在邦加羅爾所發生的，丹頓辭去國大黨主席，並由尼赫魯當選接任。尼赫魯作為政府與黨的領導，「如今可以對國內所有的社群主義分子全面宣戰。」[20]首場戰役就是一九五二年的大選。

## III

此外，印度首次大選也是一場關乎信念的行動。一個剛獨立的國家選擇直接賦予所有成年人投票權，而非如西方國家那樣，先將投票權賦予有財產的男性，而將勞工階級與婦女排除在外，直至晚近才有所改善。印度在一九四七年八月取得獨立，兩年之後成立選舉委員會。一九五〇年三月，蘇庫馬・森（Sukumar Sen）被任命為選舉委員會主委。隔月，《人民代表法案》（the Representation of the People Act）於國會通過。提案之際，總理尼赫魯表示希望選舉能盡早於一九五一年春天舉行。

尼赫魯的焦急情有可原，但是對於必須讓選舉成行的人來說，則以誠惶誠恐的心情看待這項任務。很可惜我們對蘇庫馬・森所知甚少。他沒有留下回憶錄或是任何文件。出生於一八九九年的他，就讀於管轄區學院（Presidency College）與倫敦大學（London University），並在倫敦大學獲得數學金牌。一九二一年，他進入印度文官體系，於許多地區任職過，並在被任命為西孟加拉主任祕書前擔任法官。在西孟加拉時，他被指派擔任選舉委員會主委。

或許是森的數學家性格使然，他要求總理等待。從未有國家官員，特別是印度官員，曾經肩負如此重責大任。首先試想選民規模之龐大：二十一歲以上人口達一億七千六百萬，當中的百分之八十五沒有閱讀或寫作能力。每位選民的身分與姓名都必須確認且登記。選民登記只是第一步。面對絕大部分都是文盲的選民，政黨標誌、選票以及投票箱該如何設計？接著還必須確認投票站地點，以及招募一批誠實且有效率的選務人員。此外，大選與邦議會選舉將同時舉行。蘇克瑪．森必須與來自各邦的選務人員一起工作，後者通常也是印度文官體系的成員。

投票日期最終訂於一九五二年頭幾個月，不過某些偏遠地區將提早舉辦投票。一位美國觀察員公允寫道，選舉機制「反應領土遼闊的問題」。[21]我們可以透過下列數據了解森的龐大任務。選舉將產生四千五百個席次，其中五百個是國會議員，其餘則在地方議會。選舉建造二十二萬四千個投票站以及兩百萬個投票箱，相當於八千兩百噸的鋼鐵；為了輸入、校勘各選區的選民名冊，選舉以為期六個月的契約僱用一萬六千五百位職員；印製名冊消耗三十八萬令的紙，共有五萬六千名在職官員監督投票、二十八萬名助手在一旁協助。為了預防暴力與恐嚇，部署二十二萬四千名警察。

選舉過程與選民散布在一個面積超過一百萬平方英里的土地上舉行。領土廣大而繁雜——對即將到來的選舉而言——有時候成了棘手的問題。例如必須特別打造橫越河川的橋梁，才能抵達偏遠的山區村落，或是使用軍艦載運名冊至印度洋小島上的選票亭。第二個問題與地理無關，而是社會問題。印度北部許多婦女希望登記為甲男的母親或是乙男的妻子，而非使用本名。森對此大感光火，認為這是一個「古怪且荒謬的陋習」，他指示官員更正名冊，將這些婦女的名字填入「說明欄位」。即便如此，最終仍有二百八十萬名婦女自名冊中被刪除。這些婦女遭除名引發眾怒，森認為這是一件「好事」，因為它有助於在下次選舉之前消除偏見，屆時婦女將可使用本名重獲投票權。

西方民主國家中絕大部分選民都能藉由名字辨別各政黨，印度則使用圖像讓這份工作更輕鬆。圖像取自日常生活，因此能輕易被辨別：一對公牛代表這個政黨，一棟小屋代表第二個政黨，一隻大象代表第三個政黨，一盞陶燈則代表第四個政黨。第二個創新是使用多個投票箱。如果只使用一個投票箱，（大多數是文盲）的印度選民可能混淆；因此每個政黨都有專屬的投票箱，以及印有其圖像的投票站，幫助選民輕鬆投票。為避免冒名投票，印度科學家研發各式無法洗去的墨水，選民手指沾上後將維持一週不褪色。此次選舉共計使用三十八萬九千八百一十六瓶的墨水。[22]

整個一九五一年，選舉委員會利用電影與廣播等媒體，教導大眾這項新的民主實踐。一部關於投票權與其功用，以及選民責任的紀錄片，在超過三千間戲院放映。全印廣播電臺發送的節目，內容包括憲法、成人投票權的目的、選民名冊的準備工作以及投票流程等等，則觸及更多印度民眾。[23]

## IV

回顧印度首次大選前數月的國際情勢，有助於我們理解這場選舉。在亞洲其他地方，法國正與越南獨立同盟會（Viet-Minh）作戰，而聯合國軍隊正在阻止北韓的攻勢。在南非，國民黨（Afrikaner National Party）取消了開普有色人種的公民權，他們是南非最後一批獲得投票權的非白人族群。美國剛剛測試了第一顆氫氣彈；麥克林與伯吉斯方才叛逃至俄國❸。那年發生三起政治暗殺：約旦國王、伊朗首相，以及巴基斯坦總理利雅奎特於一九五一年十月十六日遭槍殺身亡，即印度首度投票的九天前。

最有趣的是印度投票與英國大選同時發生。老驥伏櫪的邱吉爾試圖帶領保守黨重返執政。在英國，選舉基本上是兩黨制。在印度，政黨與領導者之多，令人頭暈目眩。當時掌權的是尼赫魯率領的國大黨，該黨也是獨立運動的繼承者與受惠者。反對黨則包含一群由某些極具天賦的人士所組成的新政黨。

左翼政營中較突出者包括克里帕拉尼的農工人民黨與社會主義黨，後者的領導階層包括一九四二年「退出印度運動」❹的年輕英雄納拉揚（Jayaprakash Narayan）。這些政黨指控國大黨背叛自己對於窮人的承諾。他們主張為昔日「甘地的」國大黨理想而奮鬥，也就是將工人與農民的利益置於地主與資本家之前。[24]另一種不同的批評聲音來自印度人民同盟（Jana Sangh），他們致力團結印度教徒這個印度最大的宗教社群，使之成為一支扎實的投票部隊。該黨於一九五一年九月二十一日在新德里舉辦創始大會，會中的各種象徵清楚展示它的目標。會議以覆誦《吠陀經》以及演唱愛國歌曲〈大地之母〉（Vande Mattram）為起頭。講臺上，政黨創辦人慕克吉（Syama Prasad Mukherjee）與其他領導者坐在一起，在他們身後：

> 白色背景上有著各種圖像，包括希瓦吉；黑天（Krishna）正在說服自責的阿朱那（Arjuna）拾起武器，在俱盧之野戰場上對抗俱盧族的邪惡勢力；普拉塔普王公（Rana Pratap Singh），還有一個番紅色的陶燈。神棚（pandal）上掛著橫幅，寫著「Sangh Shakth Kali Yuge」。這是《摩訶婆羅多》中的一句格言，告訴參與大會的人們：在這個迦梨女神（Kali）的時代，只有印度人民同盟才是真正的力量。[25]

---

❸ 譯注：麥克林（Donald Mclean）與伯吉斯（Guy Burgess）是支持蘇聯共產主義的英國間諜。兩人於劍橋大學就讀時期被招募，最後於一九五一年夏天叛逃至蘇聯。

❹ 譯注：一九四二年八月，甘地在孟買發表演說後，國大黨中央委員會發起示威，要求終止英國退出印度，國大黨領導階層幾乎都遭逮捕入獄。

上述意象引人注目，不僅取材自印度教史詩，也援引歷史上對抗穆斯林入侵者的印度教勇士們。但這讓人不禁猜想，邪惡勢力俱盧族代表的是誰呢？是巴基斯坦、穆斯林、尼赫魯還是國大黨？在印度人民同盟領導者的演說中，上述人物都是仇恨的對象。該黨為了重新統一祖國而奮鬥，方法是同化（或征服）巴基斯坦。它對印度的穆斯林抱持懷疑，認為他們是麻煩的少數族群，「尚未學習承認這塊土地與文化，並把它們當作初戀對待。」國大黨則遭指控「姑息」這群缺乏堅定愛國情操的穆斯林。[26]

慕克吉曾是聯合內閣（Union Cabinet）成員。屬於「穢不可觸」階層的偉大律師安貝卡也是內閣的一員，他擔任司法部長並協助起草《印度憲法》。安貝卡辭去內閣一職，以便及時振興「表列種姓聯盟」（Scheduled Caste Federation）投入選舉。他在演說中尖銳地批評國大黨政府對於改善下層種姓階級的努力太少。獨立並未為這群人帶來改變：仍是「和之前一樣的暴君、壓迫與歧視」。安貝卡表示，獨立後的國大黨淪為養老院一般的法所（dharamsala），「對所有人敞開大門，歡迎白痴與惡棍、朋友與敵人、社群主義者與世俗主義者、改革派與正統派宗教信徒、資本家與反資本主義人士。」[27]

位於光譜更左翼的是印度共產黨（Communist Party of India）。一如所見，許多印度共產黨的行動者在一九四八年時潛入地下領導農民起義，希望仿照中國模式，掀起全國革命。但警察甚至軍隊嚴厲打壓共產黨，所以共產黨員即時浮上檯面，改為選舉而戰。該黨總書記表示共產黨將自泰倫加納邦鬥爭中「無條件」撤退。他們暫時獲得赦免，武裝分子放下武器以尋求選票。這種身分驟變所產生的困境，無論是馬克思或列寧的理論都無法解決。一名競選孟加拉邦議會議員的共產黨婦女，不確定是否要穿皺巴巴的紗麗，證明自己的窮人認同，還是將它們清洗、熨平，吸引更多中產階級民眾。一位泰倫加納邦（農民叛亂最激烈的地區）的國會參選人回憶某位資深官員給他一杯飲料時的困惑：他說「好的」之後便一飲而盡，不久後「一陣暈眩」襲擊他的腦袋，原來這杯飲料是威士忌而非果汁。[28]

一九五一年至一九五二年的競選活動，仍以大規模公眾集會、登門拜票與運用視覺媒體的方式為主。「選舉熱潮的高峰，」一位英國觀察員寫道，「各地可見海報與標誌，無論是在牆上、街角，甚至是新德里的雕像上，簡直無視昔日總督時代的尊嚴。」加爾各答出現嶄新的廣告手法，街頭的牛隻背上以孟加拉語寫著「投國大黨一票」。[29]

所有政黨都使用演說與海報，但是只有共產黨人能夠使用廣播。這裡指的並非禁止政黨宣傳的全印廣播電臺，而是莫斯科廣播電臺（Moscow Radio）透過塔什干（Tashkent）發送站轉播的節目。印度聽眾可以聽到選舉中那些非共產黨政黨何以是「英美帝國主義者的腐敗傀儡與工人的壓迫者」。[30]針對識字的讀者，馬德拉斯的週刊協助翻譯一篇來自《真理報》（*Pravada*）的文章，當中稱執政的國大黨是「代表地主與壟斷者的政府，是由叛國者、警棍與子彈組成的政府」，並且宣稱共產黨才是「長期受苦、疲憊的印度人民」的出路，「全國所有進步勢力以及珍惜祖國重要利益的人們都聚集在共產黨」。[31]

競選的政黨名單還需增添那些以種族和宗教為基礎的地區性政黨（他們的投入也為選舉增添趣味與刺激）。包括馬德拉斯的達羅毗荼聯盟（Dravida Kazhagam），他們代表泰米爾人（Tamil）的自尊，藉此抗衡北印度人的支配。旁遮普的阿卡利人黨（Akalis）是錫克教徒的主要政黨；比哈爾的賈坎德黨（Jhakhand Party）則為部落爭取自比哈爾脫離，成為獨立的邦。左翼裡頭也有許多小集團，另外還有兩個比印度人民同盟更正統的印度教政黨：印度教大齋會與羅摩王國黨（Ram Rajya

Parishad）。

這些政黨的領導者都有多年的政治服務經驗。有些因民族主義理想入獄；有些則是因為共產主義理想。慕克吉與納拉揚都是極為出色的演說家，有吸引、拉攏群眾加入自己陣營的能力。選舉前夕，政治學者派克（Richard Park）寫道：「就競選技巧、議題呈現之誇張、政治演說以及政治心理學的嫻熟而言，沒有任何國家比得上印度主要政黨與其黨工。」[32]

有些人可能會稱許多元正是民主化過程十分穩健的證明。其他人則沒那麼有把握。《尚卡爾週刊》（*Shankar's Weekly*）中的一則連環漫畫諷刺拉票行為的虛偽。漫畫中，一位穿著黑色外套的肥胖男子在不同族群的選民間拉票。他告訴一位消瘦的農民「土地歸農民是我的目標」。他向一位穿著得體的年輕男子保證「地主」的權利將被保障。在這頭他稱自己「全力支持國有化」，另一頭則表示將「鼓勵私有企業」。他告訴一位穿著紗麗的淑女自己主張《印度教法典法案》（Hindu Code Bill，以強化婦女權利為目標的改革），但對另一位留著辮子的婆羅門說自己將會「守護古老文化」。[33]

## V

這些五花八門的政黨有一個共同目標：執政的國大黨。該黨領導者尼赫魯剛剛度過政黨領導權的危機。帕特爾的逝世，也讓他在政府內占據主導地位。但是他面臨許多問題，包括來自東、西巴基斯坦、尚未獲得安置的憤怒難民。南邊的安德拉人與北方的錫克教徒日漸騷動。國際社會認為喀什米爾問題尚未獲得解決。獨立並未減少貧窮與不平等的問題，自然地被認為是執政黨的責任。

描述當時競選活動的方法之一就是透過當時的報紙標題。閱讀這些標題是相當有趣的，因為這些標題指出的議題至今仍是印度選舉的關鍵。來自北方邦的標題寫道「部長們面臨強硬的反對」，另一個則是「種姓階級間的敵對削弱比哈爾邦的國大黨勢力」。來自東北地區的標語生動地寫道：「曼尼普爾（Manipur）邦裡要求自治的聲音」。來自高哈提（Gauhati）的則是「阿薩姆邦國大黨前景：穆斯林與部落選票的重要性」。來自瓜里爾（Gwalior）的標題是「國大黨人的不滿：提名人名單製造更大的分裂」。加爾各答的標題寫道：「西孟加拉國大黨主席在集會中遭喝倒采」（起鬨者是來自東巴基斯坦的難民）。注明來自勒克瑙（Lucknow）的新聞開頭寫道：「自由且公平的選舉無望」，這是克里帕拉尼的主張，他宣稱政府官員將操作選舉，使結果對執政黨有利。孟買則在競選的三個時刻，提供三個至今仍適用的標題：「國大黨期待穆斯林支持」；「安貝卡博士再度指控：國大黨對表列種姓漠不關心」；「十四人於選舉衝突中受傷」。偶爾也有符合當時情境、但是顯然不適用於今日的標題，例如帕特納（Patna）《探照燈報》（*Searchlight*）的標題：「比哈爾邦盼望和平投票」。

面對來自外部的各方反對，以及黨內的異議，尼赫魯踏上旅途，有時候也會搭乘飛機或火車。他自十月一日起開始巡迴，一個氣喘吁吁的政黨官員稍後形容這趟旅程足可比擬「沙摩陀羅．笈多（Samudragupta）、阿育王（Asoka）、阿克巴（Akbar）的軍事活動」，以及「法顯與玄奘的旅途」。尼赫魯在九週的時間內跑遍全國各地。他總共跋涉兩萬五千英里：一萬八千英里是搭飛機、五千兩百英里搭車、一千六百英里搭火車，甚至搭了九十英里的船。[34]

九月三十日星期天，尼赫魯以一場位於旁遮普邦盧迪亞納縣（Ludhiana）的演說開啟其政黨的競選活動。場地的選擇有重大意義：他在演說中攻擊並對「社群主義全面宣戰」。他「譴責以印度教與錫克教之名的社群主義團體散播社群主義的病毒，一如穆斯林聯盟（Muslim Leaugue）曾做過的那樣」。這些「邪惡的社群主義元素」一旦掌權，「將為國家帶來滅亡」。他要求底下的五十萬名聽眾「敞開心房，讓來自世界各個角落的新鮮空氣流入」。

這樣的觀點類似甘地。而尼赫魯十月二日下午在德里發表的下一場重要演說，正是聖雄誕辰。面對為數眾多的觀眾，他以印度斯坦語表達政府廢除穢不可觸種姓與地主所有制的決心。他再次指出社群主義者是主要敵人，「將毫不留情地」、「被我們盡全力擊倒」。九十五分鐘的演說被震耳欲聾的歡呼聲打斷，特別是當他宏亮地宣布：「如果任何人以宗教之名揮拳擊倒他人，無論我是否為政府領導者，都會用盡最後一口氣對抗他。」

尼赫魯無論到哪都強烈抨擊社群主義。在慕克吉出生的孟加拉，他斥責印度人民同盟是「『國民志願服務團』與印度教大齋會的私生子」。不過，他也觸及其他主題，在比哈爾，他批評「醜陋的種姓制度」。在孟買，他提醒觀眾投票給國大黨就是支持其主張中立的外交政策。在巴拉特浦與比拉斯浦（Bilaspur），他抨擊左翼批評者缺乏耐心，尼赫魯與他們目標相同但是手段殊異：如他所言，「我們只能一磚一瓦打造社會主義的高臺」。在安巴拉（Ambala），他要求婦女揭開深閨帷幕，「走出來建造國家」。在許多地方，他讚揚反對派中最傑出的人物：例如曾是同黨或政府同僚的安貝卡、克里帕拉尼及納拉揚。「我們需要一群像他們一樣有能力且正直的人。」他說，「我們歡迎他們。但是他們一意孤行，最後一事無成。」他對自己與社會主義黨的敵對感到特別遺憾，他說：「該黨包含我推崇且尊敬的老密友。」不過尼赫魯的女兒英迪拉．甘地（Indira Gandhi）並未持相同觀點。在她的演說中，聲稱社會主義者是由美國資助。35

競選過程中，尼赫魯「旅行的時間比睡覺多，演說的時間又比旅行多」。他在大型集會中演說超過三百場，另外還有無數次的路邊開講。他向兩千萬名觀眾發表演說，另外兩千萬名觀眾只能得到他的達顯（darshan）❺，他們殷切地擠在路旁，看著他的車輛呼嘯而過。曾經聽過尼赫魯演說或是看過尼赫魯的人，包括礦工、農民、牧民、工廠工人，以及農業勞動者。為數眾多的各階層婦女出現在他的集會。有時群眾中也會發生零星的衝突。在印度北部，印度人民同盟的支持者在尼赫魯的競選活動中大喊他不可信任，因為他吃牛肉。尼赫魯與一群揮舞鐵鎚及鐮刀的共產主義者相遇時，要求他們「去住在那面旗幟的國家」，他們則反擊：「你怎麼不去紐約，和華爾街的帝國主義者一起生活？」[36]

但是絕大部分前來聆聽尼赫魯演說的人都支持他，有時甚至到了奉承的地步。下面的國大黨手冊內容稍嫌誇大，但離實際情況相差不遠：

幾乎在每個地方、城市、鄉鎮、村落或是路旁的車站，人們為了迎接國家元首而徹夜等待。學校與商店關門，擠牛奶的工人與牧牛者放下手邊工作；農民與他的幫手暫時自田間或家中從早到晚的辛勤工作中抽身。一箱箱的汽水與檸檬水以尼赫魯之名售出，甚至水也變得稀少……特別班車將人們從偏遠地區載運至尼赫魯的集會場所，熱情民眾赤腳跋涉或是坐在車廂頂上前來。許多人在擁擠的群眾中昏厥。[37]

獨立報刊中還有許多描寫民眾情緒的例子。當尼赫魯在孟買演說時，一列以穆斯林為主的隊伍在管樂器與銅拔聲中遊行至朝帕蒂（Chowpatty），隊伍前頭則是一對公牛與犁（國大黨的象徵）。無論

❺ 譯注：梵語「觀看」之意，指注視神祇或偉人。

何處，群眾一大早就開始聚集，只為參與表定下午舉辦的演說；幾乎各地的路障都因為「想要親眼見到尼赫魯先生一眼的熱情」而遭破壞。結束德里的演說時，尼赫魯步下講壇後與知名摔角手帕郝萬（Massu Pahalwan）相遇，後者送給他一條金鍊子，並說：「這只是一個象徵。我已準備好將自己的生命奉獻給你與國家。」媒體的目光被一位說泰盧固語的婦女吸引，當時她前往卡拉浦（Kharagpur）的鐵路城鎮聆聽尼赫魯的演說。當總理發表演說時，她正飽受分娩的陣痛之苦。馬上有一群安德拉同鄉在她身旁圍成一圈：嬰兒安全出生，這些協助生產的人們當時正豎起耳朵聆聽他們的英雄在說什麼。

要證實這位印度總理受歡迎的驚人程度，由時常撰文批評尼赫魯的作家、孟買人氣週刊《思潮》的編輯卡拉卡（D. F. Karaka）提供證詞再好不過。當時他處於朝帕蒂海灘的廣大人群中，約莫有二十萬人聚集在那兒，許多人站在海中。必定感到十分懊悔的卡拉卡注意到，「講者與聽眾之間的關係立即親密了起來。」這位編輯如此報導尼赫魯的演說：

他告訴觀眾，自己有好長一段時間沒有拜訪孟買。好多年了。

他稍作停歇，並以擅長的沉思姿態看著觀眾。對於尼赫魯對手的不幸消息是，在停頓的時候，已經有一千張選票流向他。

是的，他對這座城市有著個人的特殊情感。

停頓。

兩千張選票。

像是回到家。

停頓。

五千張選票。

他在孟買度過人生中最愉快的某些時光。是的，最愉快的時光。

五千張選票……

那些美妙時光如此歷歷在目。也有一些感傷時刻——那段（為獨立）鬥爭的艱難日子。

一萬張選票將投給國大黨。

停頓。「看著與我一起為獨立而鬥爭的人，我再度獲得自由與力量。」他說。

親密關係已然成形。

兩萬張選票！

停頓。

在天色漸暗的時刻，空氣之中瀰漫著情感，他以深邃、悲傷而充滿靈性的眼神，告訴聚集至此的民眾，他是一個行乞的乞丐。在歡呼聲中，他說：「如果我是乞丐，我向你乞討你的愛、你的感情以及你的合作，讓我們共同解決國家面臨的問題。」

三萬票已經確定投給尼赫魯。

停頓。

群眾一陣騷動。站在沙灘上或是岸邊的男女眼光泛淚。婦女以紗麗末端輕輕拭去臉上兩行熱淚。無論其他人怎麼說，她都會投給尼赫魯。關於甘地的記憶再度湧現——尼赫魯站在聖雄旁邊的日子。尼赫魯……是聖雄留給我們的繼承人。

五萬張選票！十萬張！二十萬張！[38]

群眾受尼赫魯感召；他也因群眾感動。在寫給蒙巴頓夫人（Edwina Mountbatten）這位優雅、誠實、可以稱得上是尼赫魯最親密的女性朋友的信中，生動記載了他自己的感覺：

不論我在哪，我的集會總是聚集許多群眾，而我喜愛仔細觀察他們，包括他們的面容、穿著、他們對我以及談話的反應。該地區昔日歷史的場景在我眼前浮現，我的腦海成為過去事件的展場。但是比起昔日總總，現況更在我心盤繞，我試圖理解群眾的想法與心靈。我長期受梏於德里的行政工作，因此很享受與印度人民面對面的接觸……我努力以簡單語言解釋印度的問題與困境，並且觸及這群素樸民眾的心。雖然疲憊卻令我振奮。

當我漫步時，過去與現在合而為一，於是我想到未來。時間像是不斷流動的河流，所有事件彼此扣連。[39]

## VI

喜馬偕爾（Himachal）邦的欽尼（Chini）鄉（tahsil）是一個連尼赫魯都未曾去過的地方。這裡住著一群最早在大選中投票的佛教徒。他們在一九五一年十月二十五日投票，幾天之後冬雪將他們居住的山谷與世隔絕。欽尼的居民對西藏的班禪喇嘛效忠，並由當地神職人員主持的儀式所管理。其中包括苟若森（gorasang），一種慶祝新居落成的宗教祭儀；干古榛摩（kangur zalmo）是前往位於卡納姆（Kanam）佛教圖書館的拜訪儀式；門薩柯（menthako）是「男女幼童攀爬山丘、跳舞與歌唱的地方」；裘基亞洽錫米（jokhiya chug simig）則是親戚之間的交流拜訪。當時他們還不知道自己又多了一項新的儀式，就是每五年一次的大選投票。[40]

英國大選於同一天投票，雖然在那裡第一批投票者不是喜馬拉雅山谷中信奉佛教的農民，而是「擠牛奶的工人、女傭以及徹夜工作後返家的工人」。[41]在英國，這些小島的選舉結果隔天就揭曉了——工黨被趕下臺，邱吉爾再度成為首相。在印度，第一批投票者必須等上數月才知曉結果，因為其他地方要到一九五二年一月與二月才舉行投票。

最高的投票率是百分之八十點五，出現在果塔延（Kottayam）的國會選區，也就是現在的喀拉拉；最低的投票率是百分之十八，出現在今日中央（Madhya）邦的沙赫多爾（Shahdol）。雖然文盲程度仍高，全國約百分之六十的註冊選民行使了他們的投票權。一位來自倫敦政經學院的學者描述一位住在喜馬偕爾的年輕婦女與衰弱的母親走了好幾英里的路，只為了投下手中選票：「至少在這天，他知道自己很重要。」[42]一份總部位於孟買的週刊讚嘆奧里薩邦森林地區的高投票率，在這裡，部落帶著弓箭前往投票亭。報導指出位於叢林的某個投票亭出現超過百分之七十的投票率；不過顯然蘇庫馬·森出了些差錯，因為鄰近的投票亭只有一隻大象與兩隻獵豹造訪。[43]媒體將目光聚焦在年長的投票者：在馬都來（Madurai），一位一百一十歲的男子在曾孫的攙扶下前往投票；在安巴拉，一位九十五歲的婦女，既聾且駝，仍然現身投票。在阿薩姆邦鄉間，還有一位九十歲的穆斯林被官員告知「他不能投票給尼赫魯」後失望地回去了。在馬哈拉什特拉邦鄉下，有位九十多歲的人投下地方議會的選票後，還沒投下國會選票前就倒地死了。海德拉巴邦的選舉名冊見證了印度的民主，因為在那裡第一個投票的就是尼贊王本人。

孟買的投票情形特別踴躍。德里是統治者居住的地方，但是這座島嶼城市則是印度的金融首都。這也是一個關注政治的城市。孟買的九十萬居民，或說該市選民的百分之七十，在選舉日行使了民主權利。相較於時尚的中產階級，有更多工人參與投票。《印度時報》（*Times of India*）報導：「工業區內，即便當日上午寒冷且潮濕，選民一早就已經在還沒開張的投票亭前大排長龍。與之相比，（位於馬拉巴爾山區的）WIAA俱樂部設有兩個投票站，人們忙著打網球或橋牌，投票則只是順便。」

孟買投票日的隔天，輪到米佐（Mizo）山區。就文化與地理而言，孟買與米佐山區有極大的對比。孟買投票亭非常密集：在九十二平方英里內就有一千三百四十九個投票亭。米佐，這個毗鄰東巴基斯坦與緬甸的部落地區，僅有一百一十三個投票亭，散布於八千多平方英里的土地上。一位記者表示，住在山區的人們，「至今不知排隊為何物，除了戰爭中的軍隊列陣之外。」即便如此，他們仍對投票有著「強烈的好奇」，為了抵達投票亭，他們花費數天跋涉於「野外叢林中的危險小徑，晚間，則在途中紮營，隨歌曲圍繞營火跳舞」。因此，九萬兩千名「數世紀來以弓箭及長矛決定事務的米佐人，第一次透過選票做出決定」。

一位出差至喜馬偕爾邦的美國女攝影師對選務官員展現的決心印象深刻。一位官員徒步行走六天，只為了參加地區行政官安排的事前工作坊；另一位騎了四天的驢子。他們帶著裝有選票箱、選票、政黨圖像與選民清單的麻布袋回到偏遠的投票站。選舉日當天，這位攝影師選在偏遠的山區村落布堤（Bhuti）觀察選舉過程。這裡的投票站是一棟只有一扇門的學校建築物。按規定投票站需要有不同的出入口，因此一扇窗戶被改裝為門，兩邊有臨時搭建的臺階，讓年長者與身體欠佳的人能在投票後跳出去。[44]

至少在這首次選舉中，政治人物與大眾（引述自選舉委員會主委）「基本上都很守法且和平」。報告指出只有一千兩百五十件破壞選務的情事。包括八百一十七起「冒名投票」，一百零六起企圖將選票帶出投票站，以及一百起「在距離投票亭一百碼內拉票」，最後一項毫無疑問有些是由被塗上標語的牛隻在不知情的情況下所犯下的。[45]

## VII

大選投票在一九五二年二月最後一週結束。選票統計後，國大黨輕鬆獲勝。在四百八十九個國會席次中，該黨獲得三百六十四個席次，在邦議會的三千兩百八十個席次中則得到兩千兩百四十七個席次。一如國大黨的批評者立即指出，領先者當選（first-past-the-post）制度造成結果的代表性不足。超過百分之五十的選民投票給非國大黨的候選人或政黨。國會整體而言，國大黨囊括百分之四十五的選票，卻贏得百分之七十四點四的席次。在邦議會該黨獲得百分之四十二點四的選票，並贏得百分之六十八點六的席次。即便如此，有二十八位國大黨的部長未能確保席次。包括深具影響力的人物：拉賈斯坦邦的維亞思（Jai Narayan Vyas），以及孟買的德賽（Morarji Desai）。更驚人的是雷迪，這位在競選期間喝了人生中第一杯威士忌的共產黨員獲得最多的選票，甚至超越尼赫魯。

落選者中，值得注意的敗選是表列種姓的領導者安貝卡。他在孟買選區的對手是一位名不見經傳的擠奶工人卡吉羅卡爾（Kajrolkar）。聰明的馬拉提語記者雅特雷（P. K. Atre）寫下一句廣為流傳的口號：

Kuthe to Ghatnakar Ambedkar,
Aani Kuthe ha Lonivikya Kajrolkar?

大略翻譯的意思是：

> 偉大的憲法制定者安貝卡在哪？
> 而名不見經傳的奶油小販卡吉羅卡爾又在哪？[46]

不過到頭來是國大黨的聲望與影響力，以及尼赫魯在孟買進行了好幾次演說，卡吉羅卡爾才能獲得勝利。一如某人打趣地說：有了國大黨的選票支持，就連一盞路燈都能當選。又如同某位政治學者客觀公正地歸納道，選戰之所以能獲勝，有賴「尼赫魯的個人魅力，以及他能以生動且有力的方式，表達剛獨立的印度之願景」。[47]

投票前夕，蘇庫馬・森認為他們形構了一場「人類史上最大的民主**實驗**」。一位資深的馬德拉斯編輯則沒有那麼中立，他抱怨「絕大部分的人都（將）是第一次投票；知道投票為何、為什麼應該投票，以及應該投票給誰的人不多；難怪整趟歷險被評比為史上最大的**賭局**」。[48]一位遭罷黜的大君向一對來訪的美國夫妻表示，任何在文盲國家批准普選權的憲法都是「瘋狂」的。「試想可能發生的煽動、錯誤消息以及不實。」這位大君接著表示，「這世界是如此搖搖欲墜，以至於允許這樣的實驗。」[49]

沐恩同樣抱持懷疑。他是牛津大學萬靈學院的研究員，也是一位選擇留在印度的前印度文官體系成員。一九四一年，沐恩向旁遮普大學（Punjab University）的畢業生就西方民主在印度社會情境中的不適用性發表演說。十一年後，他是曼尼普爾這個山區邦的主任委員，必須指派選務人員、監票與計票。一月二十九日，曼尼普爾邦的人前往投票，沐恩寫信給他的父親表示，「在一個文明更臻成熟的未來，回頭檢視這場計算數百萬文盲選票的荒謬鬧劇時，必定大感吃驚。」[50]

與這位萬靈學院研究員同樣抱持懷疑的還有《組織者》（*Organizer*）。這是一本由國民志願服務團這個主張以牙還牙的印度教組織出版的週刊。該週刊「希望尼赫魯將會坦承印度全面成人投票權的失敗」。該週刊宣稱聖雄甘地已經警告「倉促民主」的危險，總統普拉薩德也對「在黑暗中跳躍」的行徑感到懷疑。但是尼赫魯「始終堅持口號與花招，無法聽進這些警告」。[51]

甚至尼赫魯本人對於普選權也有遲疑的時刻。一九五一年十二月二十日，他自競選活動短暫抽身，前往德里聯合國教育、科學及文化組織座談會發表演說。演說中，尼赫魯認同民主作為政府或是自治的最佳形式，但是仍然懷疑：

因為人們缺乏思考，加上政治宣傳的干擾，經由成人投票權這種現代民主方式選出的代表，素質逐漸低落……他（投票者）對聲音或喧鬧有所反應，他對重複的政治宣傳有所反應，結果選出獨裁者或是遲鈍且愚蠢的政治人物。這樣的政治人物能夠忍受各種喧鬧，始終屹立不搖，他最終獲選，是因為其他人不堪喧鬧而崩潰。

這是尼赫魯少見的自白，必然來自近期的旅途經驗。一週後，尼赫魯表示或許只在較低層級如村落或縣級區域實施直接選舉會比較好，最高層級則實施間接選舉。因為「如何在如此龐大的人口中實施直接選舉是一個複雜的問題，候選人很可能永遠不會與選民有接觸，選舉將淪為疏遠的經驗」。[52]

相較於其他政治人物，尼赫魯擁有不尋常的才能，就是從正反兩面思考問題。他在投身某事的時候仍能看到過程的不完美。不過，選舉最終結果出爐，國大黨成為無可爭議的執政黨，尼赫魯心頭的疑慮也消失了。他說：「我對於所謂文盲投票者的尊敬已經提升。無論之前我對印度實施成人投票權有什麼疑慮，現在完全一掃而空。」[53]

選舉本身也消除新任美國駐印度大使鮑爾斯（Chester Bowles）的疑慮。來自全世界最富有民主國家的這位代表，在一九五一年秋天赴德里就任。他坦承自己曾對「兩億合法選民——其中絕大部分都是不識字的村民——的投票結果將是如何感到驚駭」。他「害怕這將會慘敗」，甚至是（如《馬德拉斯郵報》（*Madras Mail*）指出）「世上以民主為名的最大鬧劇」。但是一趟於投票期間的全國之旅改變了他的想法。他曾認為貧窮國家需要一位宅心仁厚的獨裁者統治一段時間作為民主的預備期。但是看到這麼多政黨自由地競爭，穢不可觸者與婆羅門排在同一條隊伍等候投票，這樣的經驗說服了他。他不再認為識字率是評斷才智的標準，也不再相信亞洲需要一群阿塔圖克（Ataturks，「土耳其之父」之意，指土耳其首任總統穆斯塔法．凱末爾．阿塔圖克）才能準備好迎接民主。鮑爾斯在選舉報告結尾寫道：「在亞洲或是美洲，我不認為有比這更宏大的願景，即統治者由被統治者同意選出。」[54]

一位造訪印度的土耳其記者特別關注選舉內容而非形式。他推崇尼赫魯不願如其他亞洲國家，為了「盡可能減少抵抗」而「建立一個權力集中、不容異議與批評的獨裁政權」。總理「有智慧地避免這樣的誘惑」。然而這位土耳其作者認為「主要功勞仍須歸功該國自身；一億七千六百萬名印度人民在投票箱前展示自己的良心。投票是直接、祕密的。他們必須從神權統治、沙文主義、社群分離主義與孤立主義，以及世俗主義、民族統一、穩定、現代化與和世界友善交流之間做出抉擇。他們選擇現代化與進步，並且拒絕反動與騷亂，展現了做為選民的成熟」。讓這位觀察員同樣印象深刻的是他和另一位土耳其代表與蘇庫馬．森的會面。選舉委員會主委向他們展示投票箱、選票與政黨圖像的樣品，以及投票站的規畫設計，讓他們能夠致力回復國內中斷的民主進程。[55]

某方面而言，土耳其記者是正確的。一億七千六百萬名印度人都是英雄，或者至少是一億七百萬在遭遇困難後仍設法投票的合格選民。然而有些英雄比其他人更特別。一如備受尊崇的勒克瑙社會學學者穆柯吉（Dhurjati Prasad Mukerji）指出：「很大一部分的功勞必須歸功於負責這個印度史上首次龐大實驗的人員。官僚系統證實了自身的價值，如實履行一位正直總理交付的任務。」[56]

將官僚與尼赫魯放在同一個位置很重要卻也相當諷刺。尼赫魯曾對官僚表示些許的鄙視。一如他在自傳中所言：「今日在印度，很少有比高級機構——特別是印度文官體系——在道德與才智上的持續墮落更令人震驚的事。高級官員身上尤為明顯，但是這個現象如同針線，貫穿整個機構。」[57]這段話寫於一九三五年，當時他所嘲弄的對象有權將他與同伴判監入獄。然而十五年後，尼赫魯不得不將投票的工作交付給這群他曾經斥為帝國主義走狗的人手上。

就此而論，一九五二年的選舉，是兩個長久以來相互敵對的歷史力量共同撰寫的結果，即英國殖民主義與印度民族主義。兩股力量賦予這個新生國家一個民主的好開端。

# 第八章
# 故鄉與世界

無須專注細節時的大學者尼赫魯是最棒的。

——《經濟週刊》，一九五一年七月二十八日

## I

一九五二年選舉後不久，印度作家喬杜里（Nirad Chandra Chaudhuri）為一本受人歡迎的雜誌撰寫一篇關於尼赫魯的短文。當時該作家已小有名氣，但是文中主角的名聲遠高於他與其他人。喬杜里表示，尼赫魯的領導「是支撐印度統一最重要的道德力量」。他「不僅是政黨、更是所有印度人民的領導者，也是聖雄甘地承認的繼承者」。他認為：

尼赫魯將政府與人民凝聚在一塊，缺乏他作為核心，印度在如此的關鍵時刻，可能將失去一

個穩定的政府。他不僅確保政府與人民彼此合作，也阻止文化、經濟、政治衝突的實際發生。即便今日是聖雄領導，也不太可能完成尼赫魯達到的成就。

若說尼赫魯是國內負責治理的中產階級與受管理人民之間不可或缺的連結，他同樣也是印度與世界之間的連繫。對於那些偉大的西方民主國家，他代表印度，也是——我必須補充——西方國家在印度的代表。西方國家必然如此看待尼赫魯，並期待從他那邊獲得印度的支持。這就是為什麼當尼赫魯採取反西方或中立路線時，他們會如此沮喪的原因。西方國家認為這個自己人讓他們失望了。[1]

尼赫魯擔任總理的漫長任期內，也是印度政府的外交部長。可想而知，因為國大黨領導階層內，他是唯一真正具備國際主義視野的人。甘地的價值觀是世界主義的，卻幾乎未曾出國旅行。其他國大黨領導人，例如帕特爾，決意專注國內事務。相對而言，尼赫魯「總是被世界潮流與趨勢深深吸引」。[2]

兩次大戰期間，尼赫魯仍密切觀察並偶爾參與歐洲的爭辯。一九二七年他造訪蘇聯，並於接下來的十年在歐洲大陸各地旅遊。一九三〇年代，他積極動員支持西班牙建立共和國。他成為進步左翼的中流砥柱，時常於英國與法國公開演說。他的名聲因為一九三六年於倫敦出版並熱賣的自傳而增加。[3]

尼赫魯一九三八年七月在尤斯頓（Euston）的朋友之家（Friends House）發表的「和平與帝國」演說，最能代表他的思想。該演說由「法西斯的入侵」切入，但接著認為法西斯主義僅是帝國主義的衍生變化。在英國，人們傾向將兩者各自區分，但尼赫魯毫無疑問地認為，那些「為了全世界受奴役人民爭取完全自由的人」，都必須同時反對法西斯主義與帝國主義。

尼赫魯說，時代的危機已經「促成各地民眾彼此團結」並滋養「國際友誼與同袍情誼」。他的演說涵蓋當時世界上幾個備受矚目的國家。他提及西班牙、阿比西尼亞帝國（Abyssinia）❶、中國、巴勒斯坦，以及敏感的非洲。他指出「我們應特別關注非洲」，因為「世上沒有任何人遭遇如此多的苦難與剝削」。[4]

一九三九年夏末，尼赫魯預計前往中國這個印度最大的亞洲鄰國旅行。他與蔣介石互動良好，並曾向同僚表示：「印度與中國的關係將在未來日漸密切。」他希望搭飛機至重慶，在內陸旅行三週，接著經由滇緬公路返回印度。不幸的是，歐洲戰事毀了這趟旅行。[5]

一九四二年，尼赫魯因為參與「退出印度運動」入監。於一九四五年七月被釋放後，他開始專注於終結帝國統治。但是當印度獨立日漸明朗後，他再度關注起外交事務。在一九四六年九月的廣播節目中，他特別指出，印度的未來與美國、蘇聯、中國這三個國家關係至深。隔年，他在印度制憲會議發表演說，內容是印度如何同時與美國、蘇聯保持友好，而非跟隨其中一個強權陣營，並「巴望從他們桌上掉下來的麵包屑」。如他所言：「我們領導自己。」[6]

早期，尼赫魯提及日後被人稱為「不結盟」的概念，是在一九四七年一月寫給梅農（K. P. S. Menon）的一封信中，當時梅農準備接受任命，擔任首位印度駐中國大使：

我們的整體政策是避免涉入強權政治，也不參與任何權力集團來對抗其他團體。今日兩個領

---

❶ 譯注：一二七〇年至一九七四年期間存在於非洲東部的一個國家，是今日衣索比亞的前身。

導集團是俄羅斯集團與英美集團。我們必須同時對兩邊友善又同時不加入任何一方。美國與俄羅斯對彼此與其他國家都抱持極大猜忌。這使我們前方道路充滿荊棘，我們很有可能被那些選邊站的國家懷疑。這樣的情況難以避免。[7]

尼赫魯認為印度獨立是亞洲再次崛起的一部分。過去幾個世紀屬於歐洲，或說大致屬於白人，現在則是非白人與受奴役人民起身的時候了。

卓越的第一步是一九四七年三月最後一週於新德里舉辦的亞洲關係會議（Asian Relations Conference）。二十八國派出代表與會，包括印度鄰國（阿富汗、緬甸、錫蘭、尼泊爾），仍遭殖民的東南亞國家（例如馬來亞、印尼與越南），中國與西藏（兩方各自派出代表團），蘇聯之下的七個亞洲「共和國」與韓國。阿拉伯聯盟（Arab League）的代表也出席了，另外還有來自巴勒斯坦的猶太代表團。如同一位報導該會議的西方記者回憶道，會議舉行的那一週，德里的市區「充斥五花八門的人，服裝與面容都相當奇特——東南亞代表穿著錦緞，東蘇聯各共和國代表穿著喇叭褲，西藏代表梳著髮辮、穿著棉袍……許多奇異的語言與多音節頭銜。無論如何，我們不斷提醒彼此，這群人代表世界上將近一半的人口」。[8]

會議於舊堡舉行。舊堡是巨大、有些破舊但仍相當壯觀的石造建築，由舍爾沙（Sher Shau Suri）於十六世紀建造。開幕與閉幕都開放大眾入場，據估算，為數兩萬的大批群眾被吸引入場。官方語言是英語，但是代表們都配有口譯員。講者於講臺上發言，他們身後掛著碩大的亞洲大陸地圖，上面以霓虹燈打著「亞洲」字樣。開幕式由尼赫魯擔任致詞。他講述亞洲如何「在經歷長期的沉寂之後，於眾人鼓舞中崛起，並在國際事務中扮演舉足輕重的角色」。亞洲國家「不能再成為他人的棋子」。[9]記者詹森（G. H. Jansen）回憶表示，尼赫魯的演說「並未直接而且強烈地表達反殖民的立場。他說『舊帝國主義正在衰退』，他近乎輕蔑地揮了揮手，做出了比攻擊他們更糟糕的行為；他發布了告別辭」。[10]

尼赫魯演說後，與會各國按英文字母順序派出講者上臺。過程耗時整整兩日，之後會議分為不同主題的圓桌會議。項目分別有「追求自由的民族運動」、「種族問題與亞洲內的移民」、「經濟發展與社會服務」、「文化問題」，以及「婦女地位與婦女運動」。

會議以聖雄甘地的演說作結。他懊悔會議並未在「真正的印度」──村落，而是在「受西方影響」的城市舉行。甘地堅定表示：「亞洲的中心思想不是透過西方觀點或是仿製原子彈就能習得……我希望你們離開時能帶著這樣的想法，即亞洲必須透過愛與真理戰勝西方。」[11]

甘地出席了，但是舞臺的焦點仍是尼赫魯。他的支持者認為該會議確認了尼赫魯代表再次崛起的亞洲發言的地位，他的批評者則未如此寬大。關於這次會議的紀錄中，穆斯林聯盟的報紙《黎明報》抱怨「他（尼赫魯）如何巧妙地將自己融入全亞洲領導者的身分中。這是這名野心十足的印度教領袖的意圖──躋身成為亞洲國家的領導者，藉由自己的聲望與成就，進一步實現擴展印度教的計畫」。[12]

## II

獨立之前，尼赫魯時常前往歐洲。然而他的首次美國之旅，卻要等到他成為總理的兩年之後。尼赫魯的政治構想中，美國占據的比例不多。舉例而言，在他的《世界史一瞥》（*Glimpses of World*

*History*）中，美國的篇幅遠不及中國或俄羅斯。他對美國也並非總持正面看法。某種程度上，美國資本主義導致奴隸、幫派犯罪以及懸殊的貧富差距。美國金融家摩根（John Pieront Morgan）有一艘價值六百萬英鎊的遊艇，但是紐約卻以「飢餓之城」為人所知。尼赫魯讚許小羅斯福企圖管制經濟，但是並不期待他會成功。因為「美國大企業是當代勢力最大的既得利益者，他們不會因為小羅斯福總統的一聲令下，就放棄自己的權力與特權」。[13]

在尼赫魯於一九四九年末進行美國之旅前，一位用心的《時代雜誌》記者檢視了他的著作，發現「他對於（美國）這個主題沒有太多想法。在英國大學接受教育的他，或許帶著優越感對美國文化的缺陷抱持鄙視。作為一個多愁善感的社會主義者，他點出美國在科技上無人匹敵，但是其資本主義卻充滿掠奪性」。[14]

許多人與尼赫魯感同身受。如同英國貴族，印度菁英往往認為美國與美國人粗俗、未受開化。庫瑪拉曼戈朗（P. P. Kumaramangalam）的看法深具代表性。他是印度南方望族的後裔，其父蘇巴拉揚（Dr. P. Subbarayan）博士是一位富有的地主與具影響力的政治家，後來任職於尼赫魯的內閣。庫瑪拉曼戈朗就讀於桑德赫斯特皇家軍事學院，兄弟姊妹則就讀牛津與劍橋。他的哥哥穆罕（Mohan）與妹妹帕爾瓦蒂（Parvathi）日後都成為印度共產黨的領導者。因此他們打從心底就對美國沒有好感，擔任軍官的庫瑪拉曼戈朗則更是如此。印度獨立後，他被送往奧克拉荷馬（Oklahoma）錫爾堡（Fort Sill）的砲兵學校受訓。在那裡，他寫了一封信給馬德拉斯的導師表示：

> 這不是一個我會喜愛的國家。我對它的評價不高。和我打交道的人都很親切而且好客，待我們很好。但我總覺得有些虛假，覺得他們是為了讓我們留下好印象才這麼做。我認為他們非常

嫉妒舊世界，包括它的背景與文化，這衍生成為一種具侵略性的自卑情結。他們幾乎沒有道德可言。人們似乎以用任何方式騙過他人為樂，包括詐欺。政治人物都是敲詐者，大企業牢牢掌握國家的一切。來自小鄉鎮的販子與農夫被大企業壓得喘不過氣。我希望我們的國家小心前進，注意不要受美國影響。[15]

美國對於印度也有偏見。他們讚許甘地與民族獨立的抗爭，卻對這個國家所知甚少。一如伊羅生（Harold Isaac）曾經指出，對戰後的美國人來說，印度人只有四種，包括：一、**優秀的**印度人，例如摩訶羅闍與魔術師，身旁有著充滿異國情調的動物如老虎與大象；二、**神祕的**印度人，「深奧、靜思、沉默、淵博」的人；三、**愚昧的**印度人，崇拜動物與多頭神祇，住在一個比中國還熱的國家；四、**可悲的**印度人，受貧窮打擊，為疾病所苦，例如：「蒼蠅飛在眼睛四周、肚皮鼓脹、坐在路邊奄奄一息的小孩。河流布滿屍體……」最後兩個或許是美國人對印度人最普遍的印象。在美國，關於印度大陸最有名的書是梅奧（Katherine Mayo）的《印度母親》（*Mother India*），甘地曾形容此書是「水電工的報告」。[16]

某種程度上，尼赫魯擁有印度人對於美國的偏見，也感覺到美國人對於印度的歧視。但這是最年輕與最富裕民主國家的第一次高層會面，尼赫魯準備暫時擱置這些偏見。一九四九年八月，尼赫魯準備此趟旅程時顯得異常緊張。他詢問妹妹維傑雅拉克希米（Vijayalakshmi）：「我該以怎樣的心情向美國發表演說？我該如何向民眾發表演說？我如何與政府、企業以及其他人來往？我該向美國大眾展示自己的哪一面——印度的或是歐洲的……我希望與美國保持友好，同時清楚表明立場。」[17]

尼赫魯在美國的三週時間，每天都有一場演說，對象從美國國會到芝加哥教堂的群眾都有。他獲頒哥倫比亞大學榮譽博士學位。在加州大學柏克萊分校的演說，底下有一萬人聆聽。他展示自己平凡的一面，例如與波士頓一位計程車司機合影；但也清楚展示自己屬於知識階層的一員，包括大張旗鼓拜訪位於普林斯頓的愛因斯坦。

在國會發表演說時，尼赫魯尊敬地談到美國的開國先鋒，接著卻將他們與另一位印度偉人做對比。這人即是甘地，他關於和平與真理的理念，啟發獨立後印度的外交政策。然而，聖雄「如此偉大，因此不該被束縛於任何一個國家的邊界。他留下的訊息，有助於我們思考更廣泛的世界問題」。尼赫魯說，世界最缺乏的就是「各國與人民之間相互理解、欣賞」。

尼赫魯在國會中說得婉轉，其他地方就較為直接。在哥倫比亞大學，尼赫魯抨擊「將世界化編為兩個敵對的陣營」的企圖。他說印度不與任何一方結盟，而要追求「面對爭議與爭執時，獨立處理的方法」。他認為導致戰爭的主因是對於種族主義與殖民主義的堅持。只有這樣的國家或種族停止支配其他人時，才能保證和平與自由。[18]

美國媒體對這位印度總理印象深刻。《芝加哥太陽報》（*Chicago Sun Times*）誇張地表示：「尼赫魯是我們這個時代最接近傑佛遜（Thomas Jefferson）的人，以他的方式表達出對各地人民獲得自由的普世心願。」[19]《基督科學箴言報》（*Christian Science Monitor*）形容他是「世界巨人」。《聖路易郵報》（*St. Louis Post Dispatch*）一位專欄作家觀察到，「尼赫魯向我們告別，留下一群眼眶泛淚的婦女。」[20]即便《時代週刊》雜誌也承認，雖然美國人還不太能確認尼赫魯的立場，「卻在他身上感受到，即使不是難得的真理，至少也是難得的真心」。[21]

不過，有一群人並未熱烈歡迎這位來自印度的訪客，他們就是美國國務院官員。尼赫魯與國務卿艾奇遜（Dean Ancheson）進行過數次漫長的討論，卻都無疾而終。艾奇遜在回憶錄中提及尼赫魯的造訪時，帶著輕蔑與些許失望。在談話過程中，他發現尼赫魯「帶刺」、傲慢（「他對我說話的方式好像在參加公開會議」），並且隨時準備挑他人毛病（特別是論及法國與荷蘭殖民者時），卻又不承認自己的任何缺失。當艾奇遜提及喀什米爾時，尼赫魯回應他的方式「宛如一場公開演說，夾雜憤怒，以及對於對手的深深厭惡」。總結而言，艾奇遜認為尼赫魯是「他交手過最難對付的人」。[22]

其他美國官員則對尼赫魯表示同情。其中一位是鮑爾斯，他在一九五一年至一九五三年間出任駐印度大使。鮑爾斯親眼見證尼赫魯在美國的努力，對於民主、民主程序以及少數族群權利的決心也令他感到印象深刻。艾奇遜與許多美國人將世界一分為二：朋友或敵人。[23]鮑爾斯並不贊同。他堅稱：「對我們（美國人）而言，只因為他（尼赫魯）不是百分之百支持我們，就驟然定論他反對我們，是不成熟且荒謬的想法。」[24]

鮑爾斯任職期間，印度與美國的關係更為親近。美國派遣專家並運送設備協助印度的農業發展計畫。然而大眾的不信任感仍然存在。一位來自德拉瓦州（Delaware）的作家於一九五〇年代早期造訪印度大陸，遇見許多受過教育的印度人，認為美國是一個「因為許多重大疏失而被孤立的國家，獨自備受物質主義、帝國主義野心、鼓吹戰爭、政治貪腐、精神與文化貧瘠、種族歧視與不平等所煎熬」。[25]

兩國之間彼此的不信任，在一九五三年共和黨於二十年後重新執政之後加深。該年底，共和黨參議院領導人克諾蘭德（William Fife Knowland）展開為期六週的世界巡迴之旅。當他回到美國時，他對《美國新聞與世界報導》（*US News and World Report*）表示，尼赫魯不是所有亞洲國家或人民的代表。參議員克諾蘭德強調：「尼赫魯顯然無法代表韓國、日本、自由中國或稱福爾摩沙、泰國、越南、寮國或是柬埔寨發言。他當然也不代表巴基斯坦。他能代表發言，或至少代表其觀點的，只有印度本身、同樣持中立主義的印尼，或許還有緬甸……」[26]

新任國務卿杜勒斯（John Foster Dulles）也持相同觀點。杜勒斯是冷戰中最冷酷無情的鬥士，他的外交政策完全針對共產主義。在對抗蘇聯的戰鬥中，杜勒斯準備好無視其他國家的國內政治制度。整體而言，對美國唯命是從的獨裁者，比不聽話的民主國家好，一如他最為人所知的言論：「如果他是個混蛋，起碼他是我們的混蛋。」

杜勒斯與尼赫魯打從一開始就不喜歡彼此。這位美國人宣稱「中立主義的概念既陳舊、不道德，而且短視」。那些宣稱自己是中立主義者的人，其實就是祕密的共產主義者。想當然耳，尼赫魯並不欣賞這樣的解讀。正如澳洲外交官克羅克爾（Walter Crocker）寫道，這位印度總理並未錯過諷刺的一幕：

> 杜勒斯所宣稱的那些自由世界與自由生活的神聖，被杜勒斯譴責的尼赫魯，則是費了好大一番工夫，帶領印度走向國會民主、法治、宗教平等與自由、社會與經濟改革。另一方面，只因為他們「願意起身被列入」反共陣營便得到杜勒斯稱許、資助的國家中，則不乏那些衰弱、實行暴政、寡頭、神權統治、有時腐敗且落後的政權。[27]

杜勒斯建議葡萄牙這個受美國信任的盟國可以持續將果阿（Goa）邦作為自己的殖民地，進而挑動印度的敏感神經。不過，這位國務卿在一九五四年二月與巴基斯坦簽訂軍事條約，才是破壞印美關係的決定性因素。一位歷史學者諷刺地表示：「杜勒斯先生想要條約……巴基斯坦則想要錢與武器。」[28]

自印度獨立那刻起，英國便將巴基斯坦視為冷戰期間的潛在盟友，甚至是「對抗共產主義的堅強堡壘」。相較之下，印度對於蘇聯的態度則被認為過於軟弱。巴基斯坦能在俄羅斯東側成為堅定的反蘇力量，一如西方國家值得信賴的附庸——土耳其——在俄羅斯西側扮演的角色那樣，邱吉爾對於這樣的論點感到印象深刻。聰明、年輕的哈佛教授季辛吉（Henry Kissinger）也支持這個想法。他認為，「要保護阿富汗（免於蘇聯侵犯），端賴巴基斯坦是否足夠強大。」[29]

對於像杜勒斯這樣的共和黨員而言，對抗共產主義至關重要。因此他傾向支持巴基斯坦，並將其視為圍堵蘇聯防衛圈的關鍵成員。美國戰機能從巴基斯坦基地深入蘇聯的中亞地區攻擊。杜勒斯的觀點受到時任副總統尼克森（Richard Nixon）的支持，他們共同努力說服總統艾森豪（Dwight David Eisenhower）。艾森豪曾擔憂與巴基斯坦成為正式的盟友，將使美國與印度發生爭執。[30]

美國每年對巴基斯坦軍事資助約八百萬美元。美國也鼓勵巴基斯坦加入中亞與東南亞的反蘇軍事聯盟，即中部公約組織（CENTO）與東南亞條約組織（SEATO）。杜勒斯與巴基斯坦簽訂協約的兩個月前，一位長期在次大陸耕耘的美國傳教士警告，「在軍事上過度偏袒巴基斯坦將疏遠印度。」[31]確實如此，不過印美關係還有其他需要操心的地方。隨著冷戰衝突持續，印度對於朝鮮與中南半島的立場被認為過於中立。尼赫魯積極爭取各方承認中華人民共和國，並且堅持由中國取代臺灣作為聯合國安理會永久成員，美國對此不以為然。愈來愈多美國人認為尼赫魯「以挑戰者之姿，走進國際政治的競技場挑戰美國的智慧」。[32]

也許尼赫魯的意圖正是如此。尼赫魯曾於一九五四年五月致信實業家比爾拉（G. D. Birla）表示：「我不認為歷史上有太多像美國過去五、六年間於遠東施行一連串錯誤政策那樣的案例。他們一步錯，步步錯……認為所有問題都可以用金錢與武力解決。他們忽略人的因素。他們忽略人民對於民族主義的強烈渴望。他們也忽略亞洲人民厭惡強加於人的行徑。」[33]

該實業家則希望兩國打造良好關係。一九五四年十月，比爾拉造訪美國，並向一群來自各界的重要人士發表演說。他甚至與杜勒斯共處一個半小時，後者向他抱怨印度「錯認他們是戰爭販子如此云云」。[34]一九五六年二月，比爾拉再次扮演兩國橋梁，造訪美國。他向尼赫魯尋求建議，卻換來一頓說教。「杜勒斯對於果阿邦的聲明激怒所有印度人。」這位總理表示，「比起他們的資助，這樣的言論影響印美關係更巨。此外，巴基斯坦持續成為我們的威脅，美國卻在軍事上資助他們，加重我們的負擔卻對我們沒有實質資助。」[35]

一個月後，杜勒斯大膽前進新德里。他與印度政府的談話至今仍是機密，不過事後有場記者會。這位國務卿在記者會中被一連串不懷好意的問題攻擊。他被問及為什麼要說果阿邦是葡萄牙不可分割的一部分。杜勒斯並未否認，但澄清自己只是支持以「和平方式」解決爭議。談話接著轉到對巴基斯坦的軍事資助，以及此舉將升高喀什米爾衝突的可能性。杜勒斯防衛性地回答：「提供巴基斯坦武器的目的絕非要威脅印度。」當媒體不斷就此提問，杜勒斯憤怒說道：「我們不認為就因為巴基斯坦與印度在喀什米爾有衝突，巴基斯坦就該放棄武裝，無法抵禦來自蘇聯共產黨的侵略。」國務卿接著威脅，如果再有關於果阿邦與喀什米爾的問題，他就會離席。[36]

印度與美國看來的確有許多相同之處——民主的生活方式、對於文化多元主義的信念，以及（不僅是）一段強調對抗英國壓迫者的民族建國神話。但在國際政策上，兩者截然不同。美國認為印度對於共產主義過於軟弱，印度則認為美國對於殖民主義過於軟弱。到頭來，比起共通之處，兩國的差異對彼此關係的影響更大；一部分的原因在於兩國重要人物之間的互動，進一步來說，就是缺乏化學效應。[37]

## III

美國之旅的二十年前，尼赫魯就曾造訪蘇聯。搭乘從柏林出發的火車，他在一九二七年十一月七日——也就是布爾什維克奪權十週年——的時候抵達俄國邊界。「列寧崇拜」隨處可見。紅旗與這位布爾什維克英雄的半身像無所不在。尼赫魯接著抵達莫斯科，該城的富麗堂皇與顯著的社會平等令他印象深刻。「這裡沒有明顯的貧富差距，也難以察覺階級與種姓階級制度。」

尼赫魯在旅途中寫下遊記；無論是談及農業集體化、蘇聯的成立、對於少數族群的包容，或者是經濟的進步，其語氣總是充滿情感。走訪列寧之墓，更加激起尼赫魯對於列寧與其志業的想像。他以羅蘭（Romain Rolland）那嘹亮的讚許作結，即這位布爾什維克的領導人是「我們這個世紀最具行動力的偉人，同時也是最無私的」。他接著被帶往模範監獄，他認為那裡展示出社會主義制度「較佳的社會秩序以及較具人性的刑法制度」。

尼赫魯認為，與資產階級國家相比，蘇聯對於工人、農民、婦女、孩童，甚至是犯人的待遇更好。尼赫魯在字裡行間，透露他對於蘇聯幾近盲信的程度。這本遊記最後以華滋華斯（William Wordsworth）對法國大革命的評論作為題字：「活在此等黎明之中如此幸福，但擁有青春則是無限美好。」[38]

尼赫魯的傳記作者指出，他在「蘇聯美好時期的最後階段拜訪這裡。如果尼赫魯的反應有些過於理想，一部分是因為當時仍有一絲理想主義的氛圍」。[39]這多少是事實；當時列寧仍有某種程度的光環（列寧的不容異己在俄國之外尚未為人所知），富農被殲滅與西伯利亞勞改營都是未來的事。一九二〇年代，其他西方遊客也與尼赫魯一樣認可蘇聯。尼赫魯像他們一樣，帶著獲得深刻印象的期望前來蘇聯。他確實獲得了。[40]

不過，最吸引尼赫魯的是蘇聯的經濟制度。作為那個時代進步的知識分子，他認為國有制比私有財產制好、國家計畫比市場機制更有效率。其著作《世界史一瞥》對蘇維埃五年計畫讚譽有加。不過他從未被布爾什維克的武裝革命與一黨專政吸引。甘地訓練下的他偏好非暴力，長期接觸西方自由主義的經驗則讓他對代議式民主與自由媒體情有獨鍾。

獨立之後的印度，與蘇聯的關係一開始處於冰點。這是因為印度共產黨在莫斯科的支持下，意圖顛覆政府。起義失敗後，蘇聯也開始軟化。如今他們試圖爭取印度，避免印度倒向西方陣營。一九五一年，美國國會就印度要求糧食援助進行辯論，沒有民主程序羈絆的蘇聯，一次就提供五萬噸麥子。印度致力協調朝鮮半島衝突也得到莫斯科的肯定。之前，莫斯科評斷亞洲國家的標準，是該國是否適合共產主義。但是冷戰之後，意識型態更有彈性（一如杜勒斯與美國）。一個國家是否為社會主義不再重要，重要的是，它是否是自己人。[41]

一九五五年，尼赫魯造訪蘇聯時的受歡迎程度，證實莫斯科對印度的態度完全改變。一位觀察者寫道：「在蘇聯，尼赫魯所到之處，總有一大批群眾歡迎他。每座工廠都有數以千計的工人聚集，就為了見他一面。在莫斯科大學，學生離開教室給予他熱烈的歡呼。」（戈巴契夫〔Mikhail Gorbachev〕即是其中一名學生；多年後，他在回憶錄中提及尼赫魯及其道德政治對他的影響。）[42] 旅途最後一天，這位印度總理預計在高爾基公園（Gorky Park）的公開集會中發表演說。但是人群數量超出預期許多，最後地點移往莫斯科發電機足球隊（Dynamo Moscow）的球場。[43]

六個月後，輪到蘇聯領導布爾加寧（Nikolai Bulganin）與赫魯雪夫（Nikita Khrushchev）回訪印度。印度同樣施展全力。蘇聯訪客抵達德里之前，廣播催促民眾走出戶外，對俄羅斯日前接待尼赫魯表示感激。兩人所到的城市，都有眾多群眾出席活動。這樣的熱情有許多原因：對異國與陌生人物感到好奇、印度人喜愛排場，以及內心深處反西方的情緒，因此對於俄羅斯挑戰美國同感驕傲。在基進、反帝國主義的加爾各答，群眾數量最多，熱烈歡迎蘇聯領導人的五十萬名群眾中，學生與工廠工人占了相當大的一部分。即使是新德里也是燈火通明。「明亮的德里股票交易所與共產黨的辦公室相互競爭誰的燈火最亮。」[44]

在他們為期三週的旅程中，布爾加寧與赫魯雪夫拜訪製鋼廠與水力發電廠，並在至少七個邦的首都向群眾發表演說。毫無疑問，最重要的一場是在查謨與喀什米爾邦的首都斯利那加。在這裡，他們清楚表示喀什米爾山谷是印度聯邦的一部分，喀什米爾人則是也是「聰明、勤勉的印度人民」的一部分。[45]聽在印度人耳裡，沒有什麼比這句話更悅耳了。

## IV

一九五五年，尼赫魯離開莫斯科前夕，一位印度評論家擔憂尼赫魯將被俄羅斯收編。因為「就像二〇年代末、三〇年代初那些多愁善感的人，習於將蘇聯視為真正的進步派，總理似乎從未完全對那段時日中的願景釋懷。即便已經發生那麼多事，對他而言，蘇聯仍然保留著一些過往的魅力。他持續對它的優點保持寬容，卻幾乎對它的缺點與暴行視而不見」。[46]

這位作家是葛瓦拉（A. D. Gorwala），他是一位親西方的自由派。還有許多像他一樣的印度人，相信印度在冷戰期間應該加強與民主國家的結盟。[47]不過這樣的聲音不敵為數更多、對美國抱持懷疑且支持蘇聯的印度人。其中一個原因是美國不願要求其歐洲盟友放棄在亞洲與非洲的帝國統治，相對之下，俄羅斯則時常批評種族主義與殖民主義的惡行。[48]

一開始，尼赫魯極力避免在冷戰中選邊站。不過如同他常說的，非同盟不只是權宜之計，更肩負積極的責任。對於強權傲慢的行徑，第三集團的出現有正面的抑制效果。我們已經談過一九四七年的亞洲關係會議。另一項成就則是一九五五年在印尼萬隆（Bandung）舉辦的亞非會議，尼赫魯在其中扮演重要的角色。

只有具備獨立政府的國家才能受邀至萬隆。包括印度與中國等二十九國都派出代表團。四個非洲國家也派出代表（其他非洲國家則仍受殖民統治桎梏）；不過來自伊朗、伊拉克、沙烏地阿拉伯與敘利亞的代表團也都出席了。會議討論文化與經濟合作的方法，並且誓言終結殖民統治。如同印尼總統蘇卡諾（Sukarno）觀察道：「當廣大的亞洲與非洲區域都尚未獲得自由，我們怎能宣稱殖民主義已死？」[49]

尼赫魯認為萬隆會議是「一項偉大的成就」；它「表明超過世界半數人口將開始參與國際政治，（但是）並無意進行不友善的挑釁，或是對任何人懷有敵意」。他在回國後告訴印度國會，非洲與亞洲歷史上的連結，過去被殖民主義割裂；如今自由降臨，這樣的連結將再度浮現並更為鞏固。[50]

上述聲明是為了回應那些稱萬隆與其他類似會議是反西方的指控。實際上，「原本未結盟的國家」，如何實踐「不結盟」呢？印度不結盟的理想在一九五六年下半年遭遇嚴峻的考驗。那年七月，納瑟（Gamal Abdel Nasser）❷將管理蘇伊士運河的公司國有化。英國（其戰略利益受到此舉的威脅最巨）則要求運河交付國際接管作為回應。熟識兩國的尼赫魯極力居中斡旋。但是他失敗了；

十月底，英國與法國、以色列合謀，對埃及發動軍事侵略。這項新殖民主義的侵略受到全世界的譴責。最後在美國的壓力之下，英法聯軍才被迫撤退。[51]

埃及遭侵略後不久，蘇聯坦克駛入布達佩斯。此前民眾起義推翻了蘇聯的附庸政權，要求更能代表人民的政府。莫斯科以殘酷的手段回應，目的是恢復起義之前的狀態。此舉宛如英、法兩國在中東的行徑，被視為是對國家主權的侵犯，因此不容接受。

印度評論員認為，入侵埃及與匈牙利的行徑，完全可以相提並論。兩者都是坐擁聯合國安理會席次的強權所犯下的「國際掠奪」行徑，並將「犬儒主義散播至全世界」。如同一份馬德拉斯報紙指出，埃及獨立威脅到英、法兩國的石油資源，「匈牙利的獨立則將威脅鈾的供應，這對維持紅軍的最佳狀態至關重要，此外也造成蘇聯帝國的分裂危機。倫敦無法同意前者，一如莫斯科無法容忍後者。他們公然入侵的行徑，如動物掠奪般野蠻。」[52]

英、法兩國介入埃及後，尼赫魯隨即發表批評。[53]但是當聯合國就要求蘇聯「立即從匈牙利撤出所有軍隊」的提案召開會議時，印度代表克里什那・梅農（V. K. Krishna Menon）卻棄權了。這讓西方國家極為憤怒，印度也被指控雙重標準。[54]

國內也對印度的立場有諸多批評。國會為此憤怒辯論，許多媒體抨擊「我們可恥地奉承蘇聯的統治者……」，一位記者寫道：「對俄羅斯叩頭之後，我們也放棄了道德上的要求。」據推測，因為聯合國的一項決議是放棄要求匈牙利在國際監督下進行公民投票，使得印度政府認為這會對其掌控喀什米爾造成影響。[55]

---

❷ 譯注：埃及一九五二年至一九七〇年間的總統。

後來研究揭露，尼赫魯對於蘇聯入侵其實深感不悅。他寄出數封私人訊息要求莫斯科撤回軍隊。之後印度也公開呼籲，但是傷害已經造成。當尼赫魯以沒有足夠資訊為由支持梅農棄權時，情況更加惡化。[56]

處理匈牙利事件的挫敗，侵蝕尼赫魯的國際聲譽。某些人因此認為不結盟的意思就是「當西方集團採取錯誤行動時予以強烈譴責」，但是「當蘇聯集團逾越時卻含糊其辭」。[57]這起事件也讓尼赫魯被指控將個人忠誠度置於國家目標之上。因為他私底下譴責梅農的決定，卻仍在公開場合支持他。

梅農是尼赫魯的老朋友，本身也是傑出人士。就讀於倫敦政經學院的他，也是企鵝（Penguin）出版集團著名的非小說書系「鵜鶘鳥叢書」（Pelican Books）的首任編輯。一九三〇年代，他致力尋求英國支持印度獨立，但仍抽空擔任尼赫魯的非官方代言人與作品經紀人。獨立之後，他得到駐英國大使❸的工作。在倫敦他努力工作，但也因為傲慢的態度與時常炫耀與總理的友誼而樹敵。[58]

自倫敦回國後，梅農被任命為內閣大臣。他成了某種巡迴大使，代表印度出席聯合國與日內瓦的裁軍談判會議。主觀意識強烈的他，無論在國內、外都頗受爭議。一位與他熟識的記者寫道，「他洞悉事理的才智，有時被熱情與憤怒所掩蓋。」因為「他好惡分明的特質對於他所出任的職位有些危險」。確實，「一個情緒強烈的人，卻被任命負責細膩的外交工作，看起來有些奇怪。」[59]即便在匈牙利事件之前，就有評論對於總理仰賴梅農表示反對。國會裡頭，許多人對他支持共產黨的傾向感到不快。[60]而西方媒體更是打從心底憎恨他，一份紐約的報紙認為他「毫無可愛之處」，是「最沒有謀略的外交官」。[61]

但是尼赫魯仍然支持梅農。早在一九五三年，人們在德里就發現，「當有人批評他的外交寵兒梅農時，總理顯得非常沮喪。」這樣的盲信讓尼赫魯在一九五六年的匈牙利事件中付出慘痛代價。

但是尼赫魯仍然拒絕棄用梅農。為什麼？熟識尼赫魯、當時的瑞典駐印度大使米爾達（Alva Myrdal）提供了一個有用的答案。米爾達歸納認為，總理「清楚梅農的缺點，但仍因為他的才華而願意傾聽他的意見。政府裡頭，梅農是尼赫魯唯一擁有的知識分子同儕」，也是唯一能夠一起討論馬克思、彌爾、狄更斯與杜斯妥也夫斯基的人。[62]

## V

現在讓我們來看看印度與比它更大、人口更多的鄰國中國之間的關係。長久以來，兩個文明因貿易與文化交流有所連繫。到了近代，兩國敏銳地觀察彼此對抗歐洲統治的抗爭。尼赫魯與國會特別重視國民黨領導人蔣介石，因為他曾呼籲美國向英國喊話，要求後者給予印度獨立。

不過，一九四九年時，國民黨遭共產黨推翻。現在兩國關係該如何發展？為了表明雙方關係的保持，印度繼續留任當時駐北京的大使，歷史學者潘尼迦（Kavalam Madhava Panikkar）。一九五〇年五月，潘尼迦得以與毛澤東會談，他對毛澤東印象深刻。他日後回憶毛澤東的面容「愉悅和藹、眼神和善」。他的「眼神與言談並未透露一絲惡毒或冷酷。事實上，他給我一種哲學家的印象，有些過於理想，卻很清楚自己的願景」。這位中國領導人「經歷許多苦難，並曾承受過巨大痛苦」，然而「他的臉上沒有表現出怨恨、惡毒或是悲傷的跡象」。毛澤東令潘尼迦想起自己的上司尼赫

❸ 譯注：High Commissioner，原意為「高級專員」；在大英國協中，則專指成員國之間互派的最高外交使節。在此即印度駐英國大使。

魯，「兩人都是具有行動力，同時有些不切實際，帶有理想主義者氣質的人」，且「廣義而言，兩人都稱得上是人道主義者」。[63]

若非潘尼迦態度如此嚴肅，上述言論看起來將非常可笑。知識分子對於權勢者總是充滿好奇與迷戀；蕭伯納也曾對列寧有類似評論。但蕭伯納是無黨無派的獨立作家，只需要對自己負責。潘尼迦則是印度政府的官方代表，他所說的、所相信的，將有巨大的影響力。在此他卻將歷史上最無情的獨裁者之一形容成一個愛做白日夢、溫柔、頗具詩意的小夥子。

一九五〇年十月，毛澤東與潘尼迦會面後不久，中國入侵並強占西藏。中國長久以來宣示西藏的宗主權，過去時常掌控西藏。但是西藏有過真正獨立的時期，即共產黨入侵的四十年前。兩國畢竟都各自派遣了獨立的代表團出席一九四七年的亞洲關係會議。

尼赫魯當前的處境並不令人稱羨。印度與西藏在經濟與文化上的關係密切。但是剛取得獨立、仍然脆弱的印度，不太可能為了西藏參戰。中國入侵後，尼赫魯在國會內就此討論了數週，希望能夠和平解決此事。他表明自己雖然相信中國在歷史上曾對西藏有某種「宗主權」，但不代表中國能夠宣稱「主權」。此外，他也不相信西藏有可能「威脅」中國。[64]

私底下，尼赫魯認為中國強占西藏「是稍嫌愚蠢的行徑」，「印度對中國感到失望」。然而總理認為，「我們必須謹慎，不應過度」批評這個剛剛走出歐洲統治陰影的鄰國。[65]

政府其他成員要求採取更強硬的路線。例如帕特爾深信中國耍了潘尼迦。中國哄騙潘尼迦，讓他產生「錯誤的信心」，導致這位大使完全沒有察覺中國的入侵計畫。但是事情已經發生，印度應該保持警覺。帕特爾於十一月七日致信警告尼赫魯：「中國不再處於分裂。如今的中國統一且強大。」這位內政部長表示：

近日以及過去慘痛的歷史經驗也都告訴我們，共產主義無法抵禦帝國主義，共產主義者並不比帝國主義者來得好。中國的野心不只覬覦印度的喜馬拉雅山區，還包括阿薩姆邦重要地區……中國的民族統一主義以及共產帝國主義，不同於西方強權的擴張主義或是帝國主義。前者披著意識型態的袍子，因此危險十倍。意識型態擴張之下，隱藏著種族、民族與歷史的主張。

帕特爾呼籲尼赫魯「意識到中國這個新誕生的威脅」，並讓印度在「國防上強大」，接著提出一連串強化安全的措施。帕特爾認為有鑑於印度就西藏一事表明的拒絕態度，印度也不應再支持中國加入聯合國。最後，他主張根據最新情勢，印度應該重新思考「與中國、俄國、美國、英國與緬甸的關係」。帕特爾似乎在暗示印度應該重新評估不結盟政策，轉而與西方建立盟友關係。[66]

比起帕特爾，記者卡拉卡更加支持這樣的轉變。與帕特爾一樣，卡拉卡對潘尼迦的漫不經心感到震驚（顯然這位大使是在全印廣播電臺宣布之後才聽聞中國入侵的消息）。西藏遭強占顯示喜馬拉雅不再堅不可摧。印度缺乏設備與訓練以對付一個強大且專注的敵人。因此卡拉卡的結論是：「無論我們與英國過去關係多麼不愉快，無論我們對於美帝主義在亞洲的擴張多麼恐懼，現在我們必須決定是要維持中立政策並使邊界面臨威脅，或是與美國及英國簽訂軍事協約，降低風險。」[67]

尼赫魯不打算將卡拉卡這樣的記者放在心上。不過他確實回應了帕特爾。針對此議題，他寫了一張在內閣之間傳閱的紙條。他對未能「拯救」西藏感到可惜，然而他認為「印度不太可能遭遇中國的攻擊」；「難以想像」中國會為了入侵印度而「瘋狂跋涉穿越喜馬拉雅山」。尼赫魯覺得：「認為共產主義意味著擴張與戰爭；或是更準確地說，中國共產主義意味著對印度擴張，這種想法相當天真。」無論西藏發生何事，印度應該尋求與中國有「某種相互理解」，因為「印度與中國的和平關係，將對全世界的結構與平衡有深刻影響」。[68]

一個月後，帕爾特逝世。如今與中國「相互理解」的政策，再也沒有實質的反對力量。兩國共享漫長的邊界——這是數千英里未經標記、調查的領土。印度的西邊是查謨與喀什米爾邦，大部分為佛教徒的拉達克山區，與中國西藏及新疆相鄰。東邊則以麥克馬洪線（Mcmahon Line）為邊界，是一條沿喜馬拉雅稜線劃設的邊界，英國與西藏於一九一四年簽訂協約的產物。在中部地區，兩國則於恆河分水嶺附近交界，恆河則將西藏與印度北方邦分隔。

中部邊界較無爭議，然而在東西兩側問題就比較多了。特別是中國視麥克馬洪線為帝國主義強加的產物。有一段時間中國並未就此事多著墨，而是致力獲得印度的好感，因為印度是連繫西方世界必要的橋梁。一九五二年夏天，由彭迪特（Vijayalakshmi Pandit）領銜的政府代表團造訪北京。彭迪特曾任印度駐莫斯科大使；更重要的是，她是尼赫魯受人敬愛的妹妹。她與毛澤東會面過一次，與周恩來會面過兩次，並對兩人印象深刻。彭迪特致信給她的哥哥，提及毛澤東「沉默（而且）注重細節」，並且有著「絕佳的幽默感」。他現身於大眾的姿態令人想起甘地。一如甘地，「大眾不只為他鼓掌，他們崇拜他。人們望著他的眼神中帶有愛意與崇敬。這是令人感動的一幕。」周恩來則是「絕佳的政府官員，有著充沛的精力與魅力。他舉止優雅，擁有渲染力十足的幽默感。人們常跟著他一起笑，而他也笑口常開。他讓人感到自在，即便是透過翻譯，他的談話未有一絲減損」。

信中也提及某些怪異之處。「我們被以美酒與美食款待，」彭迪特寫道，「談論友誼、文化與和平，直到我有些疲憊。」當下她不確定這位偉大的領導人令她聯想起甘地或是史達林。因為雖然「毛澤東給我一種慷慨、包容與智慧的印象」，「包容的樣子突然令我想起某種與俄羅斯領導人——特別是史達林——相似的姿態。問候時，他使用與史達林相同的手勢，面對大眾時也使用相同的技巧。」中國最令彭迪特印象深刻的仍是「人民充沛的精力，以及工作時所展現的奉獻態度。這裡感覺不到莫斯科的那種壓迫感，每個人看起來都很開心，並且下定決心要讓國家繁榮」。[69]

彭迪特在一九五二年對於中國的反應就如她的哥哥在一九二七年對於俄羅斯的反應。或許這樣的起頭並不全然是個錯誤；尼赫魯也傾向做如是想。這樣的浪漫情愫很快得到現實政治的強化。美國開始明顯地傾向巴基斯坦，這給了新德里當局一個與北京友好的理由。一九五四年四月一項涵蓋廣泛的協議中，印度正式承認西藏是中國的一部分。聯合聲明提出「和平共處五項原則」（*panchsheel*），包括互不侵犯、尊重彼此領土完整。[70]

前任外交部主任祕書巴白（Girija Shankar Bajpai）是其中一位不歡迎該協議的人。他致信某位同事，信中警告共產主義中國「與俄羅斯共產主義一樣，都有向外擴張的傾向」。當時，新德里當局的想法是「毫無限度地維持中國與印度之間的和平與友誼」，巴白則擔憂「總理最仰賴其意見的那些人，完全拒絕承認中國與亞洲鄰國維持和平的政策已經出現變化」。[71]

尼赫魯不太可能聽到這樣的警告。即便尼赫魯知道了也很可能置之不理。一九五四年末，他首度造訪中國。一如六個月後的俄羅斯之旅，中國動員大批群眾歡迎這位訪客，尼赫魯則感激「中國人民驚人的熱情」。尼赫魯與周恩來討論邊界問題，並與毛澤東論及世界局勢。尼赫魯也積極鼓吹西藏自治，毛澤東當著達賴喇嘛的面，承諾這個佛教省分將享有「中華人民共和國其他省分未能享有」的地位。[72]

自中國歸來後，尼赫魯在加爾各答的馬坦（Maidan）公園中，對廣大群眾發表演說。一百萬人聽到他說「中國人民不想要戰爭」；他們忙於統一與擺脫貧窮。他敬佩地說到中國團結的精神，那裡不像印度為各邦與各宗派爭奪利益所困擾。他也論及在中國受到「熱烈歡迎」，這「不是因為我是尼赫魯或是擁有任何特殊才能，而是因為我是印度總理，中國人民打從心底珍惜這份大愛，想要與印度維持最友好的關係」。[73]

兩年後，周恩來造訪印度時受到相同的禮遇。陪同在他身邊的還有達賴與班禪喇嘛，他們受邀參加佛陀兩千五百歲誕辰慶典。駕車行經鄉村地區時，達賴喇嘛甩開中國隨扈，與尼赫魯一同旅行。他說西藏爆發了一場對抗占領者的起義。他強烈希望得到印度的庇護，否則印度至少應派遣一位不偏袒中國與共產黨的領事至拉薩。當尼赫魯詢問周恩來西藏局勢，這位中國領導人終於承認在那兒發生「不幸的騷動」，並承諾深入調查。[74]

事情就此告一段落。達賴喇嘛回到拉薩，印度與中國持續情同手足。一如當時流行的口號：「Hindi-Chini Bhai Bhai」（中印是兄弟）；幕後功臣是魅力十足的周恩來。不僅是尼赫魯，另一位更猜忌的資深政治家拉賈戈巴拉查理也對周恩來印象深刻。「拉賈吉」與這位中國總理共進午餐，並在日後致信給朋友道：「坦白說我的印象非常好。除了共產主義者態度日漸友善，我相信這位中國總理也是一位值得信賴的好人。」[75]

公開場合中，印度與中國展現不渝的友誼，但在邊界則為了各自的戰略利益而努力。印度關切的是東部區域，中國則是西部區域。英國人畫下麥克馬洪線以保護阿薩姆邦繁盛的茶葉莊園，預防來自喜馬拉雅彼端的突襲。山腳下，還有一條「內線」（Inner Line），未經許可任何人都不能跨入線內。內線與邊界之間是約五萬平方英里、樹林茂密的土地，住著許多自給自足、自治且規模過小而無法獨立成邦，又過於遙遠無法納入其他現存行政區的部落。有些部落是佛教徒，在達旺（Tawang）還有一個古老的佛教僧院。他們向西藏當局進貢，並在「教規上臣屬於」拉薩。

英國以一九一四年的《西姆拉條約》（Simla Accord）說服西藏人放棄對於達旺的掌控。如同一位殖民官員宣稱，將這個「無疑屬於西藏的領土」納入「英屬印度」有其必要，「否則西藏與阿薩姆將彼此毗鄰，如果西藏再度落入中國的手中，對我們而言將非常不利。」[76]

其他內線與邊界之間的部落則不受西藏掌控。如同達旺的佛教徒，這些部落在一九四七年八月時自動成為印度公民。新政府承襲英國統治時期的邊界，之後新德里逐漸填滿英國統治時期的行政空窗。一九五一年二月，一小批軍隊與官員造訪達旺，指示喇嘛們無需再向拉薩進貢。政府官員也開始擴散至今日被稱為東北邊境特區（North-East Frontier Agency, NEFA）的領土。印度邊境行政服務局（Indian Frontier Administrative Service）成立，並由英國出生、後來成為印度公民、與尼赫魯是知心好友的人類學者埃爾文訓練新進人員如何處理好鬥的部落。[77]

中國則專注向西方拓展。這裡毗鄰的印度領土拉達克也是以佛教徒為主。但是自十世紀起，拉達克一直是獨立的國家，過去一百五十年則是喀什米爾土邦的一部分，這些土邦全都宣布效忠印度。

在拉達克東北部與新疆之間，中國這側有一塊名為阿克賽欽（Aksai Chin）的臺地。這裡絕大部分的土地「十分貧瘠」，其餘則是零星的「些許草地」。[78]過去，拉達克的牧人在阿克賽欽採集鹽巴。根據一八四二年的協議，該區域屬於喀什米爾，並為英國所確認。英國人當時擔心俄羅斯人──也就是他們在「大博弈」（Great Game）❹中的敵手──會利用這塊高原將重裝火砲推進至英屬印度。

這並未發生，但是一九五〇年後，中國同樣將這塊平坦的土地視為由新疆莎車（Yarkand）縣進入棘手西藏的路徑。北京派遣調查員偵查這片土地，並在一九五六年開始興建橫跨阿克賽欽的道

---

❹ 譯注：十九世紀中葉至二十世紀，大英帝國與俄羅斯帝國為爭奪中亞地區的戰略衝突。

路。道路於一九五七年十月完工，足以讓載有武器與人員的十噸重軍事卡車由莎車駛入拉薩。

有賴於多年之後公布的資料，我們才能得知這些訊息。然而當時中國在西部、印度在東部的這些活動，都避開了雙方的耳目而得以進行。對於全世界與兩國國民而言。這兩個亞洲鄰國之間的友誼與合作關係堪稱典範。

## VI

一九五二年一月，一份孟買報紙寫道：「如果有兩個國家的前程充滿兄弟情誼與理解，那就是印度與巴基斯坦了。兩國之間存在各種可能的鈕帶：種族、語言、地理、經濟以及文化。」[79]

然而打從一開始印度與巴基斯坦就關係欠佳。國家在暴力的背景中分裂，彼此持續猜忌並懷有敵意。一九四九年至一九五〇年冬天，東巴基斯坦出現一波社群之間的暴動。數十萬印度教徒穿越邊境逃往印度。尼赫魯建議巴基斯坦總理利雅奎特共同造訪受影響的地區以促進和平。他的提議遭拒絕；但是利雅奎特同意前往德里簽署兩國對於國內少數族群給予人道對待的協議。不過，「尼赫魯—利雅奎特」協議無法阻止難民潮。許多西孟加拉的印度教徒感到憤怒，其中一些人甚至希望政府藉此向巴基斯坦宣戰。[80]

不過兩個重大衝突都與土地及水資源這兩個基本人類需求有關。土地的問題本書先前已有所提及，之後也會再次回到這個主題，此與喀什米爾懸而未決的狀態有關。水資源則關乎如何公平使用印度河與其五條支流。印度河由東向西流，即由印度流往巴基斯坦。印度河與傑赫勒姆河（Jhelum）直接進入巴基斯坦，其他四條支流則經過數英里的印度領土。印度可以藉此控管流量，並在河水進入其他國家前搶先蓄水。

印巴分治後，東、西旁遮普政府簽署「維持協議」（Standstill Agreement），確保河水流通暢行無阻。協議失效後，一九四八年四月，印度阻斷拉維河（Ravi）與薩特萊傑河（Sutlej）流向西方。印度宣稱這是因為新協議尚未簽訂，但是一般認為此舉是為了報復巴基斯坦支持入侵喀什米爾的行動。無論如何，河道枯竭引發西旁遮普農民的恐慌。兩國在一個月內簽署新協定並恢復供水。然而，印度在薩特萊傑河建立巴克拉—楠加爾水壩（Bhakra Nangal dam），再度引發巴基斯坦的抗議。

雙方都在找尋一勞永逸的解決之道。巴基斯坦要求此事提交國際仲裁，印度起初拒絕了。世界銀行介入並擔任和事佬。世界銀行知道雙方態度頑強，於是提出一個精準的方案——三條河的水資源歸巴基斯坦，另外三條歸印度。該提案於一九五四年二月正式被提出；六年後，雙方終於簽署。[81]

無論印度河爭議、喀什米爾或是其他印度大陸的議題，國內政治造成協議難以達成。提議對話的印度或巴基斯坦官員必定遭指控為對方所收買。早先案例是一九四九年至一九五一年因印度盧比貶值觸發的貿易戰爭。巴基斯坦終止黃麻輸入印度，藉此表示抗議，印度則拒絕供應煤礦作為報復。[82]一九五一年二月，尼赫魯同意承認巴基斯坦盧比面值，衝突才得到解決。商會支持尼赫魯的決定，各黨派政治人物卻強烈反對。新德里的普遍共識是「印度已全面挫敗」。一位國會議員報告時表示，黨部的感覺是「如果帕特爾仍在世，這般羞辱根本不可能發生」。一位難民領導者表示：「現在真正需要思考的問題是，找出尼赫魯下一個會對巴基斯坦臣服的議題是什麼？喀什米爾，或者更有可能是被遷移者的財產（Evacuee Property）。」一位印度教大齋會發言人說：「為了成為世界領導者，尼赫魯甚至願意將全印度拱手讓給巴基斯坦。」一位印度國民志願服務團的幹部宣稱：「這顯示了未來會發生什麼事。如果群眾不阻止尼赫魯，將出現更多姑息與屈服。」[83]

巴基斯坦這頭，反對派政治人物將任何對印度的讓步視為對敵人姑息。但對民眾而言，對邊界彼端的情感明顯複雜得多。民族主義將他們分離，但是大眾文化將他們再度相連。他們並不只是吃相同的食物、住同一種房屋；他們也有同樣的興趣。印度電影明星在巴基斯坦廣受愛戴；巴基斯坦板球球員在印度比賽時則獲得熱烈歡迎。

一九五五年，喀拉赤報紙《黎明》上的對話，記錄下這樣的矛盾。一位最近赴印度拜訪親戚的婦女寫下她搭乘火車由阿木里查前往安巴拉的經驗。當她被發現來自巴基斯坦時，她被安置在信德省與西旁遮普的難民乘客旁。顯然，「一些不是難民的印度教乘客對此抗議，但遭印度教與錫克教難民置之不理，表示不是難民的人無法理解巴基斯坦難民遭遇的痛苦。」這篇記錄印度人敵意的文章引發眾多來信，詳述於邊境另一側所獲得的熱情與善意。一位男子建議未來前來印度的旅客，「享受當季的番石榴與印度檳榔（Pans；芭樂與檳榔葉），不要讓自己深陷企圖傷害印巴和諧的對話。」一位女性回信者抱怨這樣的「不實言論將斷絕印度與巴基斯坦之間的友好關係」。原作者回信表示支持印巴友好，但附上警告：「然而我希望她身為一名巴基斯坦人，她應該靈敏地陳述為『巴基斯坦與印度』，而非『印度與巴基斯坦』。」[84]

## VII

印度的外交政策反對任何地方延續殖民統治。這表示印度將要回仍遭外國人掌控的土地。英國於一九四七年離開印度之後，葡萄牙持續控制果阿與其他地區，法國也仍掌握三個珍貴的南部地區，其中最重要的就是本地治里市（Pondicherry）港口以及東部飛地金德訥格爾（Chandernagore）。

一九四九年六月，金德訥格爾的居民投票，以壓倒性的多數，決定併入印度。選舉過程展示了強烈的愛國精神，例如海報印著穿著印度服飾的母親伸手抱回穿著西方服飾的小孩。一年後土地移交。但是法國仍緊抓剩餘南部土地不放。一九五四年春天，局勢「日漸緊張」；一場支持合併的運動正在本地治里市激烈展開，馬德拉斯的法國領事館前，每天都上演示著威活動。十一月一日，法國終於歸還領土，印度人民以壯觀的煙火慶祝。隔年一月共和日的年度遊行，首次有來自本地治里金德訥格爾的花車，上頭的年輕女孩們演唱著法國歌曲。[85]

接收這些土地的時候，尼赫魯讚許印度與法國政府「包容、明理，並且充滿智慧」，讓法屬印度問題得以「優雅且友善地」解決。[86]尼赫魯這番話是說給葡萄牙人聽的，但是後者卻聽不進去。葡萄牙人下定決心盡可能留在果阿。當本地治里的移交事項塵埃落定，葡萄牙獨裁者薩拉查（António de Oliveira Salazar）在其印度殖民地的全國電臺表示此地「歷史上、法律上都屬於葡萄牙」。「果阿構成了印度中的葡萄牙社區」，他堅稱「果阿是遠東中的一盞西方明燈」。葡萄牙人必須持續掌握果阿，才能「持續紀念葡萄牙人的發現，以及作為西方在東方的精神火苗」。[87]

早在印度獨立之前，果阿國大黨委員會便有所行動。行動者包括本地與流亡孟買的果阿人。他們主張果阿的處境比英屬印度更糟糕。這裡充斥種族歧視，人權蕩然無存。一九四六年，國大黨內的左翼政治人物羅希亞（Ram Manohar Lohia）造訪果阿，並敦促人民起義對抗統治者。隨後爆發一連串罷工與示威，但遭當局鎮壓。一九四七年八月十五日，印度三色旗隨處可見，但是示威者很快遭警察帶離。[88]

除了果阿，葡萄牙人在康坎海岸也有許多小面積的領土。其中一個是達曼（Daman），駐有一千五百名來自葡屬東非的非裔士兵。這裡臨近印度孟買省分。獨立後，孟買隨即施行禁酒，酒類走私貿易因此盛行。週日傍晚，達曼與孟買之間的邊界，「三三兩兩前往巴克查斯（Bacchus）的人們，再度回到印度這塊神聖、禁欲的土地。」[89]

除了嗜酒者，絕大部分具有政治意識的印度人，都對葡萄牙人處理殖民地的態度大感憤怒。尼赫魯一開始行動緩慢，期待透過對話解決問題。但是社會主義黨的激進派迫使他加緊腳步；前者展開一系列非暴力抗爭，目的是迫使果阿加入印度聯邦。一九五四年七月，一群來自孟買的行動者奪取達德拉（Dadra）的一小塊飛地。下個月，面積更大的納加爾哈維利（Nagar-Haveli）飛地，在沒有發生爭執的情況下，落入他們的手中。接著，一千名志願者試圖在獨立日進入達曼。他們遭印度警方阻止後，拍了電報向總理尋求支持。尼赫魯回覆，這樣的對決「無助於我們追求的理想」。[90]

社會主義者只是暫時停止行動。一年後，戈雷（N. G. Goray）率眾進入果阿高喊口號，他們在果阿走了好幾英里，最後遭警察攻擊。許多示威者受了重傷。這些非暴力抗爭者被送入阿瓜達堡（Fort Aguada）監獄，服刑二十個月才被釋放。一九五四年至一九五五年示威期間，葡萄牙逮捕超過兩千位民眾。[91]

## VIII

對尼赫魯來說，外交政策是讓世界注意印度存在的一種方法。獨立後，他親自督導印度外事部（Indian Foreign Service）的創立，並將印度文官體系中的才智之士轉往該處擔任要職，也挑選年輕人才進駐。印度外事部是一份充滿理想、光鮮亮麗的工作；它提供親自接觸總理的機會。一名印度外事部的官員回憶，一九四八年初，尼赫魯將他叫進房間，向他展示一份世界地圖。總理環視全球，手指指向東、西、南、北。「我們將成立四十個大使館！」他大聲說著，「我們將有四十位大使！」[92]

五年後，當印度果真的有了四十位大使時，尼赫魯寫信向他們親自道賀。「獨立之後，印度的聲望逐漸增加，」他說道，「這是因為我們總是避免在國際事務間扮演浮誇的角色……漸漸地，其他國家開始理解，我們的意圖誠懇，雖然仍有意見不合的時候。」他要求這些國外的印度代表，「從大使館領導人至最下層的雇員」，「以快樂的家庭模式工作，彼此合作……我們是偉大探險中的夥伴，同一事業中的夥伴與同志。」[93]

這趟特殊的探險旅程雖然看似是集體事業，實際上到處是總理的印記。一九五〇年，內閣部長中最具才智、剛正不阿的成員論及尼赫魯如何成為「世界上最偉大的人物，勝過美國人、英國人與所有其他人」。在這位領導者的帶領下，一個「缺乏物資、人力與金錢——三樣代表權力之物」的國家，現在「正迅速地被認定是文明世界中最偉大的道德力量……在冠蓋雲集的會議中，人們帶著敬意傾聽印度的發言」。[94]即便是反對派的政治人物，也肯定尼赫魯對於印度國際地位的貢獻。對他們而言，不結盟主義是甘地原則於世界事務中的創新運用。當印度被要求在衝突與內戰中扮演調停的重要角色時，他們對不結盟主義的可行性就更有信心了。

外國的才智之士也對尼赫魯的不結盟主義讚譽有加。如今享有盛名的米蘭出版社菲爾特瑞奈利集團（Feltrinelli），在一九五五年開始營運的時候，出版的頭兩本書就是尼赫魯的自傳，藉此讚揚「其持續一貫地對抗法西斯主義」，並且代表那些「擺脫殖民統治……致力於全球體系中找到自身定位」的聲音。[95]米爾達從瑞典駐新德里大使館的辦公室寫信給她的丈夫貢納爾（Gunnar），表示：「自然而然地，尼赫魯扮演著某種權威性、更不用說是在世界歷史上重要的角色，同時卻不專制獨裁。難道他不是唯一如此位高權重卻不自滿的人嗎？」[96]

這是尼赫魯在冷戰期間中那些前線國家的名望；這些國家不願加入美國與蘇聯陣營。一九五五年，不結盟仍然帶著魅力與某種道德光環。隔年，尼赫魯在匈牙利問題上澈底失敗，西方國家開始對他幻滅。但還要再一段時間，尼赫魯才會失去國內民眾對他的瘋狂支持。

# 第九章
# 重繪版圖

有些人想要復興希瓦吉的傳統，並在大馬哈拉什特拉運動（Samyukta Maharashtra）中高舉番紅花旗（Bhagwa Jhanda）；其他人則希望將孟買與艾哈邁達巴德百萬富翁們的經濟帝國版圖拓展至整個大古吉拉特運動（Mahagujarat）。省籍偏見、敵對與妒忌於各處復甦，人人都想與彼此分離而非統一。阿薩姆人想要自己這一小塊土地從孟加拉邦分離出來，孟加拉人則想要自比哈爾邦獲得另一塊土地；泰盧固人（Telugus）不願待在奧里薩邦，泰米爾少數族群則想脫離特拉凡哥爾王國……

——左翼作家克K・A・阿巴斯，一九五一年一月

## I

印度民族主義的領導者長久以來深諳母語激勵、感動人心的力量。這塊土地上擁有眾多語言，

每種語言都有自己獨特的字體、語法、詞彙與文學傳統。國大黨並未否認這樣的多元性，並試圖給予每種語言發展的空間。早在一九一七年該黨便致力在獨立後的印度創立語言省。該年，安德拉語言圈被獨立劃出，隔年則是信德語言圈。那格浦爾年會（Nagpur Congress）於一九二〇年舉辦後，按語言分區創立的國大黨地方委員會（Provincial Congress Commitees）擴展並正式確立這項原則：卡納塔卡邦（Karnataka）地方委員會、奧里薩地方委員會、馬哈拉什特拉地方委員會等。值得注意的是，這些地方委員會並未按照英屬印度的行政區劃分，甚至時常出現不一致的情況。

按語言整編國大黨，受到聖雄甘地的鼓勵與支持。當獨立這天終於到來，甘地認為新國家的各邦劃分應該以語言為基礎。不久之後的一九四七年十月十日，他致信一位同事：「我相信我們應該加緊速度整編語言省……現在有一種錯覺，即不同語言代表不同文化，〔創立〕語言省卻有可能讓這樣的錯覺消失。如果我有時間，我應該〔對此〕寫些東西……我並非沒有注意到有一群人持續宣稱語言省是不對的。我認為這群人以妨礙他人為樂。」[1]

尼赫魯也認同印度語言的多元性。他在一九三七年的一篇文章中寫道：「活的語言是一種有心跳、有活力的東西，不斷變化與成長，並且映照出說與書寫該語言的人。」而「我們偉大的地方語言並非那些無知者偶爾指稱的方言或土語。它們都是蘊含豐富文化遺產的古老語言，每種語言使用者皆數以百萬計，並與大眾及上層階級的生活、文化及思想緊密連繫。只有透過群眾自己的語言，才能提升他們的教育與文化，這點是不證自明的道理」。[2]

這是尼赫魯在一九三七年的想法。然而到了一九四七年，他有了不同的想法。這個國家才剛按照宗教劃分：如果進一步再按語言劃分，是否會造成聯邦的瓦解呢？何不維持現有的行政單位呢？例如馬德拉斯包含泰米爾語、馬拉雅拉姆語、泰盧固語、卡納達語、烏爾都語，以及孔卡尼語

（Konkani）社群，孟買則包含馬拉提語、古吉拉特語、烏爾都語、信德語、岡德語（Gondi）與其他語言的使用者。難道多元語言與文化的邦不正是和諧相處的練習範例嗎？無論如何，這個新國家難道不應以和平、穩定與經濟發展這些世俗理念作為統一的基礎，而非得重新喚醒古老的種姓與語言身分認同嗎？

獨立三個月之後召開的制憲會議中，尼赫魯在演說時表達保留原行政區劃分的想法。雖然國大黨曾一度承諾成立語言省，他說如今國家面臨「印巴分治導致的危急情勢」。現在「分裂主義趨勢特別引人矚目」；為了阻卻這樣的趨勢，必須著重「印度的安全與穩定……因此首要任務就是建立強大且穩固的印度，相信她有能力克服可能的危機與問題。如果印度強大，各地也會跟著繁榮；如果印度積弱不振，其所有構成要素也將衰敗」。[3]

因此，語言省的創立必須延後，直到印度強盛且有自信。尼赫魯似乎已說服甘地，因為聖雄於一九四七年十一月寫道：「在當前沮喪的氛圍中，不願按語言重新劃分是合理的。排外的風氣未曾如此高漲。沒人顧及印度的大局。」如今甘地認為省分的改編工作應該延至相對平靜的時候，當社群衝突止息，「氛圍變得較為健康，鼓勵和諧而非喧鬧、和平而非爭執、進步而非退步、生命而非死亡。」[4]

一如以往，甘地讚揚「按部就班」的必要性。但是他從未放棄原則。一九四八年一月二十五日的一場禱告會中，甘地再度論及語言邦的議題。「國大黨早在二十多年前決定」，他回憶道，「有多少主要語言，這個國家就應該要有多少省分。」如今國大黨執政，有履行承諾的權利。甘地認為如果新的省分是按語言建立，並且如果：

他們接受德里當局的治理，就不會有任何麻煩。但是如果他們都想要獨立，並且拒絕接受中央治理，事態就會變得非常糟糕。不應該是孟買與馬哈拉什特拉毫無瓜葛，或是馬哈拉什特拉與卡納塔卡、卡納塔卡與安德拉毫無關係。讓我們如兄弟般共同生活。此外，語言邦成立也能促進地方語言。規定印度斯坦語成為所有地區的教學語言相當荒謬，英文的話就更加奇怪了。[5]

不到一週後，甘地逝世。而執政者有更緊急的事必須處理：數百萬東、西巴基斯坦難民等待安置與一份有報酬的工作；一場隱而不宣的戰爭正在喀什米爾進行；新憲法的制定；選舉期程的安排；經濟政策的設計與執行。現在，新省分的創立得再等等，等待時間或許是無限期。

按宗教劃分地區之後，尼赫魯不願再依語言細分區域，這樣的想法獲得帕特爾與拉賈戈巴拉查理的支持。後者堅持必須阻止「進一步的分裂勢力」。[6]帕特爾則在制憲會議中，致力反轉國大黨的官方立場。在他的指導下，制憲會議任命一個由法學家與政府官員組成的委員會，就此問題提出報告。該委員會承認民粹情緒的力量——「強烈希望」按語音分區的「許多國人」——但是仍斷定目前局勢普遍動盪，「印度的當務之急是成為一個民族……所有助長民族主義的事都應立即進行，任何阻礙這樣發展的都必須予以拒絕或應該延宕。我們也以此原則檢驗語言省的主張，並按檢驗做出判斷。我們的意見是不應支持語言省的成立。」[7]

這樣的定論在制憲會議中引發許多人的驚愕。因為大部分說馬拉提語的國大黨成員曾堅持獲得一個獨立的馬哈拉什特拉邦。認為古吉拉特語是其母語的成員也想要自己的省。那些說泰盧固語、卡納達語、馬拉雅拉姆語或是奧里亞語的國大黨議員也有著相同的渴望。為了平息喧鬧，新的委員會成立了。尼赫魯與帕特爾都是其中成員。另外一位則是黨史作者、前國大黨主席西達拉瑪亞（Pattabhi Sitaramaya）。

該委員會又稱「賈瓦帕委員會」（JVP Committee），取自三人名字縮寫。委員會撤回國大黨先前同意的語言省原則，辯稱「語言不只擁有融合、也有分離人心的力量」。目前「印度的安全、統一與經濟繁榮是優先考量」，「所有分離主義或是破壞性傾向都應該被嚴厲嚇阻。」

## II

引述羅伯特．金（Robert King）❶的權威性說法，賈瓦帕委員會的報告就像是「冷水療法」。它「暫時緩和了事態」，[8]但緊張局勢迅速復燃。一九四八年與一九四九年，語言自治運動再度出現。有追求大卡納塔卡的運動，目標是使散布在馬德拉斯、邁索爾、孟買及海德拉巴的卡納達語使用者團結起來。同時還有大馬哈拉什特拉運動的抗爭，目標是將馬拉提語使用者團結為一個政治單位。馬拉雅拉姆語使用者也想要屬於自己的邦，方法是將科欽（Cochin）與特拉凡哥爾兩個土邦與馬拉巴爾合併。此外還有大古吉拉特運動。

旁遮普的錫克教建邦抗爭獨具一格。該抗爭結合語言與宗教的訴求。錫克教徒可能是印巴分治的主要受害者。他們最肥沃的土地被讓渡給巴基斯坦。現在又得與印度教徒共享空間與影響力。

大約在一九五〇年，印度教人口約占印度旁遮普的百分之六十二，錫克教徒約占百分之三十

---

❶譯注：語言學者。著有《尼赫魯與印度的語言政治》（*Nehru and the Language Politics of India*）一書。

五。然而，這樣的數據標誌著地域上的顯著分歧。該省的東半部主要是印度語地區，印度教占人口百分之八十八。西半部則是旁遮普語地區，錫克教徒人口剛好超過一半。

宗教劃分並未完全符合語言劃分。有些地方旁遮普語是錫克教徒的母語，卻也是許多印度教徒的母語。不過，印度教徒通常認為旁遮普語只是印度語之下的一支方言，而錫克教徒則堅持旁遮普語不但自成語言，更具有神聖性。錫克教徒以古木基文（Gurmukhi）來書寫、閱讀旁遮普語，他們認為古木基文的字母出自上師之口。[9]

一九二〇年起，阿卡利黨為具有政治意識的錫克教徒的利益發聲。阿卡利黨是一個宗教團體也是一個政黨，掌握了錫克教聖殿——謁師所，並參與選舉。阿卡利黨長久以來的領導人是塔拉．辛格上師，一位重要且有趣的人物，而且（就像許多印度歷史上的人物）尚未有人為他作傳。

辛格出生於一八八五年六月，原本是印度教徒。我們不應對此過於震驚，因為首批皈依者通常是最有力、甭論最信守基本教義的宗教領袖。他在阿木里查的卡爾沙學院（Khalsa College）就讀，在學業與足球場上都有出色表現。他在足球場上展現的堅定防守，為他贏得「帕特哈爾」（Pathar）——也就是「石頭」——的綽號。他並未進入殖民政府工作，而是成為利亞浦（Lyallpur）錫克教學校的校長，獲得「上師」的稱號。[10]

一九二〇年代，塔拉．辛格參與一場將腐敗祭司逐出錫克教聖殿的運動。一九三一年，他成為最高謁師所管理委員會（Shiromani Gurdwara Prabandhak Committee）的領導人，這是一個權力廣大且具有影響力的職位，特別是在金錢方面。之後的三十年，他成為「潘特」（panth）❷——錫克教社群最堅決固執的捍衛者。他成功將自己打造成「唯一堅持潘特成為獨立政治實體的支持者，並為此吃盡苦頭；作為一名錫克教領袖，他不停為錫克教社群爭取擁有領土的政治權力，作為一名無私的領導者，他更是沒有任何個人野心」。[11]

一九四七年前，塔拉・辛格堅稱錫克教潘特面臨穆斯林與穆斯林聯盟迫害的危機。一九四七年後，他改口稱威脅來自印度教與國大黨。在一九五一年至一九五二年的大選期間，他措辭更加強烈。他強烈抗議印度教的支配，並且宣布「為了宗教、文化、潘特，並為了高舉上師旗幟，錫克教徒已經做好實現獨立的準備」。[12]

一九四八年至一九五二年間，塔拉・辛格數度被捕，理由是藐視公開聚眾的禁令，以及演說被認定具「煽動性」。數百名支持者陪同他入獄。他獲得來自錫克教農民的強烈支持，特別是上層種姓的賈特人（Jat）。塔拉・辛格刻意模稜兩可地使用「獨立」一詞。賈特農民想要一個印度之內的錫克省，而非獨立主權的國家。他們想要擺脫印度教占主導地位的東旁遮普，追求一個他們能夠成為穩定多數的邦。但是塔拉・辛格暗示將脫離印度，藉此向政府施壓，同時說服支持者追求相同理念。

然而，不是所有錫克教徒都支持塔拉・辛格。害怕賈特人、低階種姓的錫克教徒，就對阿卡利黨抱持反對。也有一些賈特人加入國大黨。一九五一年的人口普查發現一個趨勢：許多說旁遮普語的印度教徒，改以印度語作為母語。

但是大選是塔拉・辛格最大的挫敗。在旁遮普議會一百二十六個席位中，阿卡利黨只獲得十四個席位。

---

❷ 譯注：panth有「道」（path）的意思。

## III

毫無疑問地，最強而有力的語言自治運動，是安德拉鄉間的泰盧固語使用者。泰盧固語是印度語之外，在印度最多人使用的語言。它有豐富的文學歷史，且是代表安德拉榮光的毗奢耶那伽羅（Vijayanagara）帝國象徵。當印度仍受英國統治的時候，安德拉大會（Andhra Mahasabha）致力於馬德拉斯管轄下的泰盧固語使用者之間培養認同感，並且主張泰盧固語使用者遭泰米爾人歧視。安德拉大會在海德拉巴土邦內也很活躍。

獨立後，泰盧固語使用者要求國大黨重新實施語言邦政策。他們推廣議題的手段多樣：連署、推派代表、街頭遊行與絕食。前任馬德拉斯首長普拉卡桑（Tanguturi Prakasam）因為建邦議題於一九五〇年退出國大黨，對於後者是沉重的打擊。馬德拉斯議會裡不分政黨的泰盧固語議員，要求立即創立安德拉邦。一九五一年雨季中，由前國大黨政客搖身變為尊者（swami）的西塔朗（Sitaram），在眾人支持下開始絕食抗議。在甘地主義領導人、備受尊敬的巴韋（Vinoba Bhave）的請求之下，他於五週後放棄絕食。[13]

成人全面普選如今面臨安德拉邦運動的考驗。尼赫魯在泰盧固語地區從事競選活動時，在許多地方都遭遇揮舞黑旗、高喊「我們要安德拉」的示威者。[14]官方黨報以沮喪的口吻寫道：「國大黨主席遭遇安德拉邦運動支持者的示威，他們喊著口號、拿著標語與海報。在某些地方他微笑以對，在其他地方則被對方的舉止惹怒。」[15]這是不祥的預兆，國大黨雖然在其他地方獲得成功，在這裡的表現卻相當糟糕。馬德拉斯立法議會的一百四十五個席次中，該黨僅贏得四十三席。大部分席次由支持安德拉邦運動的政黨囊括，其中包括共產黨。在馬德拉斯，他們贏得出色的四十一席。選舉結果再度激發安德拉邦運動的能量。到了一九五二年二月底，西塔朗開始在泰盧固語地區遊行，爭取人們支持抗爭。他說創邦理想「不能再拖延下去」。安德拉「為了理想，準備好付出代價」。這位尊者鼓吹所有馬德拉斯議會裡的泰盧固議員杯葛議事進行，直到創邦理想實現為止。[16]

激烈的安德拉邦運動有兩個令它厭煩的人物：總理以及馬德拉斯首長拉賈戈巴拉查理。兩人都曾公開表示不贊同創立安德拉邦。兩人都表明即便安德拉邦在違背他們的意願下成立，馬德拉斯市也不會是安德拉的一部分。這激怒了安德拉邦運動者，因為他們占相當比例的人口，對該城經濟有重要貢獻，也認為自己與泰米爾人一樣，有權宣稱擁有該市。[17]

五月二十二日，尼赫魯告訴國會：「過去幾年至今，我們的優先事項就是鞏固印度。我個人並不歡迎任何無益於團結的事物。即便某些情況下，創立語言省令人嚮往，現在顯然時機錯誤。當正確的時機來到，我們會盡力完成。」

如同納拉亞納．羅（K. V. Narayana Rao）寫道：「對於安德拉人而言，尼赫魯的態度顯得過於模糊、閃躲。沒人知道何時是正確時機、它又何時到來。」得不到回應的安德拉人提高抗爭的強度。一九五二年十月十九日，一名叫做波提．斯里拉穆魯（Potti Sriramulu）的男子，在馬德拉斯開始絕食至死的行動。他獲得西塔朗的祝福，身旁並有數千名泰盧固語使用者。[18]

出生於一九〇一年的馬德拉斯，斯里拉穆魯在鐵路公司工作前，學的是衛生工程。一九二八年，他遭受雙重打擊：那年他的妻子與剛出生的孩子同時逝世。兩年後，他辭職並加入食鹽長征行動，之後並待在甘地的高僧修行所（Sbarmati ashram）。後來他因為參與一九四〇年至一九四一年的個人不合作運動而被判入監十八個月。

根據一九八五年安德拉運動歷史委員會出版的聖徒研究，斯里拉穆魯待在甘地的高僧修行所「具有劃時代的意義。在這裡，他是一位充滿愛與人性的追尋者。願為他的同胞奉獻、犧牲一切。在這裡，有一位上師，屬於全世界的老師，同樣充滿關愛、真理、不害（ahimsa）❸，並將受苦難的窮人（daridra narayana）視如己出。在高僧修行所，〔斯里拉穆魯〕……帶著喜悅與奉獻精神，完成任務並贏得至交的關愛與尊者〔甘地〕的稱許」。[19]

甘地確實關愛斯里拉穆魯，不過，一定也被他稍微激怒。一九四六年十一月二十五日，這位門徒開始絕食至死，藉此要求所有馬德拉斯省的寺廟開放給穢不可觸者。其他國大黨代表正專注於即將到來的印度獨立，催促他打消念頭。當他拒絕之後，代表們找上甘地，後者說服他放棄絕食。聖雄接著致信給普拉卡桑，表示他「對斯里拉穆魯的絕食圓滿落幕感到欣慰。他結束絕食後立刻拍了電報給我。我知道他是一個堅定的工人，儘管有些古怪」。[20]

一九六四年，斯里拉穆魯在甘地的堅持下取消絕食。但是一九五二年時，聖雄已經逝世。對於斯里拉穆魯來說，安德拉比穢不可觸者來得重要。他將持續絕食至死，除非印度政府態度和緩。

十二月三日，尼赫魯致信拉賈戈巴拉查理：「好像有人為了安德拉省的事情絕食，我收到焦急的電報。對此我並不動搖，並建議你完全忽略此事。」當時斯里拉穆魯已六週未進食。隨著他的苦難持續，愈來愈多人支持他的理念。許多城鎮發起「哈達爾」（hartals，罷工）。社會學者貝泰耶（André Béteille）正好由加爾各答旅行至馬德拉斯，他回憶列車在維沙卡（Vizag）被一群憤怒的暴民攔下，喊著反對拉賈吉與尼赫魯的口號。[21]

尼赫魯現在被迫承認社情民意的力量。十二月十二日，他再度致信拉賈吉，暗示是時候接受安德拉人的訴求了。「否則安德拉人將對政府完全失望，我們無法承受這樣的後果。」兩天後，拉賈吉絕望地向總理拍了越洋電報：「如果你召喚西塔朗至德里，我們也許能防止更多傷害。他人在馬德拉斯陪同絕食者斯里拉穆魯。他是始作俑者，安德拉的年輕男子們情緒極度不穩定，而且態度粗暴。如果你邀請西塔朗對話，氣氛可能有所改變，並且降低損害。」[22]

不過現在已經太遲了。十二月十五日，斯里拉穆魯在絕食第五十八天逝世。局勢一片混亂。「斯里拉穆魯逝世的新聞，使整個安德拉陷入混亂。」政府辦公室遭攻擊；火車被攔下、毀壞。政府財產損害達數百萬盧比。許多示威者遭警方開槍殺害。[23]尼赫魯一度宣稱此議題須以「事實，而非絕食」決定。現在，面對示威情勢擴大並很有可能超出掌控，總理屈服了。斯里拉穆魯逝世後兩天，他發表聲明將成立安德拉邦。

接下來的幾個月，將自馬德拉斯省脫離的泰盧固語地區經過確認。馬德拉斯的首長寫道，劃分該省的過程「伴隨許多難聽的言論、不良的行徑，以及不信任與憤怒」。[24]拉賈戈巴拉查理抑制自己的情緒，參加一九五三年十月一日安德拉邦位於庫奴（Kurnool）的成立典禮。同樣重要的來賓、安德拉的昔日敵人尼赫魯也參加了。

## IV

安德拉邦的創立使總理心煩了一整天。尼赫魯致信同事，陰鬱地寫道：「你將發現我們捅了馬蜂窩，我相信之後我們大多數人都會被叮得滿頭包。」[25]

---

❸ 譯注：非暴力的意思。對一切生命保持尊重而不殺害。

如同尼赫魯所擔憂的，安德拉的成立過程，導致其他訴求類似的語言團體變得愈來愈激進。印度政府有些不情願地指派邦重組委員會（States Reorganization Commission, SRC）就「處理這個（語言）問題的廣泛原則提供建議」。一九五四年至一九五五年，委員會成員走遍印度。他們造訪一百零四個鄉鎮與城市、訪問超過九千位民眾，並且收到多達十五萬兩千兩百五十份的書面意見。

其中一份篇幅較長、內容較為有趣的書面意見來自孟買市民委員會（Bombay Citizens Committee）。該委員會由重要的棉紗鉅亨——塔庫爾達斯（Purushottamdas Thakurdas）爵士——領銜，成員還包括其他顯要的實業家如塔塔（J. R. D. Tata）。該城最有成就的律師、學者及醫生也一同署名。

孟買市民委員會最主要的訴求，就是脫離馬哈拉什特拉邦。他們印製一本多達兩百頁的書，說明自己的主張，裡頭充滿曲線圖、地圖與表格。第一章與歷史有關，說明該城是由一波波不同語言社群的開墾者所定居。它宣稱在十九世紀末之前，馬哈拉什特拉移民很少，而目前該城人口中，也僅有百分之四十三是馬拉提語使用者。第二章論及孟買在經濟層面上對印度的重要性。它是工業、金融與外貿的主要中心。它是印度與世界銜接的窗口：往返孟買的班機數量，比印度其他城市加總還多。第三章、第四章與社會學有關，顯示該城多元語言與文化的特色。它引述一位歐洲觀察員的話，這「或許是這個星球上，組成最混雜的地方」，另一段引述則稱「真正的多元人種中心，遠超過開羅（Cairo）與君士坦丁堡（Constantinople）混雜的民族」。第五章則與地理有關，它提出孟買物理空間上的孤立，海洋與山脈將這裡與馬拉提語的心臟地帶分隔。

首批開墾者是歐洲人，主要的商人與資本家是古吉拉特人與帕西人，主要的慈善家也是帕西人。這座城市是由非馬哈拉什特拉人所建立的。即便是工人階級，馬拉提語使用者的數量也經常少

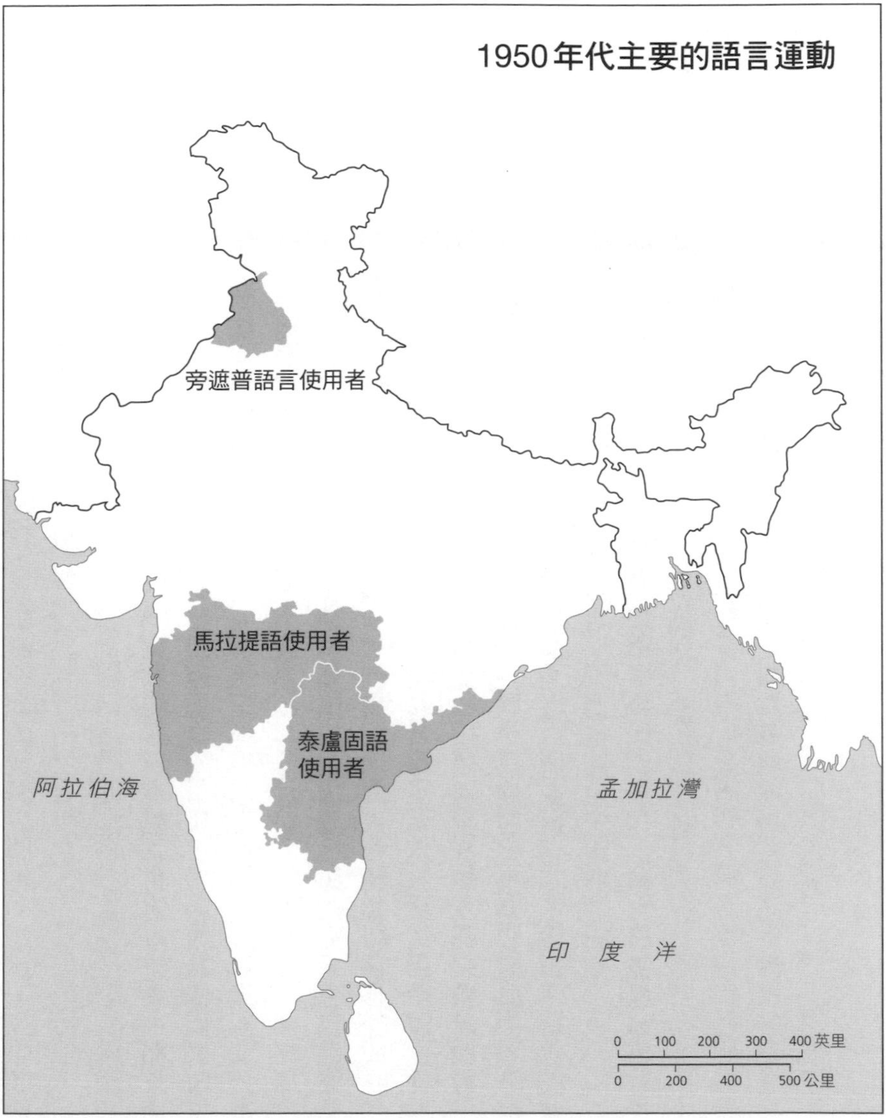
1950年代主要的語言運動
旁遮普語言使用者
馬拉提語使用者
泰盧固語
使用者
阿拉伯海
孟加拉灣
印　度　洋
0　100　200　300　400英里
0　200　400　500公里

於北印度人與基督徒。對於孟買市民委員會來說，很明顯「基於地理、歷史、語言、人口或是法律制度等理由，孟買與北康坎並非如馬哈拉什特拉統一運動的支持者所宣稱，是馬拉塔地區的一部分」。[26]

在背後推動這種世界主義的，是主導「拯救孟買」運動的語言團體：古吉拉特人。如果孟買成為大馬哈拉什特拉邦的首都，大部分的政治人物與官員將是馬拉提語使用者。對於使用古吉拉特語的資產階級——無論是印度教徒或是帕西人——而言，都不是值得開心的事。這群人為孟買市民委員會提供人力、資金，基本上委員會也是由他們經營。[27]

大抵而言，尼赫魯支持孟買擺脫單一語言團體掌控的想法。說馬拉提語的高瓦克也這樣想，總理與印度國民志願服務團的最高領導人很少出現想法一致的情況。兩人都認為語言邦的成立，將會「導致怨懟，並且促進分裂趨勢，進而危害國家團結」。[28] 一九五四年五月，高瓦克受孟買反地方大會（Anti-Provincial Conference）的邀請發表演說，該大會認為按語言劃分的主張「顯示地方主義與派系主義的危害」。「多元滋生爭執，」高瓦克大聲斥責，「單一民族與文化是我的原則。」無論是自視為泰米爾人、馬哈拉什特拉人，或是孟加拉人，都是「耗損民族精力」。他希望這些人自認是「印度教徒」。這是他與尼赫魯的不同之處，後者當然希望人們自認是「印度人」。[29]

如同國大黨裡，有些人對於此問題的看法與尼赫魯不同，印度國民志願服務團裡，也有核心幹部與其領導者高瓦克意見相左。早在一九四六年，馬哈拉什特拉統一組織（Samyukta Maharashtra Parishad）便在運作。裡頭有各種政治理念的馬哈拉什特拉人、左翼與右翼、世俗和社群主義、婆羅門、馬拉塔人與賤民。議會的目標是創立一個邦，團結四散各地的馬拉提語使用者。不過，他們認為該邦唯一的首都只能是孟買。

馬哈拉什特拉統一組織的主席是資深國大黨人迪歐（Shankarrao Deo），其書記與主要理論家是留學劍橋的知名經濟家蓋吉爾（D. R. Gadgil）。蓋吉爾認為，孟買可以持續作為馬哈拉什特拉的主要港口與經濟中心，但是必須對城市的產業「強制去中心化」。另一個理論家德什穆喀（G. V. Deshmukh）更直白。他說，除非孟買市納入他們的邦，否則馬哈拉什特拉人必然得持續忍受「扮演代理商旁邊的第二代理商、經紀人旁的第二經紀人、教授旁的助理教授、經理旁的職員〔以及〕商店老闆旁的勞工」。[30]

為了回應古吉拉特人的孟買市民委員會，馬哈拉什特拉統一組織也準備一份多達兩百頁的文件。第一部分為語言邦的原則提出理論辯護。它爭辯道：藉由將使用相同語言的人集結在一個統一、有凝聚力的地區，將可以深化聯邦主義。因此，「一個語言邦的行政機關，若是使用一般民眾的語言，將讓民眾感受、了解民主的運作，以及參與其中的必要性。」

論及他們自己的邦時，該文件宣稱「馬拉提語地區的社會同質性高」。有相同的種姓結構、神祇與聖人，相同的民俗故事與傳說，目前馬拉提語使用者散布在三個地方——海德拉巴、孟買邦以及中央省——這是一個歷史偶然，因此必須盡快處理。

該議會主張新成立一個統一的馬哈拉什特拉邦，此外首都必須是孟買。因為這個島嶼城市所在的地區，長久以來居住著說馬拉提語的人民。孟買的西邊鄰海，北邊、南邊與東邊的領土，都是由馬拉提語使用者所支配。城市本身則是馬拉提語媒體、馬拉提語出版品及馬拉提語文化的中心。經濟上，孟買相當依賴說馬拉提語的內陸地區，孟買自後者獲得勞動力、水資源與能源。其通訊管道也都經過馬哈拉什特拉。總而言之，「成立馬哈拉什特拉邦，首都卻不是孟買，這是一件難以想像的事，如果企圖將孟買市與之分離，馬哈拉什特拉邦不可能運作。」針對該城多數並非馬拉提語使用者的論點，該議會回應：說馬拉提語的人比其他任何語言都來得多。無論如何，廣大港口城市的本質就是語言的多元。緬甸首都只有百分之三十二的人口說國語，但是「沒有人膽敢暗示仰光並非緬甸的領土」。[31]

孟買被馬拉提語地區所環繞；新成立的馬哈拉什特拉邦，首都必須是孟買。馬哈拉什特拉統一組織如此主張。但是孟買市民委員會則認為，孟買絕大部分是由非馬哈拉什特拉人所滋養，因此必須成立獨立的城邦。雙方有可能達成共識嗎？一九五四年六月，迪歐拜訪塔庫爾達斯爵士，目的是商討折衷方案。迪歐說他們的核心訴求是孟買作為馬哈拉什特拉的首都，這是無可協商的，但是他們可以共同努力維持「大都會的自治特質，確保都會生活方式、貿易與產業等」。塔庫爾達斯爵士則說願意放棄城邦的構想，支持馬拉提語與古吉拉特語並行的雙語邦。[32]

會面彬彬有禮卻不得要領。孟買被提交至邦重組委員會，後者不幸得處理燙手山芋中最炙熱的難題。

## V

邦重組委員會的成員是司法學家法茲爾．阿里（Sayyid Fazl Ali）、歷史學家暨政府官員潘尼迦以及社工孔茲魯（Hridya Nath Kunzru）。值得一提的是，過往至今，三人都與國大黨沒有正式關係。三人歷經十八個月的密集工作後，在一九五五年十月呈交報告。報告首先小心翼翼地略述支持與反對語言邦的論點。報告敦促採取「平衡的方法」，承認「語言同質性是協助行政便利與效率的重要因素」，但是不能「將它視為唯一與強制性的原則，並且無視其他考量」。其他考量指的當然是印度整體的統一與安全。[33]

接下來的十九章，報告提出重組的具體提案。南方各邦按主要語言重新分配地區看起來相當容易：泰盧固語、康納達語、泰米爾語和馬拉雅拉姆語之下的行政區與次級行政區（taluks）將視該區主要的語言團體重新劃分。四個整合的邦將取代英國統治時期以來混亂的領土。

在印度北部，邦重組委員會同樣將廣大的印度語地帶分為四個邦：比哈爾、北方邦（Uttar Pragesh）、中央邦與拉賈斯坦。在東邊，既存的邦將繼續保留，僅細微調整。委員會拒絕自比哈爾與阿薩姆劃分出部落邦的要求。

邦重組委員會並不同意創立單一的錫克邦，也拒絕將馬德拉斯市分配給安德拉。不過最引人爭議的提議，是沒有允許成立統一的馬哈拉什特拉。委員會提出獨立的維達婆（Vidarbha）邦作為補償，該邦將由內陸馬拉提語地區所組成。但孟買邦將維持古吉拉特語與馬拉提語並行的雙語邦。委員會表示尊重馬哈拉什特拉統一運動，但是「不能忽略其他社群的恐懼」。

## VI

邦重組委員會提議孟買成為雙語邦的首都，這個意見在一九五五年十一月十五日的國會中被討論。野心十足的孟買議員帕提爾（S. K. Patil）認為委員會應該更積極：他認為政府應該創立孟買城邦。毫無疑問地，他希望由他本人治理。他表示這個未來的城邦「由各地人口組成」，「建立在每個人的努力付出上」。自行管理的孟買，將成為「印度的縮影，並按國際標準營運……（一個）大熔爐，將發展出亮麗的新文明……人口應恰好占全國人口的百分之一。這百分之一的人口將在實踐世俗主義與相互了解上，發揮領導作用」。

帕提爾與邦重組委員會的意見相同，也希望馬哈拉什特拉人妥協，放棄宣稱擁有孟買的主張。帕提爾顯然不是為了自己的馬哈拉什特拉同胞們發聲。緊接在帕提爾之後於下議院（Lok Sabha）發言的，是來自浦那的國大黨議員加吉爾（Narhar Vishnu Gadgil）。加吉爾堅稱他支持妥協，但是「要有限度。無人可以放棄自尊，如同沒有婦女可以放棄忠貞，也沒有國家可以放棄自由」。除了馬哈拉什特拉，在其他地方，按語言劃分的原則都被承認了。該委員會的報告已在馬拉提語地區引發巨大的痛苦。相關的抗議報導應該清楚說明「馬哈拉什特拉的統一，如果沒有孟買作為其首都，將不會被接受」。加吉爾警告，如果輕忽上述觀點，孟買的未來將在街頭上被決定。

邦重組委員會敦促馬哈拉什特拉人以國家統一為重，放棄孟買。加吉爾抗議表示這是企圖抹黑。他說，過去的一百五十年見證了馬哈拉什特拉人對於民族情感的奉獻。馬拉提語使用者建立印度首批學校與大學，並且協助成立印度國民大會黨。馬拉塔人是「以激烈行動抵抗英國的先驅」。二十世紀初期，當國大黨衰弱之際，「是誰賦予它新的生命？是誰提出新的原則與哲學？是提拉克（Lokmanya Tilak）。他在一九二〇年的自治運動（Home Rule movement）中擔任領導，我們也身先士卒。我引用的正是聖雄甘地曾說的，馬哈拉什特拉是（民族）工人的蜂窩」。即便到了現在，在獨立後的印度，仍是馬哈拉什特拉人巴韋「持續高舉甘地哲學的旗幟，在各地傳播甘地的理念」。

在孟買問題中，馬哈拉什特拉人被告誡必須「為國家統一、安全與利益而努力」。這位浦那議員憤怒表示，這些年來「我們所作所為正是如此」。加吉爾的結論令人動容，最後一句話更是刺中要害：「要求我們為民族付出，就是要求檀香木維持芬芳。」[34]

一如加吉爾所警告的，事態由國會殿堂轉戰至街頭。某個孟買週刊警告，局勢「在騷動中沸騰，可能爆發為暴力衝突，未來一段時間，井然有序的生活將難以持續」。[35]左、右翼的政治人物激化這樣的不滿。著名的共產黨員丹吉（Shripad Amrit Dange）支持馬哈拉什特拉統一運動，領導低階種姓的政治人物安貝卡也是。加入他們行列的還有印度人民同盟與社會主義黨；後者可能是當中最積極的。許多持不同意見的國大黨成員也加入了，形成一個全面性的結盟，代表所有夢想幻滅的馬哈拉什特拉人。

這樣容納各方人士的包容性，反映在團體名稱的改變。馬哈拉什特拉統一組織改名為馬哈拉什特拉統一社會（Samyukta Maharashtra Samiti）。[36]「帕里夏德」（parishad）最合適的翻譯是「組織」，隱含團體以官方主事者為中心的意涵，「沙米提」（samiti）則是「社會」，暗示該團體正致力相互合作並讓更多人參與。

害怕麻煩的孟買警察，在一月十六日早晨突襲馬哈拉什特拉統一運動新成立的各黨派行動委員會（All-Party Action Committee）的行動者與領導者們。他們逮捕近四百人。此舉引發運動號召十八日舉辦大罷工。當天商店與工廠關閉，公車與火車停止營運。遊行隊伍穿越街頭，燒毀尼赫魯與德賽這位說古吉拉特語的孟買邦首長肖像。當一位歐洲記者停在路邊拍攝遭砸毀與踐踏的尼赫魯肖像時，「陽臺與屋頂傳來巨大的歡呼，群眾們大吼『拍下來，拍下來讓全世界知道我們對尼赫魯的看法』。」[37]

兩天前的十六日下午，媒體報導了第一波警察與示威者之間的衝突。暴民搗毀公物、搶劫商店與辦公室。城市完全停止運作將近一週，政府調度一萬五千名警力對付暴動者。黑煙升起、十多人死亡，價值十多億盧比的建築物遭摧毀。這是印度近代以來最可怕的暴動。[38]

尼赫魯被孟買的事件所震撼。他致信同事，提及語言問題「比印巴分治後的局勢更加嚴重，我們必須發揮積極領導作用」。[39] 一月第三週在阿木里查召開的會議中，全印度國大黨委員會抨擊暴力讓「孟買與印度蒙羞」。尼赫魯指示該黨敦促成員勸說「分裂、分離主義與地方主義」的勢力轉而為「國家各地的融合」努力。比哈爾與西孟加拉的國大黨首長發布聯合聲明，提議兩邦合併。他們希望這樣的聯合能撲滅「分離主義的傾向」、幫助經濟進步，此外並成為「印度統一問題重要的解決案例，一如該黨大老所呼籲的那樣」。[40]

尼赫魯的盟友還包括內政部長彭特（Govind Ballabh Pant）與肖像同樣遭燒毀的德賽。德賽表示，示威者實際上企圖「推翻政府，並以武力取得該市。示威者的目的還包括威嚇城市內的非馬哈拉什特拉人，讓他們屈服並同意孟買歸屬於馬哈拉什特拉」。

加吉爾強烈反擊這樣的解讀。他認為政府的反應過度。加吉爾致信尼赫魯與彭特，表示警察開火與使用警棍驅離的「規模讓前英國官員也自嘆弗如」。一九一九年，英國政府將阿木里查札連瓦拉園（Jallianawala Bagh）舉辦的一場和平聚會稱為「反政府的叛亂」，正當化戴爾（Dyer）將軍的屠殺。同樣地，德賽誇大孟買的示威，以便「正當化警察暴行」。加吉爾表示，「在德賽與馬哈拉什特拉之間」，德里選擇德賽，因為「會開槍的便是好官員」。但是該黨必須因此付出很高的代價。因為「在孟買，警察的無差別射擊與其他暴行，已經使馬哈拉什特拉人與國大黨及印度政府澈底疏遠」。[41]

怒火持續悶燒。（幾乎）每個馬哈拉什特拉人喊的口號都是：「就算面對棍棒與子彈，我們終將得到孟買。」[42] 一月二十六日是共和日，孟買許多工人階級的地區出現黑旗飄揚。當尼赫魯計畫在二月造訪該市時，馬哈拉什特拉統一運動的民眾發起十萬孩童的連署請願，遞交給總理的請願書上頭寫著「尼赫魯叔叔，把孟買還給我們」（Chacha Nehru, Mumbai dya.）。尼赫魯來到，但戒備森嚴，他並未與媒體會面，甭論孩童。[43]

一九五六年六月，國大黨年度會議在孟買舉行，尼赫魯從機場沿路遭遇黑旗。會議廳外氣氛緊繃。會議第二天，一群人向國大黨成員扔擲石頭。許多人受傷，引發警方發射催淚瓦斯。

國大黨內馬哈拉什特拉成員如今公開表示不滿，讓尼赫魯的問題更加棘手。聯邦財政部長德希穆克（C. D. Deshmukh）與庫拉巴（Kulaba）海岸地區的國會議員辭職，以表示對於孟買未分配給馬哈拉什特拉的不滿。其他人相繼跟進。

整個一九五六年的夏天，雙方焦急地等待中央如何定奪孟買。內閣接受邦重組委員會的其他建議，但是有謠言傳出，尼赫魯與內政部長彭特都支持讓孟買市成為獨立的聯邦領土。但當時普遍氛圍，此舉不太可能實現。十一月一日，以語言為基礎的新邦紛紛成立，並且成立孟買雙語邦。政府對示威者唯一的讓步，就是四十一歲的馬拉特人查凡（Y. B. Chavan）取代德賽擔任首長。[44]

## VII

語言邦的成立標誌著民眾意志的勝利。這違背尼赫魯的意願，卻是斯里拉穆魯想要的結果。斯里拉穆魯的絕食持續了五十八天，頭五十五日，總理選擇完全忽視。一位記者指出，這段期間他往來印度各地，發表一百三十二場演說，但對語言問題隻字未提。[45]而一旦尼赫魯對安德拉人讓步，並且成立邦重組委員會之後，按語言改編全國就無可避免。

語言邦運動顯示民眾情感不尋常的深度。對於康納達人、安德拉人、奧里薩人乃至於馬哈拉什特拉人而言，語言比種姓、宗教更能代表他們的認同。這在他們的抗爭以及抗爭勝利時的行為中展露無遺。

其中一個跡象是官方對於藝術的贊助。各邦投注大量心力與金錢，資助以該邦官方語言寫成、演出的書本、戲劇及電影。結果許多拙劣的作品得到資助，不過當然也有許多值得支持的作品。特別是按語言改編行政區後，地方文學再度蓬勃。

另一個案例是建築。建造新的首都，或起碼建立新的立法議會，對新成立的各邦而言是必要條件。舉例而言，在奧里薩，兩名建築師被委託設計、規畫一系列政府建物。建築師被告知，這些建築物必須「代表奧里薩的文化與工藝」。最終成品使用大量原住民裝飾：圓柱、拱型與神祇雕刻。新布巴內什瓦爾（Bhubaneshwar）的建築物，該邦的歷史學者寫道：「是一棟自故鄉土壤中升起的建築物，神聖而純潔。」[46]

展示這種地方驕傲的一個驚人案例是邁索爾邦的議會與行政大樓。該建築物位於邦加羅爾高等法院的對面，後者是一棟紅色、精緻、擁有許多圓柱的建築，至今可能仍是該城最美的建築物。然而，邁索爾首長哈努曼迦亞（Kengal Hanumanthaiya）將高等法院視為殖民遺緒。最初他請求拆除許可，當要求被拒絕後，他決心讓新的議會大樓（Vidhan Souda）把高等法院比下去，並使後者黯淡無光。它必須傳達一種「力量與尊嚴的概念。有著印度——特別是邁索爾——風格，而非純粹西方樣式」。

最終成品是折衷取材自卡納提克（Carnatic）高原王國的建築物。哈努曼迦亞給予建築者鉅細靡遺的指導，要求他們仿造邁索爾王宮某一個房間的圓柱，門則仿造一個他指名的古老寺廟。最終成果——一如預期——是大雜燴，但的確符合主要目的，就是「每一寸都贏過殖民時期的高等法院

（Attara Kacheri）」。[47]

起初，民族主義菁英對語言邦運動十分憂心。他們擔憂運動將導致印度的巴爾幹化，製造更多的巴基斯坦。「任何以語言為基礎來重新繪製印度地圖的企圖，」《印度時報》於一九五二年二月初寫道，「只會給予反動勢力難得的機會，公開展示自己的權威。這是砍向印度完整性根基的一斧。」[48]

然而回頭檢視，按語言改編使印度的統一更加穩固。的確，衍生邦加羅爾議會大樓這般低劣的建築物，並不符合每個人的品味。此外，各邦之間也因共用河水發生嚴重衝突。但是整體而言，語言邦的創立，在地方展示自我認同的過程中扮演了一個極具建設性的角色。它證明成為康納達人、泰米爾人或是奧里薩人，並且身兼心滿意足的印度人，是可行的。

早先的案例是一九五五年安德拉議會的選舉。三年前，國大黨在這個地區表現得一塌糊塗。他們在邦的成立問題上支吾其詞而不受信任。相對而言，共產黨成功搭著大（*vishal*）安德拉的順風車。但在一九五五年，安德拉邦已經確實建立，國大黨也取得壓倒性勝利。作為主要對手的共產黨則完全潰敗。當時，一位評論員鬆了口氣寫道：「安德拉將不再被懷疑是印度的延安❹。」[49]

安德拉人不會退出印度，不過他們重新定義了作為一個印度人的意義是什麼。起碼一位安德拉人做到了。如今世人已遺忘斯里拉穆魯。這令人惋惜，因為他對於印度歷史及地理的影響深遠。他的絕食與後續效應，引發印度根據語言界線重新繪製地圖。如果尼赫魯是當代印度的創造者，斯里拉穆魯就是印度地圖的麥卡托（Mercator）❺。

---

❹ 譯注：中國工農紅軍兩萬五千里長征終點，也是中國共產黨一九三五年至一九四八年的根據地。

❺ 譯注：傑拉杜斯・麥卡托，麥卡托投影法的發明人。麥卡托投影法是一種等角的圓柱形地圖投影法。

# 第十章
# 征服自然

〔印度民眾〕必須選擇究竟他們要接受教育或是保持無知；究竟他們要與外面世界進一步接觸，並且迅速響應其影響力，或者維持隔絕與冷漠；究竟他們將被組織起來或是維持分裂，勇氣十足或是膽小退卻，積極進取或是消極被動；要做一個工業國家或是農業國家，富裕或是貧窮；強大且受人尊敬或疲弱且被先進國家支配。行動，而非情感，才是決定性的要素。

——維菲斯瓦拉亞（Mokshagundam Visvesvaraya），工程師，一九二〇

印度人對於社會主義的信念，至少與我們對自由創業的信念同樣深厚……即便是最頑固的印度資本家，都會偶然發現在內心深處，自己其實是一位社會主義者。

——高伯瑞（John Kenneth Galbraith），經濟學者，一九五八

# I

聖雄甘地喜歡說「真正的印度在鄉村」。獨立之際，這是一個幾乎由耕作者與勞動者組成的國家。將近四分之三的勞動力都在農業，農業也貢獻印度國內生產毛額的百分之六十。工業部門雖小但持續成長，約占百分之十二的勞動力，並貢獻百分之二十五的國內生產毛額。

農民是印度民族與經濟的支柱。印度大陸上有著五花八門的農業方法。舉例而言，北部與西部有廣大的麥子區，那裡的婦女通常不參與耕種；南部與東部的稻米區，婦女的工作對於秧苗的成長就很重要。印度半島的廣大地區並不種植稻米與麥子：這裡主要穀物是抗旱的小米。除了稻穀，農民也種植各種水果，以及市場導向作物，例如棉花與甘蔗。

然而印度各地不同的農業種植型態，大部分都是以經驗為依據，建基於代代相傳的知識與傳統，而非書本上的概念。各地的農業型態大部分取決於當地條件。人們將水、燃料、草料、肥料，聚集在村落的周邊地區。農民以兩頭牛隻拉犁耕田，並以木頭與在附近森林拾來的茅草建造家屋。

在每個地方，那些依賴土地維生的人與其他人生活緊密。占農村人口三分之二的農民相當依賴服務與工匠種姓：鐵匠、理髮師、清道夫等等。在許多地方有興盛的織工社群。在某些地方則有大批的放牧者。

社會層面而言，印度大陸各地的生活方式也有相似之處。識字程度非常低。種姓意識強烈，村莊被分為六個或更多的種姓，同種姓相互聯姻。宗教意識也根深柢固。

鄉村地區的印度，有一種時間暫停的氛圍。農民、牧人、木匠、織工仍然維持與祖先一樣的生活與工作。同如一項一九四〇年代的調查所言：「平原的生活一如既往，同樣與變幻莫測的氣候對抗（除了一些得天獨厚的地區），同樣喜愛簡單的遊戲、運動與歌曲，同樣維持鄰里互助，以及同樣在財務上負債」。[1]

然而，對於印度民族主義者而言，持續不變只是停滯的委婉說法。農業生產力水平低落，營養與健康也一樣。唯一成長的只有人口。自十九世紀晚期起，醫療服務擴張，死亡率迅速下降。結果，因為生育率維持不變，人口穩定成長。在一八八一年至一九四一年間，英屬印度的人口從兩億五千七百萬成長至三億八千九百萬。但是（或說因此）每人能獲得的食用稻穀從原本就很低的兩百公斤，跌落至每人每年僅一百五十公斤。

幾乎從國大黨創立的一八八五年開始，印度民族主義者就控訴英國剝削農民。他們下定決心自己掌權之後，農業改革將成為他們最優先的議程。三個計畫看起來至關重要。第一是廢除土地收益。第二是大規模擴張灌溉，目的是增加生產力並且減少對於雨季的依賴。第三是改革土地所有權制度。特別是在印度北部與東部，過去英國鼓勵不在地地主制（absentee landlordism）❶。其他許多地區，那些耕作土地的人通常也未擁有土地。

佃農的使用權缺乏保障，農業勞動者更是沒有土地耕作。農業經濟當中的不平等問題，確實非常尖銳。剝削的形式多樣且推陳出新。除了土地稅，英屬印度時期的地主（zamindars）向農民實施一連串的額外田賦，例如摩托拉納（motorana，用來支付地主的新車）以及哈提阿納（hathiana，用來支付他的大象）。[2]地主通常對自己的動物與交通工具比對工人還好。獨立前兩週，馬德拉斯

❶ 譯注：將土地出租給佃農，本身不從事耕作的地主。

一家進步派的週刊刊登了一則馬拉巴爾鄉村的悲慘故事。報導描寫一個擁有七頭大象的大地主，每週需要兩萬五千公斤的草料，然而他的佃農一整週卻只有三天份的糧食配額。[3]

印度國大黨裡頭的社會主義成員推促該黨承諾全面土地改革，包括廢除持有大規模土地，促進佃農保障以及重新分配剩餘土地。他們也鼓吹擴大提供信貸，解決農村普遍負債的問題。[4]

但是，民族主義者也認知到農業改革必須伴隨工業成長。國家需要更多工廠吸收鄉村剩餘的失業勞動力，也需要工廠證明國家的現代化。為了得到其他國家的敬重，印度必須受教育、團結、向外展望，以及最重要的，工業化。

殖民時期英國公司的工廠與印度工廠之間存在鮮明的隔閡。舉例而言，黃麻大部分在外商手中，棉花紡織品則由本國人掌握。英國殖民政府經常被指控（大部分的指控都沒錯）蓄意打壓印度企業，以及惡意修改關稅與貿易結構，使其對英國公司有利。部分印度資本家小心翼翼，不接觸政治，其他人則是國大黨的熱烈支持者。他們自然希望當獨立來到的那天，不公對待的現象可以被反轉，使外國資本家處於劣勢。[5]

如果印度必須工業化，該遵循哪一套模式呢？對於民族運動的領導者而言，「帝國主義」與「資本主義」都是髒話。如同高伯瑞指出：「直到最近，許多印度的資本主義企業仍是帝國勢力武裝的延伸——確實，這就是其存在的理由。結果是亞洲的自由企業承受殖民主義的汙名，這是一個可怕的負擔。」[6]

那麼替代方案是什麼呢？某些民族主義者敬佩地提起蘇聯，以及「它們超凡地利用現代科學知識，解決貧窮與需求問題」。因此僅費時二十年，「從十分飢餓的農民社會，成為豐衣足食的工業工人社會。」這項成就是透過「消除工業的獲利動機，工業屬於國家並按國家利益發展」；透過工程技術，使河流成為「電力的強大來源」；藉由公正的專家計畫制度，生產量提高九倍，而且「不存在失業與生產混亂的情況」。[7]

另一個受到尊崇的模範是日本。第一次世界大戰期間拜訪該國的國大黨著名政治人物拉伊（Lala Lajpat Rai）對日本經歷的轉型感到驚嘆，短短五十年間就從（農業）原始主義轉型至（工業）文明。他發現日本藉由訓練工人與排除外國競爭來建造工廠與銀行。國家扮演重要的角色，因此「日本今日的成就與工業的繁榮有賴政府的遠見、智慧與愛國精神」。曾經與印度同樣落後的日本已經「成長為東方的老師與民生用品及奢侈品的供應者；這些物資過去仰賴西方的供應」。[8]

## II

一九三八年，國大黨建立計畫委員會（National Planning Committee, NPC），負責為即將獨立的印度制定經濟發展政策。委員會由尼赫魯擔任主席，成員共約三十人——並按科學、產業與政治領域平均分組。次級委員會則按特定主題分配，例如農業、工業、能源、燃料、財政、社會服務，甚至是「婦女在計畫經濟中的角色」。計畫委員會以「國家自足」與十年內生活水平雙倍成長作為主要目標。計畫本身的定義是「由公正專家根據國家代表機關制定的社會目標，進行關於消費、生產、投資、貿易與收入分配的技術合作」。[9]

計畫委員會從日本與俄羅斯學習到的經驗是：工業化起步較晚的國家必須依靠國家干預，對於經濟歷經兩個世紀殖民統治扭曲的印度而言更是如此。如同一份計畫委員會的報告指出，計畫發展堅持「服務優先於利潤」原則，經濟領域中很大一部分無法仰賴私人部門，如果要實現計畫目標，

「只能以集體公共企業的方式處理事務」。[10]

值得注意的是，私部門也同意上述看法。一九四四年一群領銜的實業家發布「印度經濟發展計畫」（A Plan of Economic Development for India），更為人所知的名稱是孟買計畫（Bombay Plan）。該計畫承認「當前建基於私人企業與所有權的經濟組織，無法實現令人滿足的國家收入分配」。只有國家能夠協助「消滅收入不均」。但是國家也必須強化生產。這些印度資本家認為有必要將能源、基礎建設及運輸等部門交由國家獨占。在工業化早期階段，他們爭辯道：「為了社會的利益，國家有必要實施相當程度的干涉與控制。」確實，「對於任何**大規模**的經濟計畫而言，國家擴大積極、預防的功能是**必要的**。」[11]

現在幾乎被遺忘的孟買計畫，證明尼赫魯對不甘願的資本家階級施加集中式經濟發展模式的說法，是一則謊言。讓人不禁好奇的是，自由市場的權威如何看待孟買計畫。他們可能會認為這是**干預經濟**（dirigiste）的宣傳手冊，不配稱作資本主義與資本家。事實上，孟買計畫應該被單純視作**時代精神**的徵候。[12]

當時的時代精神偏好集中式計畫，國家位居經濟「指導高度」的位置。《印度憲法》指示政府須確保「以最能促進大眾利益的方式，分配社會物質資源的擁有權與掌控」；而「經濟制度的運作將不會導致財富集中，生產手段將不會造成民眾的困境」。在憲法施行後的一個月內，政府成立計畫委員會執行這些「指導性原則」。尼赫魯擔任主席，委員會包括位居高位的內閣部長及印度文官機構經驗豐富的成員。

一九五一年夏天，計畫委員會發布第一個五年計畫的草案。該草案重點是受印巴分治衝擊最劇烈的農業。除了增加食物生產，該計畫其他主要重點在於運輸與通訊的發展以及社會服務的提供。

尼赫魯將提案送入國會，讚許該計畫是類似計畫中，第一個「將全印度——農業、工業、社會與經濟——帶入思考框架」的草案，「讓整個國家具備『計畫意識』」。[13]

人們對於計畫委員會的期待很高。一位專欄作家寫道：「民主的缺點之一，是比其他政治制度運作緩慢。但是印度人民將不會忍受經濟進步遭遇不當的延遲。」[14]第一次大選後，迫切性愈來愈強烈。左、右翼的批評者都抨擊第一個五年計畫缺乏遠見與野心。的確，糧食產量雖有實質成長，但其他部門的產出卻無法達到目標。[15]

介紹第一個計畫時，尼赫魯說：「對我而言，很明顯印度需要盡快工業化。」該目標是第二個五年計畫的優先事項。該草案是馬哈拉諾比斯（Prasanta Chandra Mahalanobis）的成果；他是一位於劍橋大學接受訓練的物理學家與統計學者，並且浸淫於梵學與孟加拉文學——簡單來說，「一位優秀的多國語言者，尼赫魯必然為之傾倒的那種人。」[16]

馬哈拉諾比斯也是將現代統計學帶入印度的人。一九三一年，他在加爾各答設立印度統計機構（Indian Statistical Institute, ISI）。十年內，他讓印度統計機構成為世界級的訓練與研究中心。他也是跨學科研究的先驅，將他的統計技巧創新運用在人類學、農業經濟學與氣象學。

一九四九年二月，馬哈拉諾比斯被指派為聯合內閣的榮譽統計顧問。隔年，他協助建立國家樣本調查（National Sample Survey, NSS），再隔一年，則是中央統計組織（Central Statistical Organization, CSO）。這些機構成立的目的是搜集關於變動中的印度生活水平可靠資料——包括工資、就業、消費等等。國家樣本調查與中央統計組織是印度之所以擁有比其他非西方世界國家更可靠的官方資料的原因。[17]

上述是馬哈拉諾比斯較沒有爭議的事蹟。更重要——而且更具爭議——的或許是他對於計畫的理論與實踐貢獻。一九五四年，尼赫魯向國大黨與國家承諾，要建立一個「社會主義模式的社會」。同年，印度統計機構被政府要求研究失業問題。馬哈拉諾比斯就主題寫了一份筆記，看來這份筆記讓尼赫魯印象深刻，以至於簽署同意印度統計機構負責起草第二個五年計畫。

馬哈拉諾比斯對於這項任務十分看重。一九五四年夏天尾聲，他開始一段歐洲與北美洲的漫長之旅。他坦承「對於經濟事務有自卑情結」。這趟國外旅程因此富有教育意義，這是為增進關於該主題的知識，但同時也是一次公開的宣傳。他希望藉由與外國經濟學者建立友誼，讓印度經濟學者支持他的論點。他告訴一位朋友：「我之所以這麼做，背後有一個目的，確保我們可以在制定與實行計畫的時候，獲得有用的幫助。」[18]

馬哈拉諾比斯首先前往美國，他收集關於輸入—輸出係數的資訊，這些都還保留在四萬張何樂利卡（**Hollerith punched card**）之中。在跨越大西洋拜訪劍橋指導老師們之前，他與完成這項工作的人交談（列昂季耶夫〔Wassily Leontief〕，未來的諾貝爾經濟學獎得主）。其中「最聰明」的是羅賓遜（**Joan Robinson**），此時她剛從中國之旅回國（她對中國的進步感到印象深刻）。她認為印度的出口—進口部門需要更多政府管制。馬哈拉諾比斯同意，並邀請羅賓遜以印度統計機構賓客的身分拜訪印度。他告訴她：「這對我們幫助極大，因為你的支持將證實我們發展計畫的方法並不愚蠢。」她微笑回應：「好的。我想我能帶給你們國家的經濟學者一些正確觀念。」

之後，馬哈拉諾比斯跨越英吉利海峽，與法國馬克思主義者對話。接著是進入鐵幕彼端的時候了。他經過布拉格抵達莫斯科，一度對建設工程「令人驚訝」的速度印象深刻：比起他所看過的，這裡的建築物更大，建設也更快速。它與蘇聯學者有漫長的對話，後者表示如果印度想要「進行任何認真的計畫，我們將派出不只是數以十計，而是數以百計的技術人員、科學家及工程師積極協助」。馬哈拉諾比斯同意並且邀請他們造訪自己迫切需要「計畫經濟專家」的國家。[19]

這些旅途與談話終於有了成果，一九五四年三月，計畫委員會收到一份長篇報告。馬哈拉諾比斯提出第二個五年計畫的八個目標。首先是「藉由強調公共部門並提升其規模，促進國家經濟快速成長，將印度提升為社會主義模式的社會」。其次是「發展製造生產產品的基礎重工業，以強化經濟獨立的基礎」。其他（可能也較次要的）目標包括透過工廠與家戶生產消費者產品、提升農業生產力，以及供應較佳的住宅、醫療保健與教育機構。

之所以強調資本財，有兩個重要原因。首先，是確保作為前殖民地的印度取得經濟與政治獨立。其次，這將有助解決迫切的失業問題。馬哈拉諾比斯認為「長期的失業問題是因為（無法取得）資本財」。問題發生是因為「生產資料閒置」，而創造就業的最快方法就是興建水庫與工廠。[20]

馬哈拉諾比斯將計畫草案呈交給一群專家與經濟學者。所有人都支持對於資本財的強調與公部門的角色，只有一處例外。確切而言，專家學者提出一些明確的附加條件。一些經濟學家呼籲應該更加強化農業與工業生產；其他人則擔憂計畫的資金來源。只增加課稅是不夠的，而財政赤字又將引發高通貨膨脹。不過整體來說，這群印度領銜的經濟學者都支持「馬哈拉諾比斯的計畫模式」。[21]

值得一提的是，該模式令人想起昔日民族主義者的「自我仰賴」（*swadeshi*）模式。甘地示威者燒毀外國衣物以鼓勵本地紡織業的成長。如今尼赫魯的技術官僚也要自己生產鋼鐵與機械工具，而非從國外進口。第二個計畫認為發展不足「基本上是技術進步不足的結果」。[22]從這個角度來看，「自我仰賴」成為發展與進步的指標。從肥皂到鋼鐵、從腰果到汽車，印度將使用印度的土地、勞工、原料，更重要的是——印度的技術，來達到自己的物質需求。

表10-1比較第一與第二計畫的各部門支出。就比例上而言，能源、運輸、通訊與社會服務在兩個計畫之間仍維持相同比重。關鍵的轉變是從農業移轉至工業，伴隨而來的則是灌溉比重的衰退。

雖然重工業由國家把持，私人企業仍有許多發展空間。因為在「一個正在擴張的經濟之中，私人部門必然有市場」。私人部門的貢獻——生產單位有大有小——將是生產消費者產品。[23]

一份一九五六年的政府決議將工業分為三類。第一類是國家「獨家經營」，包括原子能、國防相關產業、飛機、鋼鐵、發電與供電、重型電機、電話、煤礦與其他貴重礦物。第二類允許公私部門參與，包括次級礦物、化學、藥品、肥料、紙漿與造紙以及道路運輸。第三類則包含其他剩餘產業，「通常交由私人企業開創與經營」。[24]

馬哈拉諾比斯模式會成功嗎？許多印度人認為會。大部分印度人必然希望會。全世界支持印度的人也是。代表人物包括霍爾丹（John Burdon Sanderson Haldane），這位偉大的英國生物學家當時正計畫遷移

**表10-1　前兩個五年計畫的各部門支出**

| 部門 | 第一個五年計畫的支出 | | 第二個五年計畫的支出 | |
|---|---|---|---|---|
| | 總金額* | 百分比 | 總金額* | 百分比 |
| 農業與社區發展 | 372 | 16 | 530 | 11 |
| 灌溉 | 395 | 17 | 420 | 9 |
| 電力 | 266 | 11 | 445 | 10 |
| 工業與礦業 | 179 | 7 | 1075 | 24 |
| 運輸與通訊 | 556 | 24 | 1300 | 28 |
| 社會服務、住宅等 | 547 | 25 | 830 | 18 |

*以一千萬盧比計

資料來源：Compiled from A. H. Hanson, *The Process of Planning: A Study of India's Five-Year Plans, 1950-1964* (London: Oxford University Press, 1966), table 7, p. 134.

至印度並加入印度統計機構。當他看到馬哈拉諾比斯的計畫草案時，他評論道：

即便悲觀地看，認為美國（藉由巴基斯坦或其他方式）介入將增加百分之十五的失敗機率、蘇聯與中國干預百分之十、文官服務的墨守成規與政治阻礙百分之二十、印度教的因循守舊百分之五，仍有百分之五十的成功機會，改善整個世界史。[25]

## III

如果馬哈拉諾比斯是印度計畫首席技師，尼赫魯就是首席傳教士。這位總理相信在印度的社會情境下，計畫遠遠不只是理性經濟。計畫也是良善的政治。計畫雖然以經濟學者與統計學者的工作成果為基礎，要實現目標，「人們必須要感覺到自己正在參與偉大事業、一同航向下一個設定的目標。」民眾參與是讓「這個冰冷的紙上計畫變得充滿生命力、活力、生氣蓬勃，並讓人們抱持想像」的唯一方法。[26]

計畫因此是「所有印度人民一次了不起的合作與努力」。尼赫魯希望新的計畫可以成為破除種姓與宗教、社群與地區分裂主義的方法。他向首席部長們說明第一個計畫時寫道：「我們愈是思考整體印度，以及其充滿不同面向卻又彼此關聯的活動之間的平衡，我們愈能避免在崎嶇的道路上走歪，進入地方主義、社群主義、種姓制度以及其他分裂、瓦解勢力的胡同。」介紹第二個計畫時，他稱它為「打造未來的勇敢成就」，需要「我們所有的氣力與能量」。他相信「到頭來這是我們打擊分離主義、地方主義，以及宗派主義的唯一方式」。[27]

經濟面而言，尼赫魯指出兩個活動作為計畫的「必要基礎」：能源生產與鋼鐵製造。[28]獨立之際，印度只有兩間鑄鐵廠，都是私人擁有，每年僅生產一百多萬噸。對於擴展中的經濟而言並不足夠，對於致力建立重工業的印度更是如此。

私人企業禁止進入鋼鐵、煤礦、造船、原子能、飛機生產等領域創新事業，這些領域如此重要，以至於不適合臣服於利潤導向。橫跨印度中部的森林帶蘊含豐富鐵礦與煤礦，並有許多河流。組成森林帶的各邦一度競爭激烈，都想要擁有第一家公營鑄鐵廠，同時西方工業化國家也在為了得到第一份鑄鐵廠的建造合約而彼此競爭。[29]

第二個計畫目標是六百萬噸的鐵。產出是為了投入其他計畫產業，也是一種推廣強迫儲蓄的方法。一如一位經濟學者的名言：「你不能吃鐵。」第二個計畫出爐後，印度政府簽署了三份獨立的鑄鐵廠建造合約。德國將在奧里薩的魯吉拉（Rourkela）建廠，俄羅斯在中央邦的比萊（Bhilai），英國則在西孟加拉的杜加浦爾。令美國傷心的是，他們被排除在外了。飽受戰爭摧殘的歐洲國家贏得兩紙合約已經夠慘了，他們最痛恨的冷戰仇敵竟然得到第三份合約。多年後，一位美國朋友依然記得著名廣播員默羅（Ed Murrow）宣布俄羅斯獲得比萊合約的消息時，其語調蘊含的悲傷，彷彿可以觸及。[30]

俄羅斯人當然十分高興。赫魯雪夫造訪比萊，並稱它為「印度的馬克尼土哥斯克（Magnitogorsk）❷」。《真理報》（*Pravda*）刊登大量照片，主題是盛讚比萊是印蘇合作的象徵。[31]印度人反應更加熱烈。一位在比萊工作的孟加拉化學家回憶，他與自己的俄羅斯長官在數年後成為親密好友。當這位外國專家離開的時候，印度化學家無法抑制流淚。這位俄羅斯人克制情緒，但他的妻子同樣流下眼淚。對於這位難過的孟加拉人，那些眼淚「是神聖的窩瓦河水與印度恆河彼此交匯，其中蘊含我們的兄弟情誼與不朽的友誼」。

在比萊，俄羅斯人與印度人並肩工作，清理土地、建築道路與房舍、建立工廠。參與的成員想起這段回憶仍帶著暖意。一位參與者回憶當時「狂熱卻不急躁，快速卻有計畫。建設小組帶著驕傲與滿足看著他們催生的新工廠，營運小組迫不及待協助它發展至完全狀態……我們每一個人都參與創造了未來——一個幾乎可以看見、碰觸以及感覺的未來」。一九五九年二月，在印度總統親切關注下，第一道融化的鐵終於從比萊迸出。四處都是喜悅與開心的眼淚。當時在現場的人們仍然記得「這是（他們）人生最刺激的時刻」。[32]

資深官員形容印度鋼鐵工業「一度是門技術，以及其他工業活動的主要推動力」。[33]事實上不僅如此，鋼鐵廠也反駁了對於印度人民缺乏生產力、尚未進入科學時代的落後印象。

# IV

印度經濟現代化的過程中，大型水壩占據特殊位置。一方面，它們將農業自雨季的限制中解放，另一方面，也提供了營運兩個五年計畫所批准的新產業的電力需求。尼赫魯為水壩著迷，他稱它們是「現代印度的寺廟」。數以百萬計的國民與他同樣入迷，推崇這些建立在泥巴與混凝土中、嶄新且高聳的紀念碑。

印度知識分子極為仰慕田納西河谷管理局（Tennessee Valley Authority），該整合計畫是羅斯福

❷譯注：位於俄羅斯西南部與南烏拉爾山東麓，是俄羅斯最大的鋼鐵中心。

新政的里程碑。但是他們也推崇蘇聯執行的多功能大型計畫。一九四〇年代，預期印度獨立的科學家與工程師前往美國與俄羅斯，獲得建造水壩的第一手知識。他們對眼前所見印象深刻。[34]鐵幕兩邊的各自計畫代表「科學、科技、遠見，以及中央政府戰勝瑣碎的地方當局與勢力、無知、迷信與退步」。它們代表「國家藉由理性與力量得到救贖」。[35]

如同北美洲與俄羅斯，印度大陸也有許多大型河流。建築水壩馴服這些河流是一石三鳥：發電、灌溉供水，以及預防洪水。一九五三年雨季期間，哥達瓦里河（Godavari）發生一場致命的洪水後，一位領銜的工程師致信給領導的政治人物，寫道這是一條：

> 有著巨大發展潛力的河流。然而今年洪水造成的破壞顯示，如果未能駕馭洪水，使它發揮有益用途，它將成為人們生活的潛在威脅。妥善維護洪水，它將滿足哥達瓦里河流域的需求，並且豐沛水資源的蓄藏，與克利什納河（Krishna）整合之後，將能供應灌溉與能源，造福馬德拉斯及其以南的地區……因此必須盡力駕馭哥達瓦里河，使它能夠完美與克利什納河整合，我們沒有推延的藉口，妨礙實現上述目標。[36]

這是想說服人的技術官僚，向已經改變信念的政治人物喊話。當時哥達瓦里河尚未建立水壩，不過其他大部分的主要河流都已經由人類所掌控。正在進行中的大型水壩計畫包括：默哈訥迪河（Mahanadi）、里漢德河（Rihand）、棟格珀德拉河（Tungabhadra）、達摩達河（Damodar），以及薩特萊傑河。

一九五〇年代中期，政治學者哈特（Henry Hart）為「新印度的河流」轉型寫下情感充沛的文字。對於哈特而言，這些計畫是「自由印度最偉大的紀念碑」；這些「男男女女前來，朝聖人數隨季節增加，他們想要親自瞧瞧這些水壩、渠道與電廠」。

哈特的書中，一段關於棟格珀德拉河水壩工程的敘述特別精采。完工的水壩將是一個三千兩百萬立方英尺的石造建築，這是每天建設四萬立方英尺、連續五年的成果。要形容如此規模，類比是最適切的表達方式。「想像棟格珀德拉河水壩的石造建築，」哈特寫道，「如果是一條高速公路，就是一條二十英尺寬、六英寸厚的公路，從勒克瑙延伸至加爾各答，或是孟買至馬德拉斯。」[37]

毫無疑問地，這些計畫中最著名的就是印度北部的巴克拉—楠加爾計畫。同樣地，數據才能清楚說明它的規模。六百八十英尺高的巴克拉水壩是全世界第二高的水壩，僅次於科羅拉多河上的大古力水壩（Grand Coulee Dam）❸。使用的混凝土與石材預計達五億立方英尺，「比埃及七座金字塔的兩倍還多」。該計畫將生產近一百萬千瓦的電力，水庫蓄水將可灌溉七千四百萬英畝的田地，並透過渠道輸送。開挖渠道移除的泥土與石礫達三千萬立方碼。[38]

該計畫是對西旁遮普流亡農夫的一種補償，他們離開了邊境另一頭、有著渠道的居住地來到這裡。這些農民大部分是錫克教徒，有著「烈士般的渴望，希望以一生的時間，重建他們遭粗暴剝奪的繁榮昌盛」。巴克拉—楠加爾給了他們「重建與再次安身立命的土地與資源」。事實上，計畫給的更多——因為除了水資源，還有電力；旁遮普人如果願意，他們也有機會第一次為自己打造一個工業化的未來生活。

---

❸ 譯注：大古力水壩應該是位於哥倫比亞河，此處作者所指的應該是位於科羅拉多河、高度達七百二十六英尺的胡佛水壩（Hoover Dam）。

《印度能源與河谷發展新聞》（*Indian Journal of Power and River Valley Development*）特輯以一分鐘詳細敘述巴克拉—楠加爾計畫。該特輯以一組四張最能展示該計畫的照片開始。第一張顯示工程之前，這裡仍是茂密的森林，圖說寫著「原本的模樣——巴克拉的薩特萊傑河最初的壯觀景色」。第二張照片中，類似起重機的機械在水中，低矮的橋梁吊掛在峽谷之間。這是「第一次侵入——裝置在浮橋上的穿孔機正在鑽探河床」。第三張照片顯然攝於乾季，當時山丘已經光禿，河床上還有卡車與挖土機，由此「人類鋪設改變自然的基礎——水壩的灌漿工程開始」。最後一張照片裡，形狀與尺寸在印度都是前所未見的機器協助堆高水壩的高度。圖說是「與自然對抗——重機具在凹陷地區開挖中」。[39]

在巴克拉工作的男男女都是印度人，除了一個例外：一位名叫斯洛康（Harvey Slocum）的美國人。他並未受過太多正式教育，起初是一個鐵工廠的工人，最後成為大古力水壩的工程監督。斯洛康以首席工程師的身分，在一九五二年加入巴克拉團隊，並且帶來他鮮明的工作方法。各階層官員與工人被要求穿制服。早上八點，朝氣蓬勃的斯洛康已位於現場，直到晚間才會離開。他是位嚴肅有紀律的人，不能忍受身邊瀰漫著散漫與效率不彰。有一次電話系統壞了，他寫信給總理，告知他：「只有神，而非斯洛康，能夠準時完成巴克拉水壩。」[40]

一九五四年七月第一週，尼赫魯前往巴克拉，正式為計畫開幕。當他開啟電廠的開關，印度空軍達科他運輸機自上頭掠過。接著他開啟水壩閥門。村民見到水朝向他們而來，下游的村民點燃數百個自製鞭炮。一位目擊者寫道：「沿著大渠道與流往拉賈斯坦沙漠的支流，沿途慶祝的喧囂聲如連鎖反應般，綿延一百五十英里，在河水尚未抵達前便先聞其聲。」

## V

推動印度工業化的過程中，科技與技術人員勢必扮演關鍵角色。自尼赫魯還在劍橋就學時，他就為現代科學所著迷。他曾如此寫道：「科學是時代精神與支配現代世界的要素。」尼赫魯希望他所稱呼的「科學質地」能夠深入包括政治在內的每個人類活動領域。更精確地說，像印度這樣的未開發國家，科學必須為經濟進步服務，而科學家也必須致力增強生產力與終止貧窮。[42]

印度獨立之際，國民生產毛額中僅有百分之零點一用於科學研究。十年間，該數字躍升至百分之零點五。之後更將超過百分之一。在尼赫魯積極指導下，一系列新的研究實驗室成立。這些實驗室比照法國模式，都是在既有大學之外獨立設置的。科學與工業研究會（Council for Scientific and Industrial Research）內約有二十多間個別機構。這些機構的工作有強烈的實用主義目的，實驗室的科學家被鼓勵為印度人發展新產品，而非在國外期刊發表學術論文。[43]

尼赫魯早期持續眷顧的印度科學家是劍橋畢業、才華洋溢的物理學家巴巴（Homi Bhabha）。巴巴創立並指導兩個主要的科學機構。第一個是位於孟買的塔塔基本研究機構（Tata Institute of Fundamental Research）；一如其名，該機構的任務目標絕大部分都是基本研究。它擁有世界等級的物理與數學部門，以及印度第一個中央處理器。第二個則是原子能委員會（Atomic Energy Commission），該機構被任命建立並經營印度的核能電廠。在一九六四年的年度預算中，政府慷慨資助該委員會約一億盧比。[44]

許多新的工程學院也成立了。包括一流的印度理工學院（Indian Institutes of Technology, IITs），當中有五個學院是在一九五四年至一九六四年間成立。如同那些新的實驗室，這些新的學院也是以增強本地科技能力為目標。尼赫魯與巴巴都下定決心減少印度對於西方世界科學原料與知識的依賴。他們相信「如果設備的零件是從國外進口，我們獲得的就只是單一零件。如果我們親手打造，我們就能學到最重要的專門技術」。[45]

## VI

除了工業，印度計畫還有一系列的促進農業提升方案。一九五二年十月二日（聖雄甘地誕辰）的早晨，印度總統透過廣播節目宣布啟動一系列全國社區發展計畫。那天，全印度發布了五十五個由印度政府與美國聯合資助的計畫。社區發展計畫內容涵蓋道路、水井、牲畜福利及種植方法。

計畫發起者包括部長、首席部長與專員。這些達官顯要在建築道路時協助移除土方，並為學校與醫院立下基石。在距離德里十二英里、往卡爾納爾路上的阿利浦（Alipur）村，尼赫魯親自挖土協助道路興建。「他活力充沛地埋頭工作，甚至脫下他的外套。」他的同伴——美國大使——也搬運了幾籃泥土。但不是所有人都和這兩位一樣俐落；當一位穿著得體的官員企圖模仿總理時，村民高喊：「薩爾帕爾！薩爾帕爾！」（Sar par! Sar par!）意思是：「用頭頂著籃子，不是用手，你這傻瓜！」尼赫魯向村民表示，社區發展將會以和平而非暴力的方式，為鄉村帶來革命。[46]

這些計畫實際施行的狀況如何？計畫開始後兩年，人類學家杜伯（Shyama Charan Dube）在北方邦西部研究一個社區發展計畫。他以村級員工（village-level worker, VLW）的角度檢視計畫。村級員工是被任命將新觀念傳輸給農民的政府職員。

根據杜伯的看法，這些「推廣改變的政府代表」有著相當的活力與企圖心。他們在破曉之際起床並工作整日。他們的任務之一就是向村民展示新種子與化學肥料的優點。在示範田地上，農民看著村級員工解釋挖洞種植的科學方法。不同的作物被播種，且使用不同的肥料。村級員工也提供免費英國肥料讓農民帶回自己田地使用。

顯然北方邦農民對於新技術仍然有些遲疑。以下是村級員工與一位農夫的對話。農夫以姓名字首「MS」代表：

村級員工：你覺得新種子如何？

MS：我能怎麼想？政府覺得好，那一定好。

村級員工：你覺得它比當地品種好？

MS：是的。它抵抗疾病的能力更好。並能忍受寒冷與下雨，市場需求更大。

村級員工：產量如何呢？

MS：我不好說。有些人說變多，有些人說沒有。

村級員工：有些人說味道不好。

MS：沒錯。跟原本的一半都比不上。如果麵包是熱騰騰的，嘗起來就差不多，但如果放了一個小時以上，就變得和皮革一樣硬。不，味道不比以前。人們說我們若吃這種麥子會生病。

村級員工：你的經驗呢？

MS：消化不良的人變多。我們的小孩咳嗽、感冒。也許是因為新的種子與甘蔗。有可能是因為戰爭汙染了空氣。

村級員工：新肥料又怎麼樣呢？

ＭＳ：它們能增加產量，這點毫無疑問。但是它們或許也會摧毀地力與穀物。[47]

印度農民對於新的種子與肥料有著複雜的情感。但是他們絕對歡迎嶄新的供水系統。杜伯在北方邦研究社區發展的同時，英國人類學家艾普斯坦（Scarlett Epstein）正住在邁索爾南部、不久前才受惠於渠道灌溉的旺加拉村（Wangala）。在此之前，這裡就像其他德干高原的內陸地區，種植小米供自己食用。有了灌溉系統就可以種植稻米與甘蔗等新作物。這些作物可以銷售至村落外的地區並且獲得可觀的回報。稻米每英畝成本一百三十六盧比即可獲利，甘蔗則是每英畝九百八十盧比。當地經濟的改變也促成生活型態的改變。在建設渠道之前，旺加拉的居民衣著襤褸，鮮少踏出村落之外。但是「現在旺加拉男性穿著襯衫，不少人也裹著腰布；他們的妻子穿著金錢購得的繽紛紗麗，婚禮也花費揮霍。旺加拉男人時常去曼迪亞市（Mandya）的咖啡廳與棕櫚酒商店。稻米取代印度紅小米（ragi）成為主食」。

灌溉系統的延伸帶來各種改變。艾普斯坦發現，渠道的建設是村落歷史的轉捩點。人們以灌溉系統的建設日期為基準，記錄婚禮、喪禮或是謀殺等重大事件的日期。[48]

## VII

穩定的灌溉系統與化學肥料增進了農業生產力。但是他們無法解決印度農村的基本問題：土地不均。因此，無地農民被鼓勵前往尚未被開墾的地區安置。獨立後十年，將近五十萬公頃的土地被開墾，特別是德賴（Terai）平原北方充滿瘴氣的森林、印度中部山區，以及西高止山脈（Western Ghats）。這些地區先前只有天生不怕瘧疾的部落居住。殺蟲劑滴滴涕（DDT）發明之後，政府得以清除森林。這些土地原本就富含鈣質、鉀以及有機質（但缺乏磷肥）。無論如何，不乏想要得到這些土地的農民。[49]

第二個處理土地匱乏的方式，就是說服大地主自願放棄擁有的土地。這是由甘地大弟子巴韋率先提出的方法。一九五一年，巴韋行腳穿越泰倫加納邦內仍是共產黨掌握的地區。在波臣貝利村（Pochempelli），他成功說服名叫朗常德拉．瑞蒂（Ramchandra Reddi）的地主捐贈一百畝的土地。這激勵了巴韋展開土地讓予（Bhoodan）的全國運動。這名聖人跋涉穿越印度中心地帶，在各地發表演說。他想必走了大約五萬英里，收集了超過四百萬英畝的土地。一開始他的任務被認為是成功的，就像是社區發展那樣，是一項相對於暴力革命的甘地式替代方案。但是日後評估則沒有那麼仁慈了。像是其他一些聖人，巴韋偏好壯觀的姿態而非枯燥的細節。批評者指出捐給巴韋的大部分土地從未被分給無地者；幾年之後這些土地又逐漸回到原有者手中。此外，被讓予的土地大多充滿岩石與砂礫，並不適合耕種。只有在少數幾個地方，獲得土地的人被組織起來耕作土地。持平而論，土地讓予運動雖然壯麗，結果卻是失敗的。[50]

終結土地缺乏的第三種方式就是運用國家的力量。土地改革立法一直是國大黨的議程。獨立之後，不同的邦都通過廢除地主制度的立法；這個英國統治時期的地主制賦予不事生產的地主實質的土地擁有權。廢除地主制釋放大片可供重新分配的土地，同時也將佃農解放自昔日強加的田賦與地租中。

終結地主制度後，邦政府給予佃農土地所有權。這些佃農通常是中間種姓階級。底層的低階種姓，例如勞動者與小佃農，則未受影響。如果要改善他們的處境，必須實施第二階段的土地改革，包括限制持有上限，並將超出上限的土地移交給無土地者。不過這是一項政府無力或不願著手的任務。[51]

即便經過十年的計畫經濟，土地使用權仍然非常不平等。表10-2顯示五種尺寸等級的持有人數比例，以及各等級土地面積的比例。

如果我們將擁有少於四公畝土地的人定義為「小佃農或是邊緣化的農民」，擁有超過四公畝土地的農民是「中型或是大型農民」，那麼表10-2可以進一步簡化為表10-3。這裡顯示了不平等狀況僅有微不足道的改善。小佃

**表10-2　印度土地使用權，1953年至1960年**

| 尺寸等級（以公頃計） | 持有人數比例 | | 總面積比例 | |
|---|---|---|---|---|
| | 1953-1954 | 1959-1960 | 1953-1954 | 1959-1960 |
| 少於1 | 56.15 | 40.70 | 5.58 | 6.71 |
| 1至2 | 15.08 | 22.26 | 10.02 | 12.17 |
| 2至4 | 14.19 | 18.85 | 18.56 | 19.95 |
| 4至10 | 10.36 | 13.45 | 29.22 | 30.47 |
| 超過10 | 4.22 | 4.74 | 36.62 | 30.70 |

資料來源：Nripen Bandyopadhyaya, 'The Story of Land Reforms in Indian Planning', in Amiya Kumar Bagchi, ed., *Economy, Society and Polity: Essays in the Political Economy of Indian Planning in Honour of Professor Bhabatosh Datta* (Calcutta: Oxford University Press, 1988)

**表10-3　印度土地不平等的改變情況，1953年至1960年**

| 農民分類 | 持有人數比例 | | 總面積比例 | |
|---|---|---|---|---|
| | 1953-1954 | 1959-1960 | 1953-1954 | 1959-1960 |
| 小佃農或邊緣化農民 | 85.42 | 81.81 | 34.16 | 38.83 |
| 中型或大型農民 | 14.58 | 18.19 | 65.84 | 61.17 |

農／邊緣化農民的比例減少了百分之三點六，擁有的土地則增加百分之四點六。「微不足道」是因為差別幾乎難以察覺，對於一個致力於「社會主義社會」的民主政體而言，更是令人無法接受。

## VIII

尼赫魯—馬哈拉諾比斯模式強調重工業化、國家控管，最後則是私人部門擔任次要角色。該模式背後有一個廣泛共識的支持——而且不僅是在印度。當時全世界的政府與意識型態都相信在一個複雜的現代經濟中，國家必須占據「指揮高度」的位置。

在美國，政府決心介入，將國家帶出經濟大衰退的恐懼。在英國，工黨一九四五年執政後，積極採用凱恩斯經濟政策。蘇聯近期的成就，讓人們更認同國家應在經濟變革中扮演積極角色。第一次世界大戰時，蘇聯還是個落後的農業國家，到了二戰，則已搖身一變成為偉大的工業強權。戰勝擁有悠久科技與工業發展歷史的德國更是令人印象深刻。對於西方民主國家而言，蘇聯的英勇事蹟更凸顯國家指導經濟發展的重要性。[52]

確切而言，還是有持不同意見的人。在西方，有海耶克（Friedrich Hayek）提倡國家退出經濟活動。然而他的想法在當時遭遇溫和——有時候則較為猛烈——的輕視（他甚至無法在芝加哥大學經濟學系獲得任何職位，而是被安置在社會思想委員會）。在印度則有雪諾伊（B. R. Shenoy），他是專家小組裡頭唯一對第二個五年計畫的基本方法表示反對的經濟學者。一位評論員寫道，雪諾伊「看起來深信放任主義到了教條主義的程度，以至於除了特定商業圈人士，沒有人重視他的評論」。[53]

事實上，雪諾伊的論點不只是基於放任主義的信仰。他「原則上反對全面國有化」，對於計畫的主要批評則是它過於有野心。他認為計畫嚴重高估印度經濟的儲蓄率。資金不足將會由財政赤字彌補，因此將導致更嚴重的通貨膨脹。[54]

另一位異議者是芝加哥學派經濟學者傅利曼（Milton Friedman）。他在一九五五年受政府邀請造訪印度的時候，寫了一篇備忘錄闡述對於馬哈拉諾比斯模式的反對。他認為該模式過於精確，強調資本產出率而非人力資本的發展。他抨擊工業政策中對於兩種極端情況的強調：使用過少勞力的大工廠及使用過多勞力的棉花產業。在他看來，發展中國家經濟政策的「基本要件」是「穩定且適度擴張的貨幣結構、教育與訓練機會的大幅增加、交通與通訊設施的改善，藉此提升不只貨物，以及更重要的人的流通，提供一個能夠給予農民、商人與貿易商最大發展機會的環境」。[55]

與傅利曼無關的一位年輕印度經濟學者，提出印度對於教育的忽略，補充了傅利曼的批判。憲法規定孩童在十四歲以前接受免費的強制教育。但克里什那穆爾提（B. V. Krishnamurti）寫道，第二個五年計畫對於教育經費的撥款「少到荒謬」。他呼籲「大幅提升」教育經費，並且藉由「適度減少重工業支出」來平衡預算。留意細節也很重要——提升學校教師的社會地位與薪資、改善孩童的建築物與遊樂場。克里什那穆爾提認為：

> 一致努力教育廣大的人口——特別是鄉村地區，對於逐漸發展的擴張主義絕對有長遠的好處。這將大幅減輕政府實現快速經濟發展的挑戰。在適當的時間內，人們可以預期民眾無知與怠惰的情況將減少，利用既有機會改善個人物質條件的動力則會增加。如果我們做到這點，就業問題將不治而癒。印度人民將開始承襲英國與瑞士等先進民主國家的路線發展。[56]

如果克里什那穆爾提是在權力中心——德里——擔任教授，而非一位孟買的低階講師，他的意見有可能被聽取。在傅利曼的案例中，他的崇高地位與聲譽被國外同樣知名但是持相反觀點的經濟學者們所抵消。傅利曼之於這些經濟學者，如同雪諾伊之於印度的經濟學者，都是一位孤單的自由市場支持者，其聲音被社會民主主義者與左翼人士所淹沒。[57]

馬克思主義者提供不同的批判。他們認為馬哈拉諾比斯模式並非不重視市場；相反地，是過於強調市場。他們認為第二個五年計畫應該訂定全面國有化的進程，國家不只開啟新產業，還要接收現存的私人公司。他們希望根據東歐「人民民主」模式，讓工人階級參與計畫。[58]

甘地主義者則對現代發展之於生態的影響，提出具有先見之明的批判。兩位聖雄最親近的弟子庫瑪拉帕（J. C. Kumarappa）與米拉．貝恩（Mira Behn，即瑪德琳．史萊德❹），是「早期環境主義」的先驅。整個一九五〇年代，他們對農業政策的傳統認知提出尖銳的異議。他們認為小型的灌溉系統比大型水庫更有效；若要增加土壤肥沃度，有機肥料（與破壞土壤以及增加外債的化學肥料相比）是便宜且永續的方法；森林管理應從水資源保護而非利潤最大化的角度出發（保護多物種的天然森林而非國家偏好的單一物種）。這些具體的批判都是出於對自然世界更廣泛的理解。米拉．貝恩一九四九年寫道：

> 今日的悲劇就是教育與有產階級對於生存的重要基礎缺乏認知——我們的大地之母，以及其

---

❹ 譯注：Madeleine Slade，海軍准將艾德蒙．史萊德（Sir Edmund Slade）的女兒，因為對甘地的忠誠而得到「米拉．貝恩」的暱稱。

孕育的動植物。人類一逮到機會，就對自然世界的運行進行無情掠奪、豪取、搗亂。利用科學與機械，或許能夠在一段期間內獲得大量報酬，但是最終自然將淪為荒蕪。如果我們想要活得健康而且正直，我們必須學習自然的平衡，根據她的法則發展我們的生活。[59]

現代科技中，甘地主義者特別質疑大型水壩。他們認為水壩耗費龐大且破壞自然。印度人很快就會發現，水壩也會破壞人類社群。一九五〇年代，關於因水壩而遭迫遷的報導開始出現。一九五二年夏天，希拉庫德（Hirakud）當局對於將被水壩計畫淹沒的一百五十個村莊居民發布迫遷通知，但遭遇頑強抵抗。現場記者結論道：「希拉庫德的繁榮將建立在被奧里薩邦政府遺棄的人民之上，後者並未獲得補償與安置。」三年後，類似的故事情節發生在喜馬偕爾邦的村民身上，他們因為巴克拉水壩而遭迫遷。距離尼赫魯啟動電廠計畫已經過一年，但是「巴克拉管理委員會——特別是安置委員會——的態度自滿且冷漠」。甚至「關於補償的基本問題，以及哪裡、為何、如何才能滿足相關人員，這些問題都有待決定」。[60]

## IX

關於自由市場、人力資本，以及生態的批判，如今讀起來如此吸引人，但是當時這些反對的聲音卻顯得零星且缺乏政治實力。支持重工業導向、國家支持的發展模式，是當時壓倒性的意見。這是知識分子之間的共識。二十四位經濟專家中，至少二十三位被問及關於馬哈拉諾比斯模式都同意這樣的原則。[61]

許多統治階層也支持這樣的共識。在孟買計畫中，領銜的實業家們要求「擴大國家的積極功能」。他們引述劍橋經濟學者庇古（Arthur Cecil Pigou）關於自由與計畫能夠完全相容的觀點。確實，這些大商人竟然宣稱「就現實的角度而言，資本主義與社會主義的差異已經失去意義。在許多層面上，兩者有大範圍的共通性，差異性則隨雙方朝著彼此的路徑修改而逐漸縮小。除非能將各思想學派原則融合成為自己的原則，我們認為沒有任何經濟組織能夠有效運作或維持品質」。

如果要對印度計畫的軼事與迷人之處下結論的話，我們引用一位不具名的記者關於其中一個展示計畫的報導——波卡羅縣（Bokaro），這裡是地熱能源計畫與大型水庫的所在。一九四九年九月，該記者發現「波卡羅坐落於荒蕪、充滿岩石的地方，俯瞰兩條沙河的交匯。唯一的住所是六人掌管的執行工程師辦公室，除此之外沒有任何生物與設施。波卡羅只能搭乘吉普車到達，我們也必須自行攜帶食物」。

三年半後，這名記者再度回到波卡羅，見證總理啟動電廠與水庫。他驚呼：「眼前的景觀如此不同。」他透過「上等的柏油路」來到波卡羅，他看到「三座坐落於山丘之前的電廠」。曾經於「一九四九年乾枯的河床，如今成為巨大的湖」，水泥攔河壩橫跨其中。在水壩與電廠工作的人員如今有了「現代的居住區域、柏油路、電燈、高中、醫院、濾過的水資源以及現代社會的便利設施」。

「無論何時看到這些偉大的工程成果，」尼赫魯寫道，「我總是感到激動與振奮，它們是建設新印度的具體見證，並且提供我們人民生活與生計。」顯然許多印度人也同樣感到刺激與興奮。

# 第十一章
# 法律與先知們

尼赫魯為進步運動深深著迷。他喜歡被人看作是現代的；他希望成為懸掛在皇家藝術學院的畢卡索作品，以目空一切的態度瞻仰周圍的經典作品。

——卡拉卡，記者，一九五三

每個國家與民族都有自己的特質，這是一個既定的事實。這樣的特質是與生俱來且無法被改變的。莎士比亞與迦梨陀娑（Kalidas）都是偉大的詩人、劇作家……印度……無法創造出另一個莎士比亞，〔如同〕英國無法製造出迦梨陀娑。我滿腹自信、竭盡所能地質問那些改革的支持者，將印度教法歐洲化的必要性何在？……將印度教法編撰成為法典，可能嚴重傷害數百萬人民易受傷害與虔誠的情感。

——印度教法律師，一九五四

## I

法國作家馬爾羅（André Malraux）曾經詢問尼赫魯「獨立之後遭遇最大的困難為何」。尼赫魯答覆：「以公平的方法建立一個公平的國家。」接著他補充說道：「也或許是將一個宗教的國度打造為世俗的國家。」[1]

世俗主義是支撐自由印度的重要基石。印度民族運動拒絕使用宗教詞彙來自我定義。甘地堅持印度多重信仰可以且必須在未來的自由國度中和平共處。甘地最顯赫的追隨者尼赫魯，以及他公認的導師戈卡爾（Gopal Krishna Gokhale）也秉持相同的信念。

國大黨的民族主義在獨立之際遭遇重挫。自由並非如甘地與其夥伴所期待的那樣降臨在一個國度，而是兩個。世俗主義如今面臨新的挑戰。其中一個與屬人法（personal laws）領域有關。在殖民時代，整個印度施行共同的刑法，是由歷史學家麥考利（Thomas Babington Macaulay）於一八三〇年代起草。但是當時並沒有企圖以一個共同的民法取代不同宗派與宗教的屬人法。英國認為殖民政府的角色僅是在不同宗教法解讀之間做出判決。

獨立之後，偏好通用民法的人物包括總理尼赫魯及司法部長安貝卡。兩人都是現代主義者，並且接受西方法學傳統訓練。對兩人而言，屬人法的改革是對印度世俗主義與現代化決心的測試。

## II

《印度憲法》第四十四條規定：「國家應該致力確保印度領土內國民受到統一民法的保障。」

當該條文在制憲會議被討論的時候，引發不少人鼓譟，特別是穆斯林成員。英國統治的兩個世紀間，鮮少介入屬人法，為什麼後繼的政府不能比照辦理？其中一位成員指出：「對於穆斯林而言，與財產、繼承、婚姻、離婚相關的法律**完全建立**在宗教之上。」另一個成員也認為：「國家被賦予訂定統一民法的權利對於當時而言過於先進。」第三名成員則認為該條款抵觸憲法另一個條款：傳播與實踐宗教信仰的自由。[2]

安貝卡強而有力地反駁上述論點。他認為「一旦屬人法被保留……社會將停滯不前」。傳統社會中，宗教被認為是「評斷生活各層面的廣泛標準」，但是在現代民主社會中，這樣的權力應被終止，目的是「改革充斥不公正、不公平、歧視與其他問題，並抵觸基本權利的社會制度」。為了舒緩疑慮，安貝卡表示政府將按意願施行統一民法，也就是適用於那些自願遵守的人。[3]

在英國統治的最後幾年，殖民政府延遲啟動制定印度教的統一法典。目的是調和兩個主要法律學派的法規——米塔克薩拉（Mitakshara）學派和達亞不哈嘉（Dayabhaga）學派——以及它們在各地的眾多變化。一九四一年，由起草《印度憲法》的重要人物勞（B. N. Rau）擔任主席的委員會成立。該委員會走遍印度，徵求印度教中不同光譜的人們對於其改革提議的意見。二次大戰迫使進程中止，但在一九四六年，他們草擬一份將適用於所有印度教徒的屬人法草案。[4]

印度教徒被特別點名，是因為他們是人數最多的社群，也因為社群內部出現積極的改革運動。特別是聖雄甘地，他質疑種姓與性別歧視，希望能夠廢除穢不可觸階級，並讓婦女參與公共事務。雖然正典派的影響力仍在，現代主義的印度教徒已經開始強力鼓吹一個消除種姓制度並強化女性權利的法律。

一九四八年，制憲委員會成立專責委員會，藉此檢視新起草的印度教法典，主席是司法部長安貝卡。安貝卡親自修改勞起草的法典，並交由專責委員會進行多次仔細檢閱。「印度教」法典法案其實也適用於錫克教徒、佛教徒、耆那教徒，當然也包括印度教所有種姓階級與派別。安貝卡介紹新法典時，告訴制憲委員會其目標是「將原本四散於眾多高等法院與樞密院判決中的印度教法律規則法典化，這些規則令一般人眼花撩亂，並且增加人們不斷興訟的情況」。法典化有兩個目的：首先是提升印度教婦女的權利與地位；其次是廢止種姓階級之間的不一致與分歧。立法提案的幾項特點包括：

一、死者無立遺囑的情況下，遺孀與女兒的份額**與兒子（們）等量**。（過去遺產僅由男性後嗣繼承）。同樣地，過去印度教婦女的財產數量受到限制，如今則不受其他條件影響，並可按其意志決定分配。

二、丈夫如果有「令人髮指的弊病」，例如施暴於妻、娶妾等，選擇分居的妻子將可獲得生活費。

三、廢止婚姻批准中關於種姓與次級種姓的規定。印度教徒間的婚姻享有相同的聖禮與法律地位，無論配偶所屬的種姓為何。種姓之間的婚姻可按**任一**方的習俗與儀式舉辦婚禮。

四、允許婚姻任一方基於特定原因，例如暴力、不忠、難以治癒的疾病等，提出離婚。

五、強制一夫一妻制。

六、允許領養不同種姓的孩童。

這些變革大幅提升性別平等。要過了好一段時間之後，才有女性主義學者認為變革幅度並不足夠，例如條文並未規定農業工具的繼承如何分配，或是對於女性繼承人而言，新法對於自立獲得的財產之保障，比透過繼承獲得要來得好。[5]但是對印度教正典派而言，這些改革則過於先進，已經嚴重偏離印度教法律，包括相較於女兒與妻子，兒子能繼承的父親財產更多、婚姻是神聖且不可分割的、男性可以擁有一個以上的妻子，以及婚姻受到種姓制度的嚴格規範。

當時的安貝卡為了捍衛這些變革，防衛的心態有些強烈。他主張印度教聖典《論典》（*Shastras*）並未賦予丈夫「毫無節制的多妻制權利」，「〔古代法律制定者〕考底利耶（Kautilya）早已相當程度地限縮了再婚的權利」。此外許多低階種姓——也就是首陀羅——的習慣法總是允許離婚。在女性財產權方面，某些學派允許女兒獲得父親財產四分之一；安貝卡所做的只是「提升〔女兒的〕配額」，將其提升至與兒子平等。[6]

安貝卡所做的，就是盡可能以最開明的方式詮釋印度教的文字與傳統。但對於安貝卡的意圖，也有其他可能的解讀，當然也更為合理。安貝卡的提議毫無疑問地激起正典派的「大聲譴責」，他們認為這些變革「完全屏棄印度教的習俗與傳統」，干預種姓角色與性別傳統關係是無法被接受的。[7]

其中一位對方案勇敢表達反對的人，就是制憲會議主席普拉薩德。一九四八年六月，專責委員會成立不久後，普拉薩德警告總理，從「根本改變」「屬人法」等同於將「極少數人」的「先進想法」強加於全體印度教社群之上。尼赫魯回答說內閣已經表明支持法案，而「我個人完全支持蘊含其中的大原則」。現在要屏棄立法將會激起人們質疑國大黨是「反動且保守的機構」，對「外國朋友來說」也不太好看。普拉薩德反擊說，「印度民眾廣大群體」的意見比外國人的看法來得重要。[8]

制憲會議內也有其他反對者。他們推遲並阻撓進度，直到尼赫魯極為不悅地告訴他們，對他來說，法案能否通過關乎國大黨的聲望。普拉薩德起草致總理的警告信中回應這「不公正也不民主」，因為這個「重要且具爭議的法案」從未諮詢印度選民的意見。幸運的是，普拉薩德將信件交給尼赫魯之前曾諮詢帕特爾。當時是一九四九年十二月，國大黨不久之後，將從普拉薩德與拉賈戈巴拉查理兩人之間選出印度總統，因此時間點顯得非常關鍵。帕特爾考量到這點，告訴普拉薩德不要將這封批評印度教法典的信寄給總理，避免「對你在黨內的地位產生不良影響」。[9]

普拉薩德因此保持沉默（並且正式被選為印度共和國第一任總統）。但是議會之外反對聲浪愈來愈大。一九四九年三月時，全印度反對印度教法典法案委員會已經成立。他們主張制憲會議「無權干涉基於《法論》（*Dharma Shastras*）的印度教屬人法」。德里律師公會六十位（男性）成員發表聲明反對印度教法律的法典化，原因是「印度教大眾相信屬人法的神聖起源」。

印度反對印度教法典法案委員會是由保守派律師與保守派神職人員所支持。德爾瓦卡（Dwarka）具影響力的修道院住持（Shankaracharya）發布通諭反對提案的法典。宗教是「最神聖的觀點，是人們的啟發與支持，國家最重要的任務便是去保護它」。

全印度反對印度教法典法案委員會在印度舉辦數以百計的集會，各種尊者出面譴責立法提案。運動參與者將自己形塑為參與宗教戰爭（dharmayudh）的宗教戰士（dharmaveer）。印度國民志願服務團也支持運動。一九四九年十二月十一日，印度國民志願服務團在德里的拉姆力拉廣場（Ram Lila grounds）舉辦公共集會，講者們一位接著一位譴責法案。其中一位稱之為「對印度教社會投下原子彈」，另一位將它比喻為殖民政府時期嚴苛的《羅拉特法案》（Rowlatt Act）❶。一如反對該法案的示威，導致英國殖民政府的垮臺，他說，反對這法案的抗爭將是尼赫魯政府下臺的信號。隔天，一群印度國民志願服務團的成員前往制憲會議大樓，高喊「撤回印度教法典法案」以及「尼赫魯去死」的口號。示威者燒毀總理與安貝卡的肖像，並且破壞謝赫的車輛。

反對法案運動的領導者是一位名為卡帕特里吉・馬哈拉吉（Karpatrji Maharaj）的尊者。我們對他的來歷所知甚少，只知道他來自印度北部，梵文的學養豐富。安貝卡主導該法案的事實，加深他對法案的反對。他特別提及司法部長的種姓階級，暗示這位前穢不可觸者無權插手婆羅門的事務。

在德里與其他地方的演說場合中，尊者卡帕特里吉邀請安貝卡就《論典》的解讀，接受公開辯論的挑戰。針對司法部長宣稱《論典》並不支持一夫多妻，尊者卡帕特里吉引述耶那瓦迦（Yagnavalkya）表示：「如果妻子嗜酒成性、殘疾、詐欺、不孕或是揮霍無度，如果她說話刻薄，如果她只生育女孩而未育一子，如果她憎恨丈夫，〔那麼〕即便第一任妻子在世，丈夫仍可迎娶第二個妻子。」尊者甚至指出這項禁令的明確出處：耶那瓦迦語錄第三部第三節第三段關於婚姻的一段話。然而他並未告訴我們，如果第一任丈夫嗜酒成性、殘疾、詐欺、不孕，或是揮霍無度等，該禁令是否也允許妻子與另一位丈夫結婚。

對於尊者卡帕特里吉而言，印度教傳統禁止離婚，同時，「允許領養來自任何種姓階級的男孩都是對《論典》與財產的不敬。」即便是最開明的解釋，女性繼承份額最多只有八分之一，而非安貝卡提出的一半。這全然違反印度教經典。法案已經激起「極大反對」，政府只能冒險通過。尊者發表可怕的警告：「《法論》已經清楚揭示，強行抵觸神明與達摩的律法將對政府與國家造成極大傷害，而政府與國家將因執迷不悟而懊悔不已。」[10]

❶ 譯注：英屬印度政府於一九一九年通過的法案，授權政府在未經審判的情況下，將恐怖分子的嫌疑人逮捕入獄。

# III

一九四九年十二月，完成憲法後的制憲會議讓位給將持續運作至第一次大選前的臨時國會。一九五〇年至一九五一年間，尼赫魯與安貝卡數次企圖通過印度教法典法案，卻面臨國會內外龐大的反對勢力。引述德瑞特（J. D. M. Derrett）的話：「所有能用來反對印度教法典的論點都被採納，包括那些相互矛盾的也是。」「主要攻擊目標是給予所有受壓迫配偶離婚的權利，此外人們也疾呼宗教危機，即便許多真正反對該法案的人，真正在乎的是給予女兒與兒子相同份額的繼承權。」[11]

臨時國會內，正典派議員宣稱印度教法自不可考的遠古時代就未曾更動。納拉揚．辛格表示「印度男性行為與責任的準則是由《吠陀經》（*Vedas*）所決定」，即便面臨數個世代以降來自佛教、伊斯蘭及基督教的挑戰，「吠陀的信仰仍未滅亡⋯⋯吠陀信仰至今仍然存在」。納拉揚．辛格抱怨，如今「我們尊者尼赫魯的政府以及安貝卡卻想要一筆勾消這些自創世紀以來即存在的準則」。

有些國會議員認為政府應該設計並通過一部印度法典而非特別制定印度教法典。維迪亞瓦查斯帕提（Indra Vidyavachaspati）表示：「我不相信只有印度教婦女受到壓迫。」如果法案以當前形式通過，政府「將會鼓勵邪惡的社群主義」。維迪亞瓦查斯帕提堅稱，如果法案並非適用所有人，「將激起人們社群主義的情感，原本一樁美事將受人非難」。

其他成員滿足於當前的法案。巴爾伽瓦（Thakur Das Bhargava）表示：「我對於那些想要一部全印度民法的人表示尊敬。但是我不認為一部適用穆斯林、基督徒與猶太人等社群的民法是個實際的提議。」穆斯林成員已對任何竄改屬人法的企圖表達反對，他們認為這些都是阿拉的神諭。現階段要求一部統一的法典被認為是技術拖延，藉此分散一個人數眾多的社群迫切需要的改革。如同安貝卡所言，「那些至昨日之前強力反對這部法典並且支持陳舊印度教法的人」，如今卻宣稱他們「願意接受一部適用所有人的民法」。這是因為他們認為光是「起草印度教法典就需要四、五年的時間，或許起草一部民法需要十年吧」。

安貝卡深知許多具影響力的印度教人士——例如尼赫魯——支持進步的立法，但是穆斯林社群內的自由派勢力則沒那麼堅強。他說，政府尚未傻到「不明白印度不同社群的情緒」。這是為什麼目前法典只處理印度教徒的原因。[12]

當然，也並非所有印度教都是自由派。正典派不僅在國會內對法典提出遲疑，印度國民志願服務團的幹部也上街遊行表達反對。他們率領一群志願者進入新德里，高喊反對印度教法典法案，並為此被逮捕。他們的目標是與巴基斯坦分離以及尼赫魯下臺，一如他們所喊的口號：「與巴基斯坦分離」（Pakistan tod do）、「尼赫魯辭職」（Nehru Hakumat Chhod Do）。

通常印度國民志願服務團組織活動的主要講者是尊者卡帕特里吉・馬哈拉吉。尊者在一九五一年九月十六日的一場集會中，就法案向總理提出辯論的挑戰。他宣稱「如果尊者尼赫魯與他的同夥提出的印度教法典，有任何一個章節符合《論典》，我將接受整部印度教法典」。隔天，為了發出戰帖，尊者與跟隨者遊行至國會。警方阻擋他們進入並且發生衝突。《印度週報》報導：「警方往後推擠人民，折壞了尊者的手杖（danda）。手杖是托缽僧信仰的神聖象徵。」[13]

無巧不巧，尊者卡帕特里吉率眾遊行的兩天前，總統寫了一封反對法案的長信給總理。一如一九四八年與一九四九年之際，現在普拉薩德也認為當前的國會如同其前身制憲會議，建基於受限的權力之上，「缺乏權限制定一部影響深遠的法案」。總統認為法案「極為歧視」，因為只適用於單一社群，即印度教徒。要麼這部規定婚姻與財產的法律適用於所有印度人民，否則就不應更動不同社群既有的習慣法。普拉薩德並在信中威脅性地預告「他打算每日觀察法案在國會內的進程」。如果法案依舊通過，他將堅持自己「在同意以前……有權檢視法案的法律依據」。[14]

尼赫魯回信道，他認為「國內普遍支持法案」。但是總統的反對令他苦惱，因為這表示政府與國家元首之間可能漸行漸遠。他將普拉薩德的信件給許多憲法專家看過，他們向他保證，總統依法必須按照「部長會議的意見行事，而不能擅自行使職權」。他們認為印度總統的職權甚至不如英國君主。[15]

即便專家們如此建議，尼赫魯選擇不挑戰總統。無論如何，法案在臨時國會內的進程緩慢。為數眾多的反對或修正案被提出。花了好長一段時間卻僅通過四個法條。最後「會期結束，法案在討論之後便無疾而終」。[16]

因法案失利最感到受挫的莫過於司法部長。安貝卡將自己的名聲壓在這部法案上，面臨嚴峻的批評與詆毀，尼赫魯最後選擇屈服於反對勢力，這點深深傷害了他。一九五一年十月，他退出內閣會議。他打算在議會內宣布決定，但是副議長要求他先提交演說稿，他惱火地走出議會並對媒體公布講稿。

安貝卡提出數個決定請辭的理由。其中一個是他健康狀況欠佳。另外就是總理無法給予他足夠的信任。即便他擁有經濟學博士學位（而且是倫敦政經學院），卻被排除於計畫與發展的討論之外。第三個理由是他對於政府外交政策逐漸持保留態度，特別是喀什米爾議題。第四個理由是他的表列種姓同胞仍生活於苦難之中。即便印度在政治上獨立了，並且制定一部保障他們權利的憲法，他們依舊面臨「相同的暴政、壓迫與歧視」。

最後，安貝卡透露辭職的決定性因素。他說，自己設定的底線是國會結束前通過印度教法典法案。他努力試圖說服總理此事的急迫性。但是尼赫魯並未給予他所期待的支持。安貝卡抱怨，總理面臨黨內的反對勢力時，並沒有「克服難題所需的真摯與決心」。[17]

## IV

一九五二年的頭幾個月，由於印度教法典法案的爭辯，導致首次大選蒙上了一層陰影。對國大黨感到失望的安貝卡成立了自己的反對黨，也就是表列種姓聯盟。總理在自己的選區安拉阿巴德也面臨惡名昭彰的全印度反對印度教法典法案委員會領導者的反對。

這位領導者就是布拉瑪查理（Prabhu Dutt Brahmachari）。他是一位禁欲者與獨身主義者，並且身上戴著番紅花來表明這點。布拉瑪查理的候選人資格受到印度人民同盟、印度教大齋會與羅摩王國黨的支持。他的競選議程只有一個，就是不要竄改印度教的傳統。他印製手冊，詳細記錄總理如何介入傳統，並向總理發出公開辯論的挑戰。[18]

尼赫魯機警地拒絕了。他以懸殊差距贏得席次，國大黨安穩獲得多數席位。尼赫魯將結果視為民眾支持他對社群主義進行改革。國會召開不久後，他再度提出印度教法典法案。

有了先前的抗議作為前車之鑑，原本的法案如今被拆散為好幾個部分。各自獨立的法案分別處理印度教的結婚與離婚、青少年與監護人制度、繼承以及印度教的採納與維護議題。這些獨立的法案保有原先的基本論述與目的。主要的重點是使婚姻與領養不受印度教種姓制度的限制、禁止一夫多妻制、允許某些特定理由離婚或分離、大幅增加婦女繼承丈夫或父親的遺產份額。[19]

總理在支持改革的運動中擔任領銜，他告訴國會「真正的進步不只是政治層次或是經濟層次的提升，更是社會水準的提升」。英國與「社群中最保守的一群」結盟，傳統與殖民主義的聯合意味著「我們的法律與習俗成為女性同胞沉重的負擔」。因此「男性與女性適用不同的道德標準」，男性被允許和一位以上的女性結婚，但是婦女希望離婚時卻遭遇男性的質疑，只因為「男性位於主導地位。我希望男性永遠不要再擁有這樣的優勢地位」。

印度教習俗與法律虛偽且不公正。婦女被要求奉獻與忠貞，尼赫魯表示：「但我似乎不記得男性被要求像羅摩（Ramachandra）或薩諦梵（Satyavan）般行事，相反地，只有女性被要求像悉多（Sita）❷或莎維德麗（Savitri）❸般行事。男性可以憑自己喜好行事。」[20]

尼赫魯努力說服同伴關於這些議案的重要性。他寫信給一位資深的部長，同時也是一位傾向正典派的婆羅門，信中寫道：「我們必須記得印度公認的社會習俗與實踐，不乏道德敗壞與不幸的案例。社會中有兩套規則，一套適用於男性，一套適用於女性。而女性總是得到最差勁的待遇。」對於首次擔任國會議員的年輕成員，他則寫道：「我們應該專注於讓婚姻與離婚草案通過國會。處理領養與監護人的法案等等，相對而言沒那麼重要。」[21]

如今全印度反對印度教法典法案委員已失去最佳時機。一九五二年之後，尊者馬哈拉吉及布拉瑪查理的名字都不再出現在報章或警方紀錄上。街上再也沒有任何抗議，但是國會內的批評意見仍然很多。正典派的國會議員認為新法案是設計來破壞印度教文化的。對於他們而言，摩奴（Manu）與耶那瓦迦的律法是不可更動的，適用於西元前九五〇年，或是西元一九五〇年。[22]

也有些較不粗鄙、更加深思熟慮的反對意見；我們或可稱之為代表印度教保守派而非反動派的聲音。例如知名歷史學家穆克爾吉（Radha Kumud Mookerji）的觀點。他認為新的提案，特別是允許離婚：

違反印度教文明的精神……法案受到西方人生觀的影響，著重婚姻關係與愛情，而非婚姻養育與繁衍的功能。印度教制度認為養育是永恆、不容更動與破壞的……法案企圖改變民眾關於婚姻與家庭神聖性的思維，並且鬆動家庭作為社會的基石。法案著眼的是丈夫與妻子，而非父親與母親，後者永遠會保護孩子以及種族的未來。[23]

這樣的論述並非沒有受到挑戰。一位女性成員認為「破碎家庭的影響尚不及一個不和諧的家庭。孩童的心智容易受到影響，如果他們遭遇忽視，或是看到父母彼此爭執……將會在他們心中留下傷痕」。另外一位成員表示，如果「家庭失去和睦，強迫〔丈夫與妻子〕生活在一塊」並沒有意義，更好的方法是允許「以彼此尊重的方式分開」。[24]

在下議院中反對改革的勢力是由印度教大齋會的傑出律師查特爾吉（N. C. Chatterjee）領導。查特爾吉認為如果印度是一個世俗的國家，為什麼需要一個「印度教」的婚姻與離婚法案呢？為什麼不制定一個適用所有公民的法案？因此如果政府真心相信一夫一妻制有其優點，「而一夫多妻制是不好的，那麼為什麼不也將穆斯林姊妹自苦難中解放呢？」查特爾吉告訴司法部長：「你沒有按

---

❷ 譯注：羅摩與悉多是印度史詩《羅摩衍那》的男女主角。悉多遭羅摩質疑清白之身，於是走入火堆向火神立誓以證明清白。

❸ 譯注：印度史詩《摩訶婆羅多》中的故事之一。莎維德麗愛上僅有一年餘命的薩諦梵，卻仍善盡妻子之責。當死神閻摩出現後，莎維德麗歌頌讚美閻摩，最後閻摩答應莎維德麗的願望，讓薩諦梵復活。

照邏輯行事以及言行一致的勇氣。」[25]

社會學者克里帕拉尼也認為政府只規定印度教徒要遵守一夫一妻制是偽善的。「政府應該也將改革帶入穆斯林社群。」克里帕拉尼說，「相信我，穆斯林社群已經準備好了，但是你缺乏改革的勇氣。」然而他的妻子、同時也是國大黨議員的蘇切塔・克里帕拉尼（Sucheta Kripalani）則認為穆斯林尚未準備好：「我們深知自己國家的近代歷史。我們知道困擾著少數族群的問題是什麼。這就是為什麼我認為政府尚未準備好提出一部統一的民法。但是我希望，不久的將來，這部法典很快就會出現。」[26]

一九五二年的選舉將一批能言善道、充滿自信的女性國大黨議員送入國會。她們自然將反對立法視為反動派的任務。說北印度語的約西（Subhadra Joshi）在報章上猛烈抨擊媒妁之言的習俗實際上是販售婦女，迫使她們過著受辱與惡劣的生活。希維拉賈瓦蒂（Shivrajvati Nehru）表示，男性政治人物一方面大談經濟與政治改革，但是論及社會生活與習俗時，卻不願做出一絲改變。印度教社會中，男性是自由且尊貴的；女性卻附屬於男性。即便到了今日，丈夫仍習慣將妻子視為腳上的一雙拖鞋，可以隨意扔棄。[27]

許多表列種姓成員也支持改革，他們比任何人都清楚許多罪行如何以印度教「習俗」之名延續至今。一位議會成員表示，如果正典派得逞，他們將會：

> 啟動修憲，著手處理國大黨政府的失誤，加入某些基本權利。首先是所有印度教婦女都有在丈夫的火葬堆中自焚而死的光榮權利。第二個基本權利將是宣布牛隻是聖物。包括穆斯林、基督徒等所有印度人民都必須崇拜牛隻。[28]

共產黨人則認為新法不夠激進。在下議院中，達斯（B. C. Das）形容新法是「溫和且不偏激的社會改革，一如這個政府所推動的其他社會方案，帶有猶豫與膽怯的特質」。不過那些反對「溫和的社會改革」的人都有著「十七世紀的心智」。在上議院，古普塔（Bhupesh Gupta）注意到立法的推遲是因為「國大黨……在許多場合中，做起事來就像李伯大夢❹」。[29]

最後，我們必須顧及那些對政府感激溢於言表的穆斯林成員。一位說印度斯坦語的成員稱讚政府保留他們的律法，並且沒有做出任何更動。另一位成員感謝政府「顧及他們的意見與穆斯林社群的感受，將他們排除於婚姻法案之外，因為對於他們而言，屬人法是宗教的一部分，他們將宗教視為生命中最神聖與珍貴的事物」。[30]

## V

將近十年的激烈論戰後，安貝卡的印度教法典法案終於完成立法，不過並非如他所期待的，以一部完整的法典通過，而是分成數個法案：一九五五年的《印度教婚姻法案》，以及一九五六年的《印度教繼承、未成年與監護權、領養與撫養法案》。

這些法案在新任司法部長帕塔斯卡（Hari Vinayak Pataskar）領導下通過國會審查。他欠缺前任

❹ 譯注：《李伯大夢》（*Rip van Winkle*）是十九世紀美國小說家歐文（Washington Irving）的短篇小說。故事主角李伯在山中睡著，二十年後醒來，回到鎮上發現已人事全非。「李伯大夢」被用來形容「不知世事變化，跟不上時代」，此處指國大黨行事落伍。

司法部長的名望與智識。有一次，他暗示印度教婚姻的聖禮允許離婚，查特爾吉評論這番陳述缺乏根據，還說「如果帕塔斯卡先生是參加大學的印度教法律考試，他的分數會是不及格的零分」。[31]

這或許沒錯，但卻無關宏旨。如同一位異議者坦承，新的法案是對「印度教《論典》與印度教習俗的直接攻擊」。[32]賦予女性選擇伴侶與繼承的權利「不符合印度教」，卻並非不民主，因為男人自始擁有這些權利。如同帕塔斯卡評論道，新的法律建基於憲法肯認任何人「無論性別都擁有尊嚴」的原則。[33]

另一位國大黨的成員描述得更為生動。他說，女性必須擁有選擇（與拋棄）丈夫的權利，因為「我們〔印度人民〕正在為了自由而戰。解放我們的國家與故鄉之後，解放母親、姊妹與妻子是我們的責任。這將是我們爭取自由的過程中最大的成就」。[34]

就此目標而言，新的法律確實貢獻顯著。六千萬名印度教婦女受到新法的保障。除了龐大的數字以外，道德上的變革也相當卓越。如同一位美國的重要印度法律專家寫道，這是一次「全面且劇烈的變革」，它「澈底根除了《論典》作為印度教律法的根基」。英國一位此一主題的領導性學者進一步指出：「就影響範圍的廣泛以及創新的勇氣而言」，這一系列法案只有「《拿破崙法典》（Code Napoléon）足以比擬」。[35]

印度教婚姻與財產相關律法的基進變革，主要歸功於兩個人：尼赫魯與安貝卡。可惜的是，在這場戰役最後的關鍵階段，安貝卡只是一位局外人。他在一九五二年國會直選中喪失席位，接著進入上議院。一九五四年與一九五六年時，他在上議院默默地看著法案被交付討論與通過。[36]當時他已重病，長年飽受糖尿病與其他併發症所苦。他於一九五六年十二月過世。偶爾並肩作戰的尼赫魯在國會演說表示敬意。總理說安貝卡將以「對抗印度教社會壓迫的革命人士」，以及「印度教律法改革過程所承擔的困難與為後世帶來的裨益為世人謹記。我很開心他能夠見證一大部分的改革付諸實現，或許不是以他起草的不朽巨冊，而是以各自獨立的形式通過」。[37]

要知道，安貝卡一九五一年辭職對尼赫魯造成的痛苦，後者的致敬確實顯得寬宏大量。安貝卡也認為尼赫魯過於軟弱無法對抗黨內外的反對勢力。從安貝卡的角度而言，總理的改革步調過於緩慢，但是對於印度教正典派而言，顯然過於快速。一九四九年與一九五〇年，當法案首次被提出時，尼赫魯甚至尚未實際掌控國大黨。直到帕特爾過世，他才真正接掌並且戰勝國大黨內的保守勢力，領導其政黨在大選中取得絕對勝利。掌握了政黨與國家，他準備引介安貝卡曾經提出的立法，並且確保它能通過國會。[38]

尼赫魯決心在印度教律法中實施變革，同時或許也準備對穆斯林比照辦理。印巴分治的創傷讓留在印度的穆斯林脆弱且混亂。在此階段竄改他們所認為的神聖傳統——阿拉的神諭——將會讓他們感到更不安。因此當尼赫魯在國會被問及為什麼不立刻引進一部統一的民法，他回答道，雖然他「極度同情」這樣一部法典，但是他不認為「此刻在印度推行這樣的一部法典是成熟的時機。我想為這樣的時機打下基礎，而等待就是準備的一部分」。[39]

其他人則挖苦尼赫魯的小心翼翼。穆克吉指出，臨時國會中「沒人質問一夫一妻制只對印度教有益處，或是只對佛教徒、只對錫克教徒有益處」，為什麼不設計一套獨立的法案，規定所有公民遵守一夫一妻制？穆克吉自問自答表示：「我不打算深入問題。因為我知道法案的支持者不敢碰觸穆斯林少數族群。這將激起來自印度各地，且政府不敢處理的反對聲浪。但是政府當然可以在印度教社群恣意而行且不計後果。」

拉賈戈巴拉查理此時插話表示，「因為我們就代表社群」。[40]「我們」指的是國大黨，特別是以尼赫魯與拉賈戈巴拉查理為代表的改革派勢力。我們應該肯定他們處理他人信仰時的躊躇。畢竟他們花了十年的時間「在印度教社群內恣意而行」，才終於讓印度教的屬人法符合現代的性別公平觀念。[41]

# 第十二章
# 捍衛喀什米爾

我們信仰的是一個包容各種宗教與意見、本質上世俗的民族國家……或者我們信仰的是一個宗教的神權國家，難以容忍其他信仰？這是一個古怪的問題，因為好幾世紀以前，宗教國家或是神權國家的概念就已被世界與現代人們拋棄。然而今日印度卻面臨這個問題，因為我們當中的許多人試圖回到過去的時代。

——尼赫魯

## I

屬人法改革是對印度世俗主義的考驗。另一個更大的考驗則是喀什米爾的未來。一個居民以穆斯林為多數的邦，能否存在於一個以印度教為主體、表面上宣稱「世俗」的印度，同時不會發生過多的爭執與摩擦呢？

一如我們於第四章所見，一九四九年，謝赫牢牢掌握查謨與喀什米爾的行政機構。但是關於這塊領土的狀態仍有爭議。聯合國已經提出公民投票的方案並且試圖讓印度與巴基斯坦努力達成舉辦投票的條件。

一九五〇年二月，聯合國安理會要求兩國將軍隊撤出喀什米爾。一如過往，兩方遲遲未有進展。印度要求巴基斯坦先撤軍，巴基斯坦則要求國民會議政府下臺。印度開始後悔讓聯合國在一開始就介入處理。一九五〇年，印度已準備好掌控這塊有爭議的行政邦，並讓巴基斯坦拿走剩餘的部分。一九五〇年一月生效的《印度憲法》視喀什米爾為印度聯邦的一部分，同時賦予該邦某種程度的自治；第三百七十條特別指出總統將就國防、外交及通訊以外的議題向邦政府諮商。[1]

對巴基斯坦來說，政治人物主張他們對於該領土的主權無須公投認證。一九五〇年九月，一位前任總理堅持「喀什米爾的解放是每一位巴基斯坦人的根本信念……喀什米爾解放之後，巴基斯坦才稱得上是完整」。兩週後，一位在任的總理評論表示：「對於巴基斯坦而言，喀什米爾至關重要；對於印度而言，喀什米爾則只是一次帝國主義的探險。」[2]

媒體應和與強化邊界兩邊政府的立場。一九五〇年夏天，英國廣播員菲爾登（Lionel Fielden）造訪印度大陸。曾任全印廣播電臺最高主管的他，在印度與巴基斯坦都有許多朋友。他在拜訪朋友以及和他們討論的過程中發現，雙方「各種試圖證明另一個國家不僅錯誤而且錯得離譜的論點與抨擊，困擾著來訪的旅客」。他評論道：「印度媒體的語調有些自恃甚高，雖然有理卻顯得頑固，並且刻意擺出高人一等的姿態。」另一方面，「巴基斯坦媒體與巴基斯坦領導人的語調通常較為憤怒、傲慢，有時甚至具有攻擊性。」巴基斯坦的敵意出於擔憂，印度強而有力的軍隊企圖再度征服、併吞他們的土地，納入「不可分割的印度」（Akhand Bharat）。

菲爾登總結雙方的觀點：「印度為了牢牢掌握喀什米爾，意圖弱化印巴分治的事實；巴基斯坦為了宣稱擁有喀什米爾，希望確保印巴分治。」兩方對於喀什米爾議題的立場強硬。因此「巴基斯坦人將為〔喀什米爾〕戰鬥至最後一兵一卒；絕不放棄喀什米爾的想法則快速地深植於印度」。

菲爾登在分析的最後提出警告。長期而言，關於喀什米爾爭議中「最重要的事」，就是「兩國的軍事花費。這意味著兩國的社會福利將因此受到危害。撇除難民不論，兩國都有數百萬世界上最貧窮的人口，因此喀什米爾的爭端很容易演變為一場災難」。[3]

聯合國試圖解決爭端卻無功而返。另一個「第三方」有可能成功嗎？一九五一年一月，在唐寧街十號的一場會議，澳洲總理孟席斯（Robert Menzies）爵士建議由大英國協主辦公投。英國首相艾德禮支持這個想法，但是尼赫魯表示方案必須獲得謝赫政府的同意。巴基斯坦總理則認為謝赫掌控的邦政府只是「尼赫魯指派的魁儡政府，必要時可以任意抽換」。尼赫魯則回應：「巴基斯坦媒體充斥各種宗教訴求，並且要求發動聖戰。如果這是公投期間會發生的事，那麼公投將不可能舉辦，屆時只會發生民眾騷亂。不僅發生在喀什米爾，還會發生在印度與巴基斯坦。」[4]

## II

一九五〇年，印度政府的地圖將整個查謨與喀什米爾納入領土。新德里的主張是根據一九四七年十月由哈里．辛格大君簽署加盟印度的文件。而宣稱擁有部分喀什米爾的主張，實際上是建基於謝赫的世俗主義觀點。

謝赫反對巴基斯坦，但是他支持印度嗎？他本人拒絕正面回答這個問題。尼赫魯寫給妹妹維傑雅拉克希米的信中，陳述了謝赫的立場搖擺：

> **一九五〇年五月十日：**我不得不說謝赫的行為極度不負責任。人的一生之中，最艱難之事都與朋友相關。
>
> **一九五〇年七月十八日：**同時，謝赫在喀什米爾的表現極為差勁，他似乎傾向與我們發生衝突。他落入敵人的圈套並且被誤導了。
>
> **一九五〇年八月十日：**謝赫稍微改變心意，變得較為順從。我懷疑這樣的情況能維持多久，因為喀什米爾有許多勢力正在角逐，把他牽引至各種方向。[5]

最後一封信的遲疑得到應證。很快地，謝赫再度「極度不負責任」地行事，這裡指的是他開始想著如何讓喀什米爾自印度脫離。一九五〇年九月二十九日，謝赫與美國大使亨德森（Loy Henderson）論及喀什米爾的未來時，向亨德森表示：

> 他認為喀什米爾應該獨立；絕大部分的民眾也希望獨立；他有理由相信部分自由喀什米爾的領袖希望獨立，並且願意與國民會議黨的領袖合作，如果這樣的合作有可能促成獨立的話。喀什米爾的人民無法理解為什麼聯合國持續忽略獨立作為喀什米爾問題的可能選項。喀什米爾的人民有自己的語言與文化背景。這裡，印度教徒的習俗與傳統與印度的印度教徒大不相同，穆

斯林的背景也與巴基斯坦的穆斯林大相逕庭。事實上儘管存在少數的印度教人口，喀什米爾的人口依然同質性高。[6]

謝赫接著詢問該位大使，美國是否支持喀什米爾的獨立。不幸的是，美國國務院的公開資料並未透露美國的回應。考量到其位置在對抗共產主義的鬥爭中有著巨大的價值，美國是否曾認真考慮支持喀什米爾作為它的附庸國呢？

我們至今無法知曉，看來謝赫當時也同樣無法確定，因為他再度回頭與印度政府協商喀什米爾的自治事宜。該邦將擁有自己的制憲會議，會議最終將決定與印度維持何種關係。一九五一年一月，謝赫致信印度部長，說明就他的理解，查謨與喀什米爾制憲會議將討論「加盟印度的問題；保留或廢止總督作為該邦憲政元首的問題；以及制訂憲法的問題，包括界定聯邦對於該邦司法管轄權界限的問題」。他並提到制憲會議將「對所有議題，特別是上述提出的部分做出決議」，印度政府必須將這些決議視為「在各方面都具有約束力」。這暗示即便喀什米爾是否要加入印度都還未拍板定案。一位驚慌的印度部長在信中空白處寫道，謝赫的解讀「或許超出我們討論範圍」。[7]

謝赫一如既往地認為自己是為整個查謨與喀什米爾發聲。實際上，雖然他在喀什米爾山谷地區仍受到尊敬，在查謨地區的印度教徒之中，他則愈來愈不受歡迎；因為他們殷切期盼盡快加入印度聯邦。一九四九年，代表查謨印度教徒利益的人民黨（Praja Parishad）成立。該黨是由七十歲、資歷豐富的多格拉（Prem Nath Dogra）領銜。一如往常，謝赫將查謨的反對勢力斥為一群「反動分子」。[8]

喀什米爾制憲會議選舉於一九五一年十月舉辦。人民黨決定參選，但在初期，數位候選人的提名文件被認定無效。他們決定杯葛選舉以示抗議。謝赫的國民會議黨贏得所有的七十五個席位，其中只有三位候選人未遭遇反對。[9]

謝赫在制憲會議中的開場演說足足有九十分鐘。他朗讀事先印好的英文講稿，逐條討論喀什米爾人民的選項。首先是加入巴基斯坦這個「地主把持」的「封建」神權國家。其次是加入「理念相近的印度」，他們的政府「從未試圖干預我們的內部自治」。不可否認地，「印度國內有部分勢力，未來有可能將印度轉變為一個宗教的國家，屆時穆斯林的利益將受到損害。」另一方面，「喀什米爾持續加盟印度」將會促進印度教徒與穆斯林之間的和諧，並且邊緣化社群主義分子。「甘地說得沒錯，」謝赫主張，「他臨終前說過，在這裡〔我〕改述如下：『我將目光投向山區，在那兒我得到了幫助。』」

謝赫最後提到，「將我們打造為東方瑞士的替代方案，與兩國保持距離，但是仍然維持友誼」，是個迷人的選項，但是看起來不切實際。一個小小的內陸國家要如何捍衛其主權呢？一如謝赫提醒他的聽眾，喀什米爾曾在一九四七年八月十五日至十月二十二日之間獨立於印度與巴基斯坦，之後遭遇部落入侵。有什麼能夠保證喀什米爾的主權「將不會再度面臨類似的侵犯呢」？[10]

因此，謝赫認定獨立是不切實際的選項並予以拒絕，而加入巴基斯坦則有違道德。喀什米爾將加入印度，但是地位將由他們自己選擇，包括保留邦旗以及指派總理作為政府元首的權力。兩者都不為查謨的人民黨所接受。他們要求喀什米爾完全融入印度，高喊「一部憲法、一個國家元首、一面國旗」的口號。

一九五二年一月，謝赫將赴查謨發表演說的不久前，印度教學生抗議國民議會黨旗幟高掛於印度的三色旗旁。他們遭到逮捕並且受到退學處分。這起事件激起一波表示同情的抗議，最激烈的一次，遊行隊伍前往政府行政大樓，示威者進入辦公室，砸毀家具並燒毀紀錄。警察強力鎮壓，實施七十二小時的宵禁，逮補數百名人民黨成員。年邁的領導人多格拉也鋃鐺入獄，雖然他本人並未親自參與任何抗議。

德里政府害怕全國各地將激起印度教的反撲，說服喀什米爾政府釋放人民黨領袖們。謝赫不甘願地同意。四月十日他發表演說，表示他的政黨將「全面接受印度憲法，前提是將社群主義送入墳墓」。他陰鬱地補充說道：「對此我們不確定是否能成功。」謝赫表示，喀什米爾民眾「害怕如果尊者尼赫魯發生了什麼事，他們的處境與地位是否會受到影響」。[11]

謝赫演說的時機與地點都很重要。演說在拉恩比爾辛格波拉（Ranbirsinghpura）舉辦，這是一個距離巴基斯坦邊界僅有四英里的小鎮，而印度大選剛結束，結果似乎支持尼赫魯與他的政策。這場演說吸引廣泛的報導，並且引起不小的警覺。為什麼這個時常讚許印度世俗主義的人突然變得如此猜忌？

謝赫想法轉折的時機，恰好是英國資深記者史蒂芬斯（Ian Stephens）造訪喀什米爾的時候。史蒂芬斯曾在紛亂的一九四六年至一九四七年擔任加爾各答《政治家報》（*Stateman*）的編輯，並以巴基斯坦的強力支持者為人所知。他認為喀什米爾山谷的人口絕大多數是穆斯林，理當歸巴基斯坦所有。不過，他仍察覺到領導者的困境。他與謝赫進行漫長的談話，他認為後者是「一位勇氣十足、開明的人，為了對喀什米爾有利的原則而發聲。與我們當中的許多人一樣，是一九四七年那場影響範圍廣闊、快速、令人困惑的局勢變化❶之下的犧牲者，位居一個孤單且麻煩的位置」。他的

❶ 譯注：指一九四七年印巴分治。

政權是由「印度的刺刀支持，而且主要是印度教的刺刀」。不可否認地，「許多方面來看，這都是一個好的政權：有活力、充滿想法、堅定反對社群主義、農業改革非常進步」。史蒂芬斯總結道：「但是就歷史角度而言，它並不自然。」[12]

## III

尼赫魯曾經仰賴謝赫在喀什米爾扮演的角色。一九五二年夏日，情況演變為謝赫需要仰賴尼赫魯在印度的協助。謝赫公開表示自己的觀點，即僅有總理一人保護印度免於印度教社群主義的最終勝利。

同時，關於喀什米爾在印度聯邦裡頭確切地位的討論持續進行。七月，謝赫與尼赫魯在德里會面，也與其他部長會面過一輪。他們設計出名為《德里協議》（Delhi Agreement）的折衷方案，喀什米爾民眾將會成為印度公民，藉此交換比聯邦內其他邦更高程度的自治。基於「歷史與其他因素」，新的邦旗（由國民會議黨設計）將會懸掛在印度國旗旁。未經喀什米爾首府斯利那加的同意，印度不得派兵平息「內部騷亂」。其他邦的剩餘權力回歸中央，但在喀什米爾，這些權利仍掌握在邦政府手中。另外重要的一點是，外來者禁止在喀什米爾購買土地與資產。此措施是為了預防藉由大規模移民改變喀什米爾山谷的人口結構。[13]

這些都是重要的讓步，但是謝赫進一步要求更多權力。他在制憲會議中發表挑釁的演說，表示只有邦政府能決定要讓渡多少權力給印度聯邦，以及印度最高法院在喀什米爾的司法管轄權。接著他告訴該邦正式元首卡蘭・辛格（Yuvraj Karan Singh），如果他不比照辦理，他的下場就會與父親哈里・辛格一樣，遭到罷黜。謝赫表示，年輕的王儲必須與「反動元素決裂」，並且認同「平民百姓的悲喜」。因為「如果他還抱有幻想，認為那些為數不多的支持者能確保他的位置，他就大錯特錯了」。[14]

「反動元素」在這裡指的是查謨的印度教徒。他們再度開始煽動，修改了他們的口號，但是同樣朗朗上口：「兩部憲法、兩個元首、兩面國旗——一個國家不允許，不允許這樣的情況發生。」遊行、與警方衝突變得稀鬆平常。查謨的監獄再次湧入人民黨的志願者。

查謨的印度教徒與統治家族維持密切的連繫，特別是哈里・辛格大君。他們對他的罷黜感到憤怒，並對其子願意取而代之的「不忠」感到不悅。但是他們也有經濟層次的考量：喀什米爾近日進行的土地改革有可能在查謨發生。喀什米爾山谷中，大地主的土地如果超過上限，就會被徵收。每單位家庭的限額是二十二英畝，地主們的損失可觀。邦政府取得的土地主要贈與中階佃農。無產階級農民受惠程度則大不相同。不過與印度其他邦相比，喀什米爾的土地改革更為先進與成功。[15]

喀什米爾山谷的大地主幾乎都是印度教徒。這為本質上是社會主義重分配的計畫蒙上一層宗教的陰影。這或許是無可避免的；儘管謝赫世俗主義的主張聽起來真摯，卻無法一筆勾消歷史的遺緒。歷史上，邦政府一度為查謨的多格拉人所掌握，他們剛好都是印度教徒。現在則由國民會議黨掌握，他們根基於喀什米爾山谷，領導者與大部分成員都是穆斯林。[16]

## IV

一九五〇年至一九五二年間，印度其餘地區對於新憲法都已經熟悉並已經歷第一次選舉，查謨與喀什米爾的未來仍因為兩個問題而不明朗：該邦與聯邦的關係仍未確定，以及以穆斯林為主體的喀什米爾山谷與印度教徒支配的查謨地區衝突逐漸增加。這樣的情況讓政治人物有機可趁，例如穆克吉，他決定接手查謨地區多格拉人的抗爭。

穆克吉離開尼赫魯的內閣並且成為印度人民同盟的創辦人暨主席。他的新政黨在一九五二年的大選中表現差勁，只有三位成員當選國會議員。喀什米爾的爭議對於穆克吉以及印度人民同盟而言是個機會，提振委靡的幹部們，藉此擺脫選舉的失利，並讓該黨重新登上全國舞臺。

穆克吉在國會中展開一連串的攻擊。「是誰允許謝赫成為喀什米爾的王中之王？」他諷刺地問道。這位印度人民同盟的領導人說，謝赫視邦與國家的旗幟「一樣重要」，顯示了他「並非忠心不二」，這是一個主權國家無法接受的。如果喀什米爾山谷想要有限度的加盟，那麼查謨與拉達克的佛教徒地區如果有意願，也應該被允許全面整合。但是更好的方案仍是在沒有特別的讓步下，將該邦全面納入印度。如此做才是與其他全面接受印度憲法管轄的土邦標準一致，儘管初期也曾允許他們某些程度的自治，最後也都同意受憲法的約束。謝赫自己也曾是印度制憲會議的成員，然而「卻要求特別待遇。難道他不同意這部印度其他地區——包括四百九十七個邦在內——都已經同意的憲法？如果其他地方接受憲法，為什麼在喀什米爾的他不能？」[17]

一九五二年秋天，穆克吉造訪查謨，並且發表多次演說以支持人民黨的運動。他說，他們的要求「公允且愛國」。他承諾為他們「捍衛」印度憲法。他接著來到斯利那加，與謝赫進行一場爭辯不休的會面。[18]

有了全國性政黨與其領導人的支持，多格拉人得到極大的鼓舞。一九五二年十一月，邦政府遷往冬季首府查謨。邦元首卡蘭．辛格首先抵達。多年後他回憶起人民黨如何以「嘲弄且充滿敵意的口號」及黑色旗幟迎接他的到來。雖然「國民議會試圖安排接待，但是都被多格拉民眾的高度敵意所淹沒」。在寫給印度政府的信中，他表示：「在我看來，查謨絕大多數民眾都支持人民黨的運動……我不認為將此事單純歸咎於反動集團的策動是正確的評價。」[19]

謝赫則有意如此看待。一九五二年至一九五三年冬天，人民黨與邦政府仍陷於衝突之中。示威者將政府建築的邦旗移除，以印度國旗取而代之。這些人因此遭遇逮捕，但是其他人迅速抵達現場，進行同樣的行為。人民黨成員梅拉．朗（Mela Ram）在邊界遭警方射殺，此事大大激化了運動。最後謝赫在查謨的名聲破敗。原本對民眾而言，他的名字象徵人民反抗的暴政。現在他反倒成為壓迫人民的統治者。[20]

一月，穆克吉寫了一封長信給尼赫魯，表示自己支持人民黨以及他們「僅僅為了全面融入印度」進行的「極為愛國與充滿情感的」抗爭。他無來由地遞出挑戰，要求「收復」如今掌握在巴基斯坦手中那不可分割的領土。穆克吉問，印度「如何奪回〔領土〕？你總是逃避這個問題。如今是時候讓我們知道你的答案。如果我們無能收復這片失土，無疑是民族恥辱」。

尼赫魯忽略這個嘲弄。對於人民黨，尼赫魯認為他們「試圖以戰爭方式決定一個非常困難與複雜的憲法問題」。謝赫（穆克吉也寫信給他）更為直接；他認為「人民黨決心遵照社群主義的方式，強行解決整個喀什米爾的問題」。

穆克吉要求尼赫魯與謝赫釋放人民黨領袖，並且召開會議討論喀什米爾的未來。穆克吉再度挑戰尼赫魯是否敢與巴基斯坦開戰：「請不要拖延問題，讓民眾知道如何以及何時我們將要奪回珍貴的領土。」[21]

言語的交鋒因為彼此的自尊心作祟而沒有結果。尼赫魯認為人民黨應該暫停運動，作為與政府對話的前提；穆克吉則希望政府提供對談的機會，作為停止抗爭的前提。當政府拒絕屈服，穆克吉決定走上德里街頭。三月第一週開始，印度人民同盟的志願者自願遭逮捕以聲援人民黨的訴求。示威者聚集警察局外高喊反對政府與總理的口號，因此違反《印度刑法》第一百八十八條。

穆克吉的國會辦公室策動了非暴力抗爭運動。參與成員包括被當局稱為「印度教社群主義政黨」的印度人民同盟、印度教大齋會及羅摩王國黨。一九五三年四月底，共計一千三百人遭逮捕。情治報告指出這些人來自印度各地，絕大部分都是上層種姓：婆羅門、塔庫爾（Thakur）及巴尼亞（Bania）。[22]

夏季是喀什米爾山谷的觀光季節。四月底，第一批到來的遊客之中包括美國政治人物史蒂文森（Adlai Stevenson）。他來喀什米爾是為了在達爾湖（Dal Lake）划船、賞雪，同時也與謝赫會面。他們見了兩次面，每次長達兩小時。雙方並未透露對話內容，但是部分印度人猜測主題與獨立有關。一家立場傾向美國的孟買報章媒體宣稱史蒂文森確保謝赫獲得的不僅是道德支持。一旦喀什米爾獨立，將立即獲得一千五百萬美元的借貸；此外，美國將確保「喀什米爾至少擁有五千個美國家庭作為永久人口，每艘船屋與飯店將會湧入滿滿人潮，美國人將買下所有喀什米爾工匠的藝術與手工藝品，三年之內每個喀什米爾村落都會享有電力等等」。[23]

史蒂文森後來否認他曾鼓勵謝赫。當謝赫「不時暗示獨立狀態作為替代方案」，史蒂文森保持沉默；他宣稱自己並未「就獨立一事給予任何鼓勵，對我而言並不實際……我只聆聽而未發言」。[24]

謝赫再次思考獨立的可能性。但是誰要獨立？極有可能不是整個查謨與喀什米爾。有一部分（北方）掌握在巴基斯坦手中，另一部分（查謨）處於長期騷亂。謝赫的報告拒絕提供給學者，他在回憶錄中也對這個主題保持緘默，但是我們可以合理猜測必然是喀什米爾山谷，且只有喀什米爾山谷尋求獨立。他掌控這裡，大部分人口支持他，這裡的遊客將會滋養他「東方瑞士」的夢想。[25]

## V

史蒂文森之後不久，另一位前來惡水中釣魚的政客蒞臨。五月八日，穆克吉搭上往查謨方向的火車，前往斯利那加。他預計率領堅持真理運動深入敵人領土。預估會因此發生騷亂的邦政府禁止他進入。穆克吉無視命令，在十一日早晨穿越邊境。警方要求他折返，當他拒絕的時候將其逮捕並關入斯利那加的監牢。

人民黨運動之前，穆克吉一直是憲政主義者。他是孟加拉的舊士紳階級（bhadralok），習慣穿西裝打領帶，啜飲威士忌。整個民族運動期間，他從未試圖尋求以堅持真理行動解決問題，也從未入獄。他的傳記作者表示，長期以來他的確認為「立法推動是對政府政策表達分歧意見的唯一形式」。這樣的信仰與穆克吉對於人民黨抗議行動的支持格格不入。如今他認可且親自領導街頭抗爭。

為什麼穆克吉訴諸他不熟悉的方法解決問題？他告訴他的追隨者（之後成為他的傳記作者）瑪德赫克（Balraj Madhok），這是總理唯一能理解的方式。「作為一生都是（一名）煽動者的尼赫魯，對各種煽動方式有著複雜的情緒。他將臣服於力量與煽動之前，而非權利與道理——除非背後有勢力撐腰。」[26]

當時，穆克吉身處斯利那加的監獄，當局正編撰對於他的指控，他將時間用於閱讀印度教哲學以及寫信給朋友與親屬。[27]六月初他生病。他的其中一隻腿感到疼痛，並有發燒的現象。經醫師診斷後為肋膜炎。六月二十二日他心臟病發，隔日死亡。[28]

六月二十四日，一架印度空軍飛機將穆克吉屍體運回加爾各答的家鄉。謝赫為穆克吉覆蓋披巾，其副手巴克希（Bakshi Ghulam Mohammed）協助將擔架抬上飛機。在加爾各答，為數眾多的人群綿延十三英里，由德姆．德姆機場（Dum Dum Airport）一路延伸至包瓦尼浦（Bhowanipur）。尼赫魯致信給馬德拉斯的朋友表示：「因為穆克吉的死，我們面臨極大的麻煩。德里的氛圍很糟糕，加爾各答更慘。」[29]

查謨的情況更惡劣。當新聞傳到城鎮，一個憤怒的暴民攻擊並搶奪政府的藝術品商場，且縱火燒毀政府辦公室。[30]同時，在德里，群眾聚集在阿吉梅麗門（Ajmeri Gate），戴著黑色徽章，揮舞黑色旗幟，並高喊「血債血還」。憤怒持續數日。七月五日，穆克吉部分骨灰抵達首都，他的骨灰由印度人民同盟率領的遊行隊伍攜帶穿越舊城區，遊行群眾高喊復仇的口號，並且堅持「喀什米爾是我們的」。[31]

六月底張貼在德里的海報警告謝赫，如果來到首都，他將會被殺害。這些訴求無法輕視，因為這與聖雄甘地臨終前的偏激氛圍類似。再一次，「德里所有的中產階級再度掌握在〔印度教〕社群主義者手中」。令人擔憂的不只是謝赫，「因為社群主義分子激烈的政治宣傳，尼赫魯先生也有可能遭遇……和甘地一樣的不幸。」警察受命留意「任何危險的政治宣傳，以及這些團體或政黨反對總理的計畫」。[32]

## VI

穆克吉領導的人民運動在謝赫心中埋下獨立的種子；穆克吉死亡引發的抗議則進一步滋養這樣

的想法。尼赫魯察覺後，寫了兩封情感充沛的信，回憶他們昔日情誼，以及連結印度與喀什米爾的扭帶。他要求謝赫前來德里與他會面。謝赫並不領情。尼赫魯派遣阿扎德（內閣最年長的成員）前往斯利那加，但是一無所獲。謝赫深信兩件事情：他得到了美國的支持，以及「甚至是尼赫魯也無法抑制印度的〔印度教〕社群主義勢力」。七月十日他在聖戰者之家（Mujahid Manzil）——即國民會議黨位於斯利那加的總部——向黨工發表演說，表明喀什米爾與他自己對於印度政府的失望後，他接著表示：「因此是時候向他們道別。」[33]

謝赫的變節讓總理深感警惕。尼赫魯寫信給一位同事說道，喀什米爾近日的進展特別不幸，因為「在那兒發生任何事都會有更大更深遠的影響」，也因為「喀什米爾的問題意味許多事情，也包括印度的世俗政策」。[34]

如今喀什米爾的政府內部分裂，（尼赫魯觀察）其中成員容易「被拉向不同方向並且支持截然不同的政策」。這有一部分必須歸咎於印度情報局。情報局官員進入國民會議，分裂領導階層，迷惑各階層成員，有些領導者，例如沙迪克（G. M. Sadiq）具左翼反美立場；他們反對謝赫與史蒂文森談話。其他人，例如巴克希，則企圖自行管理喀什米爾。[35]

國民會議黨內部支持印度與支持獨立的團體公開決裂。後者由謝赫的親密夥伴貝克（Mirza Afzal Beg）領導。前者則與邦元首卡蘭・辛格關係密切。謠傳謝赫將在八月二十一日宣布獨立，這天是盛大的開齋節，之後他將尋求美國庇護以對抗「印度入侵」。[36]那天到來的兩週前，謝赫將一名內閣成員撤職。這給予支持印度的派系一個對抗他的理由。由巴克希領銜，他們致信謝赫，控訴他鼓動派系主義與貪瀆。信件也複印寄給卡蘭・辛格。他解除謝赫職務，並且邀請巴克希取而代之成立新政府。

謝赫在清晨收到解除職務的通知。當他起床後收到解職信，頓時感到盛怒。「這個邦元首居然解除我的職務？」他高喊，「是我讓這個小子成為邦元首。」警察告訴他，他不只被解職，而且將被逮捕。他有兩小時的時間禱告、打包，之後將被送往大牢。

為什麼謝赫如此被羞辱？有必要趁深夜解除他的職務，接著將他送押大牢嗎？卡蘭．辛格之後回憶時表示，如此做是因為「巴克希明確表示，如果謝赫與貝克能夠自由散播他們的觀點，他將不會接管政府」。換句話說，待在牢籠裡的謝赫是安全、安靜的，然而作為一位自由人，一旦被拔除職位，他很快就會動員群眾情感，使局面對他有利。[37]

在這之後，人們普遍相信，逮捕謝赫的行動是奇德威（Rafi Ahmad Kidwai）在幕後一手策畫。奇德威是內閣中的左傾成員，也是尼赫魯的好友。在德里，人們相信他之所以想要羞辱謝赫是因為他正在討好美國。在喀什米爾，人們則認為這擺明是一場報復。回到一九四七年，奇德威的胞弟在穆索里（Mussoorie）山中車站遭喀什米爾人殺害。拔除謝赫是為了清算舊帳。[38]

尼赫魯本人是否批准逮捕其好友謝赫的行動？尼赫魯的傳記作者認為他事先並不知情，但是他的情資主管則暗示尼赫魯知曉。我們清楚的是，逮捕行動之後，他並未下令取消。[39]

如同他的前任，新的喀什米爾總理是一位超群不凡的人物。他以巴克希之名為人所知，一如他的前任被人們稱作謝赫。一九〇七年出生於小康之家，巴克希的政治事業始於組織斯利那加的貨運司機工會。加上四度於哈里．辛格統治期間入獄，使他成為優秀的民族主義者。就性情而言，他與謝赫大不相同。一位充滿想法與理想，另一位則善於行動與組織。一九四七年十月，當襲擊者發動攻擊時，謝赫正在發表激情的演說，巴克希則在安置志願者就定位，並且監視周遭潛在的第五縱隊（fifth-columnists）。一九四七年後，謝赫忙於與尼赫魯以及德里當局打交道，巴克希則「在整個政府崩盤而且不存在的時候，試圖支撐起該邦的骨幹」。如同兩位學者於一九五〇年寫道：「作為一個嚴以律己的人，他無法忍受欠缺紀律與三心二意的策略。他不喜歡政府的繁文縟節。他相信快而準確的行動。」在當時的印度，人們無可避免地結論道：「事實上，巴克希之於謝赫，如同〔帕特爾〕之於尼赫魯。」[40]

這樣的類比雖然迷人卻不準確。因為帕特爾並不覬覦上司的職位。巴克希登上總理一職後，就沒有放手的打算。他很清楚這意味著必須得到德里當局的支持。奪權後十天，他造訪查謨，對大批群眾演說，向他們保證「喀什米爾與印度的紐帶不容改變。世上沒有任何權力能拆散兩方」。接著，他在斯利那加一場國民會議的集會中向黨工們表示：「謝赫抱有喀什米爾獨立的想法，因此落入外國侵略者的圈套之中。」他認為獨立「是一場危險的賭局，將對喀什米爾、印度與巴基斯坦帶來災難般的後果」。因為喀什米爾欠缺捍衛自己的資源，獨立是一個「極為愚蠢的念頭」，預計只會讓該邦淪為超級強權角力的中心。這是一個「傷害人民」的想法。[41]

巴克希作為總理，有著民粹主義的行事作風，每週五舉辦召見活動（darbar），傾聽大眾的苦水。總理初期的改革措施包括提高稻米收購價格。接著是免費就學、同意設立新的工程與醫學院，以及廢止查謨、喀什米爾與印度其他地區之間的海關關卡。

一九五四年十月，全印度報紙編輯會議（All-India Newspaper Editors Conference）於斯利那加召開。邦政府全力以赴為賓客安排最好的飯店，並且舉辦派對，以最美味的喀什米爾佳餚招待。一位心懷感激的編輯寫道，雖然新政權在位僅一年，「這樣說並不為過：巴克希政府在部分領域進行的改革比謝赫執政六年所做的還要多。」應付了大眾與媒體之後，巴克希接著迎接印度總統。一九五五年十月，普拉薩德在「精心策動的大規模熱情歡迎」下來到斯利那加，歡迎群眾從機場延伸到街上，還有傑赫勒姆一整排的船隻列隊歡迎。總統來到是為了啟用水力發電計畫，這也是新政府之後的諸多發展計畫之一。[42]

謝赫則在拘禁期間坐困愁城。首先他被安置在烏達姆普爾（Udhampur）某個平原的舊皇宮中，之後被轉送科特（Kot）山區中較為涼爽的小屋，他在那兒飼養家禽，報告則指出他變得「非常反印度人」。[43]

喀什米爾內外都視巴克希為篡位者。以下是兩名祕密警察於德里賈瑪清真寺（Jama Masjid）週五禱告的報告內容。一九五三年十月二日，兩位喀什米爾議員參與禱告。當他們被一位穆斯林神職人員請求就喀什米爾現況舉辦集會時，議員們回答時機不對，因為他們正在暗中致力讓謝赫被釋放。議員們說「所有喀什米爾人都將誓死留在印度」，但是如果謝赫持續被監禁，憤怒的該邦將可能「投靠巴基斯坦，屆時就不是他們的責任了」。

三個月後，巴克希本人參加賈瑪清真寺的禱告。這是宣告政權正當性的方式，因為這座由沙賈漢（Shah Jahan）建於十七世紀的清真寺，是印度大陸最宏偉與神聖的清真寺。聖地的管理人了解巴克希與德里統治者的關係密切，十分恭敬地接待這位賓客。但是一份警察報告注意到，「聚集在那兒的穆斯林，包括一些喀什米爾人，都在背後小聲說著巴克希的壞話。他們說他能成為喀什米爾的總理，是因為將自己的『上師』——謝赫——關入大牢。」[44]

## VII

一如一九四〇年代，一九五〇年代的喀什米爾山谷仍然動盪不安。一九四〇年代騷動的原因是大君的猶豫不決，他在時間充裕的時候拒絕加入巴基斯坦或是印度；其次是侵犯該邦的部落襲擊者。一九五〇年代的騷動則是因為謝赫與穆克吉的野心，兩人都不願遵守憲政民主的規矩，不斷堆高政治籌碼，兩人最後都為此付出慘痛代價。

喀什米爾的情勢演變不僅令印度擔憂。曾於一九四七年管理印度軍隊的英國將軍認為喀什米爾問題很有可能「導致印—巴關係的惡化」。因為守衛喀什米爾之故，他與謝赫及巴克希都很熟識。謝赫「從不是一個偉人」，「但是我認為他對於自己國家的熱愛非常真誠」。另一方面，巴克希「顯得不真誠」，他是「一個沒有才幹的人」。[45]

事實上，巴克希在組織方面有某些才華，還會中飽私囊。他利用自己與德里當局的關係密切，獲得來自中央的穩定資助。這些資金用於支付水壩、道路、醫院、隧道以及旅館。斯利那加興建了許多新建築，包括新的行政大樓、新的體育館與新的觀光綜合設施。然而，巴克希政府負責的發展計畫，總有「一部分是分給家人與朋友」，他的政權很快被人稱為「ＢＢＣ」，也就是巴克希兄弟公司（Bakshi Brothers Corporation）。[46]

一九五二年至一九五三年的進展，因為印度宣稱擁有喀什米爾山谷的正當性而產生了尖銳質疑。自一九四七年的入侵後已經過六年，六年足以讓世界遺忘這件事，只記得山谷中都是穆斯林，而巴基斯坦也是。此外，那位誇耀自己是印度自己人的喀什米爾領導人如今被印度政府關入大牢。

事情可能有不一樣的演變嗎？如果謝赫與穆克吉能以負責且有所節制的態度行事，或許可能。或者如果尼赫魯與印度政府當初願意聽從一位無名記者的意見，事情可能有所轉折。這位記者從事英文摘錄，來自邦加羅爾，為一份發行量低的自由派週報擔任編輯。一九五二年至一九五三年，穆克吉要求尼赫魯入侵巴基斯坦，「奪回」喀什米爾北部，史普拉特（Philip Spratt）則提出截然不同的方案。他表示印度必須放棄喀什米爾的主權，允許謝赫獨立的夢想。印度應該撤軍，並且一筆勾消查謨與喀什米爾的借貸。「放手讓喀什米爾去吧，讓她獨自探索如何建立一個世俗國家。」他如此寫道，「我們應該在適當距離觀看這場追求信念的行動，給予相當程度的同理心。讓我們的榮譽感、資源及未來，得以擺脫因靈魂深處刻下的謊言而造成的精神錯亂。」

史普拉特的方案帶有一絲道德的色彩，但是也有經濟與深思熟慮的一面。他認為印度的政策建立在「一國理論的錯誤信念之上，以及覬覦斯利那加山谷的美麗與戰略價值」。這政策的代價在現在與未來都難以計算。與其給予喀什米爾特權，而讓印度其他地方感到不悅，最好的選擇還是放手。然而，就現狀而言，喀什米爾「是一個軍事中立的邦，兩國軍隊彼此怒視並且你爭我奪。對於少數人而言，也許樂於見到惡劣的情況持續發生。但是印度納稅人卻為了主張擁有喀什米爾付出高昂代價。印度總是給錢的一方，喀什米爾總是接受的一方」。[47]

不難想見這是（史普拉特作為）一位前馬克思主義者的想法，即物質利益的考量應該優先於意識型態。但是在一九五〇年代的印度，這卻不是一個能夠獲得太多人支持的論點。

# 第十三章
# 部落問題

這些部落……不僅以不屈的決心捍衛自己，也以極大的勇氣攻擊敵人……他們擁有的堅忍心態，讓他們戰勝對於危險與死亡的恐懼。

——英國官員評論那迦人，約一八四〇

## I

整個一九五〇年代，當印度政府想方設法保有喀什米爾山谷的時候，它的權威與正當性卻也同時遭遇來自喜馬拉雅另一端的挑戰。這就是德里當局的「那迦問題」，相較於喀什米爾較不為人所知，但是那迦問題存在已久，甚至早於喀什米爾，難以追溯起源。

那迦是位於喜馬拉雅東部、沿印度—緬甸邊界而居的部落群。得利於山區距離的屏障，他們一直以來在社會與政治發展上都與印度其他地區隔絕。英國人對他們管理寬鬆，並且禁止平地人接近，也不竄改部落律法與習慣——除了獵人頭以外。不過美國浸信會自十九世紀中期就積極於此活動，成功讓好幾個部落皈依基督教。

此時那迦山丘屬於阿薩姆，即便以印度人的標準而言，這裡都是一個非常多元的省分，它與中國、緬甸以及東巴基斯坦共享邊界，分為高地與低地地區，住有數以百計的不同社群。平原地區居住著說阿薩姆語的印度教徒，在文化與信仰上與廣大的印度中心地區相連。當中比較重要的部落群體包括：米佐人、卡夕人（Khasi）、加洛人（Garo）及賈因提亞人（Jaintia），他們都因居住的山區而得名。該區內還有兩個土邦，特里普拉（Tripura）以及曼尼普爾，人口同樣混雜，一部分是印度教徒，一部分是部落族人。

在印度東北部的部落中，那迦或許享有最高的自治程度。他們的領土位於印度—緬甸邊界，印度與緬甸兩造的那迦人幾乎一樣多。部分那迦人與阿薩姆印度教村落有所接觸，他們向後者出售稻米以換取鹽巴。不過那迦人完全自外於國大黨領導的民族運動。這裡未曾發生堅持真理運動，也沒有公民不服從行動。事實上，從未有任何戴著白帽的甘地主義領導者曾經造訪山區。部分部落激烈反抗英國人，時間久了之後兩方相互尊重。英國人某種程度上使用家長制，希望「保護」他們免於現代世界的腐敗。

那迦問題實際上可追溯至一九四六年，這年英屬印度的命運被新德里與西姆拉的帝國權力中心所決定。當選舉在全印度舉辦，內閣使節團來來去去，總督、國大黨與穆斯林聯盟的領袖進行祕密會議，位於印度大陸黯淡一角的部分那迦人開始擔憂起他們的未來。一九四六年一月，一群「受過教育、信仰基督並善於英文」的那迦人組成那迦民族議會（Naga National Council, NNC）。該議會有著民族運動剛開始的典型外觀：由一群中產階級知識分子領導，他們發行自己的期刊《那迦民族》（*The Naga Nation*）宣傳自己的思想，總共印製二百五十份，在整個那迦地區流通。[1]

那迦民族議會追求所有那迦人的團結一致，以及他們的「民族自決」，和其他地方一樣，這個詞定義多元，有時甚至相互矛盾。有著光榮武術傳統與抵禦外族（包括英國人）歷史的安加米（Angami）那迦人，認為民族自決意味完全獨立的國家：「那迦人所有、為那迦人服務、由那迦人管理的政府」。另一方面，阿沃人（Ao）則較為謙遜，認為只要他們的土地與習俗受到保護，並且擁有設計與執行自己法律的自治權利，便能在印度有尊嚴地過活。

早期那迦民族議會的集會見證這兩個黨派你來我往的辯論，這些辯論散見於《那迦民族》的內頁。一名年輕的安加米人寫道：「那迦是一個民族，因為我們覺得自己是一個民族。但是，如果我們是一個民族，為什麼我們不建立自己的主權？我們希望自由。我們希望過自己的生活……我們不希望其他人與我們共同生活。」一位阿沃的醫生回答，那迦人缺乏建立國家需要的資金、人員及基礎建設。「此時此刻，獨立的想法對於我們那迦人過於遙遠。我們現在如何能夠經營一個獨立的政府呢？」

同時，溫和派開始與國大黨領導階層協商。一九四六年七月，那迦民族議會祕書長沙克利（Theyiechuthie Sakhrie）致信尼赫魯，並且得到回信保證那迦將可獲得完全的自治，前提是**留在**印度聯邦。尼赫魯表示，他們可以擁有自己的司法制度，避免「全國其他地方的人們湧入，為了自己的私利剝削那迦人」。沙克利宣布那迦人將維持與印度的連結，「但是作為一個特殊的社群……我們必須根據自己的天賦與品味發展。我們在自己的故鄉享有自治，但是在更廣泛的議題上與印度連結。」[2]

激進派仍然爭取完全獨立。他們受到幾位英國官員的協助，這些官員痛恨看到這些部落受印度教影響。一位官員建議東北部的部落區域組成「英國直轄殖民地」（Crown Colony），直接受倫敦當局統治，而不要與即將獨立的印度結合。[3]其他人則建議他們爭取獨立，反正印度作為一個國家很快就會崩潰。一九四七年三月，盧賽（Lushai）山區的監督人寫道：

> 打從戰後治理盧賽之際，我對於盧賽人的建議一直都是不要多想他們未來與印度其他地區的關係會如何：沒有人可以預言兩年後的印度會是如何，甚至印度能否作為一個統一的政治實體都尚不可知。我不會鼓勵我的小女兒孤老一生，但我認為在她年幼之際，將她許配給仍未發育的男孩是更大的罪過。[4]

一九四七年六月，那迦民族議會的代表與阿薩姆的總督海達利爵士（Sir Akbar Hydari）會面，商討那迦將以何種關係加入印度。兩邊同意部落土地將不會讓渡給外來者，那迦的宗教習俗將不受影響，那迦民族議會在政府官員組成上有發言權。接著，一位那迦民族議會的代表前往德里與尼赫魯會面，後者再次說明他們可以擁有自治而非獨立。他們也拜訪聖雄甘地，關於會面情況的諸多版本流傳了好幾年。其中一個版本是甘地告訴那迦人，如果他們想要，可以宣布獨立，沒有人能強迫他們加入印度；如果新德里派遣軍隊，甘地本人將前往那迦山區抵抗。他宣稱：「要殺那迦人之前先殺了我。」[5]收錄在《聖雄甘地作品集》（*Collected Works of Mahatma Gandhi*）的版本則沒有那麼誇張；甘地表示：「個人而言，我相信你們屬於我、屬於印度。但是如果你們說不是，沒有人能強迫你。」聖雄也建議他的訪客，證明獨立的更好方法是經濟獨立；他們可以種植自己的食物、紡織自己的衣物。「學習所有手工藝。」聖雄說，「這是和平取得獨立的方式，使用槍砲與坦克是愚蠢的事。」[6]

最積極要求獨立的發言人是來自科諾瑪（Khonomah）的安加米人。科諾瑪在一八七九年至一八八〇年曾與英國人戰鬥至不分軒輊，整個那迦山區都「耳聞且懼怕」他們。[7]一個自稱是「人民獨立聯盟」（Peoples' Independence League）的派系張貼要求完全獨立的海報，借用美國獨立鬥士的標語：「這是我在世時的致詞，神哪，這也是我臨終前的致詞——獨立，就是現在，直到永遠」（亞當斯〔John Adams〕）；「在神的關注之下，這個國家應該擁有新生的自由」（林肯〔Abreham Lincoln〕）；「不自由，毋寧死」（亨利〔Patrick Henry〕）。[8]

英國統治者離開新德里，新的印度開始鞏固自己。阿薩姆總督的祕書告訴那迦人，他們人數太少，不可能反抗一個三億人口的國家。他在《那迦民族》以故事比喻：有一隻叼著骨頭的狗，看見水中有隻狗叼著更大的骨頭正在瞪著牠；牠追逐倒影卻鬆開嘴中的骨頭。該名官員結論道：「為什麼要為了『獨立』這根不可能得到的骨頭而犧牲『自治』這塊骨頭呢？」

這段寓言在受過教育的那迦人中並未得到好的回響。「骨頭，骨頭，」一位憤怒的那迦民族議會成員評論，「他以為我們是狗嗎？」帕斯（Charles Pawsey）這位即將離去的副首長，同時也是那迦人敬愛的官員，卻也以較討人喜歡的方式提出相同的警告。帕斯也在《那迦民族》撰文強調在印度聯邦內取得自治是較為深思熟慮的做法。因為「獨立代表著：部落衝突，沒有醫院、學校、鹽巴，與平地人貿易，以及普遍的不幸」。[9]

## II

當那迦的知識界爭執於何謂「獨立」時，印度制憲會議在新德里召開。其中一項討論的議題就是部落在自由與民主印度中的地位。一九四七年七月三十日，傑帕爾・辛格向議會表示，那迦山區的「進展令人極為憂心」。傑帕爾「每天都收到電報」，「最新一封電報比前一封更加驚慌失措。每封看起來愈來愈瘋狂。」他認為那迦人「被誤導」，認為他們的地位與大君息息相關，在英國離開後他們就可以奪回主權。當那迦代表來到德里與尼赫魯及甘地會面，他們也與傑帕爾會面，後者告訴他們一個「直截了當的事實」，就是「那迦山區永遠是印度的一部分。因此不存在脫離的問題」。[10]

傑帕爾自己也來自部落，是數百萬居住在貫穿印度半島心臟地帶的山區與森林帶居民之一。他們以「原住民」（adivasis，阿迪瓦西）之名為人所知，印度中部的部落與居住在東北部的部落不太相同。和那迦人一樣，他們都是極度仰賴森林維生的農民，沒有種姓制度，而是以宗族為單位，比起印度其他「先進」地方較無性別不平等的情況。然而與那迦人及附近部落不同的是，印度中部部落與印度教佃農社會有長遠的關係。他們交換商品，有時候敬拜相同的神，歷史上也屬於相同的王國。

這些關係並非沒有爭議。英國統治之下，部落居住的地區已經被迫商業化並接受殖民統治。他們居住的森林突然有了市場價值；流過家門前的河水及腳底下的礦物也是。雖然某些地方仍保持完整，但其他地方，部落使用森林與土地的權利被剝奪，向高利貸欠下債務。「外來者」逐漸被視為是試著掠奪原住民資源的人。舉例而言，在焦達納格布爾高原，非部落族人被稱為滴古（diku），這是一個引起恐懼與憤怒的詞彙。[11]

制憲會議坦承原住民族處境的脆弱，並且花費數日就此進行爭辯。最後，議會決定將約四百個社區指定為「表列部落」。這些部落占人口約百分之七，在立法院與政府部門都擁有保留席位。憲法附表五是關於居住在印度中部的部落，並且允許部落諮詢議會的創建，以及禁止高利貸與向外人出售部落土地。附表六是關於東北部的部落，它允許更進一步的地方自治，組成地區與區域議會，保護當地土地、森林及水道的權利，並且指示邦政府與地方議會分享採礦營收，這是一項在印度其他地方都沒有的特權。

傑帕爾．辛格認為這些條款若要有效力，部落必須在聯邦內形成一個獨立的邦。他將這個假設的邦稱為賈坎德；在他的構想中，賈坎德邦包括當時仍在比哈爾內的焦達納格布爾高原，以及位於孟加拉與奧里薩鄰近的部落地區。構想中的邦將涵蓋約四萬八千平方英里的地區，並擁有一千兩百萬的人口。[12]這個構想吸引了焦達納格布爾的年輕人。因此，在一九四七年五月，哲雪鋪（Jamshedpur）原住民議會致信尼赫魯、甘地與制憲會議，要求創立一個獨立於比哈爾的賈坎德邦。「我們希望賈坎德邦能夠保存並發展原住民文化與語言，」他們的備忘錄如此說道，「使我們的習慣法位於最高位階，使我們的土地不可分割，更重要的是，使我們免於持續被剝削。」[13]

一九四八年二月，傑帕爾．辛格向全印度原住民大會（All-India Adivasi Mahasabha）發表主席演說，他自十年前該組織創立時便領導至今。在此，他說到獨立之後，「比哈爾帝國主義」取代了「英國帝國主義」成為原住民最大的麻煩。他指出土地問題是最為嚴重的，並且呼籲盡快創立賈坎德邦。值得注意的是，他同時也強調留在印度聯邦的決心，他提及對於「甘地遭暗殺的悲劇」的情感，並且提出結合地方驕傲與更廣泛的印度愛國主義的口號：「賈坎德萬歲！原住民萬歲！印度萬歲！」[14]

原住民大會重新命名為賈坎德黨，經過好幾年的持續宣傳後，以該名稱投入一九五二年的首次大選。該黨的標誌是一隻鬥雞，他們獲得意料之外的成功，贏得三個國會席次，以及邦議會內的三十三個席次。這些勝利都發生在比哈爾的部落地區，在此他們全面擊敗執政的國大黨。各種民調顯示賈坎德邦的創立已經獲得民眾的支持。

## III

傑帕爾．辛格與賈坎德黨為部落的未來提出一條道路：在印度聯邦內取得自治，藉由法律以及在部落占多數的地區創立一個行政區來保障他們的土地與習俗。那迦激進派提供另外一個選擇：與印度分離並創立一個獨立的主權國家。那迦人中，最堅持此觀點的當屬安加米人，其中又以科諾瑪的居民為最，這是一群創造印度歷史卻仍未被寫入史書的人。

我們討論的就是安加米人費佐（Zapu Phizo），他的名字代表了近半世紀以來那迦人的理想。出生於一九一三年的費佐，原本擁有美麗的面容與纖細的身材，他的臉在幼年期間的一次癱瘓而劇烈扭曲。受教於浸信會的他也是一位詩人，創作包括〈那迦國歌〉，他在遷移至緬甸之前是以兜售保險維生。當日本人入侵時，他正在仰光的碼頭工作。費佐加入日本進軍至印度的隊伍，顯然認為如果日本人戰勝英國的話，那迦獨立的承諾就有可能實現。[15]

戰爭結束後，費佐回到印度並加入那迦民族議會。他慷慨激昂地要求主權，這讓他很快地為人所知，這些主張時常以基督教的諺語來表達。一九四七年七月，那迦民族議會在新德里與聖雄甘地會面時，他也是代表團成員之一。三年後，他當選那迦民族議會主席，並且承諾那迦人會「完全獨立」。他壓制了希望與印度達成和解的質疑與反對者。許多年輕的那迦人願意跟隨費佐。一位貴格會教徒亞歷山大（Horace Alexander）在一九五〇年十二月至此旅遊，途中遇見兩位那迦民族議會成員，他們「一心嚮往『獨立』，我並不認為任何主張回歸〔印度〕憲法的論點或訴求對他們構成任何威脅，更不可能使他們退卻」。[16]

費佐是一位充滿能量並能激勵人心的人。整個一九五一年，他與他的人馬在那迦山區各地蒐集指印與簽名，以此作為人們支持那迦成為獨立國家的證明。後來這些成捆的指印據稱重達八十磅，他們也宣稱這是一場全面的公投，揭示「百分之九十九點九九的民眾投票支持那迦獨立」。[17]這些數據令人想起極權國家類似的操作，舉例而言，據稱百分之九十九點九九的俄羅斯人民支持史達林作為最高領導人。但毫無疑問的是，費佐本人與他眾多的追隨者的確都支持獨立。

當時印度已經獨立四年，英國官員被印度官員取代，除此之外，新國家對於那迦山區並未有太多影響。新德里的政治菁英忙於處理印巴分治後的創傷、安置難民、將土邦納入印度並起草憲法，沒有認真思考部落問題。不過，一九五一年最後一週，總理人在阿薩姆的提斯浦（Tezpur），為他的政黨在大選期間宣傳。費佐與三位同胞下山與他會面。當這位那迦民族議會的主席表示希望獨立，尼赫魯認為這是一個企圖「倒轉歷史巨輪」的「荒謬」要求。他告訴他們，「那迦人與其他印度人享有同樣的自由」，憲法之下，「他們有很大程度的自治，能夠管理自己的事務」。他希望費佐與他的人馬「提出在他們自己土地之上擴展文化、行政與財政自治的訴求」。他們的提議將會被重視，如果有必要，也可以更改憲法。但是那迦人的獨立是不可能的。[18]

那迦民族議會則以杯葛大選作為回應。當勝選的國大黨就位後，費佐希望與總理在新德里進行第二次會面。一九五二年二月第二週，他與其他兩位那迦民族議會的領導者在德里與尼赫魯會面。總理再度告訴他們，獨立並非可能選項，但是那迦人可以獲得更大程度的自治。費佐不為所動。在記者會上，他說：「我們將會持續為獨立而抗爭，未來我們將〔與尼赫魯〕再度碰面，（以不同國家代表的身分）討論友好的處理方案。」在他的構想中，獨立的國家將使印度二十萬那迦人、二十萬居住在「無人之地」的人，以及目前是緬甸公民的四十萬那迦人團結起來。[19]

之後賈坎德領袖傑帕爾・辛格邀請費佐與他的團體共進午餐。一名在場的記者發現這位那迦民族議會的主席是〔一位〕「矮小、纖細的男子，有著蒙古人的外觀，面容之下隱藏著堅決的眼神」。他也聽到傑帕爾表示雖然他對那迦人的理想表示同情，他「對以另一個巴基斯坦的形式，讓印度進一步破碎的做法感到厭惡」。他建議費佐不應要求獨立的主權國家，而是爭取在東北建立部落區，一如他所爭取的賈坎德。他的賓客回覆：「那迦人是蒙古人種，與印度人沒有任何種族上的密切關係。」費佐表示他希望能夠將印度與緬甸的那迦人團結起來建立自己的國家。但是現場的記者觀察道：「對德里的官員而言，這樣的國家是不可能實現的，這些山區在鄰近國家之間構成戰略前線，放棄那迦將是危險的事。」[20]

## IV

一九五二年十月，總理於東北邊境特區停留數週。他已經對於半島上的部落有所認識，並且大為尊崇他們的藝術傳統與對於生命的熱情。同年六月，尼赫魯於新德里一場社工會議的演說中譴責那些意圖使部落「淪為次等公民」的人，他認為文明社會應該向原住民學習，他們是「極為有紀律的人，比起印度其他地方的人更為民主。更重要的是，他們是一群歌唱跳舞、試圖享受生命的人，而非坐在股市交易所互相咆哮還認為自己很文明的人」。[21]

尼赫魯首次全面接觸東北部的經驗，增進了他對部落的欣賞。他致信給政府內的一個朋友，寫道這趟旅途經驗「令人興奮」，他希望這些地區「能被更多印度其他地方的人民所知道。我們能從這樣的接觸經驗中獲益良多」。尼赫魯發現自己「對這些所謂部落人民的藝術才能感到震驚」，包括「最可愛的手工紡織品」。不過，這樣的產業因為必須與平地工廠製造較醜陋但價格便宜的商品競爭而面臨危機。尼赫魯回來後，「強烈認為應該竭盡所能在這方面協助部落同胞」。[22]

總理就這趟旅途寫了一份很長的報告，並寄給所有內閣部長。他注意到有一股「企圖將部落族人融入阿薩姆人」的運動。尼赫魯認為應該反其道而行，致力「保存他們的個人文化」，讓部落感到「他們有完全的自由，自己過活，根據他們的希望與天賦發展。印度對他們而言不只代表保護的力量，更是解放的驅力」。

鄰近那迦地區的東北邊境特區確實有許多那迦人。雖然認為那迦民族獨立的訴求「有些荒謬」，尼赫魯「認為如果地方官員能夠稍微適當地處理，辭退某些極不受歡迎的官員，那迦山區的情況會好上許多。此外，任何企圖對那迦人施加的新方法與習俗，只會引發並製造更多問題」。[23]

即便尼赫魯要求官員更有同情心地對待那迦人，那迦民族議會仍舊向他發布最後通牒。這封信在十月二十四日以急件方式送至新德里，當時總理仍在東北邊境特區。費佐與他的人馬在信中堅持「印度人與那迦人完全沒有任何共通之處……我們看到印度人時，一種陰鬱的感覺湧上心頭」。[24]

六個月後，尼赫魯在緬甸總理吳努（U Nu）的陪同下拜訪那迦首都科希馬（Kohima）。當一位那迦代表希望與尼赫魯會面遞交備忘錄時，地方官員拒絕給予他們陳述意見的權利。遭拒絕的消息傳開，於是當總理與他的緬甸貴賓現身於公開集會時，他們眼見聽眾在他們抵達之際離開。一個敘事版本是人們離開時裸露臀部。另一個版本中，尼赫魯女兒英迪拉透過現場麥克風說：「父親，這些人正在離開。」尼赫魯不耐煩地回答：「我知道，孩子。我可以看見他們離開。」[25]

據說，科希馬發生人群退場後，堅定了尼赫魯對付那迦人的決定。實際上，費佐與那迦民族議會早已決定獨立。他們當時正在收集武器，並且在村落中組織「家園護衛隊」。政府方面則派遣一排準軍事阿薩姆步槍隊進入該區。

一九五三年夏天，那迦民族議會最高領導階層已經潛入地下。警察掃蕩安加米要塞，希望能逮捕他們，此舉讓村民與政府更加疏遠。除了在地的知識與支持，叛軍還有一個優勢——地形。這裡的美難以描述，一位英國訪客表示：「這裡的風景是我見過最美麗的。層層迭替的森林山丘隨著我們向上攀爬而逐漸變換。探出雲霧的山頂有如白色雲海中的島嶼。」[26]這裡也是打游擊戰的絕佳地點：如一位日本戰役的退休士兵觀察，這裡「一排隱蔽的部隊可以對抗一整個師，一個連隊可以阻擋整個軍團」。[27]

當時，世界對這場正在進行中的戰爭一無所知。沒有外來者能夠進入這個地區，尤其是記者。重新建構這段歷史是個艱難的任務，大多只能依賴記者與學者之後蒐集的敘述。這些資料顯示，一九五四年局勢似乎急轉直下。那年春天一位軍官在科希馬騎乘摩托車時意外撞倒路人。群眾聚集抗議，警察在情急之下開槍，殺死一名受尊敬的法官與那迦民族議會成員。

這場意外在那迦人之中激起巨大的憤怒，這「增加了他們對於『討厭的印度人』的憎恨並且促成叛亂」。極端主義者掌控那迦民族議會；請願與示威路線被拋棄，那迦人準備武裝起義。叛軍開始將武器運往位於圖恩桑（Tuensang）地區的安全藏身之處。一九五四年六月，阿薩姆步槍隊攻擊一個據信是支持游擊隊的村莊。九月部分叛軍宣布成立「那迦國聯邦政府」。

如今殺戮與反擊行動頻繁地發生。對政府效忠的村落成為叛軍的目標，支持自由鬥爭的部落遭當局攻擊。一整師的印度軍隊進駐平息叛亂，強化既有的三十五個阿薩姆步槍營。一九五五年三月，一場激烈的戰役在圖恩桑爆發；當戰火平息、煙硝散去後，共計六十間房屋與許多穀倉遭燒毀。[28]

即便內戰爆發，某些溝通管道仍維持開放。一九五五年九月，費佐本人與兩名同伴與阿薩姆首長會面。關於這場會面沒有留下任何細節資料，之後這位那迦人領導者返回叢林。不過，他的其中一名關鍵助手沙克利改變心意，認為那迦人不可能擊敗印度軍隊。已經表達出主張的那迦民族議會游擊隊應該放下武器，領導者們應該與新德里政府尋找一個的體面的解決方案。

另一方面，費佐已誓言為一場「不容停火、撤退與妥協的戰爭」獻身。關於他參與協商的傳聞令他大為光火；尤其沙克利與他同樣都是來自科諾瑪的安加米人，都是梅爾湖碼（Merhuma）的氏族。「費佐對於沙克利姿態軟化肯定十分生氣」，當時正是許多年輕男子投身叛軍理想之際，游擊隊的人數來到有史以來最多的一萬五千人。但是沙克利仍認為他們面對偉大的印度民族時毫無勝算。他開始至每個村莊宣講反對費佐的極端主義，並警告暴力只會導致更多的暴力。[29]

一九五六年一月，沙克利在睡夢中遭拖出，並被帶往叢林，在那兒遭到虐待後殺害。人們普遍相信是費佐下令殺他，雖然他對此否認。無論如何消息已傳回家鄉——這就是背叛者的下場。三月，那迦蘭聯邦政府發布一道新的公告。他們有了新設計的國旗，指揮官被指派至不同區域。接著在七月，發生一場謀殺案，重創印度的形象，一如沙克利的死傷害了那迦民族議會那樣。一群士兵擊退埋伏的叛軍後回到科希馬。該城正實施宵禁，街上照理應該沒有任何人。士兵們瞧見一名獨自外出的老人，喝令離開。當該名男子抗議後，士兵們以槍托毆打他並將他推下山崖。

士兵們無情殺害的路人是一位名叫赫拉魯（T. Haralu）的醫生。事實上，他是那迦山區首位對抗療法的實踐者，並在科希馬地區與周邊為人所知且備受尊敬。他的死消除了任何因為沙克利之死而對印度人有利的宣傳。因為如果沙克利的死「激化人們背棄〔那迦民族議會〕而支持新德里，赫拉魯的被害正好造成相反的效果」。[30]

同時，軍隊大量出現在那迦地區。新命名的那迦山區軍（Naga Hills Force）包含一個軍團的山地砲兵、十七個營的步兵，以及五十個排的阿薩姆步槍隊。叛軍也有自己的軍事組織，由總司令——一位名叫凱多（Kaito）的傑出戰略家——領導，底下還有四個指揮官，其軍隊編制包括營、連。那迦人的裝備包括英國與日本步槍、斯登衝鋒槍與機關槍，全部都是第二次世界大戰後遺留下來的。叛軍也使用當地製造的前膛槍，在近距離戰鬥時則使用傳統的那迦刀。

除了正規的那迦軍隊，還有極具戰鬥力的非正規隊伍，分為「志願隊」、「情報隊」與「婦女志願隊」。婦女志願隊是一群必要時將十分擅戰的護士。此外還有一般村民的私下支持。印度軍隊反騷亂的行動之一，就是將個別的小村落聚集在「集體村莊」；居民晚上必須回到這裡就寢，白天前往田裡工作。這個策略是要打破農民對叛軍的資訊鏈結，但只是增加了那迦人對印度軍隊的厭惡。[31]

時至一九五六年年中，那迦山區爆發一場全面性的戰爭。七月最後一週，一封聲明被送往國會，內政部長彭特坦承印度軍隊死亡人數達六十八人，同時殺死三百七十位「敵人」。彭特指控費佐謀殺沙克利這位「明智、愛國的組織領導者」，並且認為費佐將「帶領他們〔那迦人〕走向災難」。彭特認為那迦獨立是「荒謬的空談」，他表示，希望「那迦人能夠普遍理解，我們都屬於印度」。[32]

印度（與國際）媒體並未報導衝突，但是我們可以由一位那迦醫生寫給那迦山區最後一位英國副首長查爾斯．帕斯的信中感受其規模。一封一九五六年六月的信中描述一趟內陸之旅：「每晚我們向上眺望，總會看到山區裡的村落正在燃燒——沒人知道是叛軍或是政府軍縱的火。」至於叛軍領導者：

費佐殘酷對待每一個被逮的那迦政府官員，對曾經是議會成員、之後選擇離去的那迦人更是如此，許多人因為他的極端手段……許多頭人（headmen）已經消失，沒有人知道他們是正在躲藏，或是費佐已經抓到了他們。當然，他們的處境艱難，如果他們持續為政府做事，費佐會逮捕他們，如果他們不做，政府會對付他們。

兩個月後，這位那迦醫生寫信給帕斯道：

我認為只有百分之零點五的那迦人支持費佐；百分之一的人較為溫和，希望脫離阿薩姆並且接受德里的統治，百分之九十五點五的人只想不被干擾……當然政府軍過去與現在的作為意味著如今那迦與政府之間志願合作已經不可能了。

他補充政府軍的手段將會影響「那迦人／印度人之間的關係長達五十年至一百年」。[33]

一九五六年八月，在下議院內對於那迦山區的局勢有一場廣泛的辯論。一位來自曼尼普爾的梅泰族（Meitei）成員回憶起近日造訪該地區的經驗，護送他的車輛遭叛軍攻擊。根據他的質問，他認為「要說服他們接受我們的想法與生活方式是非常困難的；特別在於費佐是一個棘手的人物」。他同意那迦人不能「自印度分離後獨立」，但認為應該在印度聯邦下為他們成立一個獨立的邦。

下一位講者是社會主義黨的國會議員凱辛（Rishang Keishing），他猛烈抨擊軍隊燒毀村落並且殺害無辜民眾（凱辛自己是來自曼尼普爾的康庫爾那迦人）。「軍人完全無視於當地那迦人的情緒，他們扛著自己殺害的赤裸那迦人屍體，藉此威嚇那迦人。」凱辛表示，當費佐與尼赫魯在一九五一年至一九五二年會面時，「雙方都未試圖理解對方的想法，氣氛很快被破壞，並且失去耐心。」他曾希望「總理在此議題上能夠展現同樣的耐心與心理洞見，一如他在國際外交領域為人所知的那樣」。此後，雙方都採取殘暴的手段，「誰能宣稱自己的紀錄沒有瑕疵？」凱辛問道，「誰有勇氣扔擲第一顆石頭並且宣稱自己不是罪人？我向互懷敵意的那迦人與政府提出這個質問。」他建議「立即宣布全面特赦」，派遣國會各黨派代表前往動亂地區，並安排政府與那迦民族議會間的會面。他也請求費佐人馬同意停戰，「因為持續抱持敵意將為無辜市民帶來不幸」。

總理回覆承認有些殺害事件——包括赫拉魯醫生——「特別讓我們感到痛苦」，但是他宣稱「目前大部分的縱火是那迦人所為」。他表示政府尋求與那迦人合作，而他也多次告訴費佐，新德里總是願意考慮改善關於憲法附表六的施政，即允許部落地區自治權利，管理他們的土地與資源。然而他並不認為時機成熟到能夠派遣國會議員代表前往那迦山區。他堅持「對我而言，（那迦人）獨立不是一個好的討論題目……我認為這個位於中國、緬甸與印度間的小角落——其中一部分還位於緬甸——能夠被稱作獨立國家，那是異想天開」。[34]

一九五六年十二月，印度駐倫敦高級專員公署發行一份刊物，報導在那迦山區的軍事行動「成功」。這份刊物宣稱軍方已經鎮壓叛軍最後的抵抗，目前正在「致力於掃蕩行動」。這則新聞似乎被照單全收，一週後，《曼徹斯特衛報》刊登一則新聞，標題是「那迦叛亂幾乎結束」。該報導表示印度政府正採取措施，「與穩定增加的那迦溫和派達成某種共識。」然而並沒有任何獨立證據顯示這樣的新進展即將來臨。[35]

## V

整個一九五〇年代，賈坎德政府持續要求在印度底下建立一個為原住民謀福祉且由原住民治理的省分。一九五五年一月，邦重建委員會造訪此地區，所到之處都有隊伍喊著：「賈坎德必須是獨立的邦！」一位示威參與者回憶：「每個原住民的臉上充分展示賈坎德的訴求。」[36]

在曼尼普爾，人們已準備好發動抗爭，要讓昔日的酋邦成為印度聯邦之下的邦。回到一九四九年，一場民眾運動迫使王公成立一個以普遍成年選舉權建立的議會。但是當曼尼普爾納入印度後，議會解散，領土被歸為「第三類」邦，意味著他們不再擁有民選組織，而是由直接對德里負責的首長統治。

曼尼普爾涵蓋區域達八千六百平方英里。僅七百平方英里大小的河谷，上頭居住三十八萬名恪遵印度教毗濕奴派傳統的梅泰人。更大的山丘地區則是十八萬名那迦人與庫基族（Kuki）的家。這是之前提到的凱辛於一九五四年開始爭取在曼尼普爾有代表的部落。凱辛與他的社會學者夥伴每天在因帕爾（Imphal）首長辦公室前巡邏。數千名非暴力抗爭運動者被逮捕，其中許多人是婦女。但是政府不肯屈服。內政部長在國會中發表演說表示，時機尚未成熟到能在曼尼普爾或是特里普拉這樣的第三類邦建立一個立法議會。他說：「這些邦位處印度邊界的戰略位置。那裡的人民普遍政治落後，這些邦的行政機構仍然薄弱。」[37]

沒有人知道那迦民族議會是否注意到賈坎德與曼尼普爾的抗爭，或者意識到新德里不願低頭。無論如何，費佐與他的人馬都堅持一個更有野心的目標——不只是成為印度的一省，而是自外於印度的國家。這樣的要求或許「荒謬」，但是啟發許多那迦人放棄他們的村落加入游擊隊。

到了一九五〇年代中期，該區仍有大約有二十萬名那迦人。鄰近東北邊境特區的那迦人數量相等，在曼尼普爾則有八萬名那迦人。近五十萬那迦人中，大概只有一萬人全心投入抗爭。然而，意志堅定填補了人數稀少的弱勢。一小群叛軍迫使印度派出大量軍隊鎮壓。

在東北部以外的印度人很少知道當時的那迦衝突，甭論外國人。然而衝突對於國家統一有著嚴重的影響，無論就民主的延續與政府的正當性而言都是一項挑戰。因為即便是喀什米爾，印度都沒有派出軍隊鎮壓過一群印度公民發起的叛變。

第一個十年，這個國家面臨許多問題，包括因為階級、宗教、語言以及地區而起的反抗運動。這些問題憑藉理性、對話——或者在非常稀少的例子中——使用警力而解決。另一方面，那迦山區的衝突並不接受上述解決方法。那迦民族議會的訴求與印度政府願意做出的妥協，基本上完全不相容。有一種見解，是這個問題似乎只有任何一方以武力取得勝利才能獲得解決。

尼赫魯敏銳地理解到那迦情況的特殊性。他在一九五五年三月致信內閣同僚，提醒他們「在東北部的部落地區，我們遭遇的問題比較困難……〔在那裡〕我們尚未成功贏得民心。事實上，民心正逐漸遠離。在那迦山區，他們不願與政府合作已達三年半，並且是極有紀律地成功做到這一點」。[38]

一年後，尼赫魯致信給阿薩姆首長，告訴他，只要叛軍手中仍有武器，而且沒有放棄武裝鬥爭的意願，軍隊就會在此部署，「但是除了軍事方法，還有更重要的事。」雖然「武裝叛變毫無疑問必須以武力對付之」，尼赫魯表示：「我們過往至今的目標建基於武力本身並非解方。面對更嚴重的國際問題時我們不斷重申此點。我們在處理自己同胞時，更須牢記此點：他們必須被說服而不是被壓制。」[39]

躲過了世界的目光，甚至大部分印度人都不知道那迦叛亂為印度政府帶來嚴重的難題。除此之外，尼赫魯的政權看來安全且穩固。它經由民主選出，擁有絕對多數，外交與國內政策也得到全國廣泛的支持。然而很快地，其他挑戰將要出現，這些挑戰不再是發生在邊陲地帶，而是印度認為自己牢牢掌握的地方。

# 第三部

# 撼動權力中心

# 第十四章 南方的挑戰

尼赫魯的權力源自於人民，他喜歡廣大群眾。個人的名氣讓他相信人民非常滿意他的行政能力，然而這個結論可不是一直都很合理。

——德瓦（Narendra Deva），社會主義者，一九四九

隨著掌權的年歲漸增，尼赫魯的聲望與信譽基礎開始讓他的聲勢下降。過去他能夠解決一切困難，如今他的所有解決方式都面臨困難。

——拉克斯曼（R. K. Laxman），漫畫家，一九五九

## I

在印度歷史上，一七五七年與一八五七年是讓人特別熟記的年分。首先，東印度公司在普拉西

戰役中擊敗了孟加拉的統治者，因此讓英國在印度次大陸首次獲得空前進展（bridgehead）。其次，英國面對大規模的人民起義，有些人稱之為「印度士兵叛變」，有些人則名為「第一次印度獨立戰爭」，而英國最終也平定了這些起義活動。

正如一七五七年與一八五七年，一九五七年在現代印度史上也是極其重要的一年。因為印度在那一年舉行了第二次普選。二次世界大戰結束之後，數十個非洲與印度國家從歐洲殖民者手中贏得了自由。從成立之初，或者在極短的時間內，這些新興國家大多成為由共產主義者、軍隊或獨裁者所統治的極權國家。在這些國家之中，印度是極少數的例外，並且因為國家的領土大小與社會複雜性，使印度成為非常卓越的例外。在一九五二年的第一次普選前後，印度舉行了一系列的省級選舉，選票所呈現的結果也受到敬重。然而，印度想要徹底加入民主聯盟，就必須跟著舉辦第二次普選。舉辦的時間就在一九五七年春天，為期三週。

蘇庫馬．森仍然擔任選舉主委，雖然只是偶然，但是這種連續性卻十分重要，因為這位設計選舉系統的人可以再次測試系統運作得如何。證據顯示它們的表現非常好，財政部在這次普選的花費比上次少了四千五百萬盧比。精打細算的蘇庫馬小心保存了首次普選時所使用的三百五十萬個票匭，所以在第二次普選時只需要額外新增五十萬個票匭即可。

普選前，資訊通訊部（Ministry of Information and Broadcasting）製播了一部名為《屬於你的選舉》（*It's Your Vote*）的影片。這部影片配音成十三種語言，並且「謹慎小心地……避免可能會構成為任何政黨宣傳的因素」，在全國七萬四千家電影院播放。觀眾之中有許多人是女性，選舉主委還特別標注她們「已經開始強烈意識到自己的公民權」。如今已有百分之九十四的女性是登記在冊的選民。

整體而言，有一億九千三百萬名印度人登記為選民，其中只有不到一半的人確實投票。他們所使用的選票一共消耗了一百九十七噸的紙，動用二十七萬三千七百六十二位警察讓選民排隊投票，加上十六萬八千二百八十一位村里警備員（chowkidars）。

選舉委員會建議，在投票期間所有酒精飲品都不應該開瓶飲用，這樣一來「地方民眾就不會有機會接觸到可能造成喧鬧情形的酒精飲料」。儘管如此，選舉依然富有鮮明的色彩。一位新德里的候選人堅持將他的參選名登記為「主耶穌基督」（Lord Jesus Christ）。馬德拉斯的一位選民拒絕行使公民權，將選票投給任何不是「選舉主委蘇庫馬・森」的人。在奧里薩邦有個身高只有二點五英尺的侏儒帶著凳子一起進入投票亭。各地的票匭中都出現除了選票以外的東西，包括遭到濫用的選票，其中一角寫著選民想對候選人說的話，還有電影明星的照片。有些票匭中甚至出現現金與零錢，「理所當然會被納入國庫」。[1]

## II

正如一九五二年，一九五七年的選舉在本質上是對總理與執政黨的全民公投。尼赫魯又再一次成為意識型態主流、國大黨的宣傳者與吸票機。在背後支持他的是他的獨生女英迪拉・甘地（Indira Gandhi）。與丈夫費羅茲（Feroze）疏遠後，英迪拉就帶著她的兩個兒子與成為鰥夫的父親一起住在諾大的總理官邸提姆帝宮（Teen Murti House）中。[2]甘地夫人通常是總理晚上最後一個見到，也是早上第一個見到的人。她充當官邸女主人角色，負責與國家的上層階級和許多人士會面與往來。之前虛弱的健康狀況也因此有了顯著改善，從當時拍下的照片中可以看到她曾經羸弱的身軀逐漸變得豐腴。不只是她的外表獲得了改善，連待人處事的態度也是如此。近來有傳記作者將她身心改善的情況與當時市場上出現的抗生素藥物相互連結，認為是抗生素治好了一直折磨她的肺結核。[3]

我們對甘地夫人所知的醫療情況，都是奠基於合理猜測。但也有強而有力的證據能夠證明，在一次與二次普選之間，她發展出自己的鮮明個性。她在一九五五年被指派為國大黨工作委員會（Congress Working Committee）委員，以「代表女性權益」。在獲得指派之後，她開始巡迴全國，對女性進行以權利與責任為主題的演講。她的興趣也不僅限於女性族群，英迪拉出席了在孟買舉行的會議，倡議讓果阿邦脫離葡萄牙的殖民統治。

對於那些在她參與政治之前就認識她的人，英迪拉．甘地有時候會顯露出對自己的新角色感到鄙夷的態度。她對某個朋友抱怨：「現在我的時間全都投入在委員會和類似的事情上了。」[4]然而也有其他證據顯示她很喜歡這個角色，最了解她的男人記錄了她在一九五七年選舉中的熱情參與：

> 今天的選舉結束時，我們國大黨中為數不少的黨工都出現在阿南德．巴萬（Anand Bhawan），其中也包括許多女性。小英（Indu）撼動了女性，甚至連穆斯林女性也現身了。小英在過去這一年之中的確成長與成熟許多，她在整個印度所付出的苦心獲得了收穫，但是她最專注的區域就是安拉阿巴德市（Allahabad City）與安拉阿巴德縣（Allahabad District），她在那裡就像個準備迎戰的將軍一樣布署一切。如今她在安拉阿巴德已經是個女英雄了，在女性的心目中更是如此。[5]

## III

回溯至一九五二年時，對尼赫魯與他的國大黨來說，最強勁的意識型態挑戰來自於右派的印度人民同盟，以及左派的社會主義者。這兩個黨派如今都已陷入混亂之中，部分原因在於他們饒富領袖魅力的領導者相繼離開。穆克吉辭世，納拉揚則是為了社會服務而放棄政治。國大黨在整個北印度地區幾乎沒有受到任何挑戰，該黨提名的兩百二十六名候選人贏得了一百九十五個席次，這個優勢對於國大黨在全國的三百七十一個總席次具有顯著貢獻，讓他們在國會中擁有絕對多數。[6]

儘管獲得了壓倒性的勝利，對這個領導人民爭取自由並且從此管理印度的政黨來說，還是有會令人感到憂心的跡象。在印度恆河平原之外有各式各樣的挑戰正逐漸成形。在奧里薩邦，國大黨面對民主委員會（Ganatantra Parishad）的反對，那是個由地方地主所組成的團體，讓國大黨與左派只拿下了二十個席次中的七席。在曾是印度國家主義心臟地帶的孟買省，國大黨在總計六十六個席次中拿下了三十八席。其餘大部分的席次都由馬哈拉什特拉統一社會與大古吉拉特委員會（Mahagujarat Parishad）所拿下，它們各自為不同的邦爭取席次。在表決是否要創建以馬拉提語為主要語言的邦，並且以孟買為首都的公投中，桑育塔・馬哈拉什特拉統一社會獲得了五千五百萬票，高於國大黨的五千三百萬票。國大黨吞敗的選舉結果也出現在其後的地方選舉中，委員會也在浦那與孟買等歷史悠久的大城市中贏得了地方自治的多數席次。

南方也醞釀著區域性的挑戰。達羅毗荼進步聯盟（Dravida Munnetra Kazhagam, DMK）成形，這是由那克爾（Ramaswami Naicker）領導的達羅毗荼運動所孕育出的政黨。那克爾被稱為「偉人」

（Periyar），強烈反對北方領導勢力統治印度的政治、文化與宗教。他主張南印度獨立建國，以達羅毗荼國（Dravida Nadu）為名。DMK是由他從前的追隨者所組成，他們希望能夠利用議會政治的方式滋養分離主義的一切需求。一九五七年的選舉是他們投身的第一場選舉，雖然大多只在下議院選舉中贏得了幾個席次，但是他們的成功卻令人顧慮。因為這個政黨所代表的不僅僅是以種族或語言為基礎的新省分，更代表了分離的民族國家意識。[7]

然而受到嚴重低估的其實是位於印度聯邦最南端的喀拉拉邦，國大黨也宣稱這個邦足以代表全印度。此處出現了復興的印度共產黨（Communist Party of India, CPI），他們對執政黨來說是實力堅強也廣受愛戴的對手。在上議院選舉中，CPI贏得了十八個席次中的九席（國大黨只拿下了六席）。在同時舉行的下議院選舉中，共產黨也贏得了一百二十六個席次中的六十席，五位無黨籍人士的支持更確保了共產黨略顯薄弱的多數主導權。

共產黨在喀拉拉邦下議院選舉中的勝利強化了一種可能性，也就是列寧曾經形容過的「議會白痴」（parliamentary cretinism）其實有可能獲得成功。義大利的某個城鎮剛選出一位共產黨市長，但是就本質而言，印度共產黨的勝利擁有全新的意義，這是共產黨員第一次有機會管理大國家中已經成熟發展的省分。隨著冷戰局勢逐漸升溫，喀拉拉邦的情況吸引了全球的關注。但是這個情況也對印度聯邦制的未來提出了尖銳的問題，過去曾經出現過少數由反對黨或國大黨的反對者所出任的省級首長。而新德里現在面臨的則是完全不同的情況，這個邦的執政黨從過去不見天日、只能在地下活動的情勢，一夕之間化身為執政黨；並且精神效忠武裝革命行動，領導者與核心幕僚有時候還會直接聽從莫斯科下達的命令。

## IV

喀拉拉邦位於印度的西南角，擁有綿延的海岸線與高山，是一個非常美麗的邦。這裡的雨季來得比較早，雨量也更為豐沛，此處的農產品也生長繁茂且種類各異。這裡是全印度最綠意盎然的地方，也是全印度文化最多元的地方。印度教徒占總人口約百分之六十，剩下的百分之四十則是穆斯林和基督教徒。關鍵在於這些少數群體的確擁有非常深遠的歷史。喀拉拉邦的「敘利亞」基督徒宣稱自己在基督紀元一世紀就受到聖托馬斯的感召皈依。近年也有新教與天主教傳教士在此處獲得了顯著的成就。喀拉拉邦的第一位穆斯林是與阿拉伯人交易的產物，而且至少可回溯至八世紀。這些就是印度半島上歷史最悠久的基督教與穆斯林社群。與喀拉拉邦的印度教徒一樣，他們也用當地方言馬拉雅拉姆語溝通。然而他們相對之下為數眾多的人口也讓喀拉拉邦擁有獨一無二的特性，正如表14-1所示。

喀拉拉從十九世紀晚期起即是個充滿社會動盪的邦，這些改變由四種因素引起。第一，有些傳教士發現由於基督教的影響，這裡比英屬印度的其他地方更容易進行傳教工作，他們的教會透過廣泛且相互連結的學校與大學院校網絡推廣現代教育。第二，這裡有科欽與（尤其是）特

表14-1 喀拉拉邦與印度整體的宗教組成比較表

| | 占總人數百分比 | | |
|---|---|---|---|
| | 印度教 | 基督教 | 穆斯林 |
| 喀拉拉邦 | 60.83 | 21.22 | 17.91 |
| 印度 | 83.51 | 2.44 | 10.69 |

資料來源：K. G. Krishna Murthy and G. Lakshmana Rao, *Political References in Kerlala* (New Delhi: Radha Krishna, 1968), p10.

拉凡哥爾的大君後裔，他們比其他王族後裔更有野心，並且受到傳教士的刺激，也開設了私人的貴族學校。第三，喀拉拉邦有活躍的種姓階級組織，例如納亞服務協會（Nair Service Society），即代表了種姓制度中的高級地主。以及以納拉亞那上師（Narayana Guru）為名的納拉亞那法服務社（Sree Narayana Dharma Paripalana, SNDP），納拉亞那宗師是埃札哈瓦（Ezhavas）的傳奇性領導人物，埃札哈瓦是種姓制度中低階的人種，以採集棕櫚樹汁維生。這兩個組織也各有自己經營的教育機構，以及致力於社會福利與公益活動的社會運動組織。最後一個因素則是喀拉拉邦的政黨，當然包括國大黨，以及印度共產黨。[8]

印度共產黨在喀拉拉邦的組織深植於地方之中，組織中最具有影響力的領導者在國大黨中開始他的政治生涯，然後漸漸地成為左派分子。他們創建了農民團體以鞏固佃農的權力，也創辦勞工團體，為無地產階級爭取更理想的工資與工作環境。他們創立「閱讀室」，讓知識分子能夠向社會階級較低下的聽眾傳達基進理念，也會利用戲劇與舞蹈進行左派宣傳活動。從一九三〇年代晚期開始，共產黨漸有斬獲。他們的理念與表現出的理想主義，對於被經濟蕭條與戰爭所夾擊的分裂社會來說充滿了吸引力。

在一個處處不平等的國家中，喀拉拉邦也因為種姓制度對人權的壓迫而引人注目。在這裡，社會底層中最低階的人不只「穢不可觸」（untouchable），更是「穢不可見」（unseeable）。當南布迪里婆羅門（Namboodiri Brahmin）走近時，賤民勞工必須先大聲喊叫，以免他的容貌玷汙了貴族階級。然而在傳教士、王公貴族、種姓社會與共產黨員的努力之下已經大幅降低了威權階級在傳統社會中的結構。從一九〇〇年至一九五〇年大約半世紀左右的時間，挑戰已經取代了服從，成為喀拉拉邦鄉間的社會改革座右銘。[9]

一九四七年後，選舉權普及的趨勢也來到了喀拉拉邦，共產黨正好可以大肆利用這個機會。但是他們卻遵從莫斯科的指令，反而轉往地下活動，後來又回到檯面上，及時趕上一九五二年的選舉，而且表現得十分得體。整個一九五〇年代，他們穩健地擴大影響力。一九五六年二月，距離印度普選剩下不到一年的時間，蘇聯共產黨舉行了第二十次代表大會。赫魯雪夫一戰成名擊潰史達林，也證明共產主義和平轉變為社會主義的可能性。正如總書記所言：「在無產階級與所有勞動人民的大規模革命運動支持下，於國會贏得穩定的多數優勢，能夠為資本主義者的勞動階級，以及過去曾是殖民地的國家，創造鞏固社會轉變所需要的條件。」[10]

想當然耳，蘇聯不會舉辦選舉，但是現在「老大哥」（Big Brother）已經不在意了，或許也允許黨內同志在其他地方參與選舉（這種轉變的某一部分原因是外交政策的需要，為了與世界上其他強權爭奪盟友，俄國必須啟發那些過去曾是殖民地，並且對革命性的共產主義毫無同理心的國家）。如今喀拉拉邦的共產黨員會更加積極地競選，他們的宣言闡明期許自己能夠讓這個邦成為「民主繁榮的邦」，要藉由發展新產業、增加食物產量、提高工廠與農場工人的薪資、林地國有化、建造房舍與現代化的學校達成目標。反對黨力求能夠成為執政黨，而他們也告訴選民，地方上的管理階層都已經準備好迎接這項轉變了。正如宣言中所述：

> 人民也知道在共產黨領導之下的許多市政單位，以及馬拉巴爾區議會的行政制度都比以前還要優秀。並且因為行政制度優良而獲得總理尼赫魯頒獎的村議會也是由共產黨所領導的。這些證據都清楚闡明了共產黨不只能夠組織人民展開社會運動，也有能力成功取得行政領導權並且讓它維持良好運作。[11]

# V

喀拉拉邦新當選的首席部長是南波迪里帕（E. M. S. Namboodiripad），不分敵友都以ＥＭＳ稱呼他。他的個子嬌小，身高僅有一百五十二公分，卻謹守教條且聰明自傲。他出身自婆羅門家庭，將家族祖傳的房子捐贈給共產黨，飽讀詩書且筆耕不輟，其作品也包含具權威性的喀拉拉邦歷史著作。正如謝赫、塔拉．辛格上師與費佐，ＥＭＳ在這個幅員廣大的國家中僅僅被視為「省級」領導。然而他還是因為領導的省分範圍較大與獨樹一格的政治哲學，被視為具有顯著歷史意義的人物。[12]

一般而言，新政府所採取的第一個動作就是減輕死刑犯的刑罰。接下來，因為參與爭取勞工權益，或是其他類似的「政治鬥爭」行為而遭到控告的案件會撤銷。接著會出現許多重大政策，例如開設上千家「平價」商店，協助在缺糧的邦將食物分配給需要的人。[13]

共產黨首長讓民眾對他們迅速的辦事效率留下了深刻印象，與競爭對手國大黨慢吞吞的行事風格形成了強烈對比。一份自由主義派月刊即盛讚ＥＭＳ「公民服務的紀錄之快令人豔羨」，而且他選擇共事的對象都是「水準極高的人，願意在需要集思廣益的時候全心投入商討政事，他們絕不會尸位素餐」。[14]正因如此，當某個偏遠鄉村因為堤岸出現裂縫而打了求救電話給水利部長伊艾（V. R. Krishna Iyer）時，他也立刻對這件事做出回應，讓另一份帶有濃厚反赤色色彩的週刊感到欽佩不已。這位部長「立刻改變巡迴計畫，並且親自造訪該處。他當場下令要求立刻修復堤岸，並且親自監督工程進行」。此外，他也承諾會調查負責指揮堤岸工程的官員，因為他們的疏忽已經危及了那些稻田與作物。[15]

共產黨員在就職時即立誓要以印度憲法為框架執行他們的工作；接受公基金即表示他們要服從計畫委員會的安排，然而在這樣的限制之下，他們還是有許多發揮的空間。其一是可以改革早已過時、毫無效率且毫無公平性的土地所有權制度。他們不只獲得計畫委員會與憲法的支持，還有國大黨本身的政策文件當靠山。這讓他們誓言進行土地改革，這個誓言正如赫林（Ronald Herring）所言：「並不是在國大黨轄下所實現的，而是歸功於印度喀拉拉邦的共產黨所進行的改革。」[16]

由EMS的政府所引進的農地改革法案（Agrarian Relations Bill）的目標很中立，並不是要將土地公有化或是集中化，甚至也不是將土地歸於無土地的農民名下，僅僅是將土地的使用權穩定地提供給為數眾多的小佃農，他們日以繼夜地為從不露面的地主耕種作物。這項法案旨在限制過去地主所享有的獨占大權、降低租金與撤銷農民的欠款，並且為土地所有權設定上限，以及重新分配地主所獲得的多餘土地。這些政策都十分重要，幫助了成千上萬貧困的農民，但是仍然缺乏共產黨教義問答中所追求的精神。解決這種矛盾的方式是訴諸古典馬克思主義的「階級」理論，他們主張印度農村還是「半封建」社會。所有非領主階級都必須團結進行改革，改革一旦施行，將推動農業資本主義，接下來就是在追求社會主義的康莊大道上適時地煞車了。[17]

喀拉拉共產主義的官方歷史被冠上「（中產階級民主的）政治演化研究」之名，農業的改革主義即是此歷史的其中一個表現方式，其二則是一定讓核心階層感到更困惑的地方，就是鼓勵私人企業。黨的宣言已經威脅到林地國有化的政策，因為許多林地的地主都是外國人，選舉之後這項政策就悄悄地消失了。接著喀拉拉邦政府在剛執政的兩個月之內，就邀請了印度規模最大的資本公司拜拉斯（Birlas）在馬沃奧爾（Mavoor）設立人造纖維工廠。拜拉斯承諾補助竹子供應商，他們每供應一頓竹子，拜拉斯就提供一盧比獎金，然而市場行情或許比這個價格還要高數千倍。對資本家來說，這個計畫打破了階級制度，因為印度的工業階級憎恨共產黨員。他們期待中央政府也能夠在赤色浪潮的威脅之下運作，希望「內政部長彭特與他的新德里〔國大黨政治人物〕團體能夠下重手壓制喀拉拉邦共產黨員，並且把他們從政府機關中踢出去」。[18]然而適時務的拜拉斯卻接受了CPI在喀拉拉邦以外的工業重鎮早已掌控貿易集團的事實，在這裡成立工廠就等於用錢換取了和平，在其他地方亦然。正如某位專欄作家以調侃的口吻所評論的，人們難以相信拜拉家族的大家長漢斯耶姆德斯・拜拉（Ghanshyamdas Birla）會屈服於「首席部長南波迪里帕的絕佳魅力之下」；那更像是他正在「為了共產黨在孟加拉的勝利做準備，因為他的利益所得也都集中在那個地方」。[19]

在政府機關中，共產黨員因為總是持反對意見而吸引了各式各樣有趣的評論，從溫暖的讚許到充滿敵意的批評皆有。有人描述這就像驟升的朝陽，讓人聯想到歐威爾著作《向加泰隆尼亞致敬》（*Homage to Catalonia*）的開頭，並且誠摯地向身處於社會主義之下所有人的靈魂致敬。EMS政府就職的第一週年，一位記者來到了一間茶館：

> 那個地方的靈魂人物是奉茶的男孩，那裡所討論的大部分事情都源自於傳言，但是那個男孩對於他在共產黨《迦納育觀》（*Janayugam*）日報上看到的真相深信不疑。那真是個有趣的場景，看著那個十六歲的小夥子跟一位看起來比實際年齡四十歲還大的學校老師、二十多歲的私募公務員（non-gazetted officer, NGO）和其他代表他的老闆——也就是茶館主人——發言的人爭論不休，同時他又能夠專心地完成自己奉茶的工作，只有在喀拉拉邦才能看到這種景象。[20]

另一方面，也有關於赤色恐怖的言論，包括喀拉拉邦的報紙以末日將至的方式，敘述不分出高下不罷休的階級戰爭，以及邦政府選擇站在低階人民那一邊的種種言論：

如果勞工與公司經理之間發生衝突，公司經理就會因此招致怨懟，警察一定會幫勞工說話。如果有個地主（jenmi）在思慮不周的情況下和他的佃農勞工發生爭執，地主一定會因此招致怨懟，警察也會知道該怎麼做……

如果有一群憤怒嘶吼的人包圍了學校或主教的宅邸，最後也會被美化成一群忿忿不平的學生所發起的抗爭活動，而且受到眾人支持，符合法律規定且過程平和……[21]

## VI

一九五七年到一九五八年的冬天，一位匈牙利籍作家麥克斯（George Mikes）在印度四處旅行。他曾因為共產主義淪為難民，當時已經在倫敦安頓下來過著舒適的生活，他發現「喀拉拉事件」（Kerala affair）是最令他感到好奇的一件事。「推行民主政治的中央政府要怎麼面對共產主義者執政的邦？」他提出這個問題。「如果加州或威斯康辛州忽然之間，而且我承認是在出乎預料的情況下，變成了支持共產主義的地方，美國當局會怎麼應對呢？再者，如果超出負荷的民主箝制了它的脖子，共產主義政府又該如何運作呢？」[22]

我們沒辦法假設美國總統在相似的情況下會怎麼應對，他會直接派出海軍陸戰隊進行鎮壓嗎？但是當時的印度總理傾向靜觀其變。因為ＥＭＳ政府所提出的土地改革法案，其實就是國大黨政府所承諾的法案。喀拉拉邦首長的個人誠信也並未因為考量國大黨的利益如尼赫魯而消失。

目前為止最具爭議性的就是喀拉拉邦政府的教育計畫，一九五七年夏天，政府引進了一項教育法案，旨在矯正濫用私有學校與學院的情況。這些學校都是喀拉拉的基礎教育，分別是教會、納亞服務協會與納拉亞那法服務社所管理的學校。這項法案希望能夠藉由查核管理階層隨意聘僱與解僱教師的權力、訂定聘僱規章、規範薪水與人性化工作環境的方式鞏固教師的地位。這項法案也給予邦政府權力，能夠接管違反法案規章的學校。[23]

教會起而帶頭反對這項法案，因為教會本身所擁有的力量，無論是道德或物質層面，都極度仰賴其對教育機構的控制。神職人員極度反對共產主義，他們也用潛移默化的方式成功地將這種思想灌輸在信眾身上。舉例而言，在一九五七年的選舉中，CPI在敘利亞基督徒的中心地帶果塔延縣的十八個席位中，僅僅拿下了三個席次。[24]

當時，教育部長蒙達賽里（Joseph Mundaserry）已經在德里久爾（Trichur）的天主教大學裡任教數十年了。他很清楚這個體制的腐敗之處，而他所提出的法案企圖非常勇敢，就是要矯正這些腐敗之處。然而他所屬的政府設定的目標不只是想要將管理方式現代化而已，他們也想改變課程內容。政府希望下一本教科書能夠用細微卻不會讓人忽略的方式，透過共產主義的思考模式呈現歷史。基督教教育所使用的思考模式則奠基在大相逕庭的準則上，以俄國革命的兩個相對版本為例，兩種版本皆在當時的喀拉拉邦學校中流通許久：

**新版本：**皇室成員拉歐夫（George Lavoff）建立了共和政府，此政府卻無法獲得民心愛戴，也沒辦法證明自己有能力終結戰爭，或是實踐社會與經濟改革。當時列寧來到俄羅斯，讓俄國民眾產生了莫大的動力。以列寧為總統的新政府因此應運而生，列寧與德國簽訂了《布雷斯特—里托夫斯克條約》（Treaty of Brest-Litovsk），接著將土地與其他資本商品國有化。地主手上的所有農業耕地都充公，並且分配給農民。所有工廠都成為國家資產，也廢除神職人員與貴族的特權。礦場、鐵路與銀行都由政府接手。在全世界都震驚不已的情況下，一個奠基於社會主義之上的新世界在俄國悄然成形，卡爾．馬克思的夢想也因此得以實現。

**舊版本：**列寧建立了工人的政府，但是首次選舉的結果顯示布爾什維克（Bolsheviks）並未成為多數派。然而為了維持權力，他們以反動派為理由當場解散俄國議會杜馬（Duma），不支持布爾什維克的地方蘇維埃組織也被迫解散。私立學校遭到禁止，由國家接管教育，貴族與神職人員的投票權也被剝奪。共產主義鼓吹暴力，而且不相信全知全能的神，共產主義者早已遺忘人有靈魂。共產蘇聯是一黨獨大的政府，人民無法享有思想或宗教自由。這個體系中的其他許多缺點或許也會讓觀察力敏銳的批判家感到大吃一驚。[25]

從以上兩段對於蘇聯革命說法迥異的課文，就能夠看出喀拉拉邦可能會形成的兩種截然不同版本的社會。顯而易見的是基督教版本必定會激怒共產黨員，而反之亦然。無論敘述任何事件，教科書的說法都等於在已經熊熊燃燒的烈火上加油。因為到了那個時候，納亞服務協會也加入了基督教徒反對教育法案的陣營，納亞也是在喀拉拉邦的經濟領域占有一席之地的重要社群。當基督徒總是支持國大黨時，納亞則是一分為二，其中大約一半的人投票給共產黨員，另一半則是持反對立場。然而，由於納亞服務協會也經營學校與學院，新法案有助於他們對抗共產黨，並且與基督徒形成投機的聯合陣線。[26]

更加有機會趁虛而入的就是當地的國大黨，他們在選舉中慘敗，因此反對教育法案讓他們看到了重新掌權的一線曙光。國大黨領袖提議組成反共產黨的人民陣線，這個想法對於「反動派天主教會、地主、農園主與其他感到不滿的分子」十分有吸引力，但是對於中央領導者的社會理想哲學來說卻是近乎背叛的行為。[27]一九五八年後半，喀拉拉邦出現了一系列的罷工與抗議遊行，在德里久爾的某次意外中，警察對一群國大黨的群眾開槍，造成六人死亡。[28]

南波迪里帕感到腹背受敵，在迫不得已的情況下，只好透過全國最受歡迎的英文週刊頁面闡述他的想法。他說他們的「對手非常震驚」，因為他所領導的政府有時候會出現反對地主的行為，即使一切的過程都嚴守憲法框架。某位國大黨領袖也在同樣的專欄中回應他，討論「喀拉拉邦目無法治且令人不安」的氛圍逐漸升高，是源於共產黨員在採取激烈行動對付與之唱反調的人時，往往會枉顧法紀。[29]最高法院在一九五九年二月駁回上訴之後，喀拉拉邦教育法案獲得了印度總統的贊同。英迪拉·甘地女士也在同一月分當選印度國大黨的黨主席，她是繼吉普塔（Nellie Sen Gupta）在一九三三年之後第一位坐上國大黨主席大位的女性。被問及她的家務工作會不會因此受到影響時，甘地女士以嚴厲的口氣回答：「我只需要花十分鐘處理家務事就行了。」[30]

當時國大黨內部「有三種不同的聲音，喀拉拉邦的地方黨員積極煽動混亂局面，中央領導階層准許卻不鼓勵他們的行為，尼赫魯則持反對意見，但沒有採取任何行動阻止他們」。[31]動盪不安的局面同時也因為納亞的元老帕曼納布罕（Mannath Padmanabhan）加入而更顯激烈。身為納亞服務協會的創辦人，帕曼納布罕長久以來都活躍於納亞的學校與學院中，他是個纏著腰帶、行事簡樸的男子，而且只會說馬拉雅拉姆語。據說他之所以反對共產黨，是因為他們不允許他在帕爾加

（Palghat）開設工程學院。如今他想要迅速解決「那些共產黨員和他們所擁有的一切，而且不只是把他們趕出喀拉拉邦，而是要把他們趕出印度，回到自己的家鄉蘇俄去」。某位採訪者問他，年齡對他而言會不會是一項阻礙（當時他已高齡八十歲），帕曼納布罕提醒他們勿忘毗濕摩（Bhishma Pitamah）的故事，他在領導般度族進行聖戰（dharma yuddh）時也已經八十幾歲了。[32]

用政治理論學家莫里斯—瓊斯（W. H. Morris-Jones）所描述的印度政治的三個特色，或許最容易了解喀拉拉邦的衝突。第一個特色是「現代」，以自由與正義的普世價值為基礎，在國會、法庭與使用英語的媒體上表現此特色。第二點則是「傳統」，強調忠誠的源頭，也就是一個人的種姓階級或宗教。

教育法案在第一階段的爭議正如現代印度的許多其他爭議一樣，僅僅只是現代與傳統政治特色的衝突而已。然而帕曼納布罕卻帶來了第三個特色：「聖潔」。莫里斯—瓊斯本身認為，這個特色正如巴韋的社會工作一樣，都是在印度的政治邊境地帶運作。然而帕曼納布罕卻把這個特色與其他兩個特色直接連結在一起，這種做法與聖雄甘地在很久以前的做法如出一轍，甚至因此造成了效果更驚人的影響。喀拉拉邦的民眾之所以跟隨帕曼納布罕，就某部分而言與印度民眾跟隨甘地的原因相同。因為他的人格清高，而且從來沒有擔任過官職。[33]

帕曼納布罕的到來猶如給予這項運動一劑強心針，以這個大家長的話來說，他們迅速吸引了「喀拉拉邦所有非共產黨員」。一九五九年五月一日，在強格阿格斯賽爾伊（Changanacherry）舉行了一場社區組織的會議，希望能夠在帕曼納布罕的領導之下組成解放委員會（Vimochana Samara Samiti, or Liberation Committee）。在接下來的一個月中，解放委員會的成員把他們的訊息傳達到學校與學院、教會和寺廟中，也傳達到漁民、農民、商人與工人家中。

到了六月初，已經有數千名志願者蓄勢待發，準備展開一系列的大罷工，導致學校、醫院、公家機關與工廠關閉。路上出現了長長的抗議隊伍，通常是由帕曼納布罕領軍，他為了證明自己的聖潔崇高，會騎在一匹白馬上，頭頂還撐著一把絲綢製的傘。納亞服務協會的年輕人則會拿著劍，充滿威脅性地走在他前面。

共產黨員「以井然有序的暴虐行為加以回應」，據估計一共出動了兩百四十八位武裝警察，也擊發許多子彈，造成至少二十個人死亡與更多人受傷，其中也包括小孩與女性。武裝警察的出現只會讓示威者的怒氣更加高漲，大約有十五萬示威者入獄，其中四分之一是女性。[34]

## VII

當下的情況對誰而言比較痛苦其實難以評斷。南波迪里帕身為「人民的政府」領導者，如今卻每天下令武裝警察衝向人民，並且囚禁數千位平民；或是擁護憲法的民主派人士尼赫魯，他看著自己的黨走上街頭，企圖推翻經由合法選舉所產生的政府。對尼赫魯而言，他因為大力支持喀拉拉邦政府實行農業與教育政策，因此感到更加痛苦懊惱。[35]

成功造成動盪局勢的結果，鼓舞了喀拉拉邦的國大黨政治人物，他們向中央施壓，要求行使憲法三五六條款，基於違反法律與秩序的理由，總統有權解散邦政府。這項條款過去曾經援引過四次，當執政黨因為派系分裂或脫黨而失去優勢時，通常就會援引這項條款進行期中選舉。

為了親自觀察情勢，尼赫魯在一九五九年六月最後一週來到喀拉拉邦。立場勢不兩立的團體因為憎恨對方所築起的厚牆讓他感到擔憂，他覺得兩個陣營的人幾乎就像交戰中的兩個國家一樣，對彼此充滿敵意。[36]但是他還是不願意要求總統解散EMS的政府，尼赫魯的女兒英迪拉無法理解他的猶豫不決，她認為早就該採取行動了：「當喀拉拉邦早已陷入一片火海之中，」甘地夫人某次在德里的演講中提到，「援助人民就成了中央政府的責任，喀拉拉邦共產黨執政者的錯誤領導形成了在我國歷史上絕無僅有的情況，**這種情況不容狡辯**。」[37]

帕曼納布罕和他的戰士們正在籌備最後一次的大罷工，穆斯林聯盟也加入了這場抗爭，更加凸顯其正統性。整個七月每天都有遊行，示威者會激怒警察使用暴力。在最令人髮指的意外事件中，警察衝進某個漁村對圍觀群眾開火，造成一名孕婦與站在她身旁的兩人死亡。[38]

解放委員會宣布八月九日為「歸零日」（Zero Day），屆時五萬名來自各階級與社群團體的志願者將會聚集在特里凡德琅（Trivandrum）癱瘓政府的行政運作。七月二十六日時所有團體開始從喀拉拉邦的各個角落往首府前進，一路上聚集氣勢與人力。「這一刻即將來臨，共產黨必須在屠殺與投降之間做出選擇。」[39]懇求中央政府介入的信件讓國大黨主席英迪拉．甘地獲得一臂之力，她的總理（與父親）終於妥協，在七月三十日寫信給南波迪里帕，通知他即將收到解職令，因為「我們再也無法容許情勢繼續惡化下去，因此造成持續性的衝突並且讓人民受苦。我們早已察覺，即使以你所領導的政府的立場來看，目前最好還是由中央介入此事最理想」。[40]

六個月之後，喀拉拉邦再次舉行選舉。國大黨與社會主義黨和穆斯林聯盟結盟，請求選民在「民主與共產主義」之間做出選擇。尼赫魯帶領一群忠實支持者參選，他們都拿著在「解放衝突」中被警察開槍打死的懷孕漁民芙蘿伊．瑪塔（Flory Mata）的照片。紀錄顯示，有百分之八十四的成年人民現身投票。在一百二十七個席位中，共產黨員只拿下了二十六席。國大黨贏得六十席，盟友則拿下三十一席。[41]這個結果證明了南波迪里帕解散政府其實是無妄之災，然而正如戈帕爾所言，這個決定「讓尼赫魯的名聲因為政治上的種族行動而蒙上陰影，從長遠的角度來看，也削弱了他的地位」。[42]

## VIII

回顧獨立運動的早年時光，大約一九四七年至一九四九年的那段期間，國大黨面對了來自左派與右派兩方極端主義的挑戰。共產主義者宣稱這是虛假的自由，並且對剛誕生的印度聯邦發起血腥革命。另一方面，國民志願服務團也動員反動力量，企圖創建印度教巴基斯坦。中央已經穩固勢力，國大黨也藉由草擬民主憲法、贏得民主選舉，孕育現代多元邦政府雛形的方式，成功地馴服了這些威脅。

如今整整十年過去了，國大黨再次遭受到來自政治光譜邊緣地帶的攻擊。這次左派的挑戰是民主，因此也更具有潛在性的危險。因為如果EMS的政府成功藉由分配土地給窮人，並且為所有人創立學校的方式，進行社會改革，或許會產生骨牌效應，也就是讓非國大黨的政黨在印度聯邦的其他邦取得勝利。

與此同時也有來自右派的新挑戰。這個挑戰來自拉賈戈巴拉查理，暱稱拉賈吉（Rajaji），他是經驗豐富的國大黨政治家，過去曾經擔任過孟加拉總督、印度總督與聯邦內政部長。國大黨在一九五二年要求拉賈吉接手擔任馬德拉斯省長。他在這個職位待到一九五四年四月，直到黨暗示他們希望由種姓制度落後階層（backward-caste）強而有力的領導人卡馬拉伊（K. Kamaraj）取代他。如今拉賈吉說他自己安於在小屋子裡生活，整天閱讀與寫作（他是一位成功的短篇小說作家，以母語泰米爾語進行創作，也寫了《羅摩衍那》與《摩訶婆羅多》的精采版本故事）。

然而，事實證明哲學與文學並非政治事務的合適替代品。因此拉賈吉轉向時不時評論俄國與美國之間的核武競賽，對此他的立場與尼赫魯大同小異。接著，當二次五年計畫企圖將印度政府轉型為社會主義的經濟模型時，他也開始評論國內事務。然而，他也自此開始與總理出現了意見分歧。

他們之間的歧異有一部分源自於政治，拉賈吉認為國大黨因為沒有強而有力的反對黨而變得過於自滿。一九五六年十月，他公開發表自己的看法，主張國大黨**內部**應該存在反對勢力，因為他擔心少了這股反對勢力，黨「就會變成充滿野心與唯利是圖的狩獵場」。[43]這個提議遭到否決，所以這位經驗豐富的老手轉而提倡在國大黨外建立反對勢力。一九五八年五月，他發表一篇標題具有挑釁意味的文章〈徵求：獨立思考〉。這篇文章認為在印度「獨立思考能力之所以會崩壞的主要原因」是「廣受民心愛戴且沒有任何反對勢力的長期統治勢力」。然而，健全的民主制度需要「一個想法不同而且想要的也截然不同的反對勢力，一個活躍思考的公民團體，將目標放在民眾福祉上，而且不會為了從所謂的窮人身上吸引更多選票，就對他們開出已經超乎黨能夠負擔的空頭支票，這個反對勢力會訴諸理性……」[44]

尼赫魯與拉賈吉的歧異也屬於經濟層面。拉賈吉擔心二次五年計畫會讓邦政府完全中央集權。稅賦的大幅增加讓他感到不安，雖然以公部門的利益為考量，然而卻只會「使公民感到灰心沮喪，並且讓私營經濟因此衰退」。拉賈吉認為，這個計畫必須是「市場經濟的備案而非替代品」。[45]

一九五九年五月，拉賈吉在年過八十之際組成了一個新政黨，自由獨立黨（Swatantra Party）。這個政黨集中火力批判對總理的個人崇拜，以及執政黨國大黨的經濟政策。該黨的基礎論述為透過培養「具有競爭力的企業」推動「工業的適度去中心化與合理分配」，在農業方面則要鼓勵「代表創新與自由的自耕農業主」。他們拒絕「所謂社會主義的技術」，也拒絕「實行『中央集權制』。」[46]

由單一政黨管理的民主自然會演變為專制政府，這就是拉賈吉成立自由獨立黨的初衷。因為「國大黨一直以來都沒有一個真正的反對黨，他們一直猛踩油門前進卻從未踩過煞車」。[47]這個由八十歲高齡長者所成立的政黨迅速累積能量，入黨者包括工業巨頭，這是想當然耳的結果，但是也包括擔心因為國大黨威脅推動「共有農業」而受到影響的農民領袖。雖然按照常理來說，自由獨立黨被歸類為「保守派」，該黨其實是個有趣的綜合體，結合了自由市場的自由派與企圖尋找國大黨替代品的農業領袖。[48]

國會黨支持者不認為成立自由獨立黨是「正確行為」。總理本人則抱持輕蔑的態度，在記者會上被問到他對於拉賈吉組成新政黨的想法時，尼赫魯只是開玩笑地說：「他喜歡《舊約聖經》，我喜歡《新約聖經》。」[49]

## IX

由共產黨與自由獨立黨所提出的左右派挑戰，因為新德里政府同時面臨的財務貪瀆嚴厲指控而顯得更加嚴峻。一九五七年九月，國會對國有企業印度人壽保險公司（Life Insurance Corporation of India, LIC）提出質疑，該公司對位於坎浦（Kanpur）的一家私人工廠進行大規模投資，該工廠的所有人是一位名叫哈利達斯・孟德拉（Haridas Mundhra）的企業家。財務部長克里什納馬查里對這些質疑的回應過於模稜兩可時，抱持異議的國大黨議員開始對他提出更犀利的質問。與總理感情疏遠的女婿費羅茲・甘地在這場辯論中嶄露頭角，他聲稱政府之所以買下孟德拉的公司股份，是為了將股價炒作得比實際的市場價格更高。他質疑「印度人壽保險公司怎麼會願意和經營印度地下產業的神祕男子一起計畫這起疑點重重的交易」，費羅茲．甘地的結論是，這是一場「詐取（國有企業）公司資本的陰謀」。[50]

政府在多方批評之下低頭，針對這起事件成立調查委員會。當時分別成功進行了兩場聽證會，皆由相當著名的法官主持，他們所發現的證據對國大黨政府不太有利。印度人壽保險公司有個名為藍籌（blue-chip）的政策，承諾只會將資金投資在聲譽良好與管理健全的公司。孟德拉的公司兩者皆非，然而印度人壽保險卻以公司歷來最大的投資金額購買他們的股票。接受法官訊問的官員都沒辦法對於他們的決定給出一個令人滿意的解釋，當然部長也做不到。

這些調查委員會的工作都在德里與孟買舉行，並且持續對大眾開放。它們吸引了公眾的注意，其中大部分帶有批評意味。民眾湧入聽證會，想看看部長和他的官員在接受訊問時的笨拙反應，或是相互矛盾的說詞。法官最後做出的報告將之定罪，並且讓相關人士付出慘痛的代價，部長和他的祕書都被迫辭職。[51]

《印度斯坦時報》中寫到，司法對於印度人壽保險公司對孟德拉公司的投資案進行調查的行為「造成了全面性動搖的影響力，這是自從印度獨立運動之後從未發生過的情況」。這個議題「在國會剛引起討論時，看起來似乎只是小題大作」，如今卻「被視為冰山一般的大問題」。[52]這件事一開始只是孟德拉事件（Mundhra Affair），後來很快就升級為孟德拉醜聞（Mundhra Scandal）。直到事件爆發為止，各界都一直認為尼赫魯政府雖然喜歡獨攬大權，在財政方面卻一直保持清廉，他們身上始終散發著甘地的清廉光環。孟德拉事件第一次讓這個形象出現了嚴重瑕疵，這是個十分難以挽回且具有毀滅性的瑕疵，與左派或右派政黨對他們做出的攻擊所造成的殺傷力不相上下。

# 第十五章
# 挫敗的經驗

分裂的印度不僅對印度人民而言是不祥的預兆，對整個亞洲與世界和平亦然。

——翁山蘇姬（Aung San），緬甸國族主義領袖，一九四七年六月

## I

一九五九年三月最後一天，達賴喇嘛越過麥克馬洪線進入印度共和國領土。過去好幾年以來，這位西藏人的活佛統治者一直膽戰心驚地坐在位於拉薩的布達拉宮王位上，因為中國愈來愈積極介入他對西藏的統治權。有一份當時的資料來源宣稱中國在西藏部署了五十萬大軍，至少還有十倍以上移居西藏的漢人緊跟在後。[1]

這絕對是高估的數字，即使如此，來到西藏的漢人數目也已經高得讓西藏人反感了。一九五八年，西藏東部的康巴人發起對抗占領者的武裝起義。在幾次成功的行動之後，這場叛亂就被漢人平

定了，隨之而來的報復行動就是對達賴喇嘛本人的威脅。當新德里同意要提供政治庇護時，達賴喇嘛就在夜色的掩護之下，和一小群精心挑選的護衛隊逃離拉薩。

達賴喇嘛在達旺鎮的一間佛教寺院度過了在印度的第一個晚上，然後他沿著印度平原南下，來到阿薩姆邦的提斯浦鎮，他在那裡接受印度軍官的「盤問」，三個星期之後就被帶到新德里與總理見面。

尼赫魯與達賴喇嘛的對談讓他了解康巴人（Khampa）的叛亂。這場戰鬥十分慘烈，兩方都傷亡慘重。西藏上下都對共產黨反宗教的政治宣傳感到十分反感與厭惡，中國政府邀請達賴喇嘛到北京參加一場「文化盛會」時，幕僚警告他那只是個企圖逮捕與軟禁他的陷阱。他拒絕邀請之後，中國就開始訴諸威脅，因此他決定逃往印度。

達賴喇嘛告訴尼赫魯，西藏的任何改革都應該由藏人進行，以維持他們的信仰與傳統。中國的改革方式會讓他們變成「失去靈魂的民族」，如今他希望能夠在印度的幫助之下實現西藏獨立。他過去的恩師哈勒（Heinrich Harrer，經典名著《西藏七年》〔*Seven Years in Tibet*〕的作者）也鼓勵他向西方世界尋求幫助。

尼赫魯回應他，印度不能為了支持西藏爭取獨立自由而與中國開戰。其實，「除非整個中國的統治組織毀滅，否則全世界都沒辦法幫助西藏獨立」。尼赫魯告訴達賴喇嘛，如果他到西方世界去，只會讓自己「看起來像個商品」而已，美國人或歐洲人對他的人民與初衷毫無同理心，「他們只想在與蘇聯的冷戰之中利用與剝削西藏。」

尼赫魯認為，「不獨立就免談」的態度對藏人來說毫無益處。他們必須保持與中國談判的途徑。印度可以協助雙方進行對談。但是西藏必須先修復與北京之間破損的關係。正如他所言，「現階段印度跟中國的關係很差，我們必須收復失去的領土，然而威脅或譴責中國也無法讓我們收復失土。」[2]

## II

達賴喇嘛逃離西藏時，印中之間的關係就已經降到冰點。一九五七年夏天，拉達克喇嘛（Ladakhi Lama）與國會議員巴庫拉（Kushak Bakula）就曾經造訪西藏，並且注意到西藏正在進行通往新疆的大規模道路建設工程。接著在一九五八年七月，一份北京出版，名為《中國畫報》（*China Pictorial*）的官方雜誌刊登了一份地圖，將印度東北邊境特區與拉達克的大片區域劃為中國領土。八月二十一日，一位中國大使館的顧問被請到印度外交部，由副祕書長交給他一份針對地圖提出的抗議文件。兩國之間的書信往來令人憂心的程度隨著通信的層級逐漸上升，風險也變得愈來愈高。[3]十月十八日，外交部祕書寫信給中國大使，抗議新疆—西藏公路通過「查謨與喀什米爾邦的拉達克區東部是屬於印度的領土」。[4]到了一九五八年底，兩國總理尼赫魯與周恩來開始通信，並且持續長達數年的時間。一開始雙方只是感到痛苦與困惑，最後卻變得憤怒且充滿敵意。

尼赫魯與周恩來的信件對於了解邊界爭議是相當關鍵的資源，雖然信件草稿可能是由官員所撰寫的，但是我們可以確信，信件內容一定經過仔細檢查，確保口吻與內容一致。這兩位政治人物在歷史上的定位都相當有趣，他們都被賦予——也可以說是背負著——一種使命感，企圖將長久以來受到欺壓的國家打造成在現代世界中名列前茅的強國。

在當代中國國家主義的層層階級中，周恩來排在第二位，僅次於毛澤東。大部分時候他就像當時中國的八億人民一樣，服從偉大舵手毛澤東的意志，更別說毛澤東突發奇想的計畫。但是在外交事務上他卻擁有發揮的空間，在中國的領導階層中，只有他曾經在西方世界讀書與生活過。成年後在巴黎生活，讓周恩來能夠說一口流利的法文，英文也說得不錯。正因為他愛好國際化的開放態度，當有人問他法國大革命造成了什麼影響時，他的回答是：「現在蓋棺論定還太早。」

正如施拉姆（Stuart Schram）所寫，到了一九五五年萬隆會議（Bandung Conference）的時候，周恩來已經為自己塑造出「優雅且充滿外交手腕的外交官」形象，「與尼赫魯並列為非歐洲地區的兩位重要代表，雖然因意識型態不同而分裂，卻因為兩人都是亞洲人的身分而相互連結」。[5]

一九五五年時，周恩來與尼赫魯或許只是政治理念不合，然而到了一九五八年，他們在國家利益上也出現衝突。那年的十二月，印度總理提筆寫下一系列給周恩來信件中的第一封信。尼赫魯一開始先表達對中國經濟發展的敬意，接著話鋒一轉，溫和卻語帶酸意地質問領土問題。尼赫魯回憶，他們兩人在一九五六年見面時，中國的領導人曾經表達他認為麥克馬洪線是英國帝國主義所遺留下來的看法，然而「因為中印之間的友好關係」，他的政府諮詢過當地西藏勢力之後，願意承認麥克馬洪線。接著周恩來肯定尼赫魯認為「中印之間沒有太大的邊界爭議」這個看法。然而現在《中國畫報》上卻出現了那張地圖，把中國的邊界「畫在印度領土上」。

一個月後周恩來回信了，信中說「在歷史上並沒有任何條約或協議曾經劃定過中印邊界」。麥克馬洪線只是「英國對中國西藏區的敵對情節所產生的政策」。就司法而言「並不合法」。對周恩來而言，印度人抗議的那條路「一直都屬於中國的管轄權之內」。「這一切證明了〔與尼赫魯所言相反〕，中國與印度之間的確有邊界爭議。」這才是分析《中國畫報》的地圖時應該考量的前因後果。周恩來建議兩方都暫時維持現狀，讓邊界問題等待日後「友善處理」。

一九五九年三月二十二日，尼赫魯回信了。他得知印度與「中國西藏區」的邊界並未得到北京認同時「略感訝異」，因為之前明明已經簽署了一些特定協議。包括喀什米爾與拉薩在一八四二年簽訂的協議，東方則有在一九一三年至一九一四年之間所劃定的麥克馬洪線。除此之外還有許多明確的地形特徵、分水嶺與山嶺，都能夠劃定兩國之間的邊界。雖然到處都有峽谷，但是尼赫魯認為對於「我們與中國之間大部分的邊界而言，以地理、傳統，以及我們的地圖上所劃定、條約也定義了的邊界為基準，就已經有充足的依據」。這封信的結尾述明希望「能夠早日針對這件事達成共識」。

在周恩來回信之前達賴喇嘛就逃往印度了，這讓事情變得複雜許多，因為中國對於印度大眾熱烈歡迎達賴喇嘛的現象感到極度不滿。他們因此遷怒於新德里政府，難道不是因為尼赫魯為這位西藏領袖塑造不幸的傳奇色彩，才讓他如此受到歡迎嗎？北京的立場是西藏叛亂並非公眾起義，而是由「蔣介石黨羽」與「美國帝國主義者」所支持的「上層階級反動」。中國的一些媒體甚至將之渲染，聲稱印度一個名為噶倫堡（Kalimpong）的小鎮是「叛亂的指揮中心」，而且德里政府受到「帝國主義者的宣傳鼓舞與密謀」所影響，「中印雙方的友誼早已從印度內部被摧毀殆盡」。[6]

西藏難民在噶倫堡進行了一些宣傳活動，然而其重要性卻遭到中國的極端渲染與放大。事實上，印度內部曾經出現過更強烈的聲音，尤其是由政治人物轉變為社會工作者的納拉揚。納拉揚是西藏獨立運動的狂熱支持者，這是個在印度政治界中比較少人有興趣的領域，不過他的理想也獲得其他人的支持，例如印度人民同盟，他們希望新德里政府能夠公開在冷戰中成為美國的盟國，並且尋求美國協助「解放」西藏。[7]然而，正如印度外交部長在達賴喇嘛流亡一個月後給予中國大使的承諾，「印度不曾也不會介入西藏內部發生的事情」，流亡領袖「在印度會獲得受到敬重的待遇，但是他無法在我們國家進行任何政治活動」。這是政府的立場，也是某些印度人絕對會反感的立場。因為正如外交部長所言：「印度的法律與憲法賦予人民在國會、媒體與其他任何地方表達個人意見的自由，人民也經常以給予嚴厲批評印度政府政策的方式表達這些意見。」

這並非北京可以輕易了解的細微差別，因為在中國，至少人民無法在公開場合對政府的政策表達任何批評。極權主義與民主這兩個政治體系之間的差異在兩國針對四月二十日在孟買發生的一起事件交換意見時，即可看出最驚人的區別。根據中國的版本，在北京與新德里的來往信件中，日期註記為四月二十七日的信件內記載了一群抗議者高舉標語並且發表演講：

> 認為中國在西藏區內鎮壓叛亂即是帝國主義者的行為，並且發表了許多各式各樣的詆毀言論。更糟糕的是，他們還在中國總領事館的牆上貼出了中共國家主席毛澤東的畫像，並且對其丟擲番茄與臭雞蛋，此為非常嚴重的惡意侮辱。這些暴民在侮辱畫像時，印度警察卻只是站在一旁，並未積極介入阻止。還叫圍觀群眾讓開，好讓通訊記者能夠拍照……

對北京而言，孟買的事件構成了「對中華人民共和國的國家主席以及中國人民最敬愛領袖的嚴重侮辱」。這種侮辱是「廣大的六億五千五百萬中國人民絕對無法容忍的侮辱」。抗議者說，如果這起事件「沒有經過妥善處理」，或是「印度政府的回應令人感到不滿意」，那麼「中國不得到令人滿意的處理便絕對不會善罷甘休，意思就是，即使經過一百年也不會就此罷手」。

印度政府的回應則是：「對毛澤東主席的畫像受到無禮的對待深表遺憾，因為印度與這位受到敬重的國家主席之間有非常深厚的情誼。」然而他們不承認當時值勤的警察曾經以任何方式協助過抗議分子；恰好相反的是，他們「站在〔毛澤東〕畫像前，防止它再受到任何侮辱」。新德里政府承認抗議分子的行為「非常糟糕」，可是——

> 中國政府當然也明白，在印度法律規定中，只要是和平進行的活動，政府就無法擅自禁止……這些遊行也經常在非常靠近國會的地方舉行，而且印度的遊行非常喜歡拿出各式各樣反對高官或偉人的標語。過去也曾經發生過不理性的群眾高舉甘地與總理的畫像，並且以不禮貌的侮辱方式對待它。只要在沒有暴力行為的情況下，印度的法律與憲法皆賦予人民高度自由。

## III

一九五九年九月的第一週，印度政府公布了一份白皮書，內容包括過去五年之間與中國的書信往來紀錄。其中討論的事項範圍涵蓋微不足道的爭論，如武裝巡邏隊進入彼此宣稱擁有的領土範圍，到更大的討論議題，例如西邊與東邊的邊界狀態，以及對於西藏叛亂的不同見解之間的爭論。

由印度人民同盟年輕氣盛的主席瓦巴依（Atal Behari Vajpayee）所領導的反對黨國會議員，已經有好一段時間都在爭論政府把跟中國之間的書信往來看得比國會更加重要。八月發生的一連串邊界事件讓印度政府加快了公開白皮書的腳步，中國與印度的武裝巡邏隊已經在東北邊境特區發生好幾起衝突事件。位於朗久（Longju）的一個印度哨所遭到中國強力的軍火攻擊並且最終被澈底摧毀。

對政府而言，不幸的是，白皮書出現的時間，恰巧也是國防部長與參謀總長的意見出現嚴重分歧的時候。國防部長是尼赫魯的老朋友克里什那．梅農，他之所以會在一九五七年得到那個官位，是尼赫魯為了補償他被調離外交代表的位子所做出的決定。這項命令一開始受到軍方歡迎，過去的國防部長都乏善可陳，這個人卻恰恰相反，而且跟總理的關係很好。然而梅農才剛剛坐穩他的新職位，就跟參謀總長蒂邁雅（K. S. Thimaya）將軍出現了爭執，這個人的個性和梅農一樣強悍。

蒂邁雅是庫格（Coorg）縣咖啡農之子，身高一百九十公分，他的個性令人印象深刻，在軍隊中的優良紀錄更是讓人敬佩。在安拉阿巴德擔任軍官時，年輕的他在電影院裡遇到一位年長的紳士，對方問他：「身為印度人卻穿著英國軍隊的制服是什麼感覺？」這位綽號「蒂米」（Timmy）的軍官只回答他兩個字：「很熱。」這位長者就是尼赫魯的父親莫迪拉爾．尼赫魯（Motilal Nehru），他本身也是一位有名的國族主義者。他們成為朋友後，蒂邁雅問他，自己是否應該辭去軍職投身國族主義運動，莫迪拉爾建議他繼續留在軍中，因為等到印度迎接自由之後，國家就會需要像他一樣的軍官。[8]

蒂邁雅曾在二次大戰時有出色的表現，在印度爭取獨立後紛紛擾擾的第一年，回國投身軍旅。他在旁遮普負責管理印巴分治的難民，接著被派駐喀什米爾，他的部隊成功地把雷達谷清理乾淨。後來他在韓國領導聯合國休戰小組，監督兩萬兩千名共產主義戰俘的去向。意識型態相左的兩方，也就是中國及美國，都對他的領導能力讚譽有加。

對崇尚和平主義的印度人來說，「蒂米」是有史以來最符合印度出身的現代軍事英雄典範。[9]然而他和國防部長彼此之間就是看不對眼，蒂邁雅認為他的軍隊應該要準備得更加充足，才足以應付可能與中國交戰的情況，但是克里什那．梅農堅持真正的威脅源自於巴基斯坦，因此他們才會在巴基斯坦與印度邊界部署大量軍隊。蒂邁雅也對他的軍隊當時使用的古老軍械感到憂心。包括點三〇三口徑恩菲爾德步槍，那是第一次世界大戰時就開始使用的武器。當將軍向部長建議印度應該在

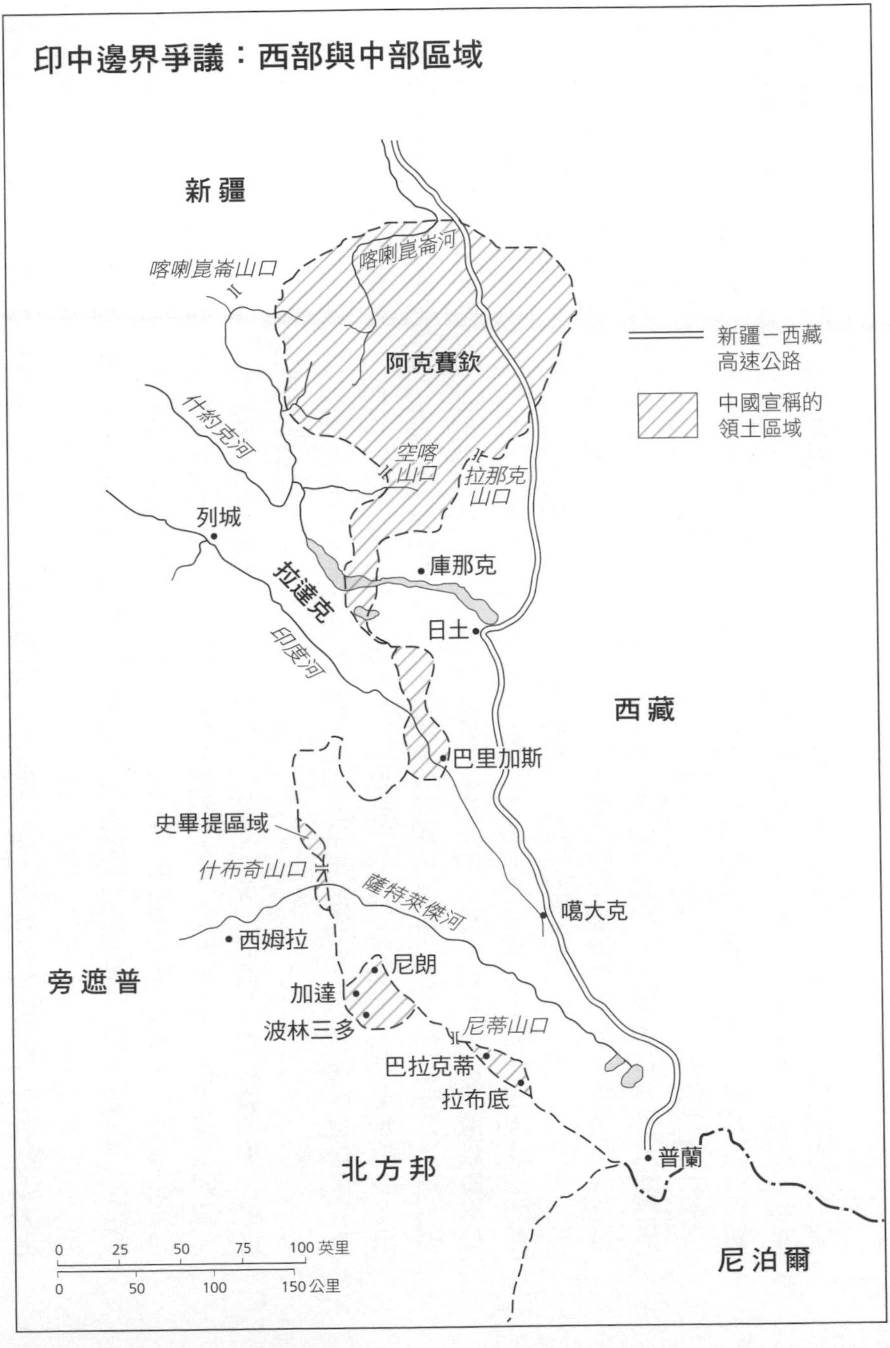
印中邊界爭議：西部與中部區域
新疆
喀喇崑崙山口
喀喇崑崙河
阿克賽欽
新疆－西藏
高速公路
中國宣稱的
領土區域
什約克河
空喀
山口
拉那克
山口
列城
庫那克
拉達克
日土
印度河
西藏
巴里加斯
史畢提區域
什布奇山口
薩特萊傑河
噶大克
西姆拉
尼朗
旁遮普
加達
波林三多
尼蒂山口
巴拉克蒂
拉布底
普蘭
北方邦
0
25
50
75
100 英里
0
50
100
150 公里
尼泊爾

限制證照的情況下自行製造比利時FN4自動步槍時，「克里什那・梅農氣憤地說，他不願意讓北約武裝出現在他的國家之中。」[10]

一九五九年八月的最後一週，蒂邁雅與梅農起了爭執。因為梅農決定將一位名叫考爾（B. M. Kaul）的軍官升遷為中將，然而當時軍中還有十二位年資比他更深的軍官。卡爾有吸引公眾注意的才能，例如他喜歡參與戲劇演出。他曾經擔任新住宅聚落的建築監工，因此讓梅農留下深刻印象，向他證明了穿著制服的軍人也能夠為公眾利益貢獻一己之力。除此之外，尼赫魯也認識考爾，這可是考爾一有機會就愛向眾人吹噓的事情。[11]

考爾並非毫無優點，一位與他十分親近的同袍形容他是「非常機靈的人，思考速度很快，有說服力，也充滿冒險精神」。然而他「也有強烈的主觀意識、個性善變且情緒化」。[12]蒂邁雅擔心考爾的實戰經驗不足，因為他軍旅生涯大部分的時間都待在陸軍服務隊（Army Service Corps），這項經歷並不足以讓他勝任陸軍司令部的關鍵職位。考爾的升遷加上部長的種種羞辱，迫使蒂邁雅將軍提出辭呈。一九五九年八月三十一日，他寫信給總理表達「我與其他兩位參謀總長無法在現任國防部長的領導之下善盡職責」。他認為當時的情況讓他無法繼續待在自己的職位上。[13]

陸軍參謀總長辭職的消息在公眾領域不脛而走，國會與媒體都在討論這件事情。蒂邁雅的死對頭，例如像南波迪里帕等共產黨員，都認為將軍應該接受軍事法庭的審判。祕密支持共產黨的機構如孟買的《閃電戰》（*Blitz*）週刊也聲稱蒂邁雅在不明智的情況下成為了「美國遊說團體」的工具。在蒂邁雅與國防部長的戰爭中支持他的人則是《閃電戰》週刊最大的競爭對手（也是無可否認的美國陣營支持者），《思潮》週刊，以及無特定意識型態的大多數媒體。通常支持政府的《印度斯坦時報》則說「該走的人是克里什那・梅農」，而非蒂邁雅。《印度斯坦時報》指控國防部長縮減軍力，並且想要竭盡所能地培養一群對他誓死效忠的軍官，因此造成「士氣低落的狀態」。[14]

有些人期盼蒂邁雅請辭所產生的反對聲浪也能夠迫使克里什那．梅農交出辭呈。一位律師領袖在寫給將軍的信中形容國防部長是個「印度政壇的邪惡天才」，並且補充：「如果你的行動最後迫使梅農退休，印度絕對會大大鬆一口氣，你也會獲得全國上下真心誠意的感激。」然後尼赫魯把蒂邁雅叫到他的辦公室，經歷兩度長時間的深談以說服他收回辭呈。尼赫魯向他保證，所有與升遷相關的重要決定一定都會徵詢他的意見。一位蒂米的舊同袍，如今已經退休住在德拉敦（Dehradun）山丘小鎮中的前少將寫信給他的朋友，告訴他應該堅守自己的武器。因為「目前的解決方法是毫無用處的，因為根本沒人被開除或捲鋪蓋走人，你很快就會發現，這個蜜月期絕對不會維持多久」。[15]

以將軍的辭職戲碼為開端，中國白皮書的發表也加深了眾人對國防部長的反感。因為就連國會成員都不知道中國宣稱印度領土為他們所有。也不知道中國已經在那些區域駐紮軍隊並且鋪設聯通道路，印度人則認為這是負責守衛這些區域邊界的人荒謬的失誤，反對陣營的政治家自然而然瘋狂追究中國「與印度的地圖戰爭」。正如某位社會主義國會議員所言，新德里政府或許仍然相信「中印是兄弟」，然而北京卻恪守列寧的名言：「諾言好比派皮，破了也不稀奇。」[16]

或許總理也應該為這件事負起責任，然而當時的眾矢之的是他的寵將克里什那．梅農。《思潮》週刊說，如果印度「對中國的侵略可悲地毫無任何準備與防禦」，這個過錯一定要歸咎於「掌握印度國防力量的人」，也就是國防部長。如今就連國大黨議員都將箭矢直指梅農，當時的內政部長彭特在爭取自由的戰場上是個經驗豐富的老兵，也與尼赫魯共事多年，他建議總理將克里什那調職，他還是可以留在內閣中，只是不分派國防部的職位給他。[17]曾是備受敬重的記者，如今已是國會議員的羅爾（B. Shiva Rao）寫信給尼赫魯：「因為你堅持要將克里什那．梅農留在內閣中，讓人極為不安，我們目前面對共產黨勢力帶來的危險與威脅，你也明白眾人都對於他對前共產黨員的同情心感到憂慮。」羅爾說：「要我寫這封信很不容易，我也知道要你做決定非常困難，然而這是個緊急事件，而且沒人能夠預料結局會如何。」[18]

然而尼赫魯卻堅守立場，也堅守克里什那．梅農，同時持續與中國進行「外交」書信往來。一九五九年九月八日，周恩來終於回覆尼赫魯在三月二十二日寫給他表明印度立場的信，希望中國能夠「正式承認印度運用英國侵略中屬西藏地區的政策所造成的情勢」，周恩來對此表達了他的訝異之情，「中國政府絕對不承認所謂的麥克馬洪線。」信中堅持「整個中印邊界都尚未劃定界線」，並且要求重新談判，而且要「對兩方都公平合理」。信件最後提到因為西藏叛亂而逐漸升溫的情勢，而且從西藏叛亂之後，印度軍隊就開始「保護持有武力的西藏匪徒」，也開始「向中印邊界的東部區域緩步逼近」。

尼赫魯幾乎立刻回信，表達印度人對於中國指控「獨立的印度政府想利用英國帝國主義獲取利益」的控訴感到「十分憤怒」。他指出從一九一四年至一九四七年，中國政府從未對麥克馬洪線提出異議，他也否認印度保護武裝藏人的指控。他強調對周恩來信件中的口吻感到「震驚不已」，也提醒他印度是首先承認中華人民共和國的國家之一，並且持續維持兩國之間的友誼。[19]

到了這個時候，印中之間相互往來的東西已經包括了子彈與信件。一九五九年八月下旬，朗久沿麥克馬洪線的東部區域發生了軍事衝突。接著在同年十月，一隊駐紮於拉達克地區喀空山口（Kongka Pass）的印度巡邏隊遭到中國特遣隊攻擊。九名印度士兵喪命，並且有許多人被俘。中國堅稱是印度人闖進了他們的領土，印度方面則回覆他們只是在屬於自己國家的邊界巡邏而已。

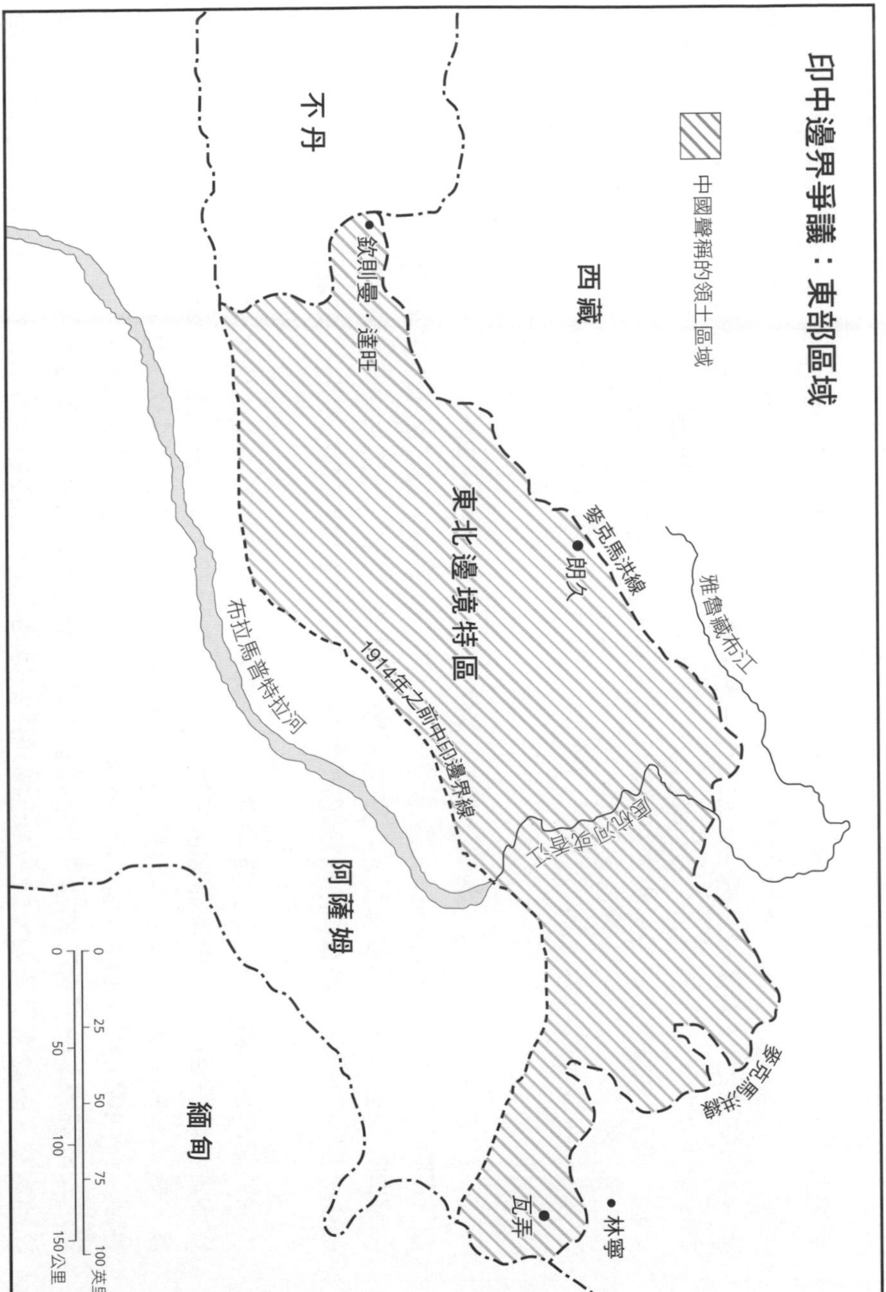
印中邊界爭議：東部區域
中國聲稱的領土區域
不丹
西藏
欽則曼・達旺
東北邊境特區
麥克馬洪線
朗久
雅魯藏布江
布拉馬普特拉河
1914年之前中印邊界線
廷杭河與墨江
阿薩姆
緬甸
麥克馬洪線
瓦弄
林寧
0 25 50 75 100英里
0 50 100 150公里

這些衝突促使新德里政府重新審視自己的邊界政策，奇特的是，直到那個時候為止，負責執行中國邊界職務的單位都不是軍隊，而是印度情報局。現有的邊界哨所都是由準軍事特遣隊駐守，即是東邊的阿薩姆步槍隊（Assam Rifles）與西邊的中央預備警察部隊（Central Reserve Police）。正規軍隊都大量集結在巴基斯坦邊界，因為那裡被視為印度最主要，或許也是唯一的軍事威脅來源。然而經過朗久與喀空山口事件之後，第四師就從旁遮普被調派到東北邊境特區。這是個不容忽視的改變；第四師過去接受的訓練都是在平原地區的坦克作戰方式，如今他們必須在各種歧異地域混雜之處執行勤務。

透過新的「前進政策」，印度政府的目標是藉由在邊界沿線或是靠近邊界之處設立一連串小型哨所的方式掌管三不管地帶。德里政府大肆吹捧這個行動，懸掛在國防部辦公室的地圖上都插著小小的藍色圖釘，標示出這些哨所的位置。然而這些地圖上卻無法標示出中國也對這些空白區域虎視眈眈的野心，對方也開始布局，企圖占領這些如今已是炙手可熱的邊界。[20]

## IV

至少到了一九五九年，印度與中國之間的關係很顯然已經無法和解。印度堅稱邊界問題大部分都經過條約與常規的認可，中國則爭論兩國從來沒有確實劃分過邊界。兩國政府的聲明某一部分都是源自於帝國主義的歷史淵源，英國（對印度）的帝國主義，以及中國（對西藏）的帝國主義。就這個層面來看，兩方宣稱自己所擁有的領土主權都並非奠基於法律之上。

回溯過往，很顯然印度低估了中國憎恨「西方帝國主義」的力量。二十世紀上半葉，中國還是貧弱的國家，被迫吞下西方強權帶來的各種屈辱，麥克馬洪線即是其中之一。如今在共產主義的統治之下，中國已經成為強國，因此下定決心要改正過去的不公平對待。一位印度律師拉提非（Danial Latifi）在一九五九年十一月造訪北京，他的中國同事告訴他：「麥克馬洪線根本沒有任何法律基礎。」中國對於邊界問題的公眾輿論顯然已經「自行醞釀成不可忽視的聲音」。在他向尼赫魯報告這段對話時，拉提非明確觀察到：「您也明白，或許非常清楚，一旦社會大眾獲知〔具有爭議性的領土〕是自己母國的一部分，**任何國家的人民**都將會難以讓步。」[21]

回顧過往也可輕易看出，經過西藏叛亂失敗之後，印度政府就應該採取以下任何一種方式，或是兩種方式並行：一、加強與中國邊界之間的軍事防禦，有必要時從西方世界輸入武力；二、認真研擬與中國之間的新邊界協定。然而在尼赫魯中立不結盟的情況下，前者的選項即被排除，而後者也在輿論壓力之下無法選擇。一九五九年十月，《印度時報》抱怨總理對於中國的敏感情緒顯露出「過於謹慎的態度，相較之下卻對印度人民的憤怒與沮喪之情顯得漠不關心」。[22]另一份報紙則觀察到尼赫魯「孤身一人面對全國上下對中國日漸高漲的憤恨情緒」。[23]

正如霍夫曼（Steven Hoffman）所言，公開白皮書的行為限縮了尼赫魯的選擇。假如邊界爭議仍然保密，總理就能夠使用更低調的手段進行檯面下的外交妥協。然而事件一旦眾所周知，因此引起了許多憤怒的評論，他就只能夠「接受情緒高漲的國會與媒體能夠贊同的政策」。白皮書政策完全不考慮施與受的精神，反而鼓吹愛國情操。尤其是喀空山口事件，更是讓印度的政治階級憤怒地呼籲應當對中國展開報復。[24]

一九五九年九月與十月的衝突過後，周恩來在信中建議，印中兩方在東邊以麥克馬洪線為準，在西邊則視實際掌控的區域，各自往後退守二十公里。尼赫魯的回應否決了這項提議，因為他認為這只是想將中國蠶食鯨吞西部區域的行為合法化的方法，藉此「保留你強行占領的領土」。他堅稱「最近紛爭主要的原因就是你們在邊界採取的行動」。如今周恩來指出先不論麥克馬洪線的存在是否合法，中國都堅持奉行一項政策，「當兩方正在等待邊界問題能夠出現友善的解決方式時，絕對不容許武裝分子越界」，因此——

> 截至目前為止，中國尚未對所謂麥克馬洪線南部的區域提出任何要求，作為談判的先決條件或是過渡期的手段，我認為難以理解的則是為何印度政府會要求中國單方面從西部邊界區域撤退。

這是個有趣的建議，解開外交密碼之後，想表達的意思就是：「你保留你（或許是用欺騙方式所獲得）的東部領土，而我們也保留我們（或許是用欺騙方式所獲得）的西部領土。」[25]

漢學家拉鐵摩爾（Owen Lattimore）在一九六〇年一月投書於《經濟週刊》（*Economic Weekly*）的文章中，總結了印度的窘境。既然印中邊界是英國帝國主義所遺留下來的決定，如果當初中國沒有在不願意進行協商的情況下，一直企圖用武力獲得那塊領土，那麼對印度來說，割讓這塊具有爭議性的領土中大部分的土地……也不會影響印度的國家自尊。因為「尼赫魯先生在雙方關係對等且理性協商的情況下或許願意讓步的東西，在卑微地向對方屈服的情況下，他絕對不會願意讓步」。[26]

在同一期的週刊中，一位自稱為「實用主義者」（Pragmatist）的投稿人，呼籲國家應該規畫健全的防禦備戰計畫。他語帶諷刺地說，北京的領導人「或許認為印度的國家武力比不上史達林在梵蒂岡所部署的武力」。中國的軍隊比印度還要壯大五倍，並且配備最先進的蘇聯軍力。印度長期面對巴基斯坦的威脅，如今必須策略性地思考且嚴肅看待中國的威脅，因為這兩個國家之間的情誼「絕對已經走到了盡頭」。如今「我們防禦計畫的第一要務」必須是「讓中國軍隊保持在北方邊界」。印度應該訓練山區作戰小隊，並且提供他們輕便可移動的配備，還要有一隊直升機與戰鬥轟炸機待命。這位「實用主義者」認為，因為「最重要的事」就是「在三或四年之間打造強而有力的軍事力量，足以成功抵禦任何跨越喜馬拉雅邊界的閃電戰」。[27]

然而反對黨卻不願意等這麼久，一九六〇年一月的最後一週，印度人民同盟主席振臂疾呼「國家的自我利益與榮耀需要盡早採取有效的行動，從中國的侵略之下解放印度的領土」。政府當局一直「將人民與國會完全蒙在鼓裡，不透露國家領土遭到侵略的事實」，如今「即使敵人持續在占領的區域積極鞏固自己的地位，政府看起來還是手足無措」。[28]

然而對於中國的懷疑絕對不僅限於右派政黨，一九六〇年二月，普拉薩德總統對針對他的家鄉比哈爾邦的學生群眾所瀰漫的「憎恨與憤怒」發表評論。他描述這些年輕人希望印度能夠「把中國的侵略從我國領土的任何一個角落清除乾淨」，他們「不會容忍國家踏出任何錯誤或軟弱的步伐」。[29]

隨著情勢越顯嚴峻，新德里政府邀請周恩來出席邊界問題高峰會。這場會面安排在四月下旬，然而在高峰會舉行前幾週，卻出現了許多可能讓會面無法順利舉行的事件。三月九日達賴喇嘛向全世界呼籲「切勿遺忘西藏的努力，西藏是個領土雖小卻獨立的國家，遭到瘋狂擴張的強權以武力占領」。三天之後，一位印度人民同盟的資深領袖呼籲總理「不要對本國上億人民的情緒視而不見」，並且要「採取所有必要的行為阻止中國進一步的蠶食」。比較令人意想不到的是國大黨議會黨團的喜馬拉雅研究社（Himalayan Study Group）所發表的聲明，督促總理要「在邊界議題上採取堅定的立場」。[30]

四月的第一週，非共產黨的反對派寄了一份備忘錄給總理，提醒他中國的「公眾觀感」。他們要求總理承諾在他跟周恩來的對談中，「不會出現任何會被視為放棄印度任何一塊領土的行為」。[31] 在處處綁手綁腳的情況下，如今總理轉而尋求奉行甘地主義的智者巴韋的支持，跟他一起在旁遮普的鄉村散步閒聊。尼赫魯在巴韋的鄉村營地中與他共度一小時，儘管兩人都沒有透露談話的細節，然而在巴韋後來的演講中卻也顯露了當時的對談內容。巴韋在四月五日時舉行了一場會議，地點就在俱盧之野，這是在神話時代般度族與俱盧族發生大戰的地點。在這個曾經血流成河的戰場上，他為「尼周對談」禱告，祈求一切順利。「懷疑屬於瀕死的政治時代，」這位甘地主義者說，「新時代會自我構築在信任與善意之上。」巴韋希望這場與中國訪客之間的對談能夠在不帶怒氣、痛苦與懷疑的情況下順利進行。

這個訊息並沒有順利往外散播出去，周恩來造訪的五天前，印度人民同盟在總理官邸外舉行了大規模的示威活動。示威者高舉標語，提醒尼赫魯切勿遺忘喀空山口英勇戰死的烈士，也不要讓出印度領土。隔天非共產黨的反對黨在德里舉行了盛大的公眾會議，警告總理假如他跟中國達成協議，那麼他「僅剩的盟友將會是共產黨與泛共產黨」。在這種氣氛之下，備受敬重的編輯莫賴斯（Frank Moraes）認為這場對談注定會以失敗收場。他寫道，兩國之間的鴻溝「難以建築友誼之橋」，並且補充：「如果周先生堅持過去的立場，尼赫魯先生就只能夠禮貌性地請他回北京仔細思考一下。」

然而尼赫魯堅持中國總理「將會接受本國以最優良的傳統所表達的熱情歡迎」。當時周恩來正在造訪緬甸，一位印度子爵去迎接他，並且與他一起飛到德里。過去周恩來在一九五六年抵達印度時，印度人民都激動地歡迎他，這一次儘管總理誠心期待，他還是在「前所未見的高規格安全防護下」抵達印度，並且以密不透風的車輛從機場出發。印度教大齋會組織了「黑旗」示威反對周恩來到訪，然而還有更多主流政黨一樣反對他造訪。在這段期間出現的兩個笑話表達了新德里的社會氣氛，其中一個笑話是「中印是兄弟」（Hindi-Chini Bhai Bhai）已經變成了「中印說再見」（Hindi-Chini Bye Bye）。另一個笑話則是問克里什那·梅農為何沒有出現在這次對談的印度代表團中，答案是：「因為他去參加周恩來先生所舉辦的派對（party，與「黨派」同字）了。」[32]

周恩來在新德里待了一個星期，無論是否有隨扈陪同，他每天都與尼赫魯見面。第二天的會談結束之後，《印度快報》（*Indian Express*）上刊登的一張相片顯示他們相處得並不是很融洽。照片中周恩來舉杯向中印情誼致敬，他高舉酒杯輕敲甘地夫人的杯子，甘地夫人身著沙麗，打扮得十分時髦，卻面帶詫異地將視線越過周恩來，看著她的父親。尼赫魯站在桌子的另一端，沒有戴帽子，面帶憂鬱地從酒杯中大口喝酒，並且回避周恩來的目光。照片中唯一表現出興趣的就是副總統拉達克里希南，他伸出拿著酒杯的手想敲周恩來的杯子。

周恩來與尼赫魯進行對談的時間總計將近二十個小時，官方直至今日都未公開他們對談的文字紀錄，只有一位機警（或不守法紀）的官員所留下的副本。對談內容生動地表現出過程中所瀰漫的敵意。尼赫魯先是細數過去印度為中國做過的所有事情，例如在萬隆所舉行的亞—非會議中介紹中國領導人，並且在聯合國中幫忙中國推動提案。即使印度釋出了這麼多善意，中國卻「給予狠狠的一擊」，「侵犯」了印度邊界。周恩來也以抱怨回應，他認為以印度與中國之間無論是過去或現在的情誼來看，「達賴喇嘛與其追隨者的行動早就已經超越了政治庇護的範疇」。

尼赫魯與周恩來相互指責對方長達兩天，如果印度堅持喜馬拉雅山長久以來都被視為該國的自然與地理界線，那麼中國就不會將麥克馬洪線視為帝國主義的遺毒。兩國總理都對細節緊咬不放，以令人敬佩的嚴謹程度為自己辯護，各自細數自己國家的村莊、山谷、山頂、河川、哨所與條約，藉此鞏固母國的立場。最後，周恩來建議兩方可以試著「找出解決方案」，而不是「重複爭論」。對他而言，最適宜的處理方式就是「任何一方都不應該宣稱自己擁有不在管轄權範圍之內的領域」。幾個小時之後他的態度轉為明確，他說：「在東部區域，我們明白印度認為的邊界目前確實已經在印度的管轄之下。然而同理可證，我們認為印度也應該接受這個事實，那就是中國的管轄已經擴張到中國認為是本國領土的西部區域了。」

同樣地，經過解讀，這段話的意思即是：你在西邊的統治事實比較明確，然而我們在西邊的需求卻比較強烈。當我們在東邊的統治事實比較明確時，或許你在那裡的利益也岌岌可危。周恩來的意思是：請你留著達旺鎮與周邊區域，因為我們想要的是阿克賽欽，以及連接新疆與西藏的道路。

周恩來傾向保留與認可「現狀」，尼赫魯卻在回應中指出，這個詞本身就是具有爭議性的。印度總理問他：「問題在於現狀究竟是什麼？」因為「今日的現狀與一或兩年前的現狀不一樣，如果今日的現狀與過去不同，那麼維持今日的現狀也並不公平」。周恩來所提出的解決方法會證明在尼赫魯（與印度）眼中，中國究竟藉由非法的方式偷走了什麼東西。[33]

周恩來也會見了內政部長彭特，與副總統拉達克里希南，他們兩位都認為印度過去為了幫助共產黨政府取得世人眼中的合法地位付出了許多努力，然而中國卻缺乏感激之心，他們內心的悲痛其實更大於憤怒。當周恩來問及印度人怎麼能夠容許自己國家的土地被西藏難民利用時，聰明且個性固執的財務部長德賽對這位中國的領導人提出了鬥志高昂的挑戰。德賽告訴他：「在我們國家，所有人都遵循慣例，阿爾及利亞人會〔反抗政府〕，印度人當然有時候也會。」接著他狡猾地（或許也是惡意地）補充：「中國總理知道列寧曾經在英國尋求政治庇護，卻沒人限制他的政治活動。我們在印度並不鼓勵任何人密謀對抗中國政府，但是我們無法阻止人民表達自己的意見，言論自由是我們的民主基礎。」[34]

尼赫魯在向印度議會報告他與周恩來的對談時，故作幽默地注明「在〔兩方發行的聯合〕公報中，最重要的句子就是；儘管我們都付出了這麼多努力，卻還是沒有找到解決方法」。莫賴斯也為周恩來的來訪提供了貼切的注解：「中印對談正如查理二世（Charles II），似乎已經瀕臨死亡邊緣許久。」確實是如此，因為失敗的高峰會後續的進展只是次數更少的官員對談。一九六〇年六月至七月在北京，以及八月至十月在新德里，最後則是十一月至十二月在緬甸首都仰光舉行。兩方都拿出許多備忘錄、地圖、文件與信件佐證自己的論點。當時一份針對這些推積如山的證據所寫的評論指出：「證據顯示只要考量一致性，以及這些宣言演化的時間長度，其實占優勢的是印度政府。」在一九二〇年代前，沒有任何官方的中國地圖曾經將阿克賽欽畫為中國的一部分，一九三〇年代的一份新疆地圖則將崑崙山（Kunlun）而非喀拉崑崙山（Karakoram）標記為約定俗成的邊界，而這也是印度一直以來所宣稱的邊界。至少在西部地區（也就是中國侵略之處），印度的統治事實似乎更站得住腳。「印度政府非常仔細且謹慎地拿出這些實例」，然而中國所拿出的資料卻出現「大量不一致的情況、與上下文不相符的引用段落，甚至還有低俗且輕易被識破的造假情況」。[35]

即使總體來說印度在這場爭論中占有優勢，兩方的立場基本上還是有不相容之處。任何源自於西方世界的證據，即使是無政治立場的旅行者與巡迴各地的耶穌會牧師所提供的證據，都被視為經過「帝國主義」的玷汙所以不予採信。到了某個階段，中國就應該要提出反方證據，但是到最後他們卻退縮了，只是強調兩國之間並未以主權國家的立場正式劃定邊界。因此印度無法聲稱英屬印度的遺毒，以及共產中國沒有遵守任何一九四九年共產革命之前被認定代表西藏或中國者所協商制定的合約。[36]

值得注意的是，中國希望能夠維持在西部區域獲得的領土，他們在那裡的歷史地位比較弱。作為交換條件，他們願意放棄在東邊更具優勢的領土權，這很顯然是因為他們需要能夠快速進入西藏的通道。一九六〇年十月，周恩來與尼赫魯的高峰會以失敗收場，官員的會面也毫無進展。之後，周恩來向美國記者史諾（Edgar Snow）吐露他對於這件事的沮喪之情。他聲稱是在「達賴喇嘛逃跑且西藏開始民主改革運動之後」，邊界爭議才開始「浮出水面」。他指責印度想「把中國西藏地區變成『緩衝區』」。「他們不希望西藏如同中國其他地方，變成社會主義的西藏。」接著他說出了有些過度聯想的結論：「印度方面……正在利用中印邊界問題作為在國內阻止激進勢力的王牌，也是他們獲得『國際支援』的籌碼。」[37]

## V

印度的領土地圖受到來自中國的外在挑戰，內部也同樣出現要求重新繪製地圖的壓力，源自於對一九五六年國家重組委員會的建議感到不滿的不同語言族群。馬哈拉什特拉邦持續向中央施壓，要求把孟買劃入該邦區域。這項提案由年輕有為又生氣勃勃的首席部長查凡巧妙地提出，他主張這樣一來就能夠讓國大黨彌補一九五七年選舉中所失去的席次，當時馬哈拉什特拉統一社會對國大黨的票數與席次都造成了嚴重打擊。最終於一九六〇年五月一日成立古吉拉特邦與馬哈拉什特拉邦，並且將孟買劃入後者的領土中。

馬哈拉什特拉邦的出現平息了西印度地區人民的不滿，卻讓北方地區出現了無法得到滿意結果的期待。當時仍然沒有自己專屬行政區的龐大語言族群就是旁遮普語族群，他們的要求因為語言與宗教的危險結盟而遭到澈底拒絕，所謂的「旁遮普省」（Punjabi Suba）其實是「錫克教省」（Sikh Suba），而這是錫克教徒可能會組成獨立國家的序曲。總之，一九六〇年與一九六一年整整兩年的期間，錫克教的常青樹塔拉．辛格上師發起了一系列建立以旁遮普語為主要語言的行政區運動。他身邊還有另一位錫克教聖人法塔．辛格（Sant Fateh Singh），這位副手後來會變成上師的競爭對手。在這兩個人的領導之下，阿卡利黨的志願者開始在團體中吸引眾人注意。同時，上師與聖人都展開週期性禁食，兩個人都說自己「至死方休」，也都在即將完成至高無上的犧牲之前取消禁食行為。[38]

尼赫魯反對阿卡利黨的立場十分堅定，國大黨籍的旁遮普首席部長凱隆（Pratap Singh Kairon）的立場卻更堅定。他以鐵腕對付阿卡利黨的運動，讓上千名示威者入獄。凱隆在美國接受教育，是個兼具動力與野心的人，這恰好是當時其他地方的首席部長所欠缺的人格特質。尼赫魯認為這也可以解讀為具有公眾魅力，正如他在寫給朋友的信中所言：「薩達爾．凱隆在旁遮普的力量，就在於他受到廣大鄉下民眾的信任，並且能夠代表他們發聲。那些批評他的人通常都住在城市裡，不是錫克教徒就是印度教徒。最近塔拉．辛格上師禁食期間，鄉下地區的民眾卻絲毫不為所動的情況十分奇特，他們都忙著準備潘查亞特選舉與其他活動。」[39]

凱隆在旁遮普省掌權的八年就像個未經加冕的帝王一般。他有衝勁也有遠見，設立農業大學，推動水井革命，並且說服農民活用可藉由創新獲利的區域，建立家禽牧場。他讓旁遮普的女性走出家門，鼓勵她們讀書與工作，甚至讓有運動天賦的女性參與競賽運動。他很容易就能跟民眾打成一片，任何人都可以隨時走進他的辦公室。在法律與秩序方面，他對於正義的管理暨嚴厲又準備周全。因此他指導警察不要逮捕示威農民，而是以罰金取代。農民都不在乎在農業淡季時成為烈士入獄，卻「無法忍受失去自己賺的錢」。然而在鎮上犯法的人就必須入獄，「因為他們無法忍受與感情甚篤的家人分離」。[40]

事實上，凱隆本身也有感情甚篤無法輕易割捨的家人。他的兩個兒子在他擔任首席部長期間大肆發展，在行政機關的幫助之下建立規模龐大的商業帝國，蔑視財產法與地域劃分條款。首席部長遭到指控「濫用職權幫助他的兩個兒子賺取商業利益，他們在過去幾年之內賺取了數千萬盧比」。公務人員都接獲指示，對他們的逾矩行為視而不見。議會提出了尖銳的提問，包括甘地夫人在內的好幾位國大黨領袖都要求總理撤換凱隆。然而尼赫魯還是支持他的下屬，他對凱隆的衝勁與堅決對抗旁遮普省的決心都感到敬佩。但他還是同意要組成委員會，由最高法院的法官領軍，針對凱隆遭到指控的罪行展開調查。[41]

正如歷史學家諾拉尼（A. G. Noorani）所寫：「〔旁遮普的〕薩達爾．凱隆與〔喀什米爾的〕巴克希兩個人很像。」他們「都不擅言詞卻行事果決，對官僚體系的拖延行為覺得不耐，對於裝模作樣的公眾生活感到不恥，他們都負責劊子手的工作」，而且「都樂於接受總理尼赫魯的恩惠」。[42]

在總理眼中，其中一個邊界邦旁遮普的名聲很差，因為阿卡利黨煽動群眾以及邦行政機關的瀆職行為。而另一個邊界區域那迦丘陵（Naga hills）的名聲更差，因為當地的叛軍領袖費佐戲劇性地在倫敦現身。費佐在一九五六年越過邊界進入緬甸，然後進入東巴基斯坦，並且在那裡繼續下命令指導那迦反抗運動。經過三年的遠距離指揮之後，他決定要尋求西方世界的支持。他以偽造的薩爾瓦多護照展開旅程抵達瑞士，在那裡跟史考特（Michael Scott）牧師取得連繫，史考特是一位聖公會的基進派牧師，曾經在南非參與反種族隔離運動。他在史考特的幫助之下抵達英國。[43]

在史考特的陪同之下，費佐在倫敦召開了一系列的媒體記者會，他指控印度軍隊以種族滅絕的方式對待那迦人。他也在史考特的協助下印出一本小冊子，描述「我們歷史悠久的自由逐漸被印度軍隊系統性地摧毀……他們企圖征服我們的國家，並且想要消滅它」。軍隊的戰役被描述成「用歐洲法西斯主義者最糟糕的態度進行的種族滅絕計畫」。費佐聲稱印度軍隊「對基督教巡邏隊與教會領袖開槍，不分男女把他們活活燒死，也放火燒毀教堂」。他的小冊子呼籲應該結束這場「屠殺」，並且要求印度政府承認「那迦蘭的主權與獨立邦行政權」。費佐認為獨立的那迦蘭會「希望能夠維持在基督教國家與民主國家的轄區中……微小的那迦蘭很樂意跟隨耶穌基督，我們相信祂就是救主」。[44]

費佐同時也想喚起英國人民對弱者的關愛，紀念不久之前才結束的對抗法西斯主義戰爭（將那迦人視為猶太人，印度政府則是納粹），也想激起觀眾內心基督徒的感性。雖然他的修辭略顯缺乏說話藝術，卻意外地成功。艾斯特（David Astor）接受了他的理念，他是一位自由派的《觀察家報》（*Observer*）老闆，曾在對抗納粹的戰爭中扮演主要角色。費佐的指控藉由這份報紙廣為宣傳，其他幾份雜誌也幫了大忙。[45]

印度政府總是對英國媒體的評論相當敏感，他們也以自己的宣傳方式回應。表示當總理答應那迦人能夠在費佐的領導之下享受「最大限度的自主權」時，「那迦運動就開始沾染暴力色彩」。政府無從否認擴散的暴力行為與公民受苦的情況，然而這都要歸咎於叛軍身上。政府的立場依然是「除了能夠享有印度公民的特權，他們準備賦予那迦人在內部事務上最大限度的自由，例如派代表出席議會，然而政府無法同意他們成立獨立行政區」。

這是合情合理的，但是效果卻被一份附注給毀了。這份附注將費佐刻畫成只是遭到沮喪與失敗所驅使的壞蛋：

費佐的精神狀態因為一連串的打擊與挫敗而出現疾病，他在大學錄取考試中落榜，接著先是想藉由機車零件生意站穩腳步，然後擔任保險業務員的表現也不如預期。他出現麻痺的症狀，因此讓他的臉失去作用，並且引發綜合併發症……眾人皆知他一直都被強烈的罪惡感折磨，因為他領導無方，導致族人走上敵對與暴力之路，導致許多人喪命，也讓許多族人的生活陷入悲劇之中。[46]

然而在印度政府與那迦國家議會的領導人中間，還有一群「溫和的」那迦人。他們組成了那迦人民大會，從一九五七年開始為這個問題尋求和平的解決方式。奧斯（Aos）部落是推動和平的主力，不過也有其他部落所推派的代表。一九六〇年七月三十日，那迦人民大會向總理遞交一份備忘錄，要求在印度聯邦中單獨成立那迦蘭邦。他們會擁有自己的總督、首席部長、立法機關，而且聯邦國會沒有權力干涉那迦人的信仰、社會常規與習慣法。[47]

在印度成立那迦邦的要求遭到阿薩姆菁英反對，他們不願意讓出自己行政區的任何一塊區域。然而如今那迦的問題已經在國際間眾所周知，尼赫魯認為可以做出讓步。一九六〇年八月第一週，他在國會宣布將從阿薩姆邦劃分出那迦蘭邦。這個劃分出印度聯邦中區域最小的邦的決定引起了一系列有趣的反應，雖然反應各異但完全在預料之中。右翼的印度人民同盟認為那迦蘭的誕生是「伴隨著無限可能的行動」。這是對恐嚇的讓步，「就好像額外加碼獎勵暴力與叛亂」，反覆無常地鼓勵「地域主義與本位主義」將會危及「國家的團結與完整」。阿薩姆、卡夕、加洛與賈因提亞等其他部族都決定要爭取屬於他們自己的邦，並且稱之為「東境」（Eastern Frontier）。[48]

費佐族人的回應也在意料之中，某些那迦的知識分子認為能夠在印度境內獨立建邦「不只是他們希望得到的一切，也是他們保護社會與政治身分認同的要素」。但是他們要怎麼說服老百姓接受這件事？正如某份報紙所評論：「武裝叛軍可能會在任何一個夜晚出現在叢林中，指控邦的執政黨是傀儡政權，然後以子彈或刺刀糾正任何一位不同意此論述的人。」[49]

# VI

執政十年之久，尼赫魯所領導的政府看似信心滿滿，卻忽然之間變得搖搖欲墜。南方出現了反對聲浪，在喀拉拉邦與泰米爾納德邦與旁遮普和那迦丘陵的邊界區皆然。同時，福特基金會（Ford Foundation）的一份報告也警告在農業區域有「嚴重的危機威脅」。報告聲稱除非農業產量在未來十年中成長三倍，否則印度將會發生大規模的饑荒。[50]

至少對尼赫魯來說，更令人憂心的情況就是經過了長達十年相對的社會和諧之後，地方自治區又開始浮現衝突。一九六〇年六月，阿薩姆爆發了激烈的反孟加拉動亂。受害者是東孟加拉的印巴分治難民，他們被指控搶走了阿薩姆人的工作機會，而且不說阿薩姆語。有數千棟房屋遭到摧毀，還有許多孟加拉人遭到殺害，其他人則是逃往西孟加拉的難民營。內政部長夏斯特里（Lal Bahadur Shastri）趕到阿薩姆維持動盪的和平，包括為阿薩姆語作為該邦的官方語言背書，並且允許在以移民為主要居民的地區使用孟加拉語。[51]

接下來在一九六一年一月，印度中部城市加巴浦（Jabalpur）爆發宗教動亂。一位印度教女孩自殺，據傳她之所以會尋死是因為被兩個穆斯林男子侵犯。當地一份印度人民同盟報紙將這個傳言寫得駭人聽聞，因此讓印度教學生爆跳如雷地在鎮上暴動，攻擊穆斯林的住宅並且放火燒毀商店，某個穆斯林團體為了報復而在印度教的住宅區縱火。這場動亂持續了好幾天，也延燒至鄉下地區。這是自印巴分治之後最嚴重的動亂，最主要的受害者是可憐的穆斯林，其中大部分是編織工與香菸（*bidi*）工人。[52]

在邊界與中國之間的問題，以及國內日益升溫的社會衝突，都讓人民開始對民主印度的未來感到憂心。一九六〇年一位美國學者出版了一本學術著作，該書的標題簡潔扼要：「印度」；然而卻有個不祥的副標題：「最危險的數十年」。書中的章節標題也直搗問題核心：其中一章名為〈印度聯邦是否能夠繼續存在？〉，另一章則是〈極權主義的平衡？〉，作者對於種姓制度、區域、宗教及語言的分裂感到不安，印度共產主義興起亦然。他認為「印度聯邦的本質中，似乎難以抗拒地一定會出現極權主義的各種實驗」。[53]

隔年，也就是一九六一年，作家赫胥黎（Aldous Huxley）睽違三十五年後再次造訪印度。他對於自己所發現的事實感到手足無措，也就是「人口過剩、低度就業且無止盡擴張的景象」。「印度貌似會永無止盡地消沉下去，」他在寫給朋友的信中提到，「因為似乎沒有任何我們〔西方人〕認為可接受的方法能夠解決這個國家的問題。」他在寫給弟弟朱利安（Julian Huxley）的信中表達他的想法，他認為「尼赫魯離開之後，這個政府就會像許多新興的獨立國家一樣變成軍事極權政府，因為軍隊似乎是這個國家唯一制度完善的權力中心」。[54]

報章雜誌的記者也贊同這位英國知識分子的看法，赫胥黎到訪印度之後沒多久，一位英國《每日郵報》（*Daily Mail*）的記者也來到印度，他認為「直到現在，尼赫魯都是藏身在印度政府與外交政策之後的凝聚力」。然而他卸任之後，「種姓制度與宗教、右派主義與左派主義的力量……最終會讓這個國家由上到下澈底分裂，並且退回一百年前的情況。」[55]

## VII

一九六〇年與一九六一年間，正當某些印度人爆發叛亂與其他抗議行為時，印度政府仍然持續與中國維持書信往來。然而這些書信不再保有政治風範，甚至也不會經過政治家之手，而是由匿名的官員相互往來的備忘錄，指控對方的侵略行為。一份中國的備忘錄中列出了十五條印度空軍侵略他們領空的行為，一份印度備忘錄則是列出印度公民在西藏遭到不正當對待所造成的各種意外。[56]

這些書信後來都在印度政府的白皮書中公開，也因此出現將克里什那．梅農定罪的聲浪。帶頭提出這項指控的人是克里帕拉尼，他是來自比哈爾邦夕塔馬里（Sitamarhi）的社會主義黨國會議員。集學者、教師、手織布（khadi）工人與反叛者的身分於一身，克里帕拉尼是印度自由奮鬥運動的正統英雄。他的道德正統性源自於過去曾經與甘地十分親近，因為他曾經在一九一七年協助甘地在查姆帕蘭（Champaran）進行的非暴力抗爭運動，比尼赫魯結識甘地的時間還要早許多年。克里帕拉尼也擔任過國大黨主席，並且理所當然地因為堅守信念曾經入獄服刑好幾年。

一九六一年四月十一日，克里帕拉尼發表了一篇演講，當時被譽為「或許是自印度獨立建國之後在下議院中所發表過最好的演講」。內容是對國防部長的猛烈攻擊，克里帕拉尼說在克里什那．

梅農的管理之下，「我們在沒有發動過任何一次攻擊的情況下，失去了面積一萬兩千平方英里的領土。」他聲稱軍隊中的升遷基準不是某個人建立的功勞，而是「看國防部長的心情隨心所欲決定，或者看誰最有利於達成他的政治與意識型態目的」。梅農「建立派系（並且）拉低了我們國家（武裝）力量的道德標準」。在一份語氣尖酸的起訴書中，克里帕拉尼指控國防部長在「浪費這個挨餓的可憐國家的錢」，並且「忽視國家的防禦能力」，還「支持極權主義與獨裁政權對抗人民尋求自由的意圖」。

克里帕拉尼在演講結尾呼籲執政黨秉持良心。他回憶在一九四〇年時，英國議會的保守黨成員如何說服他們的首相張伯倫（Neville Chamberlain）辭職。他呼籲那些「毫不畏懼英國的子彈與刺刀的國會議員優先考慮國家的利益，更勝於政黨的利益」。結束擲地有聲的演講後，克里帕拉尼在反對黨區所發出的如雷貫耳掌聲中坐了下來。[57]

一九六一年的整個下半年，印度議會針對與中國的爭議召開了一系列針鋒相對的辯論。總理本人被一群如獵犬般的政治人物緊咬不放，不停遭到攻擊與傷害。有三個人對他的攻勢特別猛烈：印度人民同盟的瓦巴依、印度人民社會黨（Praja Socialist Party）的伯魯阿（Hem Barua）與自由獨立黨的朗高（N. G. Ranga）。尼赫魯被指控對中國「占領」印度領土的行為視而不見，並且利用威權讓自己置身事外。「對於邊界爭議，」其中一位成員說，「總理的行為應該要像板球比賽的裁判一樣公正，而不是表現得好像自己的利益也牽涉其中。」這些批評具有針對性的爭議優勢，因為尼赫魯同時身兼外交部長，而眾所周知與中國之間的友好政策是他特別制定的計畫。總理無法適應這些充滿敵意的評論，因此漸漸地變得煩躁不安，有一次他實在過於煩躁，甚至說那些批評他的人「天真而幼稚」。[58]

如今他所屬的政黨中也瀰漫著一股氛圍，並且向總理表達他應該對中國採取強硬立場。當某位反對黨成員用尼赫魯說阿克賽欽只是個寸草不生的不毛之地來嘲弄他時，一位國大黨的國會議員補充道：「我的頭上也寸草不生，難道這表示我這顆頭也毫無價值嗎？」眾人皆認為這個評論是對尼赫魯的挖苦，因為他也是禿頭。[59]

## VIII

一九六一年十二月的第三週，一組印度軍隊的特遣隊移動到葡萄牙殖民地果阿的邊界。新德里政府已經花了十年的時間，企圖以勸說與非暴力的和平方式說服葡萄牙放棄這塊領土。在這些方法都徒勞無功的情況之下，尼赫魯領導的政府決定以武力「解放」果阿。

十二月十八日早上，印度軍隊從三個方向進入果阿：北邊的薩萬特瓦迪（Sawantwadi）、南邊的卡瓦（Karwar）及東邊的貝高母（Belgaum）。同時空軍也對果阿居民空投傳單，呼籲他們「要冷靜勇敢」及「重獲並且捍衛自由」。到了十八日晚上，首都帕納吉（Panijm）已經被團團包圍。軍隊獲得當地居民的協助，他們把葡萄牙人埋設地雷的地方都標示出來。殖民者在撤兵之前只開了幾槍。在面積更小且跟其他葡萄牙領地不接壤的飛地達曼與迪烏（Diu），印度軍隊面對的反抗比較激烈。在對戰中有約十五位印度士兵喪命，葡萄牙士兵的陣亡人數或許是他們的兩倍。展開侵略行動三十六小時之後，葡萄牙總督簽下無條件投降書。[60]

西方媒體就像欣賞了一場持續一整天的「印度偽善」表演會，長期以來接收尼赫魯與克里什那·梅農的演講，如今他們的反擊方式，是攻擊這個強調「非暴力」的國家竟然使用暴力達成目的。這場行動也被視為是破壞國際法的行為，更荒謬的是，被視為是對果阿的基督教徒與基督信仰的威脅。[61]事實上，百分之六十一的果阿人是印度教徒，只是著名的果阿基督徒，例如記者莫賴斯與樞機主教葛雷西亞斯（Gracias）都在印度的公眾生活中地位崇高。果阿境內一直都有當地的自由運動，而且許多，甚至是大多數的果阿人都歡迎印度軍隊的行動。無論如何，如今果阿人享有選擇領袖的自由了，這是葡萄牙人一直不願意賦予他們的權利。

果阿正式成為印度的領土，並沒有引起太大的爭議，顯然印度在採取這次的行動之前等待的時間已經夠長了。然而發動這場被稱之為「勝利行動」（Operation Vijay）軍事行動的時間點引起了質疑。為什麼行動時間是一九六一年十二月，而非一九六〇年或一九六二年的十二月？或許尼赫魯認為他等待葡萄牙人自行離開已經夠久了，畢竟他等了整整十四年。針對這個議題，左派與右派都同時對他施壓；印度人民同盟與共產黨罕見地取得共識，一起呼籲他使用武力解放殖民地。然而，還是有人懷疑這次侵略行動精確的時間點，是考量他的同僚克里什那．梅農的選舉需求。軍隊進攻前，國防部長曾經到邊界視察。正如《紐約時報》所報導，當時他「領導雙重戰役」：其一是即將爆發的戰役，其二則是已經擬定將在一九六二年二月舉行的普選。[62]

在這場選舉中，克里什那．梅農的對手是他在議會的死對頭——克里帕拉尼。他已經宣布將放棄在西塔瑪爾希的安全席次，在國防部長的選區北孟買與他對決。所有反對黨（除了共產黨之外）都宣布會支持他，一場聲望之戰正在醞釀。既然總理不願意讓梅農退出內閣，如今反對黨希望能夠用選票讓他離開。

他的軍隊進攻果阿不到兩個月之後，梅農就來到孟買為自己在一九六二年的選舉中掙得一席之地而準備。為他助選的人是馬哈拉什特拉邦極具影響力的首席部長查凡與聯邦內閣的資深成員。就連眾所周知對梅農提出批評的政府成員，例如德賽與拉姆（Jagjivan Ram）都承諾要站出來為他輔選。為克里帕拉尼陣營發聲的人則有忠貞黨員拉賈戈巴拉查理，還有許多無黨無派的優秀分子，例如律師、知識分子與實業家。

除此之外，這場選戰也是對孟買的大都會特質致敬。一位馬拉亞利人與一位信德族人，一起在並非自己所屬的邦爭取民眾認同。這個選區的選民組成的確非常複雜，有許多說馬拉提語及古吉拉特語的人，也有許多來自北方邦、果阿邦、信德族與泰米爾族的人。兩位參選者都亟欲吸引這些選民，因為這場選戰代表了參選者的道德水準，也表現出他們所爭論議題的重要性。

在印度選舉豐富且如今範圍廣闊的歷史上，或許沒有任何一場選戰像這次選舉一樣打得如此如火如荼。《連結週刊》（*Link*）對梅農表現同情之意，將這次選戰稱之為「我們國家的民主史上最重要的一次選舉」。社會工作者，同時也是克里帕拉尼朋友的納拉揚說，在這場選戰中，「印度民主的未來與我們的精神價值都生死未卜」。

這場選舉十分多采多姿，充滿許多激昂的海報與猛烈的口號。左派週刊《閃電戰》發起了一場火熱的競選活動，對手是被他們稱之為「殘廢狂人」（Cripple-loony）的男子。另一方面，梅農則成為了各種語言的打油詩調侃的對象。一首小詩的內容是這麼說的：中國正進攻／梅農熟睡中／任他睡得香甜／讓克里帕拉尼上前。有一首英文短詩更生動地呈現出相同的看法，只是內容比較優雅：我不贊同那些酸言酸語／嘲笑克里什那．梅農／我想強調他的優點／舉例而言，想想他高超的製陶手藝／誰能贏得過他／如此小心翼翼地伺候瓷器（china；與「中國」同字）？

總理認為梅農面臨的挑戰也是對他自己的挑戰，尼赫魯在孟買正式展開國大黨選戰，也找到理由在其他地方支持他的部屬。在桑格利（Sangli）、浦那、巴羅達，他都提到如果梅農選輸，就等於他自己推動的社會主義與不結盟運動政策也宣告失敗。心靈導師的支持對於梅農的幫助難以計量，果阿的解放行動亦然，因為這場解放運動在北孟買獲得了廣大的回響，其中也包含除了果阿人以外的其他民眾。

在這場選戰中，克里帕拉尼的競選計畫被尼赫魯的演說、解放果阿的軍事行動與國大黨公務員大軍的力量擊垮，他以超過十萬票之差落敗。[63]

## IX

在一九五二年與一九五七年的普選中，國大黨拿自己曾是為自由奮鬥的政黨一事大做文章。然而在一九六二年，他們卻將選戰的焦點聚焦於爭取自由之後的政績上。國大黨聲稱他們的政策提高了農業與工業產能，延長人民受教育的時間與平均壽命，並且促進國家的統一。反對黨從未執政過，所以無法以自己政黨的政績反駁他們的論點。[64]在這場選戰中，國大黨輕輕鬆鬆拿回在國會的多數席次，在四百九十四個總席位中一共拿下三百六十一席。共產黨保住二十九席，而新的反對黨自由獨立黨則演出了一場精采的表演，總共誕生十八名國會議員。在馬德拉斯邦也出現了半分離主義者所組成的達羅毗荼進步聯盟所帶來的挑戰，他們在國會中拿下七個席次（加上立法議會的五十席）。但是整體而言國大黨還是確保了在國會的穩固地位，尼赫魯也進入擔任首相的第四個任期。

印度國內的對手已經能夠和平相處，國外的對手卻依然存在。一九六二年的春夏，邊界衝突持續發生。七月，德里的《專題研討》（*Seminar*）期刊以印度的國防政策為主題發行評論集。其中一位投稿人堅稱「中華人民共和國並沒有對我國造成任何軍事威脅」。另一位投稿人的立場就沒有這麼堅定，他就是已退休的蒂邁雅將軍。他提出印度同時面對來自巴基斯坦與中國的威脅。雖然印度已經對巴基斯坦的攻擊做好萬全的準備，蒂邁雅認為：「即使身為軍人，也沒辦法想像印度有辦法在公開的衝突中獨力面對中國。中國擁有的人力、設備與空軍在蘇聯的全力支持下都遠遠超越我們所擁有的資源上百倍，我們在可預見的將來都不可能有希望與中國並駕齊驅，如今必須仰賴政治家與外交官確保我們的安全。」將軍說：「印度目前陸軍與空軍的軍力甚至還低於我們能夠給予人民的『最低限度保障』。」[65]

這個暗示十分明顯，外交官要不是應該與中國簽訂條約，就是政治家應該遊說西方國家提供軍事協助。然而日漸高漲的愛國情操將第一個選項排除在外，總理的不結盟運動以及國防部長反美主義的加成，讓第二個選項也不可能實現。

一九六二年七月第三週，印度與中國軍隊在拉達克的加勒萬（Glwan）山谷發生軍事衝突。接著在九月上半時，在多拉（Dhola）／塔拉橋（Thag La Bridge）地區，南卡曲（Namka Chu，中國稱呼此處為克節郎）河谷，達旺西邊約六十英里的地方出現了衝突。這個地區是印度、西藏與不丹的國界交合處，麥克馬洪線在此也是備受爭議。印度人聲稱山脊偏往線的南邊，中國人則爭論應該在他們國界的那一邊。[66]

回溯六月時，一組阿薩姆步槍隊在多拉建立了哨所，作為持續進行中的前進政策的一部分。九月八日，中國在塔拉建立了屬於自己的哨所，能夠監視（並且威脅）多拉，北京與新德里的書信往來充滿了怒氣。在現場的指揮官不知道該怎麼辦，有些人說必須讓中國離開塔拉，有些人卻說那很困難，因為那個區域對印度不利（塔拉的地域比多拉高大約兩千英尺）。而中國方面則透過擴音器用印地語對他們進行勸說。「印中是兄弟，」他們大喊，「但是這塊土地是屬於我們的，所以必須請你們撤離。」（*Hindi-Chini bhai bhai. Ye zamin hamara hai. Tum vapas jao.*）

這個僵持狀態持續了三個星期，兩國的軍隊隔著狹窄的河面相望，不知道他們的領導人會和平解決問題或是準備開戰。最後在十月三日，計畫謹慎的烏拉奧．辛格（Umrao Singh）中將，其指揮官職位被考爾取代，考爾從德里飛往當地負責指揮東北邊境特區。那些小心翼翼的建議都被推翻，「在所有否定的答案中，考爾給了籠統且不切實際的保證，因為他假設無論他下了多大的賭注，德里政府都會給予他後勤支援。」[67]為了讓中國離開塔拉，他把兩個營的軍力從平原調派過來。軍隊只有輕武力，而且只帶了三天份的糧食，沒有迫擊砲跟火箭炮發射器，只得到補給隨後就來的承諾。

印度士兵行軍穿越「泥巴、高山與大雨」，在十月九日下午抵達南卡曲河谷，「因為在海拔極高且天氣極差的情況下行軍好幾天，他們都已經精疲力盡，〔這些〕軍隊亟需喘息的機會，也需要作戰的工具。」[68]當天晚上他們駐紮在牧人的小屋中，等待援軍抵達時，企圖把敵人連根拔除。然而他們卻毫無機會。十日早上，中國發動攻擊，印度士兵努力反擊，然而長途行軍已經讓他們毫無招架之力。對方的人數與裝備也遠遠勝過他們，與中國使用的重型迫擊砲相較之下，他們的輕武力根本無法還擊。

從一九五九年開始，在拉達克與東北邊境特區兩處，中國與印度就像在玩貓抓老鼠一樣，不停派出軍隊占領無人之境，四處發生零星的衝突，然而兩國的領導人卻持續通信，甚至偶爾會面。如今事情已經發展到前所未見的地步，面對印度占領多拉的行為，中國也以占領正上方的塔拉回應，最後引發印度企圖將他們趕跑的行動。當計畫失敗之後，在德里的尼赫魯告訴媒體，當地的軍隊已經獲得指示，要再次嘗試將「敵軍」打跑。

在這次事件中先發動攻擊的是敵軍，原本持續了整整三年看似虛假的戰爭，卻在十月十九日至二十日晚上變得如此真實，當時中國同時在東部與西部區域發動侵略行動。喜馬拉雅山的「閃電戰」已經出現，正如「實用主義者」過去的預測一樣。同時也如他所擔憂的，印度毫無防備。《紐約時報》寫道，當天晚上「悶燒的小火忽然爆發成熊熊烈焰」，因為「在邊界爭議區爆發了慘烈的對戰。大批中國軍隊在震耳欲聾的迫擊炮掩護之下將印度趕回前線去」。雙方都在邊界部署武力，然而「獨立觀察家認為是中國發動突擊」。中國以好幾波攻勢進行攻擊，用重型迫擊砲後援中型機關槍。一共有兩個師的中國兵力參與侵略戰，五倍於印度所派出的軍隊人數。[69]

中國軍隊迅速攻占許多軍事陣地時，印度「猝不及防」。他們越過南卡曲河谷，抵達位於達旺的僧院，另一個特遣隊則進入東北邊境特區東部。中國軍隊愈來愈深入印度領土，據報拉達克已經有八個哨所被攻下，東北邊境特區則有將近二十個哨所淪陷，達旺已經完全落入中國的掌控之中。[70]

中國輕易攻下印度的軍事陣地，其實一點也不令人驚訝，從一九五〇年代中期開始，中國軍隊就在西藏高原上接受訓練，準備平定康巴的叛亂。他們不像印度人一般缺乏訓練，早已對高山作戰做好了萬全的準備。此外，從西藏地區進入高山區比較容易，相對而言較平坦的地區利於建設道路與軍隊移動，中國享有所有地理優勢。從阿薩姆往上攀升到麥克馬洪線十分陡峭，山丘上有厚厚的植被，氣候也總是潮濕多雨。印度的前線哨所設備簡陋到毫無獲勝希望，由於沒有妥善的道路，他們「只能依靠一次又一次的空投物資過活」，極度仰賴直升機每次出勤補給才能夠生存下去。[71]

印度的問題因為缺乏領導階層而顯得更加複雜。考爾將軍在十月十八日因為嚴重胸痛而病倒。他撤回德里，而他所帶領的軍隊則長達五天群龍無首，這個時候達旺早已淪陷。

十月二十四日中國暫停進攻，因為周恩來寫信給尼赫魯想尋求「停止邊界衝突」以及「重新開啟邊界協商」的方法。接下來的兩週之內，他們各自寫了兩封信給對方，卻毫無斬獲。周恩來說中國跟印度有共同敵人，就是「帝國主義」。儘管目前發生軍事衝突，他認為兩國之間還是有可能「重建之前中印關係溫暖且友善的相處模式，甚至在這個模式之下改善關係」。他的解決方法是兩邊都從目前實際掌控的區域往後撤退二十公里，並且不再有任何軍事接觸。

尼赫魯的回信赤裸裸地展示了他的傷口。「在我漫長的政治生涯中，沒有任何事情比這件事傷害我更深且讓我感到如此哀痛」，他說，那就是近年來「印中關係充滿敵意且不友善的轉變」。這場衝突也因為「實際上是中國單方面侵略印度」而達到高峰，中國甚至「用極其矛盾」的方式聲稱他們希望能夠以「和平的手段」解決邊界問題。北京採用了「相當冷血的決定」，藉此「強化他們以軍事手段侵略印度的方式」。他寫道，周恩來的提議目的在於鞏固與保持侵略所獲得的一切。他提出的解決方法是要東邊的中國軍隊退到麥克馬洪線之後，西邊的軍隊則能夠拿回一九五九年十一月七日時所占領的軍事陣地，藉此抵消過去三年在領土爭議下所建造的哨所獲得的利益。[72]

同時，德里也多了一名因為前線士兵承受的苦難而增加的受害者。如今印度已經澈底暴露自己的弱點，克里什那．梅農也終於失去國防部長職位。（他先是改為就任國防生產部長，接著被從內閣除名。）梅農離開後，德里政府開始尋求西方軍力協助，十月二十八日美國大使去會見總理。尼赫魯「虛弱憔悴，看起來又小又老，顯然他累得不得了」。他表示，印度必須尋求西方的軍事援助。[73]英美很快就派出載有軍火與彈藥的運輸機，法國與加拿大也同意要提供武器。[74]

十一月八日，總理在國會中提出動議，對於中國發動「大規模侵略」，「背叛」潘查希拉（Panchsheel）和平共處五項原則的精神以及印度「一貫的善意與友好表示」，深感遺憾。這種傷害是顯而易見的；「我們在印度……企圖與中國建立友誼……並且在世界性的會議中聲援中國，如今卻讓我們成為新帝國主義與擴張主義的受害者，而加害者卻還宣稱自己反對所有帝國主義。」尼赫魯說，雖然中國說自己是「共產黨」，卻表現得像個「擴張主義者的國家，以傲慢的態度肆無忌憚地侵略」其他國家。

尼赫魯的演說可以解讀為對帕特爾在一九五九年的警告遲來的認同，他認為中國的共產主義其實是國族主義的極端表現，而非棄絕。接下來的辯論持續了一整個星期，共有一百六十五位成員發言，顯然創下紀錄。[75]

回到邊界，暫時平息的戰事在十一月十五日被中國的第二次進攻行動打破。東北邊境特區五百英里長的前線遭到攻擊，瓦弄（Walong）的戰事較為慘烈，來自多格拉（Dogra）與庫馬昂（Kumaon）的軍團中全都是強壯的高山男子，他們英勇地作戰，差一點就要從中國軍隊手中拿回一處關鍵山脊的掌控權。[76]印度軍隊在拉達克也十分壯烈地抵抗敵軍，前線指揮官不願意服從德里相互矛盾的指令。印度軍隊在那裡堅守崗位，並且「逼迫中國為自己贏得的領土付出慘痛的代價」。[77]

然而印度軍隊在東北邊境特區大部分地區的表現都差強人意，印度軍隊澈底瓦解，好幾排甚至是好幾個軍團都潰不成軍地撤退。當中國軍隊橫掃此處時，印度指揮官都處於困惑茫然之中。他們迎擊的地方，或許也是最終抵禦之地，究竟該選擇哪裡？他們曾經考慮過達旺，但是又捨棄了這個選項。一位將軍提議撤退到邦迪拉（Bomdi La），也就是往南六十英里之處，從平原區可以輕易將補給品送到那裡。最後他們決定在色拉（Se La）阻止中國軍隊向前推進，那裡距離達旺僅僅十五英里遠。

做出決定要撤退到色拉的人是考爾，他生病之後由哈爾巴克什・辛格（Harbaksh Singh）中將取代他的位置，他是受到高度關注，並且具有豐富實戰經驗的指揮官。但是在哈爾巴克什重新組織防禦工事之前，考爾就從德里飛回來重新對軍隊發號施令了。

中國在十月二十五日占領達旺，他們在達旺暫時停止向前推進，印度也因此受騙而毫無作為。其實，當時中國正在改善通往色拉的道路路況。十一月十四日時，印度軍隊選擇一個接近瓦弄的敵軍哨所為目標，展開早已計畫好的反攻。同時色拉北方也爆發戰事，而中國還是占有優勢。駐軍指揮官在驚慌之中下令撤守，他所指揮的旅就開始往邦迪拉撤退，他們卻在此時發現中國早已圍攻色拉切斷後路。大多數分隊的士兵都在逃跑時被殲滅，而其他人則是丟下武器單獨或是一小群人潰逃。色拉被輕易攻下，接著邦迪拉也迅速淪陷。[78]

邦迪拉淪陷，在阿薩姆造成了恐慌，一位印度記者在十一月二十日抵達提斯浦，發現那裡是一座「鬼城」。行政單位已經撤回高哈提，還放火燒掉行政大樓中的文件與銀行裡的鈔票。在離開之前，他們「打開精神病院的門，釋放那些不知所措的病患」。[79]

回到德里與孟買，年輕人都排隊爭相加入軍隊，招募中心平常是個門可羅雀的地方，一週只開放一到兩天，因為想從軍的男孩通常有百分之九十都沒辦法通過第一次的測驗。如今招募中心的院子裡「擠滿了上千名想要參與招募的民眾」。有些人是勞工或工廠員工，其他人則是無業的畢業生。他們都希望在這個緊急情況時「軍隊能夠降低生理要求的條件，提供他們食物與住所，以及人生目標」。[80]

這些人似乎不可能會比那些已經打過仗並且輸掉的人還要表現得更好，無論如何，他們都沒有得到證明的機會。中國軍隊已經準備好進入阿薩姆平原，卻反而單方面地在十一月二十二日宣布停火。他們在東北邊境特區撤退回麥克馬洪線北方，在拉達克區也同樣地撤回戰事開始之前所占領的軍事陣地。

為什麼中國軍隊會打包回家呢？有些人認為是因為政府周遭包括印度共產黨的所有黨派團結起來，因此讓中國不敢再採取進一步的攻勢。西方強權提供支援，也已經派出載著武器與軍火的飛機。[81]還有一個跟政治考量一樣重要的原因，那就是自然因素。因為冬天已經悄悄接近，喜馬拉雅山很快就會成為一片雪白世界。隨著中國愈來愈深入印度領土，補給線也會變得愈長，並且更難以維持。

雖然這能夠解釋戰爭終結的原因，然而這場戰事的源頭卻比較難以理解。中國並沒有公布任何白皮書，也沒有公開他們的紀錄，或許也永遠都不會公開。我們只能說在這麼謹慎配合的攻擊背後，一定是長達好幾年的準備。至於這場戰事的精準時機，當時曾經出現過一個推測，而且如今看起來還是十分有道裡，那就是兩大超級強權蘇聯與美國都因為古巴飛彈危機而分身乏術，因此讓北京能夠在不需要擔心會遭到報復的情況下展開小小的冒險之旅。

邊界戰爭凸顯了中國在「武力、通訊、戰略、邏輯與計畫」等等領域的優勢。[82]根據國防部數據，有一千三百八十三名印度士兵喪命，三千九百六十八人淪為戰俘，然而仍有一千六百九十六人失蹤。[83]以現代戰爭的標準來看，這些數字都不足為奇，然而這場戰爭卻在印度人的想像中成為非同小可的失敗，因此自然而然開始尋找代罪羔羊。這些年來，曾經參戰的將軍出版了一系列替自己辯解的回憶錄。每個人都想把箭靶從自己身上移開，轉到其他指揮官身上，或是轉到當時忽視他們的警告而下達一些不可能實現的命令的政治人物身上。帕利（D. K. Palit）少將也對這類書籍貢獻了一份心力，他是戰事發生當時的軍事行動總指揮，他指出這些回憶錄中「有非常驚人的不一致之處，每個人都有自己必須防禦的小門」。接著他補充道：「如今的後見之明，都傾向於將事實上並非巧合或邏輯上的因果關係所造成的事件賦予合理性。」[84]

在印度的社會輿論中，主要的感傷情緒都聚焦於背叛，以及過去印度天真地選擇付出信任與幫助，如今卻忘恩負義的鄰居，已經騎在他們頭上所引發的憤慨。在尼赫魯寫給周恩來的信中，他也像社會大眾一樣表達這些情緒。但是想找出這場爭議更深層的源頭，我們就必須檢視他更早期的信件，尤其是他不是以印度領導人的身分，而是以一位研讀世界史的學生身分在訪談中所說出的話。回溯至一九五九年，尼赫魯告訴史諾：「中印爭議的基礎原因就是這兩個國家都是『新國家』，也因為兩國都剛獨立且擁有**生氣勃勃的國家主義領導階層**，就某個層面而言也是歷史上第一次在邊界『相遇』。」過去「兩國之間還有緩衝區，兩邊都距離邊界相當**遙遠**」。然而如今「它們就像**現代國家**一樣在邊界相遇」。因此「在它們能夠穩定自己的邊界之前，自然會發生某種程度的衝突」。[85]

印中衝突其實就是國家神話、國家自我、國家不安全感以及——最終且最無可避免的——國家軍力衝突。就這一點來看，無論印中衝突對印度來說有多麼特別（也特別令人心煩），都是一件極具代表性的事情。因為在現代世界中，爭相聲稱自己擁有領土的所有權是非常普遍的衝突來源，尼赫魯對史諾說的話即是如此。不過就讓我們將最後的評語交給詩人金斯堡（Allen Ginsberg）做結。金斯堡在一九六二年三月展開為期兩年的環遊印度次大陸之旅，四處閒晃遊蕩尋找極樂世界（Nirvana）。正當邊界衝突在八月開始加溫之時，他在日記中以獨到的看法呈現出印中邊界衝突：

**一九六二年之爭：**

美國與蘇俄什麼都爭／中國與臺灣政權之爭／印度與中國邊界領土之爭／印度與巴基斯坦喀什米爾主權與宗教之爭／印度與葡萄牙果阿主權之爭／印度與那迦獨立權之爭／埃及與以色列

領土所有權與宗教之爭／東德與西德統治權之爭／古巴與美國思想之爭／北韓與南韓主權之爭／印尼與荷蘭領土之爭／法國與阿爾及利亞領土之爭／黑人與白人美國之爭／喀坦加與利歐波德維勒之爭／蘇聯史達林派與蘇聯赫魯雪夫派之爭／祕魯阿浦拉黨與祕魯軍方之爭／阿根廷軍方與阿根廷中產階級之爭／納瓦荷原住民教會與納瓦荷部落議會的部落之爭／西伊里安？／庫德族與伊拉克之爭／黑人與白人的非洲種族之爭／美國塞內加爾與赤色馬利共和國領土之爭／加納與多哥領土之爭／盧安達瓦圖西人與盧安達巴胡圖人部落權力之爭／肯亞卡杜人與肯亞卡納人部落權力之爭／索馬利亞與衣索比亞、肯亞、法屬索馬里蘭之爭／西藏喇嘛與中國西藏修士之爭／印度與東巴基斯坦之爭——阿薩姆孟加拉的邊界與特里普拉邦／阿爾及利亞與摩洛哥的薩哈拉之爭。[86]

# 第十六章 我們這個時代的和平

我們生活在充滿怨懟的時代，當前的處境與逐漸升溫的問題皆然，喀什米爾尤其令人頭痛欲裂。

——帕特爾致比爾拉（G. D. Birla），一九四九年五月

## I

除了上千名印度士兵喪命或受傷，與中國之間的戰爭所造成的傷亡還包括陸軍參謀長塔帕爾（P. N. Thapar，以健康因素為由請辭），失敗的戰略思想家考爾中將（提前退休）與國防部長克里什那·梅農（遭到開除）。傷亡更嚴重的則是尼赫魯的名聲，邊界戰爭是尼赫魯擔任總理十五年期間最重大的失敗。無法澈底實行土地改革影響了農村的窮人，解僱喀拉拉邦的共產黨員也激怒了該邦的許多居民，其他區域也同樣對政府心懷不滿。然而無法保護國家領土卻是完全不同的問題，這個

結果所造成的羞辱與軍事挫敗一樣，都是由全體國民所一同承擔的。

克里什那．梅農與軍隊高層都淪為犧牲品，然而總理十分了然於心，他必須為這場災難負起所有責任。廣義來說，他是政府首長；狹義來說，他是引導並且決定印度面對中國的態度與政策的人。

如今這些態度與政策都必須經過重新省思，尼赫魯終於能夠看清帕特爾在很久之前就已經察覺到的真相，那就是中國的共產主義只不過是更加好鬥的國族主義。邊界戰爭讓印度走投無路，必須向美國靠攏，他們提供了武力協助，而蘇聯卻仍然保持中立。這場轉變的關鍵人物就是美國駐新德里大使——高伯瑞。他是一位對自由市場抱持懷疑態度的哈佛大學經濟教授、藝術史學者，也是出了名的生活享樂者與才子。在印度人的眼中，高伯瑞的確是一位非典型的美國人（其實他出生時是加拿大人）。華盛頓的情勢已經轉變，一位年輕的新總統約翰．甘迺迪就任，他企圖轉變美國政府不在乎本國人民、在邊界又傲慢自大的形象，就是這陣自由主義的風氣把高伯瑞帶往印度。

從他在一九六一年四月就任開始，大使就與尼赫魯往來頻繁。他們一起討論藝術、音樂與文學。這對印度人來說是歡迎至極的事，因為這能夠讓他們擺脫苦悶的日常生活；然而對美國人來說，卻是個聰明的方式，能夠軟化長久以來對美國存有偏見的國家。一九六二年三月，第一夫人賈桂琳．甘迺迪在旅程中抵達印度，她參觀了泰姬瑪哈陵與拉吉普特人的堡壘，並且與總理深入對談。

甘迺迪夫人的美貌令尼赫魯深深著迷，她令人傾羨的智慧也令尼赫魯驚豔。然而要不是因為印中戰爭，印度與美國之間逐漸破冰的關係也不會演變為親美局面。十一月九日，在第一波攻擊之後，高伯瑞接到通知去與總理會面。他發現尼赫魯「疲累得不得了，我覺得應該有點受到打擊」（當天稍早的時候，尼赫魯在議會發表了「一場遠不如邱吉爾的演說」）。尼赫魯提出請求，要求美國提供武力，這個要求所需要付出的代價永遠都無法單單以金錢來衡量。因為正如高伯瑞寫給甘迺迪總統的信，尼赫魯終其一生——

都極度希望毋需依賴美國或英國的力量，這種自傲大部分是源自於他個人不願意請求（或是感謝）他人的援助……如今對他而言，無論在個人情感上或公眾政治上，都已經沒有其他任何事情會比維持獨立的表象更加重要。他的年紀已經沒有重新出發的機會，我認為就某種層面來說，我們可以對他更寬容一點。[1]

到了十一月下旬，武力支援開始抵達，運送軍火的飛機上也坐著穿著軍服的士兵。正如某位美國記者所寫，這意味著「〔尼赫魯〕不結盟政策的瓦解」，對許多人而言，那一身深藍色的制服代表了「特殊意義」，一言以蔽之就是「失敗」。[2]然而對美國大使來說，這些制服所傳達的意思是「機會」，這或許會是個開始，能夠與比蘇俄更具潛在威脅性的共產勢力達成協議。正如高伯瑞寫給甘迺迪總統的信：

中國與蘇聯之間的爭執並非共產黨的學說之爭，我們必須假設中國非常認真看待自己的革命。他們自然會想要向世界的其他自然區域擴張，在亞洲唯一阻礙他們的國家就是印度，而與他們享有同等權益且必須負起責任的唯一西方國家就是美國。我認為這兩個國家很顯然需要相互理解，無論如何我們都應該期待能夠善加利用印度的政治立場、地理位置與政治力量，以及人力資源。[3]

## II

為了回應印度的請求，甘迺迪總統批准提供一百萬發機關槍子彈、四萬顆地雷與十萬發迫擊砲。[4]這些數字遠遠低於大使所建議的「大聯合陣線」（Grand Alliance）所需的數量，然而卻已經比其他美國人認為印度應該獲得的軍火數字高出許多。對於提供軍火給印度一事，其中一位強力反對者是喬治亞州參議員羅素（Richard B. Russell），他是在位已久的參議院軍事委員會（Senate Armed Forces Committee）主席。羅素是一位守舊的反動派參議員，堅決反對廢除種族隔離制度與其他類似的倡議，他過去曾經以「不可靠的朋友」來形容印度，還說尼赫魯是「煽動者與偽君子」。如今羅素告訴美聯社（Associated Press），他「反對提供我們國家的任何現代化武器給印度，因為這等同於直接把武器給了中國共產黨」。參議員說印度人「竟然讓自己從本該堅不可摧的邊界山區要塞被趕了出來，這是一種很不光彩的表現。他們似乎沒有作戰的能力，假如我們提供武器給他們，最終也只會落入共產黨手中」。雖然羅素說他現在反對提供「任何一丁點武器給印度」，但是他說自己或許會重新考慮，只要印度過去的統治者英國準備好「接下重新組織並且重新訓練印度軍隊的重擔」。[5]

羅素的意見在美國與印度都受到報章媒體的廣泛報導，他的言論所造成的風暴就像一面特殊的稜鏡，能夠透過它檢視美印關係。或許會有人期待這兩個國家能夠結為盟國，因為兩國都是領土廣大且文化分歧的民主國家。然而他們雙方的關係都被懷疑所蒙蔽，一方懷疑印度的不結盟政策，另一方則因為美國對巴基斯坦的援助而心存懷疑。而這兩國都是愛說教的國家，他們的外國政策與外交都無可避免地伴隨著油腔滑調的自以為是心態。雖然民主思想能夠拉近這兩個國家的距離，傲慢與愛國主義卻會讓他們的距離更遙遠。

因此雖然甘迺迪與高伯瑞或許會反對羅素參議員的立場，然而他卻獲得了來自美國中部的聲援。一位來自堪薩斯州威契托（Wichita）的記者感謝參議員警告大家「對於一個除了接受金錢與援助之外，毫無興趣支持美國，而且每次都毀謗美國的國家，我們還敞開大門幫助他們，是一件很危險的事」。一位來自加州盧米斯（Loomis）的女士贊同「我們不該送任何東西給那個支持共產黨的偽君子跟政治演員尼赫魯，還有他手下的那些共產黨部長」。一位來自佛羅里達州種植園（Plantation）的男子認為印度的問題是「源自於他們自己造成的因果」，也就是他們所奉行的「尼赫魯派政策」，就算「共產黨已經在全世界吞噬掉數百萬人」，他們也照樣遵行那個政策。一位來自南聖加布里艾爾（South San Gabriel）的八十五歲民主黨員，贊成羅素「反對這個國家強迫納稅人負擔起餵養印度四億自大又飢餓的人民的責任，這個國家包括尼赫魯在內的領導人都支持共產黨，並且對我們的政府形式懷有敵意……尼赫魯所謂的中立主義……應該教導這個國家讓印度繼續被困在自己的迷信與自大的困境中」。

羅素參議員收到來自同胞的數十封鼓勵信件，只有一封信持反對意見。這是由派駐於馬德拉斯的傅爾布來特（Fulbright）計畫學者所寫的信，他說在反對援助印度的同時，也應該取消對巴基斯坦的武力援助。這位學者說印度是「人民作主的國家」，而巴基斯坦卻是軍事獨裁國家，「只有在情緒上與印度敵對時才會變成政治實體」。除此之外，關於印度軍隊逃跑的謠言並不是真的，他們以小隊形式奮戰，如果當初擁有更強大的火力就一定能夠繼續堅守下去。如今，「印度正在招募更多軍隊，我認為讓印度擁有合適的武力會是美國最大的利益。」

也有印度人寫給參議員的信，內容自然氣憤又傷人。在一封由孟買記者寄來的信中，對方認同尼赫魯「過去因為在乎中國的意圖所以想法受到蒙蔽」，但是他不願意接受羅素影射「勇氣與反抗是白皮膚的人專屬的權力」。印度軍人與美國軍人擁有一樣的膽量與魄力，在兩次世界大戰的關鍵戰役中即可看出印度軍人所展現的英勇精神。然而這次「輸在軍力不夠強大（多虧了梅農先生），我們的戰士也的確沒有優異的空軍掩護、自動步槍、耳罩、K—口糧以及喜劇演員霍伯（Bob Hope）在嚴峻的前線鼓舞他們的精神」。

小說家兼劇作家K．A．阿巴斯也回應了羅素，他是印度最著名的共產同路人知識分子之一。阿巴斯說雖然西方人對印度長久以來的印象就是愚蠢，然而羅素的評論「毫無根據地詆毀與嚴重傷害印度人的程度卻是無人能及」。「不過羅素參議員，我可以確定，」阿巴斯寫道，「如果你在尋找作戰潰敗的『不光彩表現』，我想你在自己的國家就能夠找到非常豐富的資料。」在珍珠港、韓戰初期美國的敗仗，還有豬玀灣都找得到。他請美國人參考艾森豪將軍對印度軍人的稱讚，印度軍人在阿拉曼戰役（El Alamein）中擊敗了隆美爾（Rommel），在橫跨歐洲與非洲的其他區域也英勇奮戰「以拯救羅素參議員與他的『自由世界』免於遭到希特勒的毒手」。

羅素參議員的評論讓印度與美國人民對彼此的誤解浮上檯面，從過去直到一九六二年甚至往後的日子皆然。這些誤解代表了兩國在外交政策與國家利益上的不同觀念，也代表了文化上某些無法比較的特性。兩國人民的飲食、歌唱、穿衣方式與想法都大不相同。正如傑克孫維（Jacksonville）的某位崇拜者寫給參議員的信：「這個尼赫魯就法律而言是白種人，但是在政治方面卻跟我們完全不一樣……我們怎麼有辦法跟倒著站的人『心靈相通』呢？」這裡指的是尼赫魯對瑜珈的熱愛，那是一種對當時的美國生活方式來說相當陌生又怪異的自然療法。[6]

# III

輸給中國讓總理在國際舞臺失去面子，也讓他在國內的地位一落千丈，針對領導方式的批評也愈來愈刺耳。一九六三年夏天，國大黨在一系列補選中吞下敗仗，因此讓議會中出現了三個實力堅強的對手：馬薩尼（Minoo Masani）、克里帕拉尼與羅希亞。

一九六三年六月尼赫魯舉行了記者會，這是他好幾個月以來舉行的第一場記者會。這場會議持續了九十分鐘，因為總理對中國表達的怒氣而受到矚目。他提到「北京釋放出如暗黑洪水一般的謊言」以及「種種謾罵的紀錄」。尼赫魯解釋當時的戰爭與印度所吞下的敗仗，他聲稱「中國是個好戰的國家，總是不停為戰爭鋪路並且隨時備戰……從目前的執政黨掌權開始，就專注於讓軍事設備日漸強盛。這其實是過去內戰的延續，所以他們的軍力一直以來都很強盛」。[7]

尼赫魯也說，針對他個人的攻擊這一點，中國人「跟我在印度的反對黨領袖也有些相似之處」。他接著又多加了一句：「至於我們的反對黨領袖，他們的習慣就是不在乎原則，跟任何人或是所有人都能夠合作，有些人甚至會為了達成目的而跟中國人合作。」反對黨領袖很快就正式攜手合作，在國會引進「不信任」（No-Confidence）運動，在一九四七年八月到一九六二年十一月之間，這種大膽的行動絕對是令人難以想像的。國大黨的人數能夠在投票表決時輕易獲勝，然而這場辯論卻持續了整整四年，在這段期間提出了一系列言論反對總理、他所屬的政黨以及他所領導的政府。[8]

議會內外的批評促使國大黨領導階層認真自省，執政長達十五年讓這個政黨變得自滿，因此跟實際的社會情況脫節，最近國大黨在補選中的挫敗以及像達羅毗荼進步聯盟等地方性政黨的力量日漸增長。馬德拉斯的首席部長卡馬拉伊本身就受到達羅毗荼進步聯盟的強力威脅；如今為了確認對手的增長，並且從自己的政黨中拔除腐壞之處，他建議國大黨的資深首長離開自己的崗位，幫忙重振政黨。在「卡馬拉伊計畫」的鼓吹之下，有六位首席部長為了幫助自己所屬的政黨辭去工作，這些人包括喀什米爾的巴克希與卡馬拉伊本人。也有六位資深的聯邦部長請辭，包括拉姆、德賽與夏斯特里。[9]

總理仍然堅守他的崗位，但是顯然看得出他脆弱不堪，身體與心理狀況皆然。一九六三年九月，一位社會黨議員卡馬特（H. V. Kamath）看見尼赫魯走進國會坐在位置上的情況，「他是個看起來疲累不堪又虛弱的老人，走路時佝僂著身子，步履蹣跚地踩著緩慢的步伐，從對面的樓梯走道上扶著椅背一路往下走。」卡麥斯的心思飄回過去，想起那個他曾經十分尊敬與崇拜的人。在國大黨於馬德拉斯舉行會議的期間，尼赫魯「精神抖擻，清瘦又直挺挺地站著」。在他的家鄉安拉阿巴德，尼赫魯「上樓梯的時候會一次跨過兩個階梯，我跟著他上樓的時候也會模仿他的動作」。[10]

雖然印度人不會公開臆測尼赫魯的大限之日，西方觀察家卻毫不避諱這件事。一九六三年，一位美國記者漢根（Wells Hangen）發表了一本名為《誰是尼赫魯接班人？》（*After Nehru, Who?*）的著作。書中列出八位接班人選，每個人都有專屬於自己的章節。其中六個人來自國大黨：德賽、克里什那．梅農、查凡、夏斯特里、帕提爾與唯一的女性人選——英迪拉．甘地。第七位人選則是社會工作者，有時候也會化身為社會主義革命家的納拉揚。最後的人選則是一位將軍——考爾。[11]

現在該問的問題不只是：「誰是尼赫魯的接班人？」而是：「尼赫魯走後怎麼辦？」就在漢根的書出版之後沒多久，一位來自倫敦《週日泰晤士報》的記者花了好幾個星期的時間走遍印度。他與總理會面，發現「老尼赫魯最近身心狀態急速下滑」。這個男人的衰敗也意味著他所統治國家的衰敗。相較於「狂野年少的中國強悍又無止盡的野心」，印度是個「難以形容的窮困」之地，而且擁有「意志軟弱的政府」。尼赫魯過世之後會發生什麼事？這位記者認為這個戰場「會屬於共產黨與聯邦中出現的政治惡棍新興世代……」。第三方爭奪者則是軍隊，雖然那些將軍都遠離政治，但是，「當印度政府瓦解進入無秩序狀態，或是由共產黨掌權時，他們還會袖手旁觀嗎？」這就是他對未來的臆測，同時，「自由世界也必須習慣這個人口數最多的國家會處於沒有一致性領導階層的情況，他們即使接受了援助與武力也可能毫無顯著效果。就像獵食者眼中誘人的獵物，在亞非混血眼中則是對自由民主發展方式的控訴，也是個亟需穩重威權的地方。」[12]

當時的攝影師也證實尼赫魯的身體狀態處於衰退階段，他下陷的肩膀，臉上疲累甚至像是用藥過度的表情，腰間奇怪的腫塊。一九六三年九月的第一週，英迪亞·甘地寫信給她的朋友，信中提到現在她父親每週都必須記錄血壓、體重與尿液的檢測數據。「他在身體，心理與情緒上都承受沉重的巨大壓力，他當然會身心俱疲。」英迪亞·甘地寫道，「唯一能夠對他有所幫助的藥就是休息與放鬆。」[13]

當然他並沒有得到休息與放鬆，尼赫魯還是得善盡總理與外交部長的責任，還得為國大黨的復興付出微小的貢獻。身為國大黨與政府唯一的活招牌，尼赫魯還是得維持像懲罰一般的日程表，跑遍印度的東西南北發表公開演說，出席學校與醫院的開幕儀式，並且與黨工對談。舉例而言，一九六三年十二月這一整個月，他就造訪了馬德拉斯、馬都來、昌第加、加爾各答、比哈爾與孟買（兩次）。[14]

有一個總理也應該過去、但是他卻選擇不造訪的地方，就是那迦蘭。以那迦為名的邦終於在一九六三年十二月一日出現，在其他情況下，尼赫魯一定會很樂意過去參加成立大會。然而前往科希馬的旅程既漫長又費力，或許他仍然記得一九五三年時在那裡遭受到的不友善對待。那次的事件是由共和黨的新黨魁拉達克里希南所領導的，然而這位新上任的首席部長與他的部屬已經因為被冠上「叛徒」罪名而遭到解職，在那迦蘭邦大部分的地方都還看得到他的解職令。[15]

一九六四年一月，尼赫魯再次長途跋涉參加國大黨的年度大會，那一年舉行的地點是奧里薩邦的首都布巴內什瓦爾。他在臺上倒下，必須有人幫忙攙扶才能夠站起來，並且緊急趕回德里接受治療。診斷結果是輕微中風，正如某家報社的頭條所寫的一樣：「尼赫魯先生病倒，讓布巴內什瓦爾大會瀰漫一片低迷氣氛」。[16]

## IV

對中戰爭不只在印度或是全世界的眼中讓尼赫魯的地位下滑，在國大黨內也是如此。進行決策的地方如今已經從總理官邸轉移到國大黨的議會黨團，尼赫魯不如以往能夠要求黨團無論大小事都遵照他的命令。[17]舉例而言，他並不贊同卡馬拉伊計畫，因為本質上這個計畫會耗盡政府的經歷與才能。

病倒之後，尼赫魯終於能夠說服黨讓夏斯特里回到內閣中。夏斯特里正式被稱為「沒有部長職務的部長」，然而實際上卻在執行代理總理的職務。尼赫魯與夏斯特里說相同的母語、來自同一個故鄉，也在差不多時間待過同一個監獄。尼赫魯信任也喜歡夏斯特里，他沉靜又低調的個性與尼赫魯形成強烈的對比。

他指派給夏斯特里的第一個任務和查謨與喀什米爾邦有關，一九六三年十二月二十七日，一起聖物失竊案引起了空前危機，斯利那加的哈薩堡清真寺中所收藏的先知穆罕默德頭髮失竊了。竊案發生後一週，消失的聖物卻又神祕地再次出現在清真寺中。沒人知道消失的聖物為什麼會失而復得，就像沒人知道它一開始是怎麼消失的。如今誰也不清楚出現在清真寺中的聖物究竟是貨真價實的真品還是偽造的贗品。

整個一月，在河谷地區到處都出現了抗議與示威活動，這起事件在穆斯林世界中泛起陣陣漣漪。在遙遠的東巴基斯坦出現了以少數印度教社群為目標的宗教暴動，導致成千上萬名印度教徒逃往印度，如今在印度又出現了以穆斯林為目標的報復性暴動所造成的危險。

一月最後一週，尼赫魯指派夏斯特里前往喀什米爾。與當地官員會談過並諮詢地方上的政治人物之後，夏斯特里決定舉行一場特別的表演，以此證實失而復得的聖物是否為真品。由一群資深的神職人員組成小組負責檢視聖物，他們在二月三日時進行檢查，並且為了安撫民心，公開宣布聖物是千真萬確的真品，河谷地區就此又恢復了寧靜祥和。為了保持河谷地區的平和狀態，印度政府指派沙迪克為首席部長，他是一位因為左派思想而聞名的政治人物，他的清廉正直也是遠近馳名。18

哈薩堡事件再次證明了一件事，就是喀什米爾的問題也間接影響了印度次大陸全體人民的生活。中國的慘敗讓尼赫魯更加警覺，知道他必須為喀什米爾爭議找出最終的解決方法，因為印度無法同時應付兩個敵對陣營，他的老朋友蒙巴頓勳爵也鼓勵他這麼做。一九六三年四月時，蒙巴頓曾經告訴尼赫魯「如果他的光榮過去曾經讓印度在全世界面前容光煥發」，那麼如今他跟這個國家等於「沾上了汙點」，主要也是歸因於他無法妥善處理喀什米爾問題。這位英國人認為能夠藉由「印度的英勇作為」來「改正」當時的情況，例如「無需顧慮巴基斯坦的態度，直接賦予〔喀什米爾〕

河谷地區獨立自主權。[19]

其實在一九六二年至一九六三年之間，印度與巴基斯坦彼此曾經數度對談，討論將這兩個國家一分為二的議題。當時代表印度政府的是經驗豐富的薩達爾・斯瓦蘭・辛格（Sardar Swaran Singh），而巴基斯坦的代表則是年輕又充滿野心的佐勒菲卡爾・阿里・布托（Zulfiqar Ali Bhutto）。在這幾場對談中沒有喀什米爾的代表，然而正如哈薩堡事件所揭示的事實，忽略位於這場爭議中心的人民心中的感覺，絕對不是個謹慎的做法。還有誰比謝赫更能夠理解他們的心情呢？到了一九六三年底，尼赫魯已經在思考釋放謝赫的事情，當時他已經坐牢十年了。在布巴內什瓦爾所發生的罷工事件與災難的徵兆都讓他開始思考未來。何不釋放謝赫，在他辭世之前讓他最後背水一戰，試著解決喀什米爾問題呢？

## V

謝赫在一九五三年八月遭到印度政府逮捕，他當時並沒有被指控犯下任何罪名，但是一九五八年一月時卻忽然獲得釋放。他輾轉來到河谷區，並且受到當地民眾的全然接納。他在斯利那加出席率相當踴躍的公眾會議中發表演講，其中也包括在哈薩堡清真寺所舉行的會議。這似乎讓他在行政機關中的敵人相當苦惱，四月底時他再次遭到逮捕。這次他被移送到位於查謨的監獄，遭指控與巴基斯坦一同密謀造成印度分裂。他也被控企圖「幫助巴基斯坦以錯誤的方式併吞印度所屬行政區領土，造成行政區彼此產生敵意與破壞和諧，並且接受巴基斯坦以金錢、炸彈等形式提供的祕密援助」。[20]

禮貌一點來說，這些罪名都是捏造出來的。雖然謝赫的確思考獨立的可能，但是他從來都沒有與巴基斯坦聯手過。雖然自由獨立的喀什米爾區領導者這個頭銜非常吸引他，他卻對整個喀什米爾邦的人民都一視同仁，無論他們的宗教信仰為何。即使他的政治對手願意讓步，他的心中卻沒有自治的精神。

在審判中，謝赫為自己辯護，強調他只想達成一個目標，那就是讓查謨與喀什米爾地區的人民都能夠享有自我決定的權利。他強調：「這兩個地區的人民並不是一群綿羊或山羊，無論如何都不可能光靠武力驅趕他們。」即使如此，他不停強調自己深信的政教分離論、對聖雄甘地的崇拜，以及自己與尼赫魯曾經如此堅毅的友情。他回憶尼赫魯本人曾經承認「人民能夠決定自己最終的命運」，並且意味深長地補充道：「我相信，他直到現在都不會否認我們擁有這個權利。」[21]

一九五三年謝赫第一次被捕後兩個月，尼赫魯曾經寫下：「他遭到拘禁的事實當然讓我感到十分苦惱。」[22]而他失去自由的時間從月變成了年，也更加深了尼赫魯的愧疚。減輕內疚感的其中一個方法，就是特別關心朋友孩子的教育情況（據說他甚至還幫忙負擔教育費用）。一九五五年七月謝赫的長子法魯克（Farooq）去拜訪尼赫魯，然後進入齋浦爾的一家醫學院開始念書。法魯克告訴尼赫魯，他的同學經常會說他父親是「叛國賊」。於是尼赫魯寫信給拉賈斯坦邦政府的一位部長，要求他確保那個男孩「有舒適的生活空間，也擁有友善的情誼」，這樣一來他才不會產生任何「糾結的情緒」。正如尼赫魯所言：「有些人愚蠢地想像因為我們跟謝赫的立場有所差異，所以不會對他的孩子與家人產生任何憐憫之心。這種想像不只相當荒謬，也跟我們的感覺恰好相反。就我個人而言，因為謝赫正在坐牢，所以我感到特別有責任感，必須試著幫助他的孩子與家人。」[23]

一九六四年時，中國戰爭讓尼赫魯醒悟，也因為自己逐漸惡化的健康狀況而高度警覺，他決定將這件事做個了斷。他跟查謨與喀什米爾的首席部長談過，並且獲得首肯之後，決定要釋放謝赫。這個消息由尼赫魯的密友夏斯特里對外界宣布，夏斯特里表示謝赫入獄一事「一直是政府心中的痛，對總理來說更是如此」。[24]

謝赫在四月八日早上重獲自由走出查謨監獄，他開著一輛敞篷車在鎮上的街道四處遊走，接受民眾遞上的花環與花束。隔天他第一次發表公開演講，根據新聞報導，「謝赫談到目前印度次大陸所面臨的兩個重大問題：自治權衝突以及喀什米爾，這兩個問題都必須在尼赫魯有生之年獲得解決。他將尼赫魯先生形容為如今碩果僅存，曾與聖雄甘地並肩作戰的忠實信徒之一，並且表示，一旦少了尼赫魯，這些問題都會變得更加困難棘手。」

尼赫魯邀請謝赫到德里與他共事，但是謝赫說他想先到河谷區與朋友和支持者會談，開齋節（也就是四月二十三日）結束之後再去會見總理。他在十一日開車前往斯利那加，這趟旅程通常只需要花幾個小時。但是謝赫的行程相當隨興，隨時會在路程中經過的城鎮與村子停下腳步，並且發表演說。有上千位民眾從偏遠的小村莊長途跋涉去見他一面，並且聆聽他的演說，這些群眾之中女性所占的比例還遠高於男性。

在他的演說中，謝赫形容他的邦就像個有印度和巴基斯坦兩位先生搶著珍惜的新娘，「兩方卻都不在乎喀什米爾人真正想要的究竟是什麼。」謝赫說他會以開放的態度與尼赫魯見面，並且要求印度人在他們會面之前先不要做出決定。正如一位採訪他的記者所描述，謝赫「不帶任何私人的情感與怨懟」，他心中反而「充滿著強烈的使命感」，亟欲為喀什米爾找出解決問題之道。在某次的會議中，他被問到自己對尼赫魯有什麼感覺。謝赫回答他心中沒有任何怨恨，因為「就連兄弟之間都可能會產生誤會，我不該忘記尼赫魯先生過去對我展現的關愛……我和他會面的時候會把他當成老朋友與戰友」。

四月十八日，也就是謝赫離開查謨一個星期之後，他駕著敞篷吉普車從阿南特納格（Anantnag）開往喀什米爾首都斯利那加，這四十八公里的路程，道路兩旁站滿了「幾近歇斯底里的群眾」，人數大約有五十萬人。路上鋪滿了剛摘下的雛菊與鬱金香，並且豎立著以花綵裝飾的拱門與旗幟。等到他終於開到鎮上時，「斯利那加的所有人民……塞滿了城鎮中的所有巷弄，巷弄間擺滿了各種裝飾，甚至連陽光都無法穿透罩在眾人頭頂上的喀什米爾絲綢、地毯與披巾。」

同一時間在德里，尼赫魯與謝赫對談可能會出現的結果讓執政的國大黨中許多成員產生警覺。內閣中的資深部長們提出建議，堅持喀什米爾的問題已經「結案」。這個邦過去就是印度的一部分，未來也會是如此。更難應付的還是印度人民同盟的成員，他們的祕書長烏帕德亞（Deen Dayal Upadhyaya）對謝赫最近的演說內容深表遺憾，認為他似乎「就連喀什米爾問題顯而易見的事實都提出質疑」（例如其最終是否加入印度）。烏帕德亞抱怨：「謝赫並沒有穩定喀什米爾邦的政治情勢，反而試圖讓局勢更加混亂。」

印度教右派勢力的反對是可想而知的，而左派也對謝赫和他的動機存疑。共產黨認為他面臨危險，可能會落入「帝國主義者的陷阱」，企圖讓喀什米爾脫離印度的統治。在印度的統治集團之中，似乎只有尼赫魯仍然維持開放的態度，但是他不知道自己將會獲得兩位過去也曾與聖雄甘地並肩作戰的老戰友支持。其中一位是納拉揚，大家都以「JP」暱稱他。他曾是激進社會主義者，過去十年來都是薩爾烏達耶（Sarvodaya）運動的精神領袖。JP是謝赫的老朋友，他一直以來也都直言不諱地倡導印度應該與巴基斯坦建立更良好的關係。他在一九六二年時成立印度—巴基斯坦調解會，最重要的宗旨就是為喀什米爾爭議找出「最公平且體面的解決方法」。[25]

如今ＪＰ在刊登於《印度斯坦時報》、由他所署名的文章中，表示樂見謝赫獲釋，並且對國大黨內外的政治人物委婉反對謝赫的情況深表遺憾，這表達了一旦他「做得太過分」就有可能會再回到監獄的威脅。「這種情況十分驚人，」ＪＰ語帶嘲諷地說，「過去的自由鬥士如今卻輕易地開始模仿帝國主義者的言論。」

讓德里的政治人物警鈴大作的，是謝赫發表了必須再次查明喀什米爾人民心願的言論。ＪＰ認為這個言論非常合理，因為一九五七年與一九六二年在查謨與喀什米爾舉行的選舉一點也不自由與公正。無論如何，如果印度政府對「人民的判斷這麼有信心，那麼我們又何必如此反對給予他們重申立場的機會呢？」如果能夠對喀什米爾問題找出令人滿意的處理方式，必定能夠大幅改善印度與巴基斯坦之間的關係。ＪＰ希望印度的領導人能夠展現「創造歷史性的一刻必須具備的視野與領導能力」。他還補充：「幸好執政黨之中唯一正常的聲音就是總理本人。」[26]

更加令人意想不到的是簡稱「拉賈吉」的拉賈戈巴拉查理對尼赫魯展現的支持之意，這位政壇老兵過去曾經是總理的親密戰友，後來卻變成他在政治上的敵手。身為印度人民同盟的創辦者，拉賈吉曾激烈抨擊總理的經濟政策，這些批評有時候帶有尖銳的私人情緒。如今拉賈吉讓他的支持者大吃一驚，因為他竟然強力支持尼赫魯倡議釋放謝赫的建議。正如ＪＰ，拉賈吉對於讓謝赫回到監獄，藉此「強迫他保持緘默並且俯首稱臣」的威脅深感遺憾。幸好「總理雖然健康出了問題，但是他還是堅持要維持現狀的平衡，並且拒絕以任何愚蠢的方式降低印度的國格」。

拉賈吉聲稱釋放謝赫的決定應當被視為准許「喀什米爾人民行使人權，盡其所能地實行自治」的前奏。的確，解決喀什米爾的糾紛能夠為印巴爭議鋪路，找出更完善的解決方式。因此，拉賈吉寫道，印度必須——

嘗試澈底思考目前的危機，我們要向反巴基斯坦團體的狂熱情緒妥協嗎？如果我們繼續厭惡彼此、互相猜忌、借用或自己打造相互對抗的軍備，等於蓋了兩棟房子，卻都建築在外國的持續援助上，宛如蓋在沙地上的房子，好讓我們預防未來可能發生的俱盧之野戰爭，這樣印度或是巴基斯坦還會有任何希望嗎？如果我們繼續這樣下去，絕對會澈底毀了自己……倘若我們以古老的仇恨以及隨之而來的恐懼與猜忌為基底，持續進行軍備競賽，那麼未來國家繁盛昌榮的所有希望都將只是海市蜃樓罷了。[27]

## VI

同一時間在喀什米爾，謝赫正與他的同事和盟友展開對談。他發現自己身陷囹圄的時候，外界已經將他與巴基斯坦政黨連繫在一起。謝赫在審判中堅稱他從未表達過喀什米爾應當加入巴基斯坦的欲望。不是印度的一分子就是走上獨立之路，這是他贊成的唯二選擇。然而河谷區的人民對持續進行的審判始終被蒙在鼓裡，他們只知道謝赫被指控密謀對抗印度政府，這不就等於他默認了自己是巴基斯坦的盟友嗎？

巴克希的政府以宣傳洗腦的方式加深了民眾的信念，他們將謝赫刻畫成公民投票的鼓吹者，因此成為反印度分子。不僅如此，在巴克希領導下充滿謊言與腐敗的政府，早已大大損壞印度政府在喀什米爾人心中的形象。謝赫發現如今傾向巴基斯坦的言論或許已經成為主流聲音，他並沒有因此感到開心。然而他察覺到民心的改變之後，就努力地以循序漸進的方式試著讓民眾接受他的看法。他與極具影響力的神職人員法羅奎（Maulvi Farooqui）會面，並且強烈要求他支持「實際的」解決方法，而不是宣稱喀什米爾應該加入巴基斯坦，以追求兩國理論。[28]

四月二十三日，也就是謝赫獲釋兩週之後，他在斯利那加的祈禱會發表演說。他說，喀什米爾爭議的解決之道必須考量印度國內五千萬名穆斯林，以及東巴基斯坦境內一千萬名印度教徒可能會面臨的後果。三天之後，謝赫在他啟程前往德里之前的最後一場演說中強烈要求喀什米爾人維持地方和平，如此一來才能夠為印度與巴基斯坦樹立良好典範。他聲明「喀什米爾沒有任何一位穆斯林會舉手贊成對抗弱勢族群」。

四月二十八日是謝赫預定前往德里的前一天，印度人民同盟在首都動員了大型遊行隊伍。他們高聲呼喊著反對謝赫與反對尼赫魯的口號，並且要求印度政府廢除三七〇號條款，宣告喀什米爾是印度「整體不可分割的」一部分。在同一天所舉行的公眾集會中，瓦巴依要求總理告訴謝赫，查謨與喀什米爾「早已成為印度聯邦整體不可或缺的一部分，而且這件事情沒有任何可以商量的餘地」。

謝赫在二十九號跟其他一起並肩作的戰盟友一起飛到帕蘭姆（Palam）機場，他們驅車前往提姆帝宮，總理就在那裡等著迎接謝赫到來。這是自尼赫魯政府在一九五三年囚禁謝赫以來，這兩個人的首次會面。如今，根據現場目擊者的描述，「他們兩人溫馨地擁抱彼此，時隔十一年再次重逢，然而他們打招呼的方式卻絲毫看不出任何尷尬之情，更遑論過去這段期間所發生的種種令人感到痛苦不堪之事。」他們兩人在走進室內之前，還先擺好姿勢讓媒體記者盡情地按下快門。

這是國家領導人與直到最近都被視為叛國賊的男人之間合解的場面，三十多年後相似的場景也在南非總統與最惡名昭彰的政治犯之間重現，然而就連戴克拉克（F. W. De Klerk）都不敢要求曼德拉（Nelson Mandela）留下來待在他身邊。

謝赫在這次的探訪行程中在提姆帝宮與尼赫魯相處了五天，他們一天至少會見面一到兩次，通常都沒有隨扈在場。當總理因為其他事務而分身乏術時，謝赫則忙著遊說分散在不同政治光譜上的印度人。他談話的對象包括國大黨的部長、反對黨領袖以及社會地位重要的非政治人物，例如納拉揚。他到甘地陵墓放上花圈，並且在德里規模最大的賈瑪清真寺所舉行的祈禱會上發表演說。

印度人民同盟並不樂見尼赫魯與謝赫會談。特別的是，這件事也引起了他所領導的內閣成員的騷動，他們擔憂如今喀什米爾問題會「重啟」。為了搶得先發制人的機會，一位資深部長在國會中表明「維持〔喀什米爾的〕現狀對印度次大陸而言是最有利的局面」。並且有二十七位國大黨議員一起發表聲明，表示「以喀什米爾的情況來說，關於自治權的討論不應該比孟買和比哈爾更多」。

在尼赫魯所屬的政黨中，唯一對他的付出寄予同情的資深黨員就是夏斯特里。然而，卻有一些反對黨的政治人物抓住了嚴厲批評謝赫的機會。因此自由獨立黨領袖馬薩尼才緊急發電報給拉賈吉，電報中說道：

> 了解尼赫魯與夏斯特里都努力想找出與謝赫的和解之道，但是卻與國大黨內和印度人民同盟的共產主義者結盟的成員想法背道而馳。如果你認為給尼赫魯的電報或信件能夠鼓勵他〔去〕做正確的事，並且確保你個人對他的支持，就能夠對這件事的發展有所幫助。[29]

拉賈吉選擇不寫信給尼赫魯，或許他過於自傲，或是害怕遭到拒絕，但是他還是寫信給夏斯特里，呼籲他給予喀什米爾某種程度的自治權。根據他的觀察，「對我們而言，喀什米爾的自治相較於降低印巴之間猜忌的目標，反而是比較簡單的議題。」他認為「那些覺得如果我們『放過喀什米爾』就會在所有地方都妥協的推論，毫無根據」。拉賈吉寫給夏斯特里的信中提到，「我希望你跟尼赫魯都能夠尊崇天意，並且把握這個絕佳機會發展出美好的結果。」[30]

謝赫重獲自由沒多久，他就表達了希望能夠「向拉賈吉表達我個人對他的尊敬，並且獲得他的睿智建議」。[31]如今謝赫結束了與尼赫魯的對談，就啟程南下會見與總理反目成仇後又結為同盟的朋友。他計畫途中在瓦達（Wardha）短暫停留，向甘地運動的後繼領導人巴韋表達他的尊敬之意。正如他開玩笑似的告訴一位記者，他會跟巴韋討論「靈性」，然後跟拉賈吉討論「實用政治」。

夏斯特里在五月四日寫信給拉賈吉，敦促他「建議謝赫不要採取任何激烈行動……謝赫才剛〔從監獄〕出來，如果他能夠以長遠的眼光思考喀什米爾問題的不同角度，並且經過全面性且謹慎的自省與深思熟慮之後再做出判斷，對他會是一件好事。過於急躁或魯莽地完成一件事可是個很糟糕的行為」。[32]

這是一封航空郵件，但是沒人知道當時這封信是否在五號，也就是謝赫終於與拉賈吉見面之前寄到馬德拉斯。他們聊了整整三個半小時，因此讓《印度斯坦時報》的頭版頭條出現了這個標題：「謝赫與CR（拉賈戈巴拉查理）研擬喀什米爾公式：將與總理一同討論的提議」。拉賈吉沒對媒體發表任何言論，謝赫則是還算熱情。他說與這位睿智長者的對談「有助於他整理思緒，了解何為最佳的解決方法，能夠從印度與巴基斯坦的政治整體中移除有害的癌症」。至於細節，謝赫說必須等到與總理的進一步對談後才有定論。然而他還是透露他跟拉賈吉已經想出了「光榮的解決方法，並且不會讓印度或巴基斯坦感到單方面的勝利，同時也會確保喀什米爾的人民能夠保有自尊」。

謝赫人在馬德拉斯時，有消息傳出阿尤布．汗（Ayub Khan）總統邀請他造訪巴基斯坦。五月六日回到德里之後，謝赫直接前往提姆帝宮。他與尼赫魯共處九十分鐘，向他解釋神祕的所謂「拉賈吉公式」。接著總理指派謝赫參加一個非正式的智囊團，其中的成員包括外交部長貢德維亞（Y.

D. Gundevia）、特派至巴基斯坦的高官帕塔沙拉西（G. Parthasarathi）與阿利加爾穆斯林大學副校長泰亞布吉（Badruddin Tyabji）。

在漫長的兩天之中，謝赫與總理的智囊團一起討論陳舊乏味的喀什米爾議題。他們提出了各式各樣的替代方案，包括以公民投票表決是否要讓查謨與喀什米爾跟一九四七年以前的型態一樣，保持完整不可分割的邦。或是維持現狀，還是將這兩個邦以新方式劃分，例如把查謨與拉達克區域劃給印度，而阿扎德與喀什米爾北方區域則劃給巴基斯坦，並且在河谷區舉行公民投票決定他們的未來。謝赫告訴那些官員，如果他們要想出確切的解決方案，那必須要：一、增進印度—巴基斯坦的情誼；二、不可削弱印度憲法的現實理想；三、不可降低任何一國之中弱勢族群的地位。他要求那些官員提供不止一個替代方案，這樣他才能夠帶著那些提議到巴基斯坦去會談。

謝赫的條件或多或少排除了舉行公民投票的可能性，因為不管投票的結果為何，都會讓其中一國感到不滿，並且讓兩國少數族群的地位變得更加渺小。那麼拉賈吉公式又如何呢？結果這項提議的目的在於讓印度與巴基斯坦都擁有喀什米爾的分治權，兩國都必須負擔喀什米爾防禦與外交事務的責任（他們所援引的例子是安道爾〔Andorra〕，一塊腹地狹小卻完全自治的飛地，由法國與西班牙兩個強大的鄰國負責保衛）。另一個可能性就是在印度、巴基斯坦與喀什米爾之間建立一個邦聯。[33]

尼赫魯選擇這三位智囊團成員是因為他們的能力與智識，儘管如此，他們三個人各自擁有不同的宗教信仰也是值得關注的一點，同樣值得注意的則是他們三人都是政府官員。過去當尼赫魯有機會解決與中國之間的爭議時，政客的沙文主義迫使尼赫魯必須採取比在其他任何情況下都更加強硬的姿態。如今尼赫魯在尋求與巴基斯坦的和解方式時，選擇了下屬官員而非大臣的幫助與建議。在國會議員兼作家羅爾寫給拉賈吉的信中，就清楚闡明尼赫魯這種做法的睿智之處。他的信中提到：

內閣與國會內部都有很清楚的共識，如果總理跟謝赫達成的協議意味著重啟領土讓步的議題，他們就必須設法阻止這件事。兩方仍然在進行對談時，許多內閣大臣就已經發表了聲明，這也是總理的聲譽與影響力逐漸消退的徵兆。

這封信的內容很有趣，然而回信卻更加饒富趣味。不只用中立的角度描述了尼赫魯所面臨的尷尬困境，也讓「拉賈吉公式」的輪廓更加清晰。因此，拉賈吉在回信中說：

現在要求阿尤布·汗先做出自由喀什米爾的承諾將會打亂整個計畫。他會這麼做，但是絕對做不到。考量到公眾壓力與情感包袱，阿尤布·汗的處境比尼赫魯還要糟糕許多……所以無論是哪個計畫都不應該提及戰爭的獎勵……或許最理想的程序就是讓謝赫專心治理河谷區，並且預設作為相對於自由喀什米爾的平衡籌碼查謨仍會是印度領土的一部分。

假如這個問題能夠以我們所預期的方式解決，就能夠改善印度—巴基斯坦之間的關係。縮小爭議領土的範圍之後，就能夠讓聯合國以部分或整體的方式託管。[34]

就印度而言，維持和平的最大希望寄託在尼赫魯身上。顯然謝赫則認為尼赫魯是**最後**的希望。謝赫在五月十一日告訴記者：「我不想請求尼赫魯，但是他雖然軟弱，卻是印度的象徵，你再也找不到像他一樣的人了。」他補充道：「在尼赫魯之後，我再也沒見過任何人能夠以相同的視野深度處理

〔問題〕。」

尼赫魯也已經準備好要為他偶爾會成為政治對手的老戰友提供人格擔保，他於十六日在孟買舉行的全印度國大黨委員會上致詞，總理提到謝赫至死不渝地奉行政教分離準則，而且他也不相信兩國論。尼赫魯與謝赫都希望「印度能夠有機會奉行本國的準則，與巴基斯坦和平共處且維持友誼，並且將喀什米爾的問題畫上句點」。總理說：「我沒辦法斷言我們是否能夠成功，但這是顯而易見的，除非印度成功，否則印度就必須背負與巴基斯坦的衝突，以及這些衝突會造成的必然結果。」

## VII

謝赫在五月二十日回到德里，在他啟程前往巴基斯坦之前先到提姆帝宮與尼赫魯展開最後一輪對談。尼赫魯在二十二日的媒體記者會上揭露了對談的細節，並且提到他不希望對謝赫的任務存有成見。不過他還是暗示他的政府「準備好與巴基斯坦達成協議，協議的基礎在於不輕易割捨由他們所占據的喀什米爾領土」。[35]

學者無法取得尼赫魯針對這個話題所撰寫的文件，不過他的外交部長所寫的信件對他當時的想法透露了一些線索。總理顯然要求法律專家鑽研印度、巴基斯坦與喀什米爾組成邦聯一途的涵義，「作為我們目前所面臨的問題可能會獲得的解決方案。」這個安排並不代表兩國的獨立狀態「失效」。印度與巴基斯坦仍然是保持分治的獨立國家，喀什米爾會是邦聯的其中一個部分，透過兩國對話的方式決定其確切狀態。三方之間或許可以組成關稅聯盟，基於保護弱勢族群的目標所形成的經濟整合與特別條款。[36]

為了讓討論持續下去，印度準備好將自由喀什米爾區與吉爾吉特讓給巴基斯坦，也就是印度在一九四七年至一九四八年的戰爭中所失去的兩個地方。巴基斯坦會以何種讓步方式回報呢？正當謝赫打算離開拉瓦平第時，馬薩尼寫信給波羅伊（A. K. Brohi），他曾經擔任過巴基斯坦駐印度高官，如今在喀拉赤是一位律師，也是巴基斯坦總統阿尤布・汗相當重視意見的菁英階層公認成員。馬薩尼對波羅伊說：「他〔謝赫〕能夠讓阿尤布・汗給予的回應，其本質對於為印度—巴基斯坦的友好關係付出努力的人而言具有決定性的影響，其回應將決定他們的勢力會增強或是減弱。」尼赫魯的巴基斯坦計畫在黨內外都遭受強烈反對，為了有所進展，總理與阿尤布・汗將舉行高峰會，那是「謝赫將會大有斬獲的光榮時刻之一，並且將成為未來對談的基底」。馬薩尼敦促波羅伊在阿尤布・汗與其他領袖身上運用他的影響力，如此一來他們與謝赫的對談或許「會為兩國的利益帶來結實累累的成果」。[37]

同時，謝赫前往巴基斯坦。他希望能夠在這個國家待上兩週，先以首都拉瓦平第為起點，往自由喀什米爾區前進，最後抵達東巴基斯坦，他意圖在那裡確認印度教弱勢族群的想法。他在五月二十四日降落於拉瓦平第，獲得熱烈接待。他從機場駕著敞篷車開往市區，路邊站滿了成千上萬熱烈喝采的巴基斯坦人。一位記者描述，歡迎場面「的規模比周恩來二月蒞臨時還要盛況空前」。[38]

接著謝赫在與記者談話時，將他的到訪形容為「探索性質的和平任務」。他呼籲媒體幫忙為印度與巴基斯坦培養友好情誼。「他說他心中有非常堅定的結論，那就是兩國部署在停火線上相互對峙的軍力必須撤除，以及快樂繁榮的喀什米爾榮景只能夠建築在印度與巴基斯坦的永恆情誼之上。」正如在新德里的發言，謝赫在此處也強調喀什米爾爭議的任何解決方式都不能夠讓印度或巴基斯坦任何一方有戰敗感。也不能夠削弱印度的政教分離主張，或是六千萬穆斯林的未來，並且必須滿足喀什米爾人本身希望能夠達成的目標。

隔天，也就是二十五日，謝赫與阿尤布·汗舉行了三小時的對談會議。謝赫並沒有說到細節，只告訴阿尤布·汗，他在拉瓦平第也感受到「像在德里時一樣的鼓勵回應，兩方人民都一樣熱切希望能夠真正理解對方」。

當天稍晚的時候，謝赫在拉瓦平第的一場大型公開會議上發表演說，他「在兩小時的演說中不停反覆鼓舞眾人，直言不諱地警告印度人與巴基斯坦人，呼籲他們不要鑄下大錯，因此危及兩國內弱勢族群的生命安全」。謝赫說，印度與巴基斯坦化敵為友的時候已經到來了。因為如果「目前的緊張、不信任與誤解情勢持續下去，兩國都會因此受苦並因此使自由遭受危害」。

謝赫二十六日再次與阿尤布·汗會面，這次他們談了四個小時，結束時兩個人都神采奕奕。謝赫在萬頭鑽動的媒體記者會中透露，巴基斯坦總統將在六月中與尼赫魯總理會面。會面的地點在德里，而謝赫也會待在那個城市，隨時擔任諮詢者。謝赫說：「在所有造成印度與巴基斯坦緊張情勢的惱人因素中，喀什米爾無疑是最重要的。一旦解決了這個最嚴重的惱人因素，想幫其他問題找出解決之道就不會太困難了。」

到了這個時候，謝赫在巴基斯坦菁英階層中的魅力已經下降不少。他們的代表刊物《黎明》寫到謝赫的論述：「尤其是他提及印度所謂的政教分離論，對一般社會大眾與某些特定的知識分子來說都造成了相當程度的不滿。」《黎明》認為謝赫「受到印度政教分離的外顯特質所誘惑，顯然已經遺忘六千萬穆斯林在所謂的政教分離邦中所遭受到的非人道對待」。不過報社對他還有更根本的怨言，那就是謝赫已經「接下了使徒的角色，必須倡導巴基斯坦與印度之間的和平與友誼，而非與喀什米爾領導者之間的和平與友誼，因為**喀什米爾領導者的首要目標就是尋覓脫離印度枷鎖的可能**

性」。[39]

謝赫在二十七日前往穆扎法拉巴德，自從喀什米爾在一九四七年自印度分離之後，他就再也沒造訪過這個城鎮，他對於在停火線這一端的喀什米爾人會對他的提議有何反應一無所知。在他獲得答案之前已經先接獲消息，尼赫魯在新德里辭世了。謝赫立刻「流下眼淚開始啜泣」，他以低沉的嗓音請記者圍繞在他身邊。「他死了，我再也見不到他了。」當記者還想問他有沒有任何想法時，謝赫就走進房間裡，獨自沉浸在傷痛之中。

謝赫開車前往拉瓦平第，接著搭上第一班飛往德里的飛機。當他抵達提姆蒂宮看見尼赫魯的遺體時，「哭得像個孩子似的」。他花了一點時間才能夠「打起精神，把花環放在他的老朋友兼戰友的遺體上」。根據當時在現場的記者所述，我們必須加上一位陪伴尼赫魯的遺體前往火葬場的外交官證詞。當熊熊烈火將遺體燒成灰燼時，號兵吹奏《最後崗位》（*The Last Post*）一曲，「象徵尼赫魯終其一生都無法擺脫印度與英國」。接著當火焰終於燃燒殆盡前，「謝赫跳上平臺，淚流不止地把花丟進火裡，象徵尼赫魯生命中無法擺脫的穆斯林世界，以及喀什米爾議題為他帶來的痛苦。」[40]

## VIII

一九六四年四到五月的事件不幸地被學者忽視了，尼赫魯的傳記作者與喀什米爾爭議的分析家皆然。[41]如果我要為這些事件平反的話，那是因為它們為這個最棘手的政治問題提供了一線曙光，正如帕特爾所形容，這是「劇烈的頭痛」。也如謝赫所言，這是「印度與巴基斯坦政治中的癌症」。也因為這些事件是尼赫魯的人生與功績最深刻的最終章。

那個問題依舊存在，即是這三位競爭者有多麼嚴肅地看待一九六四年四月至五月的事件？自始至終皆絲毫未曾表露心意，至少在公開場合從未顯露出來的人，就是巴基斯坦的陸軍元帥阿尤布·汗。我們對於他當時對局勢的想法一無所知，究竟他確實認真地看待喀什米爾的協調，或者我們可以這麼說，他其實是把跟印度的協議「販售」給他的人民。另一方面，謝赫則是隨時樂於傳達他的想法，在媒體面前，也在無數次的公開會議與演說中表達意見。有些人認為他所說的話只不過是想掩飾個人的野心。一位投書《經濟週刊》的評論家聲稱：「對於謝赫的政治行為，即使是粗略的研究都能夠令人深信他展開了一項分歧的計畫，企圖藉由利用憎恨與偏見、民眾的意識與無意識，以及為印巴關係提供背景的權力政治角力，技巧性地贏回一個獨立邦。」[42] 目前為止，我認為這些評論似乎過於偏激，因為謝赫所發表的言論，更重要的是他的行為都顯示了他對於政教分離論的忠誠，以及他對印度與巴基斯坦兩地弱勢人民的關心。他的確野心勃勃，一九五三年時他似乎幻想自己是喀什米爾的地下國王，一九六四年時他則把自己視為地位崇高的和平大使，只有他能夠為窮困分裂的印度次大陸帶來安定與繁榮。

尼赫魯的動機則是無庸置疑，他對於長期關押謝赫感到內疚，也擔心喀什米爾持續出現的不滿聲浪，並且察覺到印度與巴基斯坦爭議對雙方所帶來的長期負擔。當然問題不在於他的動機，而是他的影響力。他的同僚會聽從他的意見嗎？如果他與阿布尤·汗在謝赫的稍稍幫助之下真的想出了和解的辦法，又是否能夠符合國大黨或是印度國會的要求呢？

答案或許是否定的，但即使成功了，這個辦法又能夠長遠持續下去嗎？尼赫魯辦公室向顧問律師諮詢建立邦聯的建議時，他微妙地指出「在歷史上，邦聯制都是由其中一個成員統治大局，或是在壓力之下結為同盟」。[43] 光是以國土大小而言，印度就遙勝巴基斯坦與喀什米爾，這會讓它因此變成「老大哥」嗎？謝赫與阿布尤．汗會面當天，《印度斯坦時報》刊載了一篇由普里（Rajinder Puri）所畫的漫畫，畫中的陸軍元帥將手放在下巴上陷入沉思，謝赫則是做出手勢對他說：「你擔心德里會設法掌控平第（Pindi）嗎？親愛的年輕人，德里連勒克瑙與昌第加都無法掌控了……」[44]

接著是一連串難以衡量的角力，阿尤布的動機、謝赫的信念、尼赫魯的力量、各自為政的集合住宅型式或是邦聯制概念的可行性。就結果而言，最終還是尼赫魯的力量讓步了。正如某份巴基斯坦報紙所言，尼赫魯逝世意味著「喀什米爾爭議和解與妥協的盡頭」。因為無論尼赫魯的繼位者是誰，他都不會擁有「這種道德境界、勇氣與政治支持，足以對抗印度主流意識對維持喀什米爾現狀的濃烈情感」。[45]

# 第十七章 心繫弱勢族群

情理的第一法則，就是維護他人的自由。

——席勒（Friedrich Schiller）

## I

一九六四年五月二十七日下午，尼赫魯的死訊傳遍新德里之際，其中一個聽到這個消息的人，是一位名叫奧斯汀的美國籍研究生。當時，奧斯汀正在撰寫以印度制定憲法的過程為主題的畢業論文，因此對於尼赫魯所代表的意義有超乎常人的興趣。他來到提姆帝宮，加入為數眾多早已聚集在此的哀悼者行列。正如奧斯汀隔天在日記中所述，首相的部屬迎接外交官與大臣入內時，群眾「井然有序且安靜地」站著。馬赫米德博士（Dr. Syed Mahmud）也是這些重要嘉賓之一，他是自由鬥士的老前輩，也是尼赫魯在劍橋的同窗與獄中的獄友。他跟所有人一樣，都必須下車從首相官邸前那片陡峭的草坪往上走。奧斯汀看見出身於低階種姓的國大黨資深政治家與內閣大臣拉姆攙扶著啜泣的馬赫米德，那可是尼赫魯所治理的印度「最具代表性的一幕：穢不可觸的低階種姓扶著穆斯林走向印度教高階種姓的家」。[1]

穆斯林與穢不可觸種姓占了自由印度總人口的四分之一。在一九四七年前，有兩位領袖曾經強力挑戰國大黨聲稱能夠代表全印度人民的主張。其中一位是穆斯林真納，他強調甘地與尼赫魯的政黨僅僅能夠代表印度教徒。另一位則是過去曾是穢不可觸種姓的安貝卡，他給予國大黨迎頭重擊，認為國大黨並不代表所有印度教徒的想法，只能夠代表印度教中上層種姓的意見而已。

這些言論都遭到堅決駁斥，甘地早在安貝卡尚未踏進政治界之前，就在為穢不可觸種姓奮鬥，他也為了印度—穆斯林之間的和諧獻出了生命。對聖雄甘地而言，無論種姓與信仰（或性別）為何，自由（swaraj）唯有在放諸全印度皆準時才有意義。

這是尼赫魯與甘地兩人所信奉的真理，然而在其他方面，尼赫魯就顯得像是個叛逆的弟子。他與追隨他的知識分子選擇帶領印度往工業現代化之路邁進，而非（如甘地心中所願）建立以村落為中心的經濟體系。但只要是關乎少數族群的權利，他就會與聖雄甘地並肩作戰，他就像是個結合平均主義的國族主義者。

印度憲法受到甘地啟發而創立，並且在尼赫魯的引導之下廢除穢不可觸種姓，也宣布印度在宗教方面處於中立立場。法律規定雖是如此，但實際執行的情況又是如何呢？在印度所面臨的所有考驗之中，這或許是最嚴峻的一個。因為印度教徒在數字上具有相對多數，在政治上也位居領導地位。唯有在他們尊重非我族類印度人的權利與自由的情況下，自由印度的概念才能夠屹立不搖。

## II

巴基斯坦的自由也正如他們所主張的一般，必須在弱勢族群不需要擔心會受到印度教統治的情況之下才能夠成立。然而矛盾的是，巴基斯坦正是在穆斯林多數的強勢族群區域所建立的，因此當時這個問題根本就不存在。

一九四七年之後，有為數眾多的穆斯林人口四散在印度半島上，其實在一九四七年前即是如此。數百萬穆斯林人口移居到東巴基斯坦與西巴基斯坦，但是有為數更多的穆斯林選擇留在印度。巴基斯坦的建立讓他們的處境變得十分危險。諷刺的是，這就是在建立巴基斯坦時扮演關鍵地位角色的兩個人，孟加拉穆斯林聯盟領導者蘇瓦拉底（H. S. Suhrawardy）與他在北方邦的盟友康利克塞曼所抱持的看法。一九四七年九月十日，也就是印巴分治不到一個月之後，蘇瓦拉底驚恐地寫信給康利克塞曼，信中提到「印度聯邦中的穆斯林處於孤立無援的狀態」。巴基斯坦成形所造成的對立情況，也因為印度教與錫克教難民逃往印度而激升。如今蘇瓦拉底擔心「可能會出現足以摧毀印度聯盟中穆斯林弱勢族群的熊熊大火」。至於康利克塞曼，他早已得出令人沮喪的結論，就是「印巴分治〔已經〕對印度的穆斯林造成確切的傷害，長久而言對所有地方的穆斯林皆是如此」。

為了保護他們的利益——以及性命——蘇瓦拉底草擬「兩地合作與相互協助宣言」，承諾雙方都會保護弱勢族群，並且不會發表相互攻擊的刺激言論。蘇瓦拉底讓甘地為這份宣言背書，然而任憑他「為了印度聯盟中無助又不幸的穆斯林」苦苦哀求，真納卻仍然不贊同。[2]

正如後世所見，巴基斯坦的創立對印度教社區主義的勢力造成了刺激。如今國民志願服務團與其同黨可以指控穆斯林是分裂國家的叛徒，在極端主義印度教徒的眼中，這些穆斯林要麼前往巴基斯坦，要麼面對自己的選擇所帶來的後果。國民志願服務團在印巴分治後迅速壯大，即使甘地在一九四八年一月遭到謀殺，遏止了國民志願服務團興起，這個組織還是持續在印度北方與西方實踐不可輕忽的影響力。

老實說，執政的國大黨中也有沙文主義者，他們無法澈底相信穆斯林對新國家的忠誠，其中有些人還位高權重。比哈爾邦的總督警告哲雪鋪大型煉鋼廠的老闆，他們的穆斯林員工將會離開前往巴基斯坦，而且他們會先破壞所有機具再揚長而去。城鎮中還散布著其他類似的謠言，然而工廠老闆們並沒有因此而動搖。他們發出公告，表示自己絕無解僱穆斯林員工，或是在工作場所中引起分歧與對立的想法。[3]

印度穆斯林心底深處的不安全感，在一位美國心理學家於一九五〇年所實行的調查中更顯清晰。他的穆斯林受訪者（都是來自北部與西部印度城鎮的人民）心中充滿了恐懼與懷疑。其中一人說：「我們被當成巴基斯坦間諜。」另一個人說：「住在印度教徒區域很危險，因為他們可能會誘拐或強暴我們的女人。」第三個人說：「印度教徒對於他們賣給穆斯林的商品都會開出巨額的黑市價錢。」[4]

## III

在那些無法澈底相信穆斯林的人之中，其中一位重要人物就是印度的內政部長帕特爾。帕特爾記得一九四六年時，大多數的穆斯林都將票投給印度穆斯林聯盟，即使在巴基斯坦以外的地方也是如此。兩邦成立之後，他還是對那些留下來的人存有疑心。他於一九四八年一月初在勒克瑙的演講中提醒觀眾，當初就是在這個城鎮中「建立了兩國論的基礎」。因為是北方邦的知識分子聲稱「穆斯林是另一個國家」。如今對於那些選擇不去巴基斯坦的人來說，「光是對印度聯邦做出宣言」是不夠的，他們「必須**以實際行動證明**自己的宣言」。[5]

那一年的下半年，帕特爾的內政大臣寫了一封信給其他各部門的主管，要求他們留意：

> 在當前印度與巴基斯坦關係的脈絡下，國家安全被視為迫切且重要。有愈來愈多證據顯示，印度有一部分穆斯林無法理解與支持印度政府，尤其是因為政府針對喀什米爾與海德拉巴的政策，並且對巴基斯坦存有強烈的同情心。這樣的公僕很有可能會成為很有用的資訊管道，他們也特別容易受到親屬的影響。
>
> 在政府的穆斯林員工之中，很可能有些人就是屬於這個族群。他們顯然構成了行政組織中的危險因子，因此最基本的重點就是不要將任何機密或祕密工作託付給他們，或是讓他們掌控關鍵哨所。基於此考量，我要求所有人準備一份列有你所掌管的部會與其轄下辦公室中所有的穆斯林員工的清單，只要是對印度的忠誠度遭到質疑，或是會對國家安全造成威脅之人，皆列入清單中。這些清單必須經過部門首長或是其他高層人士審慎準備，並且經過詳細審查，僅有在避免某些人掌管關鍵哨所、處理機密或祕密工作時才加以使用。
>
> 我想我不需要特別加以澄清，但我可以向各位保證，這並非獵巫行動，請理解只有罪證確鑿的個案會被列入清單中。針對那些忠心耿耿且工作表現令人滿意的員工，當然必須讓他們感受到自己的權利與多數族群的人並無二致。[6]

這封信十分反常，目的若非鼓舞獵巫行動，就是要求主管積極找出印度政府職員中穆斯林員工任何對國家不忠貞的蛛絲馬跡。尤其是印度考古研究所（Archaeological Survey of India, ASI）中有許多穆斯林員工，並且受託維護中世紀印度的雄偉建築物。當教育大臣把這封信轉交給ＡＳＩ所長時，所長去信底下的主管，要求他們交出穆斯林員工名單，列出那些效忠於印度的員工，以及「可能會對國家安全造成威脅」的人。這些主管開始對員工展開祕密調查，並且將調查結果回報總部。半世紀之後，他們的報告讀來都分外有趣，有些卻也令人心寒。

有幾位主管回覆他們個人並不會對任何一位員工感到不信任，然而他們受到施壓，必須交出心態可能容易動搖的員工名單。旁遮普一個步兵團的少校告訴ＡＳＩ，果爾古姆巴斯（Gol Gumbuz）的管理員「並非可信賴之人」；很顯然地他有住在海德拉巴的親戚，而那個省分拒絕加入印度聯邦。那位管理員因此被調職到孟買的坎赫里石窟（Kanheri Caves）。

最詳細的報告來自北方以阿格拉（Agra）為總部的區域主管，其轄下所管理的範圍包括泰姬瑪哈陵與法特浦夕克里（Fatehpur Sikri）。他列出了二十八位有親戚移居到巴基斯坦的員工，在這些員工之中，他指出五位「個人對印度政府的忠誠度可能稍微令人起疑」，並且「可能會在有絕佳機會的情況下對國家安全造成危險」。其中一位是阿格拉堡（Agra Fort）的售票員，他的哥哥、兒子與母親都在海德拉巴（信德省），另一位則是泰姬瑪哈陵的一位保全，他太太在喀拉赤，另一位泰姬瑪哈陵保全則有兩個兒子與一個女兒在喀拉赤。這位主管也列出了其他七位員工，他們「本性似乎不壞，然而在巴基斯坦親屬的影響之下，或許會成為有用的資訊溝通管道」。

內政部長在十月二十日發出追蹤後續進度的信件，目標鎖定有近親在巴基斯坦的官員。如今距離印巴分治已經幾個月了，他說：「公務人員沒有任何理由再讓他們的家人留在巴基斯坦。反之，考量到兩地之間緊張的局勢，這種行為就是能夠證明對印度不忠誠的初步證據。」只要是有家人在巴基斯坦的員工，都必須在一個月之內把他們帶回來。內政部要求各部會主管列出有違反以上情形之人的名單，接著會一件一件審視，並且決定是否需要為了「國家的利益」使用懲戒行動制裁他們。

內政部長的指示再一次透過ＡＳＩ所長轉達給所有高層主管，阿格拉地區的主管也再一次交出了鉅細靡遺的報告，他似乎饒富興味地將這個指示視為獵巫行動。他的怒氣獨獨指向「哈迪姆」（khadim，僕從之意），也就是泰姬瑪哈陵世代相傳的巡守員。他們一共有十八個人，是過去沙賈漢皇帝在十七世紀時所設立的崗位，後來也獲得英國的認可。然而在主管眼中，他們似乎都變成了敵方特務，「不願意坦承說出關於自己的一切真相」。至少有六個人還有家人在巴基斯坦，其中一人還跟家人越過邊界逾時停留。他遭到停職，並且被要求「交出夏冬兩季的制服，以及他持有的所有政府物品」。這位主管還想將另一位巡守員停職，他懷疑那個人只想在「暗中遷往巴基斯坦」之前把他在阿格拉的所有財產全數轉賣。他也鎖定了第三個目標，因為那個人「雖然努力嘗試，卻不夠積極，至今仍然無法將他的家人帶回印度」。

阿格拉位於北方邦，這裡的穆斯林早已澈底分裂。旁遮普的穆斯林集體移居越過邊界，孟買與南方也有許多知識分子自願移居到巴基斯坦，然而勞工階層穆斯林留了下來。對他們來說，巴基斯坦太過遙遠也太陌生，他們不認為自己有辦法在一個新的地方謀生。然而北方邦的穆斯林使用烏爾都語，這是巴基斯坦的官方語言，而且這個地方與巴基斯坦的距離很近，他們只要跳上火車就能過去。有許多人過去了，也有許多人留在原處。

北方邦中幾乎所有穆斯林家族都分裂了，ＡＳＩ的員工自然毫無例外。然而阿格拉地區的主管，卻對那些有家人居住在他眼中所謂「敵人」區的員工毫無憐憫之心。他告訴下屬，把家人帶回來，不然就等著面對後果。一位名叫三蘇丁（Shamsuddin）的巡守員引起了上司的疑心，因為他全家人都在巴基斯坦，而現在他還想賣掉房子。三蘇丁在日期注明為一九四八年十二月八日的請願書中，陳述他「根本就沒有任何想去巴基斯坦的念頭」。他之所以把房子處理掉有四個原因：一、為了償還他欠親戚的一筆債務；二、因為「我女兒馬上就要結婚了，我也必須在我的工作職務上投資一些錢」；三、被指派住在他家的難民房客把房子弄得一團糟，所以最好在屋況惡化之前把房子賣掉；四、因為「我被兒子拋棄了，所以必須事先安排好自己的後事」。

這位主管並不相信他的理由，他要求三蘇丁再拿出更多證據證明他對印度聯邦的忠誠。一份一九四九年六月十三日的紀錄，記載這位巡守員去了巴基斯坦一趟，把兩個尚未結婚的女兒和一位過世的女兒留下的外孫這些「他能夠掌控的人」都帶回印度。[7]

隨著印度政府逐漸公開那幾年的紀錄，我們會發現到處都有這些遭到資深官員施壓所寫下的忠誠誓言。最近有一位學者找到一份刊登於一九五一年，由一位刻赤縣（Kachchh）的牧羊人所寫的誓詞，刻赤位於古吉拉特邦的半乾旱區域，就在與巴基斯坦信德省的交界處。他向首席長官保證：「我們對印度政府忠心耿耿，如果巴基斯坦政府攻擊印度政府，我們願意為了印度的國家安全犧牲生命。」[8]

## IV

我們無法確知，首相是否同意這種針對印度政府中某些特定的員工所進行的忠誠度確認調查，然而我們能夠確知，他對於穆斯林現狀的看法與他的副手有些出入。在寫給帕特爾的信中，他「對報復穆斯林而展開的報復行動與替代懲罰深感遺憾，因為巴基斯坦懲罰了印度教徒。我對那些言論絲毫不感興趣。我相信這種報復與替代懲罰的政策會毀了印度與巴基斯坦。」[9]正當內政部長要求穆斯林證明愛國之心的時候，首相則是在履行他的職責，也就是他在憲法上的義務，要讓所有公民——尤其是穆斯林——感到安全。

尼赫魯在他寫給帕特爾以及好幾個省的首席部長的信中都表達了這個想法。[10]印巴分治三個月之後，他提醒他們：

國內有個穆斯林弱勢族群，人數多到即使他們想走也無處可去。這是毫無爭議的基本事實，無論巴基斯坦有哪些挑釁行為，也無論那裡的非穆斯林承受多少侮辱與懼怕，我們都必須以文明的態度處理這個弱勢族群，我們必須保護他們並賦予他們民主國家的公民權。如果我們做不到這件事，它就會像個化膿潰爛的傷口，最終將毒害整個政治群體，或許還會讓這個群體毀於一旦。

在同一封信後面的段落，他提到了至關重要的一點，就是「保護公共服務免於遭受社群政治病毒的殘害」。[11]

這是個尼赫魯必須再次提起的主題，其中一個挑釁行為就是關於財產權的爭論。因為在某些地方，有些過於積極的政府官員，要求穆斯林為了收留印度教徒與錫克教徒難民而讓出他們的家。首相利用甘地生日的時機警告大眾不要「在我們的穆斯林國民同胞心中製造不安定與缺乏安全感的氣氛」。因為這樣「不僅對於印度，對喀什米爾也會造成影響深遠的後果，那會影響我們國家的國際聲譽。光是幾棟房子與附屬的店鋪易主可能不會有什麼差異，但是假如過程違背正義，那就會影響我國的聲譽並且造成傷害」。

首相指出「巴基斯坦對這個情況表現出完全冷酷無情的政策」，然而他堅持「我們不能複製巴基斯坦的理念或做法。他們已經公開聲明自己是信奉兩國論的伊斯蘭國家，我們駁斥這個理論，並且自詡為完全保護所有宗教的政教分離國家。我們必須實踐這些理念與宣言，尤其是在這一天，聖雄甘地紀念日（Gandhi Jayanti），這一天提醒我們牢記甘地所教導的一切，以及他犧牲生命追求的理念」。[12]

尼赫魯在一九五一年至一九五二年的競選中，將社群組織視為他的主要目標。他以不要讓印度成為「信奉印度教的巴基斯坦」的理念參與選戰並且獲得勝利。然而，尼赫魯還是很擔心那些因為文化與信仰而被排除在主流社會之外的印度人，他主要的擔憂就是社會上有權勢者當中的穆斯林比例極低。在軍事國防單位中幾乎沒有任何穆斯林軍官，文書單位中的穆斯林也寥寥無幾。他察覺這是因為國家無法「讓所有族群與個人都感受到適當的合作關係，以及完全共享國家所提供的利益與機會」。他告訴政府中的首席部長，如果印度想成為「政教分離、穩定且強大的國家，那麼我們的首要考量就必須是給予弱勢族群**完全平等的參與機會**，並且讓他們在印度能夠**感覺十分自在**」。[13]

## V

選擇留在印度聯邦的穆斯林政治領袖是阿扎德大師（Maulana），阿扎德不像他的死對頭真納，他相信非印度教徒也能夠在統一的印度和平且光榮地生活。根據尼赫魯獨具風格的描述，阿扎德是

「印度正在逐漸興起的一股綜合文化中最奇特也獨樹一格的代表」。他體現了「接二連三傳往印度的各種綜合文化，也代表了流進印度生活大海中，最後失去自我的各個河流」。[14]

印巴分治讓阿扎德大受打擊，將其視為人生目標的澈底失敗，他就此從政黨政治的世界引退（即使無論如何他本來就是個傾向於學術研究更勝於擔任群眾領袖的人）。他在聯合內閣中擔任教育大臣，並且在任內協助推動孕育印度文學、舞蹈、音樂與藝術的新學院。然而，他的年紀與個性卻讓他無法在德里政府中獲得更重要的職位。

國大黨中另一位年紀較輕，且希望能夠扮演更活躍政治角色的成員則是泰耶吉（Saif Tyabji），他出身自著名的愛國主義者家族，祖父曾擔任早期國大黨黨魁。身為一位曾經在劍橋接受教育的工程師，泰耶吉恰好能夠擔任國大黨與穆斯林群眾之間的現代橋梁。他在一九五五年於極具影響力的烏爾都語報紙《革命報》（*Inqilab*）上撰寫了一系列文章，這些文章後來都被翻譯成英文，並且集結出版為《印度穆斯林的未來》（*The Future of Muslims in India*）一書。在一九五二年的選舉中，有為數眾多的穆斯林投票給國大黨，他們認為這個政黨在尼赫魯的領導之下比競爭對手更能讓人信任。[15]然而，泰耶吉認為穆斯林該做的不僅僅是投票給印度的執政黨，他們應該要加入執政黨並且對其政策發揮影響力。

泰耶吉指出國大黨是個民主的組織，其全國議會的成員是由各邦推派的代表所組成，也就是從各個地區與鄉鎮（taluk）委員會中推派出來的。想成為國大黨員只需要付出四安那（四分之一盧比）的入黨費。遍布印度各地的穆斯林可以在所有地區大量申請入黨，藉此影響國大黨更高層次領導者的選擇。這就是泰耶吉的政治策略，不過他也呼籲那些與他共享同一信仰的人更加投入印度的文化生活。身為一位「愛國的印度人」，他希望正在崛起的「新印度文化能夠盡可能地愈豐富、多元且朝氣蓬勃，而且唯有從各種可能獲取的資源中吸取養分才能夠達成這個目標」。就像其他的印度人，穆斯林必須「積極參與這個文化成形的過程」。然而「如果穆斯林只是袖手旁觀，那麼我們就能夠斷定，新印度文化將與這個國家在十一世紀時，以及英國人還在這裡的時候所達成的成就沒什麼差別。這樣只會讓所有印度人都受害，可是失敗的責任卻會完全歸咎於身為穆斯林的印度人身上」。

泰耶吉的其他建議之一，就是穆斯林應該接受技術與商業教育，而不只是研究人文學科並且淪為受過教育卻失業的階級。正如他注重人文主義的學習，泰耶吉強烈反對「將我們的伊斯蘭文化……保存在如化石一般的純潔狀態」。與其哀悼母語烏爾都語式微，穆斯林應該體認到印地語會留存在天城文的書寫字母中。也能夠透過以天城文書寫烏爾都語文學的方式，讓烏爾都語更能夠因應時代潮流，並且透過適當的文字與方言增添當代印地語的多元性。[16]

正當阿扎德大師與泰耶吉等人希望能夠讓穆斯林進入國大黨擔任議員時，也有人認為穆斯林社群應該能夠透過自己組成政黨的方式更完整地表達意見。一九五三年十月，一群知識分子與專家在阿利加爾會面，討論組成政黨「保護穆斯林弱勢族群權益，並且讓他們在這個國家能夠更有尊嚴地生活」。他們擔憂穆斯林在立法團體中所占的比例過低，在高階公務單位也是如此。[17]主持這個會議的人是加爾各答以前的市長，他強調如果目前的趨勢持續下去，那麼未來就只有「經濟癱瘓、文化消逝或瓦解，以及穆斯林淪為政治低階人口」的結果。[18]六個月後，在德里的賈瑪清真寺所舉行的演講中，北方邦伊斯蘭促進會的會長抨擊印度政府反民主與獨厚印度教徒。「時候到了，」他說，「印度的穆斯林應該集結並且在同一領袖的帶領之下組織起來，面對未來的最終結果。」[19]

同時，南方的穆斯林也在此考量之下採取了更強硬的行動。一九五一年九月，「印度聯邦穆斯林聯盟」（Indian Union Muslim League, IUML）在馬德拉斯成立，該聯盟的名稱與憲章都明確表達了他們與印巴分治前的穆斯林聯盟不同。該聯盟的目的在於「鞏固、保護與維護穆斯林及其他弱勢族群的宗教、文化、經濟和其他法律權利與利益」。但他們也誓言要支持與捍衛印度聯邦的「獨立、自由與榮耀」。[20]幾年後在海德拉巴成立了一個代表該城穆斯林的政黨：穆斯林聯盟議會（Majlis Ittihad-ul-Musilmin）。他們在一九五七年的選舉中提名了數位候選人，但是僅僅贏得一個席次。IUML在大本營喀拉拉贏得了更多勝利，他們在一九六〇年的期中選舉拿下了十個席次。[21]

## VI

史密斯（W. C. Smith）在一九五七年的文章中觀察到，在伊斯蘭教的歷史中，印度的穆斯林是相當獨一無二的，因為儘管他們數量龐大，卻沒有生活在單獨一個邦中。不像伊朗、伊拉克、巴基斯坦或土耳其的穆斯林，他們在新印度共和國中「與其他無數群眾」共享公民權。他們組成了世界上唯一數量可觀且真實存在的穆斯林群體。[22]

印度的穆斯林是數量龐大的宗教少數派，也是弱勢族群，他們飽受印度教社群主義威脅，也遭到巴基斯坦的挑釁。巴基斯坦的國家領袖會嘲弄印度教的政教分離主義，並且「預設與鼓勵印度穆斯林對國家產生反叛之心」。穆斯林通常會成為印巴關係的人質，也會成為巴基斯坦威脅國內弱勢族群的人質。因此「每當東巴基斯坦出現新的印度教騷動，以及新的邊界衝突、運河水源爭議惡化或是難民資產問題，都會對印度境內的穆斯林生活造成衝擊」。[23]

另一個與印巴分治相互連結的問題，就是缺少可靠的中產階層。在印巴分治當時或之後不久，大量的穆斯林公務員、律師、學者、醫生與企業家移民到新的伊斯蘭教國家，由印度教的競爭者不費吹灰之力地接下這些職缺。那些留在印度的穆斯林都是窮困的勞動階級，農夫、勞工與工匠，他們極其想要開明自由的領導階層。正如某位觀察敏銳的英國官員所寫，「印巴分治對孟加拉造成的災難之一」，就是穆斯林官員都支持巴基斯坦，這樣「西孟加拉的穆斯林弱勢族群就少了為民喉舌的民意代表，在其他領域也是如此，讓他們不知該向誰求助或求救」。[24]少部分的例外出現在喀什米爾，在謝赫於一九四七年至一九五三年間的統治之下，鼓勵穆斯林持有土地、學習專長，而最重要的一點就是鼓勵他們接受教育。在許多富有遠見的改革中，還有創辦女性就讀的學校與大學，斯利那加女子大學（Women's College in Srinagar）贏得了遠近馳名的優秀名聲。[25]其他地方的穆斯林卻仍然從事卑賤的勞動工作，接受教育、擁有一技之長、在立法機關與行政機關中的代表人數皆低於正常比例。[26]

另一方面，印度的政治領導階層也致力於創造政教分離的國家，並且讓弱勢族群產生歸屬感。尼赫魯即是這方面的關鍵人物，不過他也獲得其他曾經向甘地學習的國大黨成員幫助。一九五六年，艾哈邁達巴德的街頭衝突逐漸升溫，有轉變為大規模動亂的趨勢時，首相德賽以無限期絕食的方式讓局勢恢復和平。[27]他的行為一部分是出自於真誠的信仰，另一部分則是由於政治的迫切需要，他必須在嘗試爭取喀什米爾的同時，對外表現出自己最好的一面，攻擊穆斯林會讓印度宣稱擁有河谷區的宣言站不住腳。[28]儘管如此，「這個國家的印度教領袖以世俗主義與人本主義之名，阻止印度教的多數族群對穆斯林採取報復行動，也是不可等閒視之的一件事。」[29]

印巴分治之後，有些人擔心會出現摧毀印度穆斯林弱勢族群的熊熊大火。然而事實並非如此，正如哈桑（Mushirul Hasan）所言：「一九五〇年代的社會氣氛相對和緩，這是暴風雨後的寧靜，社群衝突明顯下降了。」[30]社會底層呈現懷疑與一觸即發的緊張局勢，也有零星的暴力事件，不過在一九二〇、一九三〇或一九四〇年代，都沒有出現過暴動。一九五〇年代的衝突是源自於語言、種族、社會階級與種姓，而非宗教。

一九六一年早期的加巴浦動亂打破了社會的寧靜，造成約五十位印度人死亡，其中大部分是穆斯林。然而相較於一九六三年至一九六四年所發生的事件，這只是小巫見大巫罷了，當時一名竊賊從斯利那加哈薩堡清真寺偷走了先知穆罕默德的頭髮，造成東巴基斯坦針對印度教徒發起了一系列攻擊。上千名難民逃往印度，他們的故事讓社會氣氛逐漸升溫，並且對穆斯林展開暴力的報復行動。在加爾各答與其周圍地區，有四百人死於宗教暴動，其中四分之三為穆斯林。其中有些暴力行為，是投機分子逮到機會清除群眾聚居的區域，重新開發之後轉賣圖利。在哲雪鋪與魯吉拉等煉鋼城鎮也發生了嚴重的暴動，造成了大約一千人喪命，其中大部分為穆斯林。[31]

到了那個時候，印巴分治早已是二十年前的事了，引起的風波卻未曾平息。因為正如馬德拉斯的穆斯林領袖沉痛地指出，一九六三年至一九六四年的暴力事件加深了大眾「害怕發生在巴基斯坦的事情也會間接影響印度的穆斯林，尤其是印度的媒體上出現誇大不實的報導時，群眾與對穆斯林懷有敵意的政黨早已蓄勢待發，準備借題發揮」。[32]

## VII

穢不可觸種姓正如穆斯林一樣，散布在整個印度。他們和穆斯林的情況類似，窮困、遭受非難且經常遭到上層種姓以暴力行為對待。他們在村落裡工作，從事最低階的職業，例如農場僕工、農工、皮匠與清潔工。在印度教正統理論的教規中，上層種姓一旦與穢不可觸種姓接觸，就會遭到他們玷汙，在某些區域甚至只要看到他們都會有一樣的下場。他們被禁止進入土地與水源區，就連房子都位於距離村落中心相當遙遠的地方。

英國統治時，有些穢不可觸種姓找到機會逃離村落中的暴政。他們在軍隊中謀生，或是在工廠與新建都會區工作，儘管在這些地方也只能從事最卑微與低下的工作。

甘地將穢不可觸種姓重新命名為「哈里真」（Harijan），意為「神的子民」。《印度憲法》廢除穢不可觸種姓制度，並且以獨立的列表將穢不可觸種姓群體一一列出，他們因此得到了一個新的通稱：「表列種姓」（Schedules Castes）。然而，一九五〇年代的村落民族誌證實，穢不可觸種姓制度依舊持續如往昔。表列種姓還是無法持有或是只能持有小部分土地，且依然會遭受社會傷害，某些時候甚至是性侵害。然而這些民族誌還是記錄到某些底層的情況正在改變，雖然速度有些緩慢。某些時候，低階種姓不再願意接受他們認為會損害尊嚴的事情，他們不再願意免費為人搬運物品，或者毫無反抗地讓上層種姓的男性侵犯他們的女人。更勇敢的是，他們開始爭取提高薪水與耕種的土地，有時候還會獲得共產主義行動者的支持。[33]

在都市中，低階種姓形成更有組織的力量。在印度共產黨的支持之下，屬於班吉（Balmiki）種姓的德里市區清潔工組成了專屬聯盟。一九五三年十月，這個聯盟向市法團（municipal corporation）提交了一份列有十一項要求的特許狀，內容著眼於更理想的工資與工作環境。清潔工組成遊行隊伍並且舉行公共會議，為了展現群眾之力，還一路遊行到市政府。也有一系列的絕食抗議，至少與警察發生一次大型衝突。記錄這些活動的歷史學家指出，這些抗議活動「並非只是爭取薪水，也在爭取尊嚴與班吉種姓的勞工價值」。[34]

VIII

穢不可觸種姓的傳記迅速增長的情況，也顯示出一九五〇年代是個變遷的時代。種姓偏見與種姓歧視猖獗，但是人們已不再像過去一樣順從地接受這個情況。最初的一絲騷動演變成社會抗議事件，也受到社會流動所創造出的新康莊大道推波助瀾。[35]

第一條康莊大道就是教育。印度獨立後，學校與學院教育大規模擴張。根據法律規定，必須保留一定比例的名額給表列種姓。根據政策，不同的邦政府都提供獎學金給出身自弱勢家庭的學童。他們善加利用這項優勢，孕育出一整個世代皆為家族中第一個接受教育的世代。根據估計，在剛獨立的十年內，印度的受教育者數量翻倍，過去曾是穢不可觸種姓，後來接受教育的人數則成長了八至十倍，讀大學的表列種姓人數也比以往增加許多。[36]

第二條康莊大道則是政府就業。根據法律，在邦立組織與接受邦援助的組織中，必須有百分之十五的工作機會要保留給表列種姓。而一九四七年後政府的就業機會大幅擴張，在祕書處、政府經營的學校、醫院、工廠與企業計畫中都產生了許多新職缺。雖然實際的數字難以統計，然而在印度獨立後二十年的時間，邦的相關機構大約為表列種姓創造了數百萬份工作機會。這些都是終身職位，能夠安穩地工作到退休為止，並且享有退休金與健康津貼。理論上，這些保留的職缺存在於政府的各個階層中，實際上則是最低階的保留工作職缺最先也最快補滿。直到一九六六年，只有百分之一點七七的資深行政職位、百分之八點八六的神職工作，是由出身於低階種姓的印度人所擔任，而有高達百分之十七點九四的臨時工與侍從工作由他們擔任。[37]

在國會與眾議院也有保留名額，百分之十五的席次須由表列種姓候選人出任。除此之外，通用的特許權表示他們也能夠影響「非保留名額」的選舉結果，表列種姓在許多層面都迅速抓住了投票賦予他們的機會。正如某位在阿格拉的低階種姓政治人物所觀察到的情況，他的選民「或許無法理解錯綜複雜的政治」，但是他們的確「了解選舉的力量並且想要加以利用」。[38]而且他們了解選舉在所有層面——包括國家、省級與地方——的力量。早在一九五〇年代早期，就曾出現過表列種姓組成同盟，阻止上層種姓地主贏得村落議會選舉的案例。[39]選舉馬上就被當作談條件的工具，舉例而言，在北方邦的某個村落中，鞋匠們告訴一位上層種姓候選人，只要他願意把死亡動物棄置場從他們聚居的地方移到村子外面，他們就願意支持他。[40]

對數量可觀的表列種姓而言，平權措施的確帶來了可觀的利益。如今，農場工人的孩子能夠成為（也確實當上了）議會成員。那些以低階「四級」身分加入政府團隊的員工，也能夠看著他們的孩子成為印度行政服務局的菁英成員之一。但是這種平權措施也為他們帶來了新的汙名，為了達成終結種姓歧視的目的，卻讓這些受益者更加牢固地被限制在自己原本的種姓中。上層種姓中也出現了懷疑與埋怨，受益的表列種姓反而瞧不起、遺忘了與自己出身相同階級的人。正如某位學者以嘲諷的口吻寫道，平權措施創造了「一群自我膨脹的人，他們迅速且輕易地因為自己爭取的微小利益而感到自滿」。[41]

最後一條社會流動的康莊大道就是整體的經濟發展，工業化與都市化代表遠離村莊的機會，即使表列種姓只能夠從事技術門檻與收入都較低的職位也一樣。遠離家鄉生活能夠讓人拓展視野，正如某個案例中，有個來自北方邦的農場工人變成了孟買的工廠勞工，並且漸漸愛上這座城市的博物館，尤其是博物館中的犍陀羅（Gandhara）藝術收藏品。[42]有時候也會產生經濟獲益，例如阿格拉的賈塔夫（Jatav）是一個專門從事製鞋與補鞋的種姓，他們的世界因為中東與蘇聯對鞋子的需求逐漸增長而澈底改變。賈塔夫成為了「城市自由民」（Urban yeomanry），能夠興建與購買屬於自己的房子。雖然許多人還是自己開業的鞋匠，有些賈塔夫也開設了工廠，光是他們付給工人的薪資，就比自己過去期盼能夠獲得的薪水還要高出許多。一九六〇年時，一位著名工匠的月薪大約是兩百五十盧比，工廠工人則是一百盧比，就連工廠中的小工人所賺的錢，都是毫無一技之長勞工薪水的好幾倍。雖然經濟獲利絕對不可能平均分配，市場卻幫助他們提升了經濟與社會地位。當時的局勢「與一九〇〇年之前的日子相去甚遠，那個時候賈塔夫只能夠擔任工人與公僕而已」。[43]

## IX

表列種姓正如穆斯林，也為國大黨組成了重要的「選票庫」（vote bank），他們也信任聖雄甘地的政黨更勝於其政敵。舉例而言，在一九五七年的選舉中，國大黨在國會為表列種姓所保留的七十六席中贏得了六十四席，並且在立法院的四百六十九席保留席位中贏得了三百六十一席。

加上為表列種姓所保留的席次後，就有四分之一的國會議員是源自弱勢背景，然而尼赫魯內閣中的所有高官卻全都是上層種姓。這個情況令他憂心。他告訴一位資深同僚：「我最大的困難之一，就是要找到一個適任的非婆羅門種姓。」尼赫魯請這位同僚提出人選建議，不過後來他自己找到了人選，一位來自馬德拉斯的錢德拉塞卡（Chandrasekar）夫人，她是一位受過教育的表列種姓，尼赫魯徵召她為副部長。[44]

聯邦內閣中職位最高的表列種姓部長，是來自比哈爾的拉姆。他出生於賤民（皮匠）家庭，成為他的村莊中第一位賤民出身去念高中的男孩，並且進入巴納拉斯印度教大學（Banaras Hindu University）就讀。大學畢業他加入了甘地運動，他的辛勤耕耘在一九四七年一連串的內閣提名時獲得了回報。他掌管的部門包括勞工、通訊、礦業與鐵路。雖然拉姆享有最優秀行政官員的聲譽，但是他並沒有像他曾參與的甘地運動背景要求的那樣過著極度簡樸的生活。[45]

然而最有魅力的表列種姓領導者其實不在國大黨內，他是安貝卡，他以無黨派的身分加入尼赫魯的內閣，並且在一九五一年離開政府職位，重新創立他的表列種姓聯盟。雖然安貝卡後來當選進入上議院，但是他的政黨在一九五二年的選舉中一敗塗地。如今這位印度教的世仇想要尋找能夠脫離先祖陰影的方式，他先是改信錫克教，接著是伊斯蘭教，然後是基督教。安貝卡最後在佛教找到依歸，這個源自印度的信仰似乎最適合他的理性主義與平等主義個性。

安貝卡離開內閣之後，全心投入佛教相關文學的研究中。他成為摩訶菩提會（Mahabodhi Society）的成員，探訪東南亞的佛教國家。安貝卡於一九五六年五月在孟買的一場公開會議中，宣布他會在年底之前皈依佛教，他的大型研究著作《佛祖與其正法》（*The Buddha and his Dhamma*）正在著手準備出版。安貝卡斟酌他應該在孟買舉行皈依典禮（在那裡的宣傳力量較大），還是應該在鹿野苑（Sarnath）的古佛教遺址舉行。結果他選擇了那格浦爾（Nagpur），一個位於印度中央的城市，他在那裡擁有大批死忠的追隨者。許多人跟隨他的腳步皈依佛教，在一九五六年十月十五日舉行了一場色彩繽紛，賓客雲集的儀式。安貝卡在六週後溘然辭世，他的火葬儀式在孟買舉行，頭上放了一個佛教的象徵物，有一百萬人參與他的喪禮遊行隊伍。[46]

就在他過世之前沒多久，安貝卡決定要組成一個新政黨：印度共和黨（Republican Party of India）。這個政黨在一九五七年正式成形，黨魁與核心成員都和安貝卡一樣出身自馬哈爾（Mahar）

種姓。幾乎所有馬哈爾種姓都跟隨他們的領導者皈依佛教，安貝卡在那格浦爾的馬哈爾種姓中是個受到敬畏的人物。安貝卡在世時，他們會以遊行的方式，高舉他的照片熱情地慶祝他的生日。他到城鎮演講的時候，工廠工人都會爭相來聽演講，就連「女人都像出席婚禮一樣參加遊行」。在他的啟發之下，馬哈爾種姓組成了表演團，演出諷刺印度教儀式與上層種姓行為舉止的戲劇。他們也歌頌安貝卡：「從比姆〔安貝卡〕將目光停留在窮人身上開始」，他們就爭相傳唱一首歌，「從那天開始我們日漸強壯……」[47]

安貝卡不僅僅在馬哈爾種姓的大本營受到尊敬，他在整個北印度都因為擁有哥倫比亞大學與倫敦大學博士學位的學術成就，以及草擬《印度憲法》的政治成就獲得景仰。對於稍微接受過教育的表列種姓成員，以及曾經念過高中或是離開家鄉村莊的人而言，安貝卡是他們的榜樣與偶像。他衝破了上層種姓的堡壘，並且鼓舞相同出身的人效法他的行為。

安貝卡給族人的座右銘是：「教育，鼓舞，組織。」他成立人民教育協會（People’s Education Society）經營學校與至少兩間優質學院，在這些學校或是其他學校就讀的表列種姓，理所當然會將安貝卡視為心靈導師。安貝卡所撰寫的書籍與小冊子成為表列種姓知識分子必讀的經典，人手一本流傳。[48]因此有一位拿到政府獎學金去念孟買悉達多法學院（Siddharth College）的碼頭工人之子，開始致力於在雜誌刊物上撰文以及參加辯論，「這些文章與演講的主題全都是安貝卡與他的賤民運動。」[49]

安貝卡的存在，凸顯出表列種姓與我曾在此書中列出與之相較的其他弱勢族群相當不同之處，因為穆斯林在行政部門或議會中都沒有保留名額。在獨立的印度也沒有與安貝卡擁有相同高度的人能夠啟發與鼓舞他們，無論安貝卡在世時，或是辭世許多年之後，依然如此。

X

一九四九年三月，德里附近村莊的一群表列種姓成員，以步行的方式前往聖雄甘地在市區的紀念館。賈特族地主因為這些過去的奴隸膽敢參與地方選舉，並且在村莊公有地放牧自家牲畜，而將他們掃地出門。這些被驅逐出村莊的人就在首都的市中心開始絕食抗議，他們在建國之父的紀念館前靜坐，並且學習甘地過去的抗議方式，藉此吸引大眾目光，包括追隨甘地的和平主義運動者以及內閣大臣都曾經去會見他們。[50]

接下來是印度都會區的案例，一位當選新科國會議員的表列種姓，在自己的家鄉西塔浦（Sitapur）申請加入律師公會，他的申請被擱置了四個月，後來公會通知他錄取了，但是不能使用公會中的廁所，而且只能由穆斯林僕人服侍他。這位國會議員讓首相知道了這件事，首相因此介入，讓他在毫無任何但書的情況下獲准加入律師公會。[51]

在其他地方，想維護自身權益的表列種姓可就沒這麼幸運了，社會學家坎布爾（N. D. Kamble）整理出數百個在獨立印度發生於表列種姓身上的「暴行」。以下是幾個由坎布爾的研究中精選（如果這個字眼適用的話）出來的案例：

**一九五一年四月：**孟買馬騰加（Matunga）勞動營。

一群工廠工人在安貝卡生日當天演出戲劇，卻被上層種姓的年輕人中斷演出，他們侮辱演員並且破壞舞臺。

**一九五一年六月**：喜馬偕爾邦的某個村莊。

一場表列種姓會議遭到拉吉普特地主攻擊，表列種姓遭到地主持棍棒毆打，領導人被繩子綑綁並且關在畜欄中。

**一九五一年七月**：孟買加爾岡（Jalgaon）的一所農村學校。

一位婆羅門教師因為安貝卡提出《印度教法典法案》而辱罵他，一位表列種姓學生表達不滿，就遭到老師毆打並且被趕出學校。

**一九五二年六月**：馬德拉斯邦馬都來區的某個村莊。

一位表列種姓年輕人在當地的商店中，請店家給他一杯用玻璃杯裝的茶，對方卻只給他一個椰子殼，他表達抗議之後，其他種姓的印度人就踢他並且毆打他的頭。

**一九五七年六月**：中央邦帕巴尼（Parbani）區的某個村莊。

剛皈依的佛教徒拒絕剝下死去牲畜的皮，因此遭到印度地主抵制，不願意給他們工作，還威脅要加以報復，危及他們的人身安全。

**一九五九年五月**：孟買邦亞美德納加（Ahmednagar）區的某個村莊。

村莊的人不准參加佛教婚禮派對的群眾從大門進入村莊，他們表達抗議時卻遭到其他種姓以石頭與刀劍攻擊。

**一九六〇年十月：**馬哈拉什特拉邦奧蘭卡巴區的某個村莊。非賤民種姓進入表列種姓的村莊，並且把一尊佛祖神像砸成碎片。[52]

這些案例與其他更多相似的案例所顯示出的是一個處於極度騷動的體系，在整個印度國內，民主政治之風讓表列種姓更加願意出面捍衛他們的權利。他們獲得學校、公家體系、工廠與立法單位中保留名額的援助，也受到偉大的領導人安貝卡成功範例的啟發，並且受到支持社會平等的憲法條款鼓舞。有許多表列種姓都願意放棄過去服從的舊路，轉而支持更加崎嶇難行的反抗之路。這種現象的結果，有時會引起那些還認為自己在社會中高人一等的其他種姓出現充滿敵意的反應。

## XI

一九二五年至一九二六年冬天，作家赫胥黎（Aldous Huxley）在英屬印度展開了一趟漫長的旅程。他參加了印度國會的坎浦議程，並且聆聽爭取自由的慷慨激昂演說。赫胥黎對這些熱血抱負表達贊同之情，卻也擔心他們所表達的只是上層種姓印度人的利益。正如他在描述旅程的著作中所寫：

在任何情況下，一開始下層種姓的大眾會因為印度自治所帶來的後果而受到痛苦折磨，似乎是無可避免的現象。因為上層種姓對下層種姓的優越感是源自於宗教因果，你很難期望政府中的少數人特別關照多數人的權利，〔讓他們〕享有權利甚至成了異端邪說。[53]

二十年後印度成為獨立國家，無論種姓、種族、年齡與性別，憲法皆賦予所有公民平等的權利。下層種姓還獲得了特殊權利，擁有就讀與工作的特許權，藉此補償他們過去數百年來所遭受的歧視。然而，正如制憲會議中的某位表列種姓成員所指出，國家法律是一回事，社會實踐又是另一回事。儘管從釋迦牟尼到甘地，改革家已經反對種姓偏見數百年之久，然而他們卻都「發現想驅趕穢不可觸種姓揮之不去的幽魂是一件難上加難的事」。法律的制定已經排除了穢不可觸種姓所受到的不平等待遇，例如他們能夠自由進出廟宇。「這些法律有何影響？」這位成員提出疑問，並且自問自答，「這些法律並沒有讓穢不可觸種姓的地位有一絲一毫改變……如果想讓穢不可觸的幽魂以及汙名消失無蹤，就得改變印度千萬上億人民，除非他們的心徹底改變，才有可能達到這個目標。我並不期盼穢不可觸種姓制度會消失無蹤，如今只能讓印度社會無論在任何形式的情況下都不再保留穢不可觸種姓制度。」54

有人對穢不可觸種姓在自由印度的社會地位抱持悲觀的態度，也對另一個龐大又動盪不安的弱勢族群——穆斯林——的未來抱持悲觀的態度。在伊斯瑪儀派具有影響力的伊斯蘭領導人阿迦汗（Aga Khan）於一九五一年在印度與巴基斯坦旅行，他發現在邊界兩端的穆斯林都「極度恐懼」，尤其印度的穆斯林更是如此。他在寫給尼赫魯的信中提到，「我個人感受到穆斯林心中的極度恐懼」，他們害怕「從現在開始五至十年後，或許會出現一個〔印度教〕大齋會政府，基於外交政策與高階政治的目的，公開讓現今的東、西巴基斯坦與印度結盟」。穆斯林領袖認為，一旦印度沙文主義政黨掌權，他們就會用原子彈讓流經喀什米爾的河流改道巴基斯坦，藉此讓它俯首稱臣。他拿阿拉伯世界的情況類比，聲稱蘇丹準備中斷尼羅河流經埃及的河道。在阿迦汗眼中，信奉印度教的印度之於信奉伊斯蘭教的巴基斯坦，就如同信奉基督教的蘇丹之於信奉伊斯蘭教的埃及。正如他所言：「我感受到因為水源問題，讓穆斯林之中瀰漫著一股厄運注定會降臨的氣氛……正如同埃及人恐懼的翻版。」[55]

這封信因為三個原因而相當引人注目。首先，這是個早期實例，描述了如今穆斯林普遍擔心會在全世界遭到迫害的恐懼。其次，這封信輕易地將印度穆斯林的利益與巴基斯坦的福祉相提並論。最後，或許也是最顯而易見的，就是這封信預測了印度共和國在十年內會成為信奉印度教的國家。

阿迦汗與赫胥黎所抱持的懷疑態度都是正確的，卻也是錯誤的。他們預期社會歧視將會延續下去是正確的，然而他們對高層政治領導人的意圖所做的預測卻是錯的。因為「執政少數」其實小心翼翼地處理多數人的權利。一位印度編輯在一九五九年——也就是印度獨立十年後——的作品中強烈反對尼赫魯，因此他拒絕承認尼赫魯兩個最偉大的成就，創立政教分離國家，以及賦予穢不可觸種姓平等的公民權。在回憶「印巴分治後浮上檯面的反動勢力」時，這位編輯指出：「要是尼赫魯表現出任何一絲弱點，那些反動勢力就會把這個國家變成印度教國家，弱勢族群……將無法享受任何安全與穩定的生活。」至於尼赫魯「永垂不朽的功績」，也就是他堅持賦予穢不可觸種姓公民權，「無論是公眾生活或是政府的所有決策，都會小心翼翼地維護印度這個政教分離國家中所有人的平等權利。」[56]

能夠確定的是，公共政策與實踐之間必定存在著落差。提倡政教分離與社會平等的法律存在於法典中，然而大部分的穆斯林與表列種姓卻還是貧困地處於社會邊緣，暴力威脅也從未遠離他們。然而，考量到這個國家創立時的血腥過去，以及巴基斯坦不停挑釁的行為，印度政府不願意實行政教合一自然是一件不容小覷的事。考量社會組織整體的恢復力，以及這個國家古老而神聖的歷史，種姓制度能夠產生如此巨大的改變自然是一件了不起的事。廢除穢不可觸種姓，或是確保所有公民皆享有平等權利的過程相當崎嶇，在那些迫不及待的改革者眼中，也是相當緩慢的過程。然而印度獨立後的前十七年所完成的改革進度，已經比過去的一千七百年還要多出許多了。

49. Jadhav, *Outcaste*, p. 231.
50. Rameshwari Nehru, *Gandhi Is My Star* (Patna: Pustak Bhandar, 1950), pp. 110ff.
51. The *Current*, 8 February 1956.
52. N. D. Kamble, *Atrocities on Scheduled Caste in Post-Independent India* (New Delhi: Ashish Publishing House, 1981), pp. 8-46. 坎布爾的案例源自英文、印度文與馬拉提文報紙，我已經將他的譯文加以簡化與概述。
53. Aldous Huxley, *Jesting Pilate: The Diary of a Journey* (London: Chatto and Windus, 1927), pp. 116-17.
54. Speech by H. J. Khandekar, 21 November 1949, in CAD, vol. 11, pp. 736-7.
55. 阿迦汗致信尼赫魯，1951年1月25日，副本收錄於Subject File 61, C. Rajagopalachari Papers, Fourth Instalment, NMML.
56. D. F. Karaka, writing in the *Current*, 11 November 1959. 接著卡拉卡列出尼赫魯的失敗之處，包括無法杜絕貪腐、任人唯親以及對共產中國的愚昧信任。

anthology edited by Arjun Dangle, *Poisoned Bread: Translations from Modern Marathi Dalit Literature* (Hyderabad: Orient Longman, 1992).

36. Harold R. Issacs, *India's Ex-Untouchables* (New York: John Day, 1965), pp. 80-1.
37. 這個段落是根據達旭金（Lelah Dushkin）的三篇論文：'The Backward Classes: Special Treatment Policy' and 'The Backward Classes: Removal of Disabilities', *Economic Weekly*, 28 October 1961and 4 November 1961; and 'Backward Caste Benefits and Social Class in India, 1920-1970', *Economic and Political Weekly*, 7 April 1979. 請參見Marc Galanter, *Competing Equalities: Law and the Backward Classes in India* (Delhi: Oxford University, 1984).
38. 引自Owen M. Lynch, *The Politics of Untouchability: Social Mobility and Social Change in a City of India* (New York: Columbia University Press, 1969), p. 89.
39. 請參見Bernard S. Cohn, The Changing Status of a Depressed Caste, in Marriot, *Village India*, esp. pp. 70-2.
40. J. Michael Mahar, 'Agents of Dharma in a North Indian Village', in J. M. Mahar, *The Untouchables in Contemporary India* (Tucson: University of Arizona Press, 1972), p. 29.
41. Issacs, *India's Ex-Untouchables*, p. 126.
42. Dube, *Words Like Freedom*, p. 53.
43. Lynch, *The Politics of Untouchability*, chapter 3 and *passim*.
44. 尼赫魯致信拉賈吉，1952年5月5日與6月25日，收錄於Subject File 123, C. Rajagopalachari Papers, Fifth Instalment, NMML.
45. Oliver Mendelsohn and Marika Vicziany, *The Untouchables: Subordination, Poverty and the State in India* (Cambridge: Cambeidge University Press, 1998), pp. 207-8, 252; Devendra Prasad Sharma, *Jagjivan Ram: The Man and His Times* (New Delhi: Indian Book Co., 1974).
46. 安貝卡人生最後一程的紀錄是根據Vasant Moon, *Dr. Babasaheb Ambedkar*, trans Asha Damle (New Delhi: National Book Trust, 2002), pp. 203-19. 針對安貝卡的想法（包括皈依佛教）最詳盡的紀錄是Eleanor Zelliot, *Untouchable to Dalit: Essays on Ambedkar Movement* (Delhi: Manohar, 1992) and Jayashree Gokhale, *From Concessions to Confrontation: The Politics of an Indian Untouchable Community* (Bombay: Popular Prakashan, 1993). 也可參見Valerian Rodrigues, ed., B. R. *Ambedkar: Essential Writings* (New Delhi: Oxford University Press, 2004).
47. Moon, *Growing up Untouchable in India*, PP. 52, 107-11, 127, 160-1 etc.
48. 請參見Valmiki, *Joothan*, p. 71f.

India', in D. E. Smith, ed., *South Asian Politics and Religion* (Princeton: Princeton University Press, 1966).

22. W. C. Smith, *Islam in Modern History* (1957; reprint New York: Mentor Books, 1959), pp. 263-4.
23. 出處同上，頁268-274。
24. 請見泰森（J. D. Tyson）的家書，1947年8月8日，收錄於Mss Eur D341/40, OIOC.
25. 請參見Farida Abdulla Khan, 'Other Communities, Other Histories: A Study of Muslim Women and Education in Kashmir', in Zoya Hasan and Ritu Menon, eds, *In a Minority: Essays on Muslim Women in India* (New Delhi: Oxford University Press, 2005).
26. 相關論文與證據請參見M. K. A. Siddiqui, *Muslims in Free India: Their Social Profile and Problems* (New Delhi: Institute of Objective Studies, 1998).
27. The *Current*, 5 September 1956.
28. D. E. Smith, *India as a Secular State* (Princeton: Princeton University Press, 1963), esp. pp. 412-413.
29. Smith, *Islam in Modern History*, p. 267.
30. Mushirul Hasan, *Legacy of a Divided Nation: India's Muslim Since Independence* (Delhi: Oxford University Press, 1997), p. 161.
31. Taya Zinkin, *Challenges in India* (New York: Walker and Co., 1966), pp. 147ff.
32. Mohamed Raza Khan, *What Price Freedom? A Historical Survey of the Political Trends and Conditions Leading to Independence and the Birth of Pakistan and After* (Madras: privately published, 1969), pp. 503f.
33. 請參見相關研究，收錄於M. N. Srinivas, ed., *India's Villages* (1955; reprint Bombay: Media Promoters and Publishers, 1985), pp. 28-9, 94, 100 etc.; 以及McKim Marriot, ed., *Village India: Studies in the Little Community* (Chicago: The University of Chicago Press, 1955), pp. 45, 47, 51, 68, 70-2 etc.
34. Vijay Prashad, *Untouchable Freedom: A Social History of a Dalit Community* (New Delhi: Oxford University Press, 2000), pp. 156-63.
35. 在各種有英文版本的自傳與回憶錄中，請特別參見Omprakash Valmiki, *Joothan: A Dalit's Life*, trans. Arun Prabha Mukherjee (Kolkata: Samya, 2003); Narendra Jadhav, *Outcaste: A Memoir* (New Delhi: Viking, 2003); Vasant Moon, *Growing up Untouchable in India*, trans. Gali Omvedt (Lanham, Md.: Rowman and Littlefield, 2001); Siddharth Dude, *Words Like Freedom: The Memoirs of an Impoverished Indian Family, 1947-1997* (New Delhi: HarperCollins India, 1998); and the pioneering

of India, New Delhi. 其餘段落皆源自於此檔案，副本是德里大學的拉里（Nayanjyot Lahiri）教授所提供給我的。

7. 這位主管名叫潘迪特・馬德侯・薩魯普・費斯（Pandit Madho Sarup Vats），雖然我們對他的生平一無所知，不過費斯（Vats）是旁遮普印度教徒的姓氏，因此他的報復行為或許源自於旁遮普的大屠殺事件。
8. 引自Farhana Ibrahim, 'Defining a Border: Harijan Migrants and the State in Kachchh', *Economic and Political Weekly*, 16 April 2005.
9. 尼赫魯致信帕特爾，1950年2月20日，請見SPC, vol. 10, p. 5.
10. 例如參見尼赫魯致信帕特爾，1947年10月6日及11月21日，收錄於SPC, vol.4, pp. 399-401, 362-4.
11. 1947年10月15日的信件，收錄於LCM, vol. 1, pp. 32-3.
12. 1949年10月2日的信件，同上，頁478-479。
13. 1953年9月29日與1954年6月15日的信件，收錄於LCM, vol. 3, pp. 375-6, 570 (粗體字為本書作者所標注).
14. 下議院關於阿扎德去世所發表的談話，重現於*Maulana Azad: A Homage* (New Delhi; Publications Division, 1958), pp. 30-1.
15. 關於穆斯林於1950年代在全國與地方選舉中對國大黨的支持，請參見Sisir K. Gupta, 'Moslems in Indian Politics, 1947-1960,' *India Quarterly*, vol. 18, no. 4, 1962.
16. Saif Fazi Badruddin Tyabji, *The Future of Muslims in India* (Bombay: Writers' Emporium, 1956). 泰耶吉展望未來的態度，與勒克瑙不停緬懷與哀悼過去的偉大神學家納德維（S. Abul Hasan Ali Nadwi）正好形成了有趣的對比。請參見他的*Muslims in India*, trans. Mohammad Asif Kidwai (Lucknow: Academy of Islamic Research and Publications, 1961). 泰耶吉於1958年在下議院公開演講後沒多久就過世了，有人（也就是自然資源保護論者福特浩利〔Zafar Futehally〕）對我形容他年僅四十就與世長辭，可說是「印度的穆斯林最糟糕的悲劇」。
17. 請參見相關文件，收錄於Files 78 and 79, Delhi Police Records, Fifth Instalment, NMML.
18. 引自W. H. Morris-Jones, *Parliament in India* (London: Longmans, Green and Co., 1957), p. 27, fn.
19. 'Daily Diary', 19 February 1954, in File 138, Delhi Police Records, Sixth Instalment, NMML.
20. 請參見Noorani, *The Muslims in India*, pp. 99-100.
21. 細節請參見Theodore P. Wright, Jr., 'The Effectiveness of Muslim Representation in

這個議題上他願意在尼赫魯身上下賭注。

38.《印度斯坦時報》，1964年5月25日。除非特別附注，此處其餘引用段落皆以1964年5月25日至30日的《印度斯坦時報》報導為援引來源。

39.《黎明》引《印度斯坦時報》，1964年5月27日（粗體字為本書作者所標注）。

40. Walter Crocker, *Nehru: A Contemporary's Estimate* (New York: OxfordUniversity Press, 1966), p. 178.

41. 在他具有權威性的尼赫魯三部傳記中，戈帕爾用了三個段落來描寫這件事。尼赫魯最新一本傳記的作者布朗（Judith Brown）則給了一個段落。至於最近所出版的關於喀什米爾爭議的著作，例如叔菲爾德（Schonfield）、伯斯（Bose）與甘古力（Ganguly）的作品，則對這起事件隻字未提。

42. Romesh Thapar, 'Behind the Abdullah Headlines', *Economic Weekly*, 30 May 1964.

43. V. K. T. Chari toY. D. Gundevia, 16 May 1964, in Subject File 4, Y. D. Gundevia Papers, NMML.

44.《印度斯坦時報》，1964年5月26日。

45. 引自《印度斯坦時報》，1964年5月29日。

## 第十七章　心繫弱勢族群

1. 奧斯汀於1968年5月28日撰寫的日記在三十年後刊載於《印度日報》（*The Hindu*），1994年5月29日。

2. 請參見蘇瓦拉底、康利克塞曼、尼赫魯、真納與甘地的往來信件，收錄於A. G. Noorani ed., *The Muslims of India: A Documentary Record* (New Delhi: Oxford University Press, 2003),pp. 40-52. 也可見Chaudhry Khaliquzzaman, *Pathway to Pakistan* (Lahore: Longmans, Green and Co., 1961).

3. 尼赫魯致信塔塔，1947年10月23日；塔塔致信尼赫魯，1947年11月4日，信件收錄於Tata Steel archives, Jamshedpur.

4. Gardner Murphy, *In the Minds of Men: The Study of Human Behavior and Social Tensions in India* (New York: Basic Books, 1953), pp. 144-7.

5. 請參見'You Cannot Ride Two Horses', in *For a United India: Speeches of Sardar Patel* (1949; reprint New Delhi, Publications Division, 1982), pp. 49-52 (粗體字為本書作者所標注).

6. 'Top Secret' letter dated 17 July 1948 from HVR Iengar, Home Secretary, to Dr Tara Chand, Education Secretary, in File 6 / 228 / 48 ('Information regarding government servants whose family is still staying Pakistan'), records of the Archaeological Survey

Brahamanand Papers, NMML.

26. Jayaprakash Narayan, 'Our Great Opportunity in Kashmir', HT, 20 April 1964.
27. C. Rajagopalachari, 'Am I Wrong?', *Swarajya*, 25 April 1964.
28. 請參見《印度斯坦時報》於1964年4月23日的報導。在本章剩餘的部分，只要是沒有特別指明出處的引用段落，皆出自此報。
29. Telegram dated 29 April 1964, in Subject File 92, C. Rajagopalachari Papers, Fourth Instalment, NMML.
30. 日期標注為1964年4月29日的電報，同上。正如這份檔案中的其他信件所示，自由獨立黨大部分的成員，都反對馬薩尼與拉賈吉對尼赫魯與謝赫對談所展現的支持。穆希認為謝赫應該再回到監獄，帕特爾的兒子達巴亞（Dahyabhai Patel）則認為，解決喀什米爾問題的唯一方法，就是與來自東巴基斯坦的印度教難民一起安頓河谷區。
31. 謝赫致信馬薩尼，1964年4月16日，同上。
32. 夏斯特里致信拉賈吉，1964年5月4日，同上。
33. 'Kashmir - Talk with Sheikh Abdullah on 8th May, 1964, at PM's House', Subject File 4, Y. D. Gundevia Papers, NMML.
34. 羅爾致信拉賈吉，1964年5月10日；拉賈吉致信羅爾，1964年5月12日，皆收錄於Subject File 92, C. Rajagopalachari Papers, Fourth Instalment, NMML.
35.《印度斯坦時報》，1964年5月23日。
36. Y. D. Gundevia to V. K. T. Chari (Attorney-General, Madras), 13 May 1964, Subject File 4, Y. D. Gundevia Papers, NMML.
   以結盟方式解決喀什米爾問題一開始是由記者摩爾（Arthur Moore）早在1948年1月所提出的提議，摩爾相信「印度、巴基斯坦與喀什米爾應該組成聯邦式的共和政體，共享外交、國防與經濟，在其餘方面則依然維持獨立政府所統治的邦。他在聖雄甘地死前向他提出這個想法，後來也確實與總理討論過這個議題。摩爾也曾在尼赫魯七十大壽時送給他的頌辭中提到這個主題，他將之稱為『尼赫魯領導能力的最大考驗……〔因為〕直到喀什米爾問題獲得解決為止，印度與巴基斯坦之間都絕不可能會有令人滿意的關係』」。請參見Arthur Moore, 'My Friend's Son', in Rafiq Zakaria, ed., *A Study of Nehru* (1959; 2nd edn Bombay: The Times of India Press, 1960), esp. pp. 175-6. 尼赫魯非常可能曾經讀過摩爾的文章。
37. 1964年5月20日的信件，收錄於Subject File 92, C. Rajagopalachari Papers, Fourth Instalment, NMML. 馬薩尼是議會中最嚴厲批判總理的人之一，但是正如他的恩師拉賈吉，他預見喀什米爾問題的進展能夠為印度次大陸的未來鋪路，至少在

*Statesman*, 16 June 1963.

8. 請參見Stanley Kochanek, *The Congress Party of India: The Dynamics of One-Party Democracy* (Princeton: Princeton University Press, 1968), pp. 79ff.
9. 出處同上，頁78-80。
10. H. V. Kamath, *Last Days of Jawaharlal Nehru* (Calcutta: Jayashree Prakashan, 1977), pp. 1-2.
11. Wells Hangen, *After Nehru, Who?* (London: Rupert Hart-Davis, 1963).
12. 這些句子引自史戴斯（Tom Stacey）所撰寫的文章，原文刊登於倫敦《週日泰晤士報》，並以不同標題重新刊登於《思潮》週刊，1964年1月1日。
13. 甘地夫人致信薩拉巴伊，1963年9月4日，請見Reel 57, Mridula Sarabhai Papers, on microfilm, NMML.
14. 請參見德瓦卡達斯（Kanji Dwarkadas）致信斯卡伯勒伯爵（Lord Scarborough），1964年1月16日，收錄於Mss Eur F253 / 53 (Lord Lumley Papers), OIOC.
15. 對於這個邦成形的各種不同起因，請參見P. N. Luthra, *Nagaland: From a District to a State* (Shillong: Directorate of Information and Public Relations, 1974), pp. 1-16; A. Lanunnungsang Ao, *From Phizo to Muivah: The Naga National Question in North-east India* (New Delhi: Mittal Publications), pp. 81-2.
16. The *Current*, 4 January 1964.
17. 請參見《思潮》週刊1963年4月20日的報導。
18. C. P. Srivastava, *Lal Bahadur Shastri: A Life of Truth in Politics* (Delhi: Oxford University Press, 1995), pp. 71-4; Rajeshwar Prasad, *Days with Lal Bahadur Shastri: Glimpses from the Last Seven Years* (New Delhi: Allied Publishers, 1991), pp. 27-9.
19. 蒙巴頓勛爵與尼赫魯的對談紀錄於Subject File 52, T. T. Krishnamachari Papers, NMML.
20. Aparna Basu, *Mridula Sarabha: Rebel with a Cause* (Delhi: Oxford University Press, 1996), chpater 9, 'Kashmir'; *Hindustan Times* (hereafter HT), 9 April 1964.
21. *Dawn*, 18 November 1960.
22. 尼赫魯致信彭迪特，1953年10月3日，請見Vijayalakshmi Pandit Papers, NMML.
23. 尼赫魯致信帕里瓦（Tikaram Paliwal），1955年7月17日，請見SWJN2, vol. 29, pp. 452-3.
24. 這些與謝赫獲釋及他凱旋回到河谷區相關的段落，都是以1964年4月6日至24日之間發行的《印度斯坦時報》的報導為引用根據。
25. 請參見相關信件與文件，收錄於Subject File 28 ('Indo-Pakistan Conciliation Group'),

80. A. M. Rosenthal, 'War Fever in India' , *New York Times*, 3 November 1962.
81. D. R. Mankekar, *The Guilty Men of 1962* (Bombay: Tulsi Shah Enterprises, 1968), pp. 88-90.
82. Woodman, *Himalayan Frontier*, p. 293.
83. Maxwell, *India's China War*, p. 465.
84. Palit, *War in High Himalaya*, pp. 225, 231.
85. 引自 Snow, *Other Side of the River*, pp. 761-2 (粗體字為本書作者所標注).
86. Allen Ginsberg, *Indian Journals: March 1962-May 1963* (San Francisco: City Lights Books, 1970), p. 50.

## 第十六章　我們這個時代的和平

1. John Kenneth Galbraith, *Ambassador's Journal* (Boston: Houghton Mifflin, 1969), pp. 405-12.
2. Robert Sherrod, 'Nehru: The Great Awakening', *Saturday Evening Post*, 19 January 1963.
3. 高伯瑞致信甘迺迪，1963年1月29日，副本收錄於Dean Rusk Papers, University of Georgia, Athens. 或許是高伯瑞的經濟學家身分，讓他認為以美國利益而言，中國會是比蘇俄更嚴重的長期威脅。
4. 請參見Richard Parker, *John Kenneth Galbraith: His Life, His Politics, His Economics* (New York: Farrar, Straus and Giroux, 2005), p. 400.
5. 請參見相關剪報，收錄於Files 9 and 10, Box XVI.18, Richard B. Russell Papers, University of Georgia, Athens. 本段落的其餘部分也是以這些檔案中的文件素材為基礎所撰寫。
6. 還有一封內容相當瘋狂，所以或許不該在正文中引用的信，提出了比提供武力給印度更便宜的方式解決中國的威脅。佛羅里達州桑福德（Sanford）的克洛（S. B. Crowe）建議美國將裝有炸藥的原子能廢棄物箱子丟在中國邊界的喜馬拉雅山上。這樣中國人就會有所警惕，並且「遠離西藏跟印度」。然而，「如果毛澤東想進行基因實驗，讓一億五千萬人經歷這場輻射災難，這就會變成一場很有趣的實驗了。」這應該能為美國的納稅人省下「大約十億美金」。克洛先生的署名如下：「為政府經濟考量的人敬上。別管凱因斯的經濟理論了，這個桶子可不是個無底洞。」
7. 'Transcript of Prime Minister's Press Conference held on June 15, 1963, in New Delhi', 由印度政府新聞情報局（Press Information Bureau）所發布，副本收錄於Subject File 189, P. N. Haksar Papers, Third Instalment, NMML. 也可見*The*

舊擔心中國的威脅一事，也記錄在他過去的藏書，而如今已是我的藏書中。該書的作者是一位退休少校，書中提供了一種歷史概觀，認為東北邊境特區已經成為邊界衝突中心。我所收藏的這本書：Major Sitaram Johri, *Where India, China and Burma Meet* (Calcutta: Thacker, Spink and Co., 1962) 書扉頁寫著：「K・S・蒂邁雅，1962年2月9日」。我在邦加羅爾的一家二手書店裡發現這本書，那曾經是將軍的家鄉，如今也是我的家鄉。

66. 作為引燃中國侵略行動的導火線，許多人都曾以塔拉衝突為主題進行寫作。在這些參考資源中，我的理論基礎是：Brigadier J. P. Dalvi, *Himalayan Blunder* (Delhi: Hind Pocket Books, 1970), chapters 7, 9-12; Maxwell, *India and the China Crisis*, pp. 130ff.
67. Hoffman, *India and the China Crisis*, p. 149.
68. Dalvi, *Himalayan Blunder,* pp. 262-3.
69. *New York Times*, 21 October 1962.
70. *New York Times*, 24 October 1962.
71. Dalvi, *Himalayan Blunder,* pp. 80-1.
72. 周恩來致信尼赫魯，1962年10月24日與11月4日；尼赫魯致信周恩來，1962年10月27日與11月14日，收錄於WP VIII, pp. 1-17.
73. John Kenneth Galbraith, *Ambassdor's Journal* (Boston: Houghton Mifflin, 1969), p. 385.
74. *New York Times*, 28 and 30 October 1962.
75. *Lok Sabha Debates*, 8-14 November 1962. 在他的閉幕演說中，尼赫魯揭露在新德里發生了一系列攻擊中國商店的事件，「讓印度人變得野蠻，也破壞了我們的名聲」。尼赫魯跟他的恩師甘地一樣，非常清楚國族主義極為容易演變成侵略主義。對無辜的商家採取報復行動完全錯得離譜，因為「我們一定要區分政府行動與整體人民才行」。
76. 瓦弄戰役在巴爾加瓦（G. S. Bhargava）的書中有生動的描述，請參見*The Battle for NEFA* (Bombay: Allied Publishers, 1964), chapter 5.
77. Hoffman, *India and the China Crisis*, p.180-1.
78. Maxwell, *India's China War*, pp. 398ff. 在他的回憶錄中，考爾辯駁色拉是個位置良好且防禦工事相當穩固的要塞，應該至少可以堅守一個星期。他將色拉淪陷與軍隊潰逃的責任歸咎於當時的指揮官帕沙尼亞（A. S. Pathania）少將身上，認為是他過於鬆懈。請參見Kaul, *The Untold Story*, pp. 413ff.
79. 正如維傑斯（B. G. Verghese）文中所說，請見'Unfinished Business in the North-East', *Mainstream*, 15 June, 2002.

49. 剪報，來自於*The Times*, 21 September 1962, in Mss Eur 158/239, OIOC.
50. Daniel Thorner, 'Ploughing the Plan Under: Ford Team Report on Food "Crisis"', *Economic Weekly*, special issue, July 1959.
51. 請參見*Report of Non-Official Enquiry Commission on Cachar* (Calcutta: N. Chatterjee, 1961); L. P. Singh, *Portrait of Lal Bahadur Shastri: A Quintessential Gandhian* (New Delhi: Ravi Dayal, 1996), chapter 3.
52. The *Current*, 8 March 1961.
53. Selig S. Harrison, *India: The Most Dangerous Decades* (Princeton: Princeton University Press, 1960).
54. 請參見Grover Smith, ed., *Letters of Aldous Huxley* (London: Chatto and Windus, 1969), pp. 926-7.
55. Arthur Cook, 'Nehru', *Daily Mail*, 20 February 1962.
56. 細節請見WPs IV, V and VI, *passim*.
57. *Lok Sabha Debates*,11 April 1961.
58. 出處同上, 17 August and 28 November 1961, 14 August 1962.
59. 出處同上, 5 December 1961.
60. P. D. Gaitonde, *The Liberation of Goa: A Participant's View* (London: C. Hurst and Co., 1987), chapter 18; *Illustrated Weekly of India*, special issue, 18 February 1962; D. R. Mankekar, *The Goa Action* (Bombay: The Popular Book Depot, 1962).
61. 請見相關剪報與文件，收錄於File 8, Box XVI. 18, Richard B. Rusell Papers, University of Georgia, Attens; File 29, Penderel Moon Papers, OIOC (Mss Eur F230 / 29).
62.《紐約時報》，1961年12月18日與19日。也有人建議印度軍方內部對果阿人的大膽行動樂見其成，因為那是輕鬆迎來的勝利。某位軍官回憶，那「讓眾人對中國邊界沿線的沉重氣氛與不祥預感鬆了一口氣」。請參見Maj. Gen. D. K. Palit, *Musing and Memories*, vol. 2 (New Delhi: Lancer, 2004), pp. 411-12.
63. 我對選票的計算是根據Aloo J. Dastur, *Menon versus Kripalani: North Bombay Election*, 1962 (Bombay: University of Bombay, 1967), 補充資料為Norman D. Palmer, 'The 1962 Election in North Bombay', *Pacific Affairs*, no. 1, spring 1963. 也可見A. D. Gorwala, *Krishna Menon: Danger to India* (Bombay: privately published, January 1962). 印度語打油詩由拉馬克里希那（Nitya Ramakrishnan）提供。
64. 'Seminarist', 'Issues in the Election', *Seminar*, July 1962.
65. K. P. Subramanis Menon, 'The Ramification', 以及General K. S. Thimayya, 'Adequate "Insurance"', 皆收錄於*Seminar*, July 1962. 即使退休後，蒂邁雅將軍仍

32. The *Current*, 27 April, 1960.
33. 'Record of Talks between Prime Minister of India and Prime Minister of China, 20th to 25th April 1960', in Subject File 24, P. N. Haksar Papers, First and Second Instalments, NMML. 這份對談紀錄篇幅橫跨超過一百張標準紙（17.2cm×21.6cm）。
34. 周恩來與德賽、彭特、拉達克里希南與其他領導人的對話紀錄副本收錄於 Subject File 26, P. N. Haksar Papers, First and Second Instalments, NMML. 德賽的言論精神是正確的，然而內容卻有些錯誤之處。因為在英國尋求政治庇護的人是馬克思，當時列寧則在另一個布爾喬亞國家瑞士過著被流放的生活。
35. 這段內容是根據 Margaret W. Fisher, Leo E. Rose and Robert A. Huttenback, *Himalayan Battleground: Sino-Indian Rivalry in Ladakh* (London: Pall Mall Press, 1963), esp. chapter 11.
36. 對話紀錄副本收錄於 Appendix XI of Parshotam Mehra, *Negotiating with the Chinese, 1846-1987* (New Delh: Reliance Publishing House, 1989).
37. 刊登於《Look》雜誌上的訪談，1960年10月18日，重現於 Edgar Snow, *The Other Side of the River: Red China Today* (New York: Random House, 1963), pp. 762-3.
38. Baldev Raj Nayar, *Minority Politics in the Punjab* (Princeton: Princeton University Press, 1969), esp. p. 248-60; the *Current*, 16 August and 23 August 1961; 尼赫魯、拉賈吉與塔拉．辛格上師之間的書信往返，收錄於 Subject File 82, C. Rajagopalachari Papers, Fourth Instalment, NMML.
39. 尼赫魯致信納拉揚，1961年10月10日，請見 Brahmanand Papers, NMML.
40. 請參見 Mangat Lai, *Commitment My Style* (Delhi: Vikas Publishing House, 1973), chapter 10. 賴恩在凱隆的八年任期中曾經擔任他的祕書長長達五年。
41. The *Current*, 9 December 1959, 6 January 1960 and 14 September 1963.
42. A. G. Nooran, *Ministers' Misconduct* (Delhi: Vikas Publishing House, 1973), p. 42.
43. Nirmal Nibedon, *Nagaland: The Night of the Guerillas* (New Delhi: Lancer, 1983), pp. 88-90.
44. A. Z. Phizo, *The Fate of The Naga People: An Appeal to the World* (London: privately published, July 1960).
45. 例如參見相關剪報，收錄於 W. G. Archer Papers, Mss Eur F236, OIOC.
46. Anon., *The Naga Problem* (New Delhi: Ministry of Internal Affairs, 1960). 這份小冊子的印刷數量多達兩千冊。
47. 這份備忘錄重現於 Kumar and Arora, *Documents*, pp. 91-5.
48. 出處同上，頁101-105。

20.「前進政策」在主要策畫人穆里克（B. N. Mullik）的回憶錄中有些許著墨，請參見*My Years with Nehru: The Chinese Betrayal* (Bombay: Allied Publishers, 1971), 尤其是14章與19章，穆里克曾任印度情報局長，與邊界爭議有關問題的關鍵決定，他都參與其中。
21. 拉提非致信尼赫魯，1959年11月27日，複本收錄於Subject File 423, P. N. Haksar Papers, Third Instalment, NMML (粗體字為原書作者所標注).
22. 引自Neville Maxwell, *India's China War* (Harmondsworth: Penguin, 1972), p. 152.
23. *The Hindu*, 引自Dorothy Woodman, *Himalayan Frontier: A Political Review of British, Chinese, Indian and Russian Rivalries* (London: Barrie and Rockcliff, 1969), p. 245.
24. Steven A. Hoffman, *India and the China Crisis* (Delhi: Oxford University Press, 1990), pp. 67, 73, 82-3 etc. 印中邊界爭議的起源與發展軌跡，絕對是範圍廣泛且創作靈感豐富的文學主題。一方面有印度的將軍與官員自我偏袒的回憶錄，指控中國「背叛」了印度的信任。這些指控都在麥斯威爾（Neville Maxwell）的著作（*India's China War*）中獲得了回應，這是一本記錄詳實的書，也從中國的觀點洞察所有大小事。霍夫曼則是能夠對邊界爭議完全抽離，並且全方位地記錄，這或許也是相關書籍之中最出色的一本著作。
25. 周恩來致信尼赫魯，1959年11月7日及12月17日；尼赫魯致信周恩來，1959年11月16日及12月21日，收錄於WP III, pp. 45-59.
26. Owen Lattimore, 'India-Tibet-China: Starting Principle for Frontier Demarcation', *Economic Weekly*, annual issue, January 1960. 霍夫曼解釋印度無法接受周恩來「以物易物」的提議，因為周恩來要求「印度接受偷偷摸摸獲得〔西邊的〕的領土，以此為條件換取中國毫無價值的保證，確保〔東邊的〕另一部分領土不會遭受威脅」（*India and the China Crisis*, pp. 86-7）。
27. 'Pragmatist', 'The Political Economy of Defence', *Economic Weekly*, annual issue, January 1960.
28. President and address of Pitambar Das, 重現於Girja Kumar and V. K. Arora, eds. *Documents of India Affairs, 1960* (Bombay: Asia Publishing House, 1965).
29. 請參見Gyanvati Darbar, *Portrait of a President: Letters of Dr. Rajendra Prasad*, vol. 2 (New Delhi: Vikas Publishing House, 1976), pp. 85-6.
30. 此處及以下引用段落若非特地注明，則皆出自*Indian Express*從1960年3月10日至4月27日的不同期號。
31. Kumar and Arora, *Documents,* pp 493-4. 在這封信上署名的人包括克里帕拉尼、馬薩尼、瓦巴依，以及戈雷。

一份，此處後續提到都以白皮書一、白皮書二等名稱代稱。除非特別提及，本章節其餘之處所引用的內容皆是根據第一份白皮書中的筆記與通信內容。

5. Stuart Schram, *Mao Tse-Tung* (Harmondsworth: Penguin, 1967), p. 282.
6. George N. Patterson, *Peking versus Delhi* (London: Faber and Faber, 1963), pp. 162-3.
7. 關於JP的論點，請參見*The Tragedy of Tibet: Speeches and Statements of Jayaprakash Narayan* (New Delhi: Afro-Asian Committee on Tibet, 1959). 關於印度人民同盟的立場，請參見India's Stake in Tibet's Freedom', *Organiser*, 27 April 1959, 重新刊登於Pandit Deendayal Upadhyaya, *Political Diary* (Bombay: Jacio Publishing House, 1968), pp. 97-101.
8. 請參見Subject File 16, Thimayya Papers, NMML.
9. 他是第一位，也是目前為止最後一位由西方作家韓福瑞·艾文斯（Humphrey Evans）撰寫傳記的印度軍人，請見*Thimayya of India* (New York: Harcourt, Brace and Co., 1960).
10. Arthur Lall, *The Emergence of Modern India* (New York: Columbia University Press, 1981), p. 119.
11. Wells Hangen, *After Nehru, Who?* (London: Rupert Hart-Davis, 1963), chapter 9. 考爾也在回憶錄中不停宣傳自己與尼赫魯的關係，還宣稱自己是總理的知己與軍師。請參見Lt. Gen. B. M. Kaul, *The Untold Story* (Bombay: Allied Publishers, 1967), pp. ix-x，81-2, 86fn, 87, 97, 114, 118 etc.
12. Maj. Gen. D. K. Palit, *War in High Himalaya* (New Delhi: Lancer International, 1991), p. 76.
13. 請參見蒂邁雅致信尼赫魯，1959年8月31日及9月3日，收錄於Thimayya Papers, NMML.
14. Press Clipping File 16, Thimayya Papers, NMML. 這份檔案的封面有個筆記，幾乎可以確定是出自將軍本人之手，內容摘要大略如下：「如果要在國會之外的地方舉行民調，國會內外的意見一定都偏向支持蒂邁雅。」
15. Letters of Ashutosh Lahiri and Sheodatt, Subject File 15, Thimayya Papers, NMML.
16. H. V. Kamath, 'The Sino-Indian Border Dispute', *Illustrated Weekly of India*, 18 October, 1959.
17. The *Current*, 14 and 28 October 1959.
18. 羅爾致信尼赫魯，1959年12月3日，收錄於B. Shiva Rao Papers, NMML.
19. 周恩來致信尼赫魯，1959年9月8日；以及尼赫魯致信周恩來，1959年9月26日，收錄於WPII, pp. 27-46.

43. 請參見收錄於主題檔案34的信件與文件, C. Rajagopalachari Papers, Fifth Instalment, NMML.
44. 這份文章重現於C. Rajagopalachari, *Santyam Eva Jayate* (The Truth Alone Shall Triumph) (Madras: Bharathan Publications, 1961), vol. 1, pp. 149-53.Cf. 也可見 'Rajaji on Need for Strong Opposition', *Swarajya*, 9 March 1957.
45. C. Rajagopalachari, 'Some Thoughts on the Budget', the *Current*, 17 August, 1957.
46. 請參見'Statement of Principles of the Swatantra Party', 重現於*Economic Weekly*, special issue, July 1959, p. 894.
47. C. Rajagopalachari, 'The Case for Swatantra Party', *Illustrated Weekly in India*, 16 August 1959.
48. 請參見H. L. Erdman, *The Swatantra Party and Indian Conservatism* (Cambridge: Cambridge University Press, 1967).
49. Gopal, *Nehru*, vol. 3, p. 120.
50. 請參見Tarun Kumar Mukhopadhyaya, *Feroze Gandhi: A Crusader in Parliamant* (New Delhi: Allied Publishers, 1992), pp. 109-23.
51. 關於相互矛盾的供詞的主要論點，有個十分有用的摘要記錄於M. C. Chagla, *Rose in December: An Autobiography* (1973; revised edn Bombay: Bharatiya Vidya Bhavan, 1994), pp. 203-11. 查格拉法官主持其中一個調查委員會，另一個由玻色（Vivian Bose）法官主持。也可見A. D. Gorwala, The Lies of T. T. K. (Bombay: R. V. Pandit, 1959). 費羅茲・甘地於1960年針對孟德拉醜聞事件於國會發表演說後不久即辭世。
52. 引自Motilal C. Setalvad, *My Life: Law and Other Things* (Bombay: N. M. Tripathi, 1970), p. 282.

## 第十五章　挫敗的經驗

1. George N. Patterson, *Tragic Destiny* (London:Faber and Fabr, 1959), p. 187.
2. 'Record of Prime Minister's Talk with Dalai Lama' (24 April 1959), in File 9, Submial Dutt Papers, NMML.
3. 請參見Ramesh Sanghvi, *India's Northern Frontier and China* (Bombay: Contemporary Publishers, 1962), pp. 1-2.
4. *Notes, Memoranda and Letters Exchanged and Signed between the Governments of India and China, 1954-1959* (New Delhi: Ministry of External Affairs, 1959), pp. 46, 26-7. 這是印度政府在1959年至1962年間所發表的九份相似標題白皮書的其中

25. 請見'Kerala Letter: Co-existence in Peril', *Economic Weekly*, special issue, July 1959. 無法分辨這些摘錄的內容原文是英文，或者是由馬拉雅拉姆語翻譯成英文。
26. Rajni Kothari, Kerala: A Post-modern', *Economic Weekly*, 28 November, 1959.
27. 'Kerala Letter: Congress Misalliance with the Congress Church', *Economic Weekly*, annual issue, January 1958.
28. Nossiter, *Communism in Kerala*, p. 145.
29. 'Red Rule in Kerala', statesments by E. M. S. Namboodiripad and Panampilli Govinda Menon, *Illustrated Weekly of India*, 25 January 1959.
30. Kamal Chopra, 'Indira Gandhi: A Profile', *Illustrated Weekly of India*, 22 February 1959.
31. S. Gopal, *Jawaharlal Nehru: A Biography,* vol 3: *1956-1964* (London: Cape, 1984), p. 66.
32. 帕曼納布罕的側寫收錄於*Illustrated Weekly of India,* 28 June 1959 and the *Current*, 16 September, 1959; Anon., *The Agitation in Kerala* (Trivandrum: Department of Public Relations, 1959), pp. 9-12.
33. W. H. Morris-Jones, 'India's Political Idioms', in C. H. Philips ed., *Politics and Society in India* (London: George Allen and Unwin, 1963).
34. 示威抗議的精采描述收錄於George Woodcock's *Kerala: A Portrait of the Malabar Coast* (London: Faber and Faber, 1967), pp. 270ff.
35. 請見尼赫魯寫給喀拉拉邦國大黨大老山卡（R. Sankar）的信，引自Robin Jeffrey, Jawaharlal Nehru and the Smoking Gun: Who Pulled the Trigger on Kerala's Communist Government in 1959?', *Journal of Common Wealth and Comparative Politics*, vol. 29, no. 1, 1991.
36. 請見Gopal, *Nehru*, vol. 3, p. 68.
37. 引自'Mrs. Indira Gandhi's Election'，未標日期，未簽名的打字稿，收錄於Pulpul Jayakar Papers，由Mrs Radhika Herzberger持有（粗體字為原書作者所標注），也可見*The Statesman*, 27 July 1959.
38. Kannikara Padmanabha Pillai, *The Red Interlude in Kerala* (Trivandrum: Kerala Pradesh Congress Committee, 1959), pp. 183ff.
39. Woodcock, *Kerala*, p. 272.
40. 尼赫魯致信南波迪里帕，1959年7月30日，引自Gopal, *Nehru*, vol. 3, p. 71-2.
41. 請參見K. P. Bhagat, *The Kerala Mid-Term Election of 1960* (Bombay: Popular Book Depot, 1962).
42. Gopal, *Nehru*, vol. 3, p.70.

6. 在此段落與後續段落中的數據，主要出自印度選舉的統計附錄，刊登在*Journal of the Indian School of Political Economy*, vol. 155, nos 1 and 2, 2003, 作為附錄。
7. 關於DMK在1950年代的興起，請參閱：Marguerite Ross Barnett, *The Politics of Cultural Nationalism in South India* (Princeton: Princeton University Press, 1976).
8. 傑弗瑞（Robin Jeffery）的幾本書中皆對喀拉拉邦的社會近代史有深刻洞察，尤其可見他的*The Decline of Nair Dominance* (1975; 2nd edn New Delhi: Manohar, 2003); 以及*Politics, Women and Wellbeing: How Kerala Became a 'Model'* (New Delhi: Oxford University Press, 1992).
9. 請見Delip M. Menon, *Caste, Nationalism and Communism in South India: Malabar 1900-1948* (Cambridge: Cambridge University Press, 1994).
10. Nikita Khrushchev, 引自 *Communist Double Talk at Palghat* (Bombay: Democratic Research Service, 1956), p.112.
11. 'Communist Manifesto for Stable government, Prosperous Kerala', 引自 Victor M. Fic, *Kerala: Yenan of India* (Bombay: Nachiketa Publications, 1970), pp. 68-9.
12. 可惜的是，正如謝赫與費佐等人，EMS至今仍未找到認真的傳記作者。
13. E. M. S. Namboodiripad, *Twenty-Eight Months in Kerlala* (New Delhi: People's Publishing House, 1959), esp. pp. 5-6, 22-3.
14. P. N. Sampath, 'Red Government in Kerala', *Indian Review*, July 1957.
15. The *Current*, 8 May 1957. 伊艾當時在喀拉拉邦的立法機關中其實是無黨無派的成員，算是共產主義的同路人而非正式黨員，他後來成為最高法院的法官。
16. Ronald J. Herring, *Land to the Tiller: The Political Economy of Agrarian Reform in South Asia* (New Haven: Yale University Press, 1983), p. 163
17. 這個段落出自同上引書的第六章，以及T. J. Nossiter, *Communism in Kerala: A Study in Political Adaptation* (Delhi: Oxford University Press, 1982), pp. 149-57.
18. The *Current*, 24 April 1957
19. 'Letter form Kerala: Bloodsuckers still Thrive', *Economic Weekly*, 19 April 1958.
20. 出處同上。
21. *Kerala Mail*, 引自 the *Current*, 28 August 1957.
22. George Mikes, *East is East* (London: André Deutsch, 1958), p. 153.
23. 參考有用的摘要，請見S. C. Joseph, *Kerala: The 'Communist' State* (Madras: The Madras Premier Company, 1959), Chapter 8.
24. 請見 'Who Supported the Communist in Kerala? An Analysis of the 1957 Election Results', *Economic Weekly*, 1 August 1959.

Publishing House, 1974), pp. 210-13.
29. 關於費佐—沙克利嫌隙的敘述是根據Nibedon, *Nagaland*, pp. 57-68.
30. 出處同上，頁80-82。
31. Lt. Gen. S. P. P. Thorat, *From Reveille to Retreat* (New Delhi: Allied Publishers, 1986), chapter 15, 'The Nagas'. 擔任東部軍區總司令的托拉特將軍負責對叛軍的行動。
32. 請見Mss Eur F158/239, OIOC的剪報。
33. 拉英（S. R. S. Laing）博士致信帕斯，1956年6月某日與1956年8月13日的信件，收錄於Box I, Pawsey Papers, CSAS.
34. *Lok Sabha Debates*, 23 August 1956.
35. *India News*, 8 December 1956; *Manchester Guardian*, 18 December 1956; 皆收錄於Mss Eur F158/239, OIOC.
36. Ignes Kujur, 'Jharkhand Betrayed', in Munda and Bosu Mullick, *The Jharkhand Movement*, pp. 16ff.
37. *Lok Sabha Debates*, 22 November 1954; the *Current*, 16 February 1955.
38. 1955年3月9日的信，收錄於T. T. Krishnamachari Papers, NMML.
39. 尼赫魯致信梅迪（Bishnuram Medhi），1956年5月13日，重現為appendix VII in Udayon Misra, *The Periphery Strikes Back: Challenges to the Nation-State in Assam and Nagaland* (Shimla: Indian Institute of Advanced Study, 200), pp. 203-4.

## 第十四章　南方的挑戰

1. *Report on the Second General Elections in India, 1957* (New Delhi: Election Commission，1958).
2. 費羅茲・甘地（Feroze Gandhi）與尼赫魯來自同一個家鄉安拉阿巴德，身為一位拜火教徒，他一開始的姓氏拼法是格哈帝（Ghandy），然而年輕時參與國家運動之後，他就把自己的姓氏改成和聖雄甘地（Mahatma Gandhi）一樣的拼法。後來這個修改過的姓氏對他的妻子產生了難以言喻的重要性，因為大部分的外國人與為數不少的印度人都以為他太太和聖雄甘地有血源關係。
3. 請參見Katherine Frank, *Indira: A Life of Indira Nehru Gandhi* (London: HarperCollins, 2001), pp. 240-1.
4. Indira Gandhi to Brijkrishna Chandiwala, 11 November 1957, Chandiwala Papers, NMML.
5. 尼赫魯致信彭迪特，1957年3月12日，引自Nayantara Sahgal, *Indira Gandhi: Her Road to Power* (New York: Frederick Ungar, 1982), pp. 1-2.

Manohar, 1985). 也請見André Béteille, 'The Concept of Tribe with Special Reference to India', in his *Society and Politics in India: Essays in a Comparative Perspective* (London: Athlone Press, 1991).

12. 請見Agapit Tirkey, *Jharkhand Movement: A Study of its Dynamics* (New Delhi: Other Media Communications, 2002), chapter 2.
13. 日期為1947年5月1日的備忘錄，收錄於Subject File 37, C. Rajagopalachari Papers, Fifth Instalment, NMML.
14. 傑帕爾的演說重現於pp. 2-14 of Ram Dayal Munda and S. Bosu Mullick, eds, *The Jharkhand Movement: Indigenous Peoples' Struggle for Autonomy in India* (Copenhagen: IWGIA, 2003).
15. 這段是根據《思潮》週刊中匿名並分為三部的那迦處境報告，1956年7月4日、11日與18日，以及Nirmal Nibedon, *Nagaland: The Night of the Guerillas* (New Delhi: Lancer, 1983), pp. 24-5.
16. 致信阿薩姆總督道拉特朗（Jairamdas Daulatram），1950年12月11日，收錄於Subject File 188, C. Rajagopalachari Papers, Fifth Instalment, NMML.
17. Lanunungsang Ao, *From Phizo to Muivah: The Naga National Question in Northeast India* (New Delhi: Mittal Publications, 2002), pp. 48-9.
18. 'No Independence for Nagas: Plain Speaking by Mr Nehru', *Times of India*, 1 January 1952.
19. 'Demand for Naga State: Delegation Meets Nehru', *Times of India*, 12 February 1952.
20. 《思潮》週刊施里達拉尼（Krishnalal Shridharani）的報導，1952年3月19日。
21. 'The Tribal Folk', in *Jawaharlal Nehru's Speeches*, vol. 2 (New Delhi: Publications Division, 1954), pp. 576f.
22. 尼赫魯致信拉賈戈巴拉查理，1952年10月26日，收錄於Subject File 107, C. Rajagopalachari Papers, Fifth Instalment, NMML.
23. 關於東北邊境特區巡迴的報導，重現於LCM, vol. 4, pp. 147-65.
24. 1952年10月24日那迦民族議會的來信，引述自《思潮》週刊，1953年4月15日。
25. Ramachandra Guha, *Savaging the Civilized: Verrier Elwin, His Tribals, and India* (Chicago: University of Chicago Press, 1999), p. 285.
26. Mildred Archer, 'Journal of a Stay in the Naga Hills, 9 July to 4 December 1947', 1947年7月10日的條目。
27. Arthur Swinson, quoted in Nibedon, *Nagaland*, p. 26.
28. Asoso Yonuo, *The Rising Nagas: A Historical and Political Study* (Delhi: Vivek

47. 請見史普拉特未署名專欄'The World This Week', *MysIndia*, 分別是1952年7月13日、8月3日及17日，以及11月9日。

## 第十三章 部落問題

1. 這段關於那迦民族議會的早期敘述是根據Mildred Archer, 'Journal of a Stay in the Naga Hills, 9 July to 4 December 1947', Mss Eur F236/362, OIOC. 阿徹是那迦山區最後一任地區行政長官威廉・喬治・阿徹（W. G. Archer）的妻子，她曾廣泛訪問那迦民族議會成員並且訂閱那迦民族議會期刊。幾年後她成為印度的英國藝術權威。
2. Charles Chasie, *The Naga Imbroglio* (Kohima: Standard Printers and Publishers, 1999), pp. 33-6.
3. 西隆東北山大學（North-eastern Hill University）的席耶姆利耶（David Syiemlieh）教授即將出版的書籍將討論英國直轄殖民地計畫。
4. 麥唐諾（A. R. H. Macdonald）致信亞當斯（P. F. Adams，阿薩姆總督祕書），1947年3月23日，複本收錄於Mss Eur F236/76, OIOC. 盧賽山區如今更為人所知的名稱是米佐山區。
5. 請見A. Z. Phizo, *The Fate of the Naga People: An Appeal to the World* (London: privately published, July 1960).
6. CWMG, vol. 88, pp. 373-4. 前後文清楚顯示甘地反對那迦人使用槍枝與坦克，但是，他當然也反對印度軍隊使用武器。
7. 請參見J. H. Hutton, *The Angami Nagas* (London: Macmillan, 1921), 第11頁與本書各處。
8. 請見Mildred Archer, 'Journal of a Stay in the Naga Hills, 9 July to 4 December 1947', 1947年8月30日的條目。向神明祈願，以及尋求美國英雄的協助，是讓那迦人改變信仰的浸禮會傳教士的深層影響。
9. 請見Mildred Archer, 'Journal of a Stay in the Naga Hills, 9 July to 4 December 1947', 1947年9月27日與8月23日的條目。
10. CAD, vol. 4, pp. 947-8.
11. 關於部落困境的實用研究包括：G. S. Ghurye, *The Scheduled Tribes* (Bombay: Popular Prakashan, 1959; 1943年以不同標題首次發表); C. von Fürer Haimendorf, *Tribes of India: The Struggle for Survival* (Berkeley: University of California Press, 1982); Verrier Elwin, *The Tribal World of Verrier Elwin: An Autobiography* (Bombay: Oxford University Press, 1964); and K. S. Singh, *Tribal Society in India* (New Delhi:

Rajagopalachari Papers, Fifth Instalment, NMML.

28. Madhok, *Portrait of a Martyr*, pp. 240-2.
29. 7月2日寫給拉賈戈巴拉查理的信，見Subject File 123, Rajagopalachari Papers, Fifth Instalment, NMML.
30. The *Current*, 1 July 1953.
31. 請見File 164, Delhi Police Records, Eighth Instalment, NMML.
32. 請見報導與通信，File 166, Delhi Police Records, Ninth Instalment, NMML.
33. Gopal, *Nehru*, vol. 2, pp. 130-1, 這裡也摘錄了尼赫魯寫給謝赫的信。
34. 尼赫魯致信拉賈戈巴拉查理，1953年7月31日，見Subject File 123, C. Rajagopalachari Papers, Fifth Instalment, NMML.
35. 請見B. N. Mullik, *My Years with Nehru: Kashmir* (Bombay: Allied Publishers, 1971), chapter 3.
36. The *Current*, 26 August 1953. 三年後謝赫的開齋節演說複本出現。演說並未直接要求獨立，而是重啟加盟印度的問題，而且首次要求巴基斯坦擔任糾紛的當事人。請見Mridula Sarabhai, ed., *Sheikh–Sadiq Correspondence* (August to October 1956) (New Delhi: privately published, 1956), appendix I: 'Id Speech'.
37. Karan Singh, *Autobiography*, pp. 156-64.
38. 請見收錄於檔案73的報告，Delhi Police Records, Sixth Instalment, NMML.
39. Gopal, *Nehru*, vol. 2, pp. 132-3; Mullik, *My Years with Nehru: Kashmir*, pp. 42-7.
40. P. N. Kaula and K. L. Dhar, *Kashmir Speaks* (Delhi: S. Chand and Co., 1950), pp. 189-90. 一位美國記者寫道，巴克希是一位「現實主義者，能夠經營政黨機器並且運作良好」。此外，他似乎「主要由鐵或鋼打造而成」（Vincent Sheean, *Nehru: The Years of Power*, London: Victor Gollancz, 1960, pp. 109-10）。這令人想起帕特爾，特別是後者以「印度鐵男子」為人所知。
41. *The Hindu*, 25 August and 14 and 29 September 1953.
42. The *Current*, 31 March, 25 August and 6 October 1954 and 12 October 1955.
43. The *Current*, 14 November 1955. 也請參見Sheikh Abdullah, *Flames of the Chinar: An Autobiography*, 經Khushwant Singh刪減翻譯 (New Delhi: Penguin India, 1993), chapter 18.
44. 請見File 73, Delhi Police Records, Sixth Instalment, NMML.
45. 比徹將軍致信拉賈戈巴拉查理，1953年8月14日，收錄於Subject File 124, Fifth Instalment, C. Rajagopalachari Papers, NMML.
46. Bhattacharjea, *Kashmir*, p. 205.

12. Ian Stephens, *Horned Moon: An Account of a Journey through Pakistan, Kashmir, and Afghanistan* (London: Chatto and Windus, 1953), pp. 212-13. 從史蒂芬斯的書可以得知他1952年4月時人在喀什米爾山谷——由於欠缺確切日期，我們無法斷言他是在謝赫惡名昭彰的拉恩比爾辛格波拉演說之前或之後與他談話。那次演說也暗示或許喀什米爾在印度的位置並「不自然」。這或許僅是想法上的巧合。另一方面，如果謝赫在拉恩比爾辛格波拉演說之前與史蒂芬會面，他的演說很有可能受他影響，後者犬儒地認為「大學者尼赫魯新的世俗共和國」裡頭「蘊藏反穆斯林的基礎結構」（*Horned Moon*, p. 267）。
13. Gupta, *Kashmir*, pp. 371-2.
14. 1952年8月11日與19日的演說，複本建於Subject File 4, Y. D. Gundevia Papers, NMML.
15. 請見Daniel Thorner, 'The Kashmir Land Reforms: Some Personal Impressions', *Economic Weekly*, 12 September 1953.
16. 請參見Richard L. Park, 'India Argues with Kashmir', *Far Eastern Survey*, 2 July 1952.
17. Eminent Parliamentarians Series, Monograph Series, *Dr Syama Prasad Mookerjee* (New Delhi: Lok Sabah Secretariat, 1990), pp. 18-19, 109-23.
18. Balraj Madhok, *Portrait of a Martyr: Biography of Dr Shyama Prasad Mookerjee* (Bombay: Jaico Publishing House, 1969), pp. 159-61.
19. Karan Singh, *Autobiography* (New Delhi: Oxford University Press, 1989), pp. 149-50.
20. The *Current*, 10 and 24 December 1952.
21. 穆克吉與尼赫魯及謝赫之間的書信往返，之後被印度人民同盟發表在*Integrate Kashmir: Mookerjee—Nehru and Abdullah Correspondence* (Lucknow: Bharat Press, 1953).
22. 請見Files 12, 127 and 164, Delhi Police Records, Eighth Instalment, NMML.
23. The *Current* (Bombay), 26 August 1953.
24. 引述自S. Gopal, *Jawaharlal Nehru: A Biography*, vol. 2: *1947-1956* (London: Cape, 1979), p. 131, n. 65.
25. 關於這些話的當代解讀，請見Sadiq Ali and Madhu Limaye, *Report on Kashmir* (New Delhi: Praja Socialist Party, 1953). 該報告指出，謝赫「時常在私人談話表示，如果查謨想要脫離喀什米爾，便盡管去做。事實上這將會是一大解脫。查謨併入印度正好符合他的目的，也就是獨立的喀什米爾」（頁5）。
26. Madhok, *Portrait of a Martyr*, pp. 147-65.
27. 請見穆克吉與拉賈戈巴拉查理之間的通信，收錄於Subject File 124, C.

1963), p. 290.

40. 請見*Parliamentary Debates*, 17 September 1951, 摘錄自Eminent Parliamentarians Series, Monograph Series, *Dr Syama Prasad Mookerjee* (New Delhi: Lok Sabha Secretariat, 1990), pp. 82f.

41. 關於新法在數十年間的運作，請見J. D. M. Derrett, *A Critique of Modern Hindu Law* (Bombay: N. M. Tripathi, 1970); Satyajeet A. Desai, *Mulla's Principles of Hindu Law*, 18th edn (New Delhi: Butterworths India, 2001). 女性主義主張提出「部分」警告：雖然新法案移除許多印度教婦女遭遇的不利條件，卻並未賦予「基進的平等」。請見Archana Parashar, *Women and Family Law Reform in India* (New Delhi: Sage, 1992), pp. 79-134.

## 第十二章　捍衛喀什米爾

1. Sisir Kumar Gupta, *Kashmir: A Study in India—Pakistan Relations* (Bombay: Asia Publishing House, 1966), p. 365.
2. 請見Michael Brecher, *The Struggle for Kashmir* (New York: Oxford University Press, 1953), p. 111.
3. Lionel Fielden, 'India Revisited: Indo-Pak Problems', *Indian Review*, May 1950.
4. 尼赫魯關於喀什米爾的筆記，日期為1951年1月9日，in Subject File 62, C. Rajagopalachari Papers, Fourth Instalment, NMML.
5. 請見尼赫魯的回信，Vijayalakshmi Pandit Papers, NMML.
6. 亨德森致國務院電報，引述自Ajit Bhattacharjea, *Kashmir: The Wounded Valley* (New Delhi: UBS, 1994), pp. 196-7.
7. 請見謝赫致信阿揚加爾（Gopalaswami Ayyangar），1951年1月16日，以及後者對於檔案的筆記，兩者都收錄於Subject File 62, C. Rajagopalachari Papers, Fourth Instalment, NMML.
8. 請見'Leaderlessness of Jammu', article of March 1950, reprinted in Balraj Puri, *Jammu—A Clue to the Kashmir Tangle* (Delhi: privately published, 1966), pp. 20-3.
9. Baburao Patel, *Burning Words: A Critical History of Nine Years of Nehru's Rule from 1947 to 1956* (Bombay: Sumati Publications, 1956), pp. 147-8.
10. 謝赫的演說全文印製於*extenso* in Gupta, *Kashmir*, pp. 367-70.
11. Prem Nath Bazaz, *The History of Struggle for Freedom in Kashmir, Cultural and Political: From the Earliest Times to the Present Day* (New Delhi: Kashmir Publishing Co., 1954), pp. 569-71.

的演說，*Lok Sabha Debates*，分別為1955年4月29日、5月2日與12月13日；馬徹（H. C. Mathur）的演說，*Rajya Sabha Debates*，1954年12月11日。

23. *Rajya Sabha Debates*, 9 December 1954.
24. 帕瑪南德（Seeta Parmanand）與辛哈（M. P. N. Sinha）的斡旋請見Rajya Sabha Debates, 8 and 6 December 1954. 為了平息傳統派的不滿，司法部長將法案的名稱由《印度教婚姻與離婚法案》改為《印度教婚姻法案》——這樣便將重點放在「更重要的婚姻維繫」而非「解除婚姻」（*Lok Sabha Debates*, 26 April 1955）。當然，這樣的轉變純然僅是表面性的。
25. *Lok Sabha Debates*, 29 April 1955. 其他人的反對是出於嫉妒而非邏輯。一如馬亨迪（S. Mahanty）酸溜溜地表示：「這是有利於穆斯林的歧視，他們可以根據伊斯蘭教法迎娶四位太太，在這個法案之下卻不算違法。」（*Rajya Sabha Debates*, 6 December 1954）
26. *Lok Sabha Debates*, 2 May 1955.
27. *Lok Sabha Debates*, 26 and 29 April 1955.
28. 汗德卡（Shri Khandekar）的斡旋請見*Lok Sabha Debates*, 29 April 1955.
29. 出處同上，*Rajya Sabha Debates*, 8 December 1954.
30. 伊斯梅爾（M. Muhammad Ismai）的斡旋請見*Rajya Sabha Debates*, 11 December 1954.
31. *Lok Sabha Debates*, 29 April 1955.
32. 南・拉・夏馬的斡旋請見*Lok Sabha Debates*, 13 December 1955.
33. *Lok Sabha Debates*, 13 December 1955.
34. 摩爾（S. S. More）的斡旋請見*Lok Sabha Debates*, 2 May 1955.
35. Marc Galanter, *Law and Society in Modern India*, ed. by Rajeev Dhavan (Delhi: Oxford University Press, 1997), p. 29; J. D. M. Derrett, *Religion, Law and the State in India* (London: Faber and Faber, 1968), p. 326.
36. 請參見*Rajya Sabha Debates*, 11 December 1954, 蘇巴拉揚博士對「安貝卡博士特別致敬，他雖然不在場，卻在國會最後一個會期之前努力推動印度教法案，但是當時環境並不允許通過」。
37. *Lok Sabha Debates*, 6 December 1956.
38. 關於這些問題的優秀討論，請見Lotika Sarkar, 'Jawaharlal Nehru and the Hindu Code Bill', in B. R. Nanda, ed., *Indian Women: From Purdah to Modernity* (New Delhi: Nehru Memorial Museum and Library, 1976).
39. 引述自D. E. Smith, *India as a Secular State* (Princeton: Princeton University Press,

7. Dhananjay Keer, *Dr. Ambedkar: Life and Mission*, 3rd edn (1971; reprint, Bombay: Popular Prakashan, 1995), p. 417.
8. 普拉薩德與尼赫魯的通信，重現於SPC, vol. 6, pp. 399-404.
9. SPC, vol. 9, pp. 109-11.
10. 這段關於全印度反對印度教法典法案委員會的事跡，是根據位於米西拉文件（D. P. Mishra Papers）的報導與文件，Subject File 106, Third and Fourth Instalments, NMML.
11. J. D. M. Derrett, *Hindu Law Past and Present* (Calcutta: A. Mukerjee and Co., 1957), pp. 69-70. 保守派在法律上對於該法案的反對案例，可見K. S. Hajela, 'The Draft Hindu Code, its Exposition, Comment and Criticism', *All-India Reporter (Journal)*, 1949, pp. 64-7. 現代主義的看法，請見Lahar Singh Mehta, 'Some Implications of the Hindu Code Bill, 1948', *All India Reporter (Journal)*, 1950, pp. 26-9.
12. 關於印度教法典在地方議會的辯論，重現於Vasant Moon, ed., *Dr. Babasaheb Ambedkar: Writings and Speeches*, vol. 14 (Bombay: Government of Maharashtra, 1995).
13. 請見Files 422, 423, 424 and 430, Delhi Police Records, Ninth Instalment, NMML.
14. 普拉薩德致信尼赫魯，1951年9月15日，copy in Subject File 189, C. Rajagopalachari Papers, Fifth Instalment, NMML.
15. 尼赫魯致信拉普拉薩德，1951年9月15日；尼赫魯致內閣的祕密筆記，日期為1951年9月25日，都收錄於Subject File 46, C. Rajagopalachari Papers, Fourth Instalment, NMML.
16. Derrett, *Hindu Law*, p. 71.
17. 安貝卡辭職演說的文字重現於《印度斯坦時報》，1951年10月12日。也請參見Vasant Moon, ed., *Dr. Babasaheb Ambedkar: Writings and Speeches*, vol. 15 (Mumbai: Government of Maharashtra, 1997), pp. 825-8.
18. 請見File 127, Delhi Police Records, Sixth Instalment, NMML.
19. 請見*Lok Sabha Debates*, 26 April 1955.
20. 尼赫魯就該主題在國會最重要的斡旋收錄於*Jawaharlal Nehru's Speeches*, vol. 3: March 1953—August 1957 (New Delhi: Publications Division, n.d.), pp. 438-54 (該節名稱為'Changing Hindu Society').
21. 尼赫魯致信卡特祖（K. N. Katju），1954年6月13日；尼赫魯致信文卡塔拉曼（R. Venkataraman），1954年9月30日；SWJN2, vol. 26, pp. 173, 180.
22. 例如請見夏馬（K. C. Sharma）、夏斯特里與南・拉・夏馬（Nand Lal Sharma）

Selected *Prophetic Writings of Prof. B. R. Shenoy* (Madras: EastWest Books, 1996), pp. 3-24.

55. 'A Memorandum to the Government of India, 1955', in *Friedman on India* (New Delhi: Centre for Civil Society, 2000), pp. 27-43.
56. 1955年10月10日的筆記，重現於V. N. Balasubramanyam, *Conversations with Indian Economists* (London: Macmillan, 2001), pp. 198-201.
57. 值得注意的是雪諾伊、克里什那穆爾提與傅利曼的論文只在1990年代時公開發行印製，當然，當時政治與知識圈氛圍對於他們的觀點遠稱不上和善。
58. 'Not a People's Plan', *Economic Weekly*, 18 June 1955.
59. 我在他處以更長篇幅寫過關於這些「綠色甘地主義者」的文章；其他還有Ramachandra Guha, *Environmentalism: A Global History* (New York: Addison-Wesley-Longman, 2000), pp. 23-4, 67-8, and 'Mahatma Gandhi and the Environmental Movement', 帕里薩（Parisar）年度演說，浦那，1992年。
60.《思潮》週刊的報導，1952年6月11日與1955年6月8日。
61. 經濟學家們的共識，請見I. G. Patel, *Glimpses of Indian Economic Policy: An Insider's View* (New Delhi: Oxford University Press, 2002), 特別是第二章。
62. *Memorandum*, p. 92.
63. 'A Correspondent', 'On Revisiting the Damodar Valley', *Economic Weekly*, 28 February 1953.
64. 1952年10月2日的信，LCM, vol. 3, pp. 114-15. 尼赫魯在此提到楝格珀德拉水壩，他在前往波卡羅的一個月前曾經造訪此地。

## 第十一章　法律與先知們

1. André Malraux, *Antimemoirs*, trans. Terence Kilmartin (London: Hamish Hamilton, 1968), p. 145. 對話發生在1958年的某個時刻。
2. CAD, vol. 8, pp. 543-6, 722-3 (粗體字為原書作者所標注).
3. 出處同上，頁551、781。
4. 關於勞的委員會分析，請見Chitra Sinha, 'Hindu Code Bill (1942–1956) and Feminist Consciousness in Bombay', 未發表的博士論文, Department of History, Mumbai University, 2003.
5. 例如參見Bina Agarwal, 'A Bill of Her Own?', *New Indian Express*, 23 December 2004.
6. 安貝卡關於法案的演說，重現於Valerian Rodrigues, ed., *The Essential Writings of B. R. Ambedkar* (New Delhi: Oxford University Press, 2002), pp. 495-516.

*Laboratory* (New Delhi: Oxford University Press, 1985).

44. 關於巴巴，請見Robert S. Anderson, 'Building Scientific Institutions in India: Saha and Bhabha', Occasional Paper, Centre for Developing-Area Studies, McGill University, 1975.
45. George Greenstein, 'A Gentleman of the Old School: Homi Bhabha and the Development of Science in India', *American Scholar*, vol. 61, no. 3, 1992, p. 417.
46. *Hindustan Times*, 3 October 1952. 社區發展計畫受到梅爾（Albert Mayer）1940年在北方邦東部的工程啟發，並且相當程度以他為模範。請見Alice Thorner, 'Nehru, Albert Mayer, and Origins of Community Projects', *Economic and Political Weekly*, 24 January 1981.
47. S. C. Dube, *India's Changing Villages* (London: Routledge and Kegan Paul, 1958), pp. 157-63, 192-216 etc.
48. T. S. Epstein, *Economic Development and Social Change in South India* (Manchester: Manchester University Press, 1962), esp. pp. 27-47.
49. 詳情請見B. H. Farmer, *Agricultural Colonization in India Since Independence* (London: Oxford University Press, 1974).
50. 尤其可見R. P. Masani, *The Five Gifts* (London: Collins, 1957); Hallam Tennyson, *Saint on the March: The Story of Vinoba* (London: Victor Gollancz, 1961); Geoffrey Ostergaard and Melville Currell, *The Gentle Anarchists: A Study of the Leaders of the Sarvodaya Movement for Non-violent Revolution in India* (Oxford: Clarendon Press, 1971). 在奈波爾（V. S. Naipaul）的《受傷的文明》（*A Wounded Civilization*, Harmondsworth: Penguin, 1977）中，有一幅具代表性的、充滿迷幻色彩的巴韋肖像。
51. 請見Ronald J. Herring, *Land to the Tiller: the Political Economy of Agrarian Reform in South Asia* (New Haven: Yale University Press, 1983); 'Slow Pace of Land Reforms', *Economic Weekly*, 30 May 1953; S. K. Dey, *Power to the People? A Chronicle of India 1947-67* (Bombay: Orient Longman, 1969), pp. 232f.
52. 在葉爾金（Daniel Yergin）與斯坦尼斯勞（Joseph Stanislaw）的著作中有效地概述戰後世界經濟政策的氛圍，請見*The Commanding Heights: The Battle for the World Economy* (New York: Simon and Schuster, 2002), chapters 2 and 3.
53. Hanson, *Process of Planning*, p. 128.
54. 請見'A Note on Dissent on the Memorandum of the Panel of Economists' (1955), reprinted in Mahesh P. Bhatt and S. B. Mehta, *Planned Progress or Planned Chaos?*

by G. Parthasarathi, 5 vols (New Delhi: Oxford University Press, 1985-9) hereafter cited as LCM, vol. 3, pp. 205-7.

27. 1952年12月22日的信，LCM, vol. 3, p. 205; 1956年2月14日的信，LCM, vol. 4, p. 346.
28. 1955年1月13日的信，LCM, vol. 4, p. 123.
29. 'Triangular Contest for Steel Plant', *Economic Weekly*, 19 December 1953; Taya Zinkin, *Challenges in India* (New York: Walker and Co., 1966), chapter 7.
30. 這位朋友是米勒（Joe Miller），耶魯大學林學院已故的傳奇圖書館長。
31. 請見Subject File 5, K. P. S. Menon Papers, NMML.
32. Ved Mehta, *Portrait of India* (New York: Farrar, Straus and Giroux, 1970), pp. 285-97.
33. S. Bhoothalingam, 'Rourkela Steel Plant', *Indian Review*, April 1956.
34. 例如Meghnad Saha, *My Experiences in Soviet Russia* (Calcutta: publisher unknown, 1945); K. L. Rao, *Cusecs and Candidates: Memoirs of an Engineer* (New Delhi: Metropolitan, 1978).
35. Daniel Klingensmith, 'One Valley and a Thousand: America, India and the World in the Image of the Tennessee Valley Authority, 1945-1970', 未發表的博士論文, Department of History, University of Chicago, 1999, p. 228.
36. A. N. Khosla to C. Rajagopalachari, 30 August 1953, in Subject File 124, C. Rajagopalachari Papers, Fifth Instalment, NMML.
37. Henry C. Hart, *New India's Rivers* (Bombay: Orient Longman, 1956), pp. 97-100.
38. 'India Marches on: Bhakra—Nangal Project', *MysIndia*, 28 November 1954. 補充性質的南格阿爾計畫小得多，是一座位在巴克拉下游八英里遠的低矮混凝土水壩。
39. *Indian Journal of Power and River Valley Development*, Bhakra—Nangal special issue, 1956.
40. 關於斯洛康的描繪是根據J. D. Sahi, *Odd Man Out: Exploits of a Crazy Idealist* (New Delhi: Gitanjai Publishing House, 1991), pp. 55-69, 133; M. S. Randhawa, *A History of Agriculture in India*, vol. 4: *1947-1981* (New Delhi: Indian Council of Agricultural Research, 1986), pp. 92–3.
41. Hart, *New India's Rivers*, p. 225; report in the *Current*, 14 July 1954.
42. 請見Obaid Siddiqi, *Science, Society, Government and Politics: Some Remarks on the Ideas of Jawaharlal Nehru*, Zaheer Memorial Lecture, Indian Science Congress, Cochin, February 1990.
43. 請見Shiv Visvanathan, *Organizing for Science: The Making of an Industrial Research*

14. 請見*Times of India*, 4 November 1954.
15. 請參見A. H. Hanson, *The Process of Planning: A Study of India's Five-Year Plans, 1950-1964* (London: Oxford University Press, 1966), pp. 111-20.
16. Sunil Khilnani, *The Idea of India* (New York: Farrar, Straus and Giroux, 1997), p. 83. 馬哈拉諾比斯是泰戈爾的親密朋友——據說他比泰戈爾本人還了解泰戈爾的詩歌和戲劇。
17. 細節請見Ashok Rudra, *Prasanta Chandra Mahalanobis: A Biography* (Delhi: Oxford University Press, 1996).
18. 本段與接下來兩段引述自馬哈拉諾比斯寫給潘特（Pitambar Pant）的信，1954年6月至7月，Pitambar Pant Papers, NMML. 也可見Khilnani, Idea of India, pp. 83f.
19. 馬哈拉諾比斯寫道：他「支持尋求美國與蘇聯（以及英國和其他國家）的協助，以發展印度的工業生產」（1954年7月7日的信件，in Pitambar Pant Papers, NMML）。就此方面而言，他是真正的超黨派者。接下來幾年，他的印度統計機構接待了鐵幕兩端的頂尖經濟學者，例如庫茲涅茨（Simon Kuznets）、蘭格（Oskar Lange）、貝特蘭（Charles Betterheim）、廷貝亨（Jan TInbergen），以及許多重要人物。細節請見Rudra, *Prasanta Chandra Mahalanobis*, chapter 14.
20. 'Recommendations for the Formulation of the Second Five-Year Plan', and 'The Approach of Operational Research to Planning in India', 兩篇皆寫於1955年，並且重現於P. K. Bose and M. Mukherjee, eds, P. C. *Mahalanobis: Papers on Planning* (Calcutta: Statistical Publishing Society, 1985). 除了這些敘事文件，馬哈拉諾比斯也制定了兩個經濟成長的數學模型。在斯利尼瓦森（T. N. Srinivasan）的〈馬哈拉諾比斯教授與經濟學〉中有所討論，即魯德拉（Ashok Rudra）的《普拉桑塔．錢德拉．馬哈拉諾比斯》（*Prasanta Chandra Mahalanobis*）的第十一章。
21. Hanson, *Process of Planning*, pp. 128–30. 也可見K. N. Raj, 'Model-Making and the Second Plan', *Economic Weekly*, 26 January 1956.
22. Government of India, *The Second Five-Year Plan* (New Delhi: Planning Commission, 1956), p. 6.
23. P. C. Mahalanobis, 'Draft Plan Frame for the Second Five-Year Plan', *Economic Weekly*, special issue, 18 June 1955.
24. Hanson, *Process of Planning*, pp. 459-62.
25. 霍爾丹致信馬哈拉諾比斯，1955年5月16日。引述自S. Gopal, *Jawaharlal Nehru: A Biography*, vol. 2: *1947-1956* (London: Cape), pp. 305-6.
26. 1952年12月22日的信，請見Jawaharlal Nehru, *Letters to Chief Ministers*, edited

*1947* (New Delhi: Oxford University Press, 2006).

5. 其中可見Dwijendra Tripathi, ed., *Business and Politics in India: A Historical Perspective* (Delhi: Manohar, 1991); Medha M. Kudaisya, *The Life and Times of G. D. Birla* (New Delhi: Oxford University Press, 2003).
6. J. K. Galbraith, 'Rival Economic Theories in India', *Foreign Affairs*, vol. 36, no. 4, 1958, p. 591.
7. 請見Meghnad Saha, 'The Problem of Indian Rivers' (1938) and 'Technological Revolution in Industry—How the Russians Did It' (1943), 兩篇皆可見於Santimay Chatterjee, ed., *Collected Works of Meghnad Saha*, vol. 2 (Bombay: Orient Longman, 1986).
8. Lajpat Rai, *The Evolution of Japan and Other Papers* (Calcutta: Modern Review, 1922).
9. K. T. Shah, 'Principles of National Planning', in Iqbal Singh and Raja Rao, eds, *Whither India?* (Baroda: Padmaja Publications, 1948). 沙阿（K. T. Shah）是孟買經濟學者，曾擔任國大黨建立計畫委員會部長。也請見R. Chattopadhyay, 'The Idea of Planning in India, 1930-1951', 未發表的博士論文, Australian National University, Canberra, 1985.
10. 舉例而言，可見*National Planning Committee: Report of the Sub-Committee on Power and Fuel* (Bombay: Vora and Co., 1949).
11. *Memorandum Outlining a Plan of Economic Development for India* (*Parts One and Two*) (Harmondsworth: Penguin Books, 1945), 粗體字為原書作者所標注。孟買計畫簽署人包括比爾拉、拉爾拜（Kasturbhai Lalbhai）、拉姆（Lala Shri Ram）、塔塔及塔庫爾達斯。
12. 就政治政策而言，當時知識界的氛圍可見Tirthankar Ray, 'Economic History and Modern India: Redefining the Link', *Journal of Economic Perspectives*, vol. 16, no. 3, 2002; Nariaki Nakatozo, 'The Transfer of Economic Power in India: Indian Big Business, the British Raj and Development Planning, 1930-1948', in Mushirul Hasan and Nariaki Nakatozo, eds, *The Unfinished Agenda: Nation-Building in South Asia* (Delhi: Manohar, 2001); Pranab Bardhan, 'A Note on Nehru as Economic Planner', in Milton Israel, ed., *Nehru and the Twentieth Century* (Toronto: University of Toronto Press, 1991).
13. 1952年12月15日下議院演說，可見*Planning and Development: Speeches of Jawaharlal Nehru (1952-56)* (New Delhi: Publications Division, n.d.), pp. 7-8. 也請見R. Ramadas, 'Report on the Draft Five-Year Plan', *Swatantra*, 1 December 1951.

39. 1956年1月23日的信，Subject File 68, C. D. Deshmukh Papers, NMML.
40. 請見主題檔案67的文件，C. D. Deshmukh Papers, NMML.
41. 請見主題檔案4的信件與文件，N. V. Gadgil Papers, NMML.
42. 如同塔庫爾達斯爵士向內政部長彭特驚慌報告的那樣。請見1956年1月20日的信件，in File 383, Purushottamdas Thakurdas Papers, NMML.
43. The *Current*, 15 and 29 February 1956.
44. Y. D. Phadke, *Politics and Language* (Bombay: Himalaya Publishing House, 1979), chapter 6.
45. 請見Baburao Patel, *Burning Words: A Critical History of Nine Years of Nehru's Rule from 1947 to 1956* (Bombay: Sumati Publications, 1956), pp. 106-8.
46. Ravi Kalia, *Bhubaneshwar: From a Temple Town to a Capital City* (Carbondale: Southern Illinois University Press, 1994).
47. Janaki Nair, '"Past Perfect": Architecture and Public Life in Bangalore'. 我感謝奈爾博士在出版關於孟加拉歷史的著作之前展示手稿。*The Promise of the Metropolis: Bangalore's Twentieth Century* (New Delhi: Oxford University Press, 2005).
48. *Times of India*, 26 February 1952.
49. 'Andhra Answers Dulles', *Economic Weekly*, 5 March 1955.

## 第十章　征服自然

1. W. Burns, ed., *Sons of the Soil: Studies of the Indian Cultivator*, 2nd edn (Delhi: Manager of Publications, 1944), introduction.
2. Gyanendra Pandey, *The Ascendancy of the Congress in Uttar Pradesh, 1926-34: A Study in Imperfect Mobilization* (Delhi: Oxford University Press, 1978); Peter Reeves, *Landlords and Governments in Uttar Pradesh: A Study of their Relations until Zamindari Abolition* (New Delhi: Oxford University Press, 1991).
3. Chitra Bhanu, 'Food Situation Getting Worse in Malabar', *Swatantra*, 29 July 1947.
4. 具啟發性的當代分析，請見Z. A. Ahmad, *The Agrarian Problem in India: A General Survey* (Allahabad: All-India Congress Committee, 1936); S. Y. Krishnaswami, *Rural Problems in Madras* (Madras: Government of Madras, 1947). 關於殖民時期印度經濟史的珍貴研究包括V. B. Singh, ed., *Economic History of India: 1857-1956* (Bombay: Allied Publishers, 1965); Dharma Kumar, ed., *The Cambridge Economic History of India*, vol. 2: *c. 1757-c. 1970* (Cambridge: Cambridge University Press, 1983); and Tirthankar Ray, *The Indian Economy, 1857-*

19. *History of Andhra Movement*, vol. 2 (Hyderabad: Committee for History of Andhra Movement, 1985), p. 496.
20. 甘地致信普拉卡桑，1947年1月4日，in History of Andhra Movement, pp. 496-7; 也可見CWMG, vol. 86, p. 242.
21. 訪問貝泰耶教授，新德里，2001年12月。
22. 請見Subject File 123, C. Rajagopalachari Papers, Fifth Instalment, NMML.
23. 請參見P. R. Rao, *History of Modern Andhra* (New Delhi: Sterling Publishers, 1984), p. 130.
24. 寫給比徹（Roy Bucher）將軍的信，1953年8月18日，Subject File 124, C. Rajagopalachari Papers, Fifth Instalment, NMML.
25. S. Gopal, *Jawaharlal Nehru: A Biography*, vol. 2: *1947-1956* (London: Cape, 1979), p. 259.
26. *Memorandum Submitted to the States Reorganization Commission* (Bombay: Bombay Citizens Committee, 1954).
27. 包括募款策略與公共關係這些委員會的活動，可以在檔案383找到大量資料，Purushottamdas Thakurdas Papers, NMML.
28. 高瓦克，引述自*Times of India*, 8 November 1951.
29. *Times of India*, 24 May 1954.
30. 蓋吉爾與德什穆喀皆引述自Robert W. Stein, *The Process of Opposition in India* (Chicago: University of Chicago Press, 1970), p. 46.
31. Samyukta Maharashtra Parishad, 'Memorandum to the States Reorganization Committee', May 1954, 複本位於戈卡爾政治經濟研究所（Gokhale Institute of Politics and Economics）圖書館，蓋吉爾是這份備忘錄的主要起草者。
32. 請見位於檔案383的1954年6月20日會議報告，Purushottamdas Thakurdas Papers, NMML.
33. 這部分是根據*Report of the States Reorganization Commission* (Delhi: Manager of Publications, 1955).
34. 請見*Lok Sabha Debates*, vol. X, 1955.
35. The *Current*, 4 January 1956.
36. 更名是在近1955年年末受到影響。
37. Taya Zinkin, *Reporting India* (London: Chatto and Windus, 1962), p. 108.
38. The *Current*, 25 January 1956. 也請見V. M. Bhave, 'Struggle for Maharashtra', *New Age*, September 1956.

94. 拉賈戈巴拉查理致信蒙巴頓夫人，1950年9月5日，File 189, C. Rajagopalachari Papers, Fifth Instalment, NMML.
95. 請見Carlo Feltrinelli, *Secret Service* (London: Granta Books, 2002).
96. Bok, *Alva Myrdal*, p. 243.

## 第九章　重繪版圖

1. CWMG, vol. 89, pp. 312-13.
2. 'The Question of Language' (1937), in Nehru, *The Unity of India: Collected Writings, 1937-1940* (London: Lindsay Drummond, 1941), pp. 232-3.
3. 引述自Robert D. King, *Nehru and the Language Politics of India* (Delhi: Oxford University Press, 1997), p. 102.
4. CWMG, vol. 90, p. 86.
5. 出處同上，頁494。
6. 請見寫給戈許（Tushar Kanti Ghosh）的信，1948年6月8日，in Subject File 82, C. Rajagopalachari Papers, Fifth Instalment, NMML.
7. *Report of the Linguistic Provinces Commission* (New Delhi: Constituent Assembly of India, 1948), paras 146 and 147.
8. King, *Nehru and Language Politics*, pp. 107, 108.
9. 請見Baldev Raj Nayar, *Minority Politics in the Punjab* (Princeton: Princeton University Press, 1960), chapters 2 and 3.
10. Satindra Singh, 'Master Tara Singh: A Born Rebel', *Thought*, 9 December 1967.
11. Nayar, *Minority Politics*, p. 143.
12. 引述出處同上，頁36。
13. 關於安德拉運動歷史的最佳紀錄，而先前段落也已廣泛引述的，就是K. V. Narayana Rao's *The Emergence of Andhra Pradesh* (Bombay: Popular Prakashan, 1973).
14. The *Current*, 2 January 1952. 也請見Selig Harrison, *India: The Most Dangerous Decades* (Princeton: Princeton University Press, 1960), pp. 234-5.
15. *Congress Sandesh*, 引述自Narayana Rao, *Emergence of Andhra Pradesh*, p. 241.
16. 請見*Times of India*, 24 February 1952.
17. 請見'Kowshika', *The Boundaries of Andhra Province* (Pudukottai: Anbu Nilayam, 1947).
18. Narayana Rao, *Emergence of Andhra Pradesh*, p. 243.

Chicago Press, 1999), chapter 11.

78. Woodman, *Himalayan Frontiers*, p. 66.

79. 'Indo-Pakistan Clash of Ideologies', *Times of India*, 26 January 1952.

80. Gopal, Nehru, vol. 2, pp. 82–8; Gargi Chakravartty, *Coming out of Partition: Refugee Women of Bengal* (New Delhi: Bluejay Books, 2005), pp. 15-25.

81. 我簡化歸納了複雜的故事，米歇爾於《印度河：分治影響研究》（*The Indus River: A Study of the Effect of Partition*, New Haven: Yale University Press, 1967）中對此有詳盡的描述。

82. 請見J. B. Das Gupta, *Indo-Pakistan Relations*, 1947-1955 (Amsterdam: Djambatan, 1958), pp. 51-2.

83. 'Feelings in the Capital about the Trade Pact with Pakistan', 未署名的筆記，日期是1951年2月28日，in File 61, C. Rajagopalachari Papers, Fourth Instalment, NMML. 在此前一年，當尼赫魯與利雅奎特簽署協議時，一位評論家抱怨他「代表為了與敵人和解而鞭打自己，還顯得沾沾自喜的一派」。'Shridharani from New Delhi', the *Current*, 12 April 1950.

84. *Dawn*, 19, 24, 25 and 28 January 1955.

85. N. V. Rajkumar, *The Problem of French India* (New Delhi: All-India Congress Committee, 1951); 馬德拉斯總督致信印度總統，1954年4月16日，in File 215, C. Rajagopalachari Papers, Fifth Instalment, NMML; *Dawn*, 27 January 1955.

86. *Times of India*, 2 November 1955.

87. 一如《果阿與印度聯邦》（*Goa and the Indian Union*, Lisbon: Secretariado Nacional Da Informação, 1954）中引述的那樣。

88. 請見*Portuguese India: A Survey of Conditions After 400 Years of Foreign Colonial Rule* (Bombay: Goa Congress Committee, 1939); Julião Menezes, *Goa's Freedom Struggle* (Bombay: privately published, 1947).

89. R. M. Lala, 'Report on Daman', the *Current*, 22 November 1950.

90. Aloysius Soares, *Down the Corridors of Time: Recollections and Reflexions*, vol. 2: 1948-70 (Bombay: privately published, 1973), pp. 45ff.; the *Current*, 25 August 1954.

91. Homer A. Jack, *Inside Goa* (New Delhi: Information Service of India, 1955); P. D. Gaitonde, *The Liberation of Goa: A Participant's View of History* (London: C. Hurst and Co., 1987).

92. Y. D. Gundevia, *Outside the Archives* (Hyderabad: Sangam Books, 1984), pp. 18-19.

93. 1953年1月22日的信件，於尼赫魯的回信中。Y. D. Gundevia Papers, NMML.

64. Nehru, *India's Foreign Policy*, pp. 302-3.
65. 尼赫魯致信彭迪特，1953年11月1日，Vijayalakshmi Pandit Papers, NMML.
66. SPC, vol. 10, pp. 335–41. Cf. also Marc C. Feer, 'Tibet in Sino-Indian Relations', *India Quarterly*, vol. 9, no. 4, 1953.
67. D. K. Karaka, 'Nehru's Neutralism Brings Mao to our Frontier', the *Current*, 29 November 1950.
68. SPC, vol. 10, pp. 342-7.
69. 彭迪特致信尼赫魯，1952年5月16日，copy in File 123, C. Rajagopalachari Papers, Fifth Instalment, NMML.
70. John Rowland, *A History of Sino-Indian Relations: Hostile Co-existence* (Princeton: D. Van Nostrand, 1967), chapter 7.
71. 巴白致信杜特（Subimal Dutt），1954年10月18日，信件為蘇普里亞・古哈（Supriya Guha）博士所有。據稱帕特爾那封就西藏議題寫給尼赫魯的知名信件實際上是由巴白起草（其子K・S・巴白的個人通訊）。
72. Gopal, *Nehru*, vol. 2, pp. 227-30; Moraes, *India Today*, p. 191. 尼赫魯與毛澤東談論的議題之一是強權之間爆發原子彈戰爭的可能性。這位印度領袖表示自己懼怕這樣的前景，但是中國領導者則回應自己歡迎這樣的結果，因為西方帝國主義將被摧毀，人口更多的社會主義集團仍會有人倖存，這些人將會繁殖，屆時「整個世界將成為社會主義者的」。請見Stuart Schram, *Mao Tse-tung* (Harmondsworth: Penguin, 1967), p. 291 and n.
73. 《印度時報》的新聞報導，1954年11月3日。
74. Notes in File 6, Subimal Dutt Papers, NMML; George N. Patterson, *Tragic Destiny* (London: Faber and Faber, 1959), pp. 160-3.
75. 寫給「R」的信，日期是1956年12月8日，in File 46, C. Rajagopalachari Papers, Fourth Instalment, NMML.
76. Sir Charles Bell, 引述自Dorothy Woodman, *Himalayan Frontiers: A Political Review of British, Chinese, Indian and Russian Rivalries* (London: Barrie and Rockcliff, 1969) p. 179. 朵洛西的書籍仍是印度與中國邊界糾紛來由的最佳歷史紀錄。但是也請見Hsiao-Ting Lin, 'Boundary, Sovereignty, and Imagination: Reconsidering the Frontier Disputes between British India and Republican China, 1914-47', *Journal of Imperial and Commonwealth History*, vol. 32, no. 3, 2004.
77. 關於埃爾文、東北邊境特區與印度邊境行政服務局，請見Ramachandra Guha, *Savaging the Civilized: Verrier Elwin, His Tribals, and India* (Chicago: University of

的舉止、銳利的眼神、溫暖且令人消除敵意的微笑，在我心中留下深刻印象。」

43. K. P. Menon, *The Flying Troika* (London: Oxford University Press, 1963), pp. 110-19.
44. Anon., 'Soviet Leaders' Visit and After', *Economic Weekly*, 24 December 1955.
45. N. A. Bulganin and N. S. Khrushchev, *Visit of Friendship to India, Burma and Afghanistan: Speeches and Official Documents, November—December 1955* (Moscow: Foreign Languages Publishing House, 1955).
46. A. D. Gorwala, 'As Nehru Leaves for Moscow', the *Current*, 1 June 1955.
47. 例子包括C. Parameswaran, *Nehru's Foreign Policy X-Rayed* (New Delhi: privately published, 1954).
48. 具代表性的觀點，請見L. Natarajan, *American Shadow over India* (Bombay: People's Publishing House, 1952); Romesh Thapar, *India in Transition* (Bombay: Current Book House, 1956). 曾於1953年至1954年於印度旅遊的費歇爾（Louis Fishcer）評論道：對於不合作運動的普遍理解「通常無視對於俄羅斯的批評，同時卻激起對於西方民主的不友善態度」。Fischer, *This is Our World* (London: Cape, 1956), pp. 142-3.
49. 'The Bandung Conference', in A. Appadurai, Essays in *Politics and International Relations* (Bombay: Asia Publishing House, 1969), pp. 79-113.
50. *Lok Sabha Debates*, vol. 4, 1955, cols 8962-74.
51. Gopal, *Nehru*, vol. 2, pp. 277-90.
52. 'Aggression in Egypt and Hungary' (editorial), *Swatantra*, 10 November 1956.
53. 請見Nehru, *India's Foreign Policy*, pp. 534f.
54. 請見Escott Reid, *Envoy to Nehru* (Delhi: Oxford University Press, 1981), chapter 11.
55. 'L. N. S.' 'Double-Think', *Swatantra*, 17 November 1956.
56. Gopal, *Nehru*, vol. 2, pp. 291-9.
57. Frank Moraes, *India Today* (New York: Macmillan, 1960), pp. 198-9.
58. 請見T. J. S. George, *Krishna Menon: A Biography* (London: Cape, 1964).
59. Vincent Sheean, *Nehru: The Years of Power* (London: Victor Gollancz, 1960), pp. 144-5.
60. 請見《思潮》週刊的新聞報導，1956年2月15日。
61. *United Nations World*, 引述自《思潮》週刊，1954年4月21日。
62. Sisela Bok, *Alva Myrdal: A Daughter's Memoir* (Reading, Mass.: Addison-Wesley, 1991), p. 252.
63. K. M. Pannikar, *In Two Chinas: Memoirs of a Diplomat* (London: George Allen and Unwin, 1955), pp. 80-2.

25. Saunders Redding, *An American in India: A Personal Report on the Indian Dilemma and the Nature of her Conflicts* (Indianapolis: Bobbs-Merrill, 1954), p. 47.
26. 引述自《印度日報》，1953年10月30日。
27. Walter Crocker, *Nehru: A Contemporary's Estimate* (New York: Oxford University Press, 1966), p. 114.
28. Keith Callard, *Pakistan: A Political Study* (London: George Allen and Unwin, 1957), p. 321.
29. 一張封入邱吉爾致蒙巴頓勛爵信中的筆記，1947年11月21日，Mss Eur F200/39，東方與印度辦公室藏書；季辛吉的部分引述自Aslam Siddiqi, *Pakistan Seeks Security* (Lahore: Longmans, Green and Co., 1960), p. 109.
30. 請見Baldev Raj Nayar, *Superpower Dominance and Military Aid: A Study of Military Aid to Pakistan* (New Delhi: Manohar, 1991); anon., 'US-Pak[istan] Pact: An American View', *Swatantra*, 27 February 1954.
31. 瓊斯（E. Stanley Jones），引述自《印度日報》，1953年12月25日。瓊斯是多本以印度為主題的書籍作者，其中包括一部充滿同情心、關於聖雄甘地的研究。
32. Taya Zinkin, 'Indo-American Relations', *Economic Weekly* annual, January 1956.
33. 1954年5月21日的信，Birla Papers, NMML.
34. 'Interview with Hon. John Foster Dulles', 出處同上。
35. 1956年2月6日的信，出處同上。
36. *Dulles Press Conference in India* (New Delhi: United States Information Service, 1956).
37. Cf. Denis Kux, *India and the United States, 1941-1991: Estranged Democracies* (Washington, DC: National Defence University Press, 1993).
38. Jawaharlal Nehru, *Soviet Russia: Some Random Sketches and Impressions* (Allahabad: Allahabad Law Journal Press, 1928).
39. S. Gopal, *Jawaharlal Nehru: A Biography, vol. 1: 1889-1947* (London: Cape, 1975), p. 108.
40. Cf. David Caute, *The Fellow Travellers* (New Haven: Yale University Press, 1987).
41. Robert H. Donaldson, *Soviet Policy Towards India: Ideology and Strategy* (Cambridge, Mass.: Harvard University Press, 1974), pp. 109-12.
42. 參見Mikhail Gorbachev, *Memoirs* (London: Doubleday, 1996), pp. 52-3:「顯然，我們〔學生〕遠遠尚未完全理解民主原則。然而，我們的政治宣傳中那張經過簡化的黑白世界圖像，仍深受學生敬重而非懷疑。就這方面而言，尼赫魯在1955年6月造訪莫斯科，對我是一個意料之外的刺激……這個令人驚奇的人，他高貴

7. 引述自K. P. S. Menon, 'India and the Soviet Union', in B. R. Nanda, ed., *Indian Foreign Policy: The Nehru Years* (Delhi: Vikas Publishing House, 1976), p. 134.
8. James Cameron, *Point of Departure* (London: Arthur Barker, 1967), p. 247.
9. *Asian Relations: Being a Report of the Proceedings and Documentation of the First Asian Relations Conference, New Delhi, March—April 1947* (New Delhi: Asian Relations Organization, 1948).
10. 引述自Parsa Venkateshwar Rao, Jr., 'The Misty Origins of NAM', *New Sunday Indian Express*, 26 January 2003.
11. CWMG, vol. 87, pp. 190-3.
12. 引述自'The Asian Conference, 1947', in Diana Mansergh, ed., *Independence Years: The Selected Indian and Commonwealth Papers of Nicholas Mansergh* (New Delhi: Oxford University Press, 1999), p. 81.
13. Nehru, *Glimpses of World History* (1934; revised edition London: Lindsay Drummond, 1949), p. 930.
14. *Time*, 17 October 1949.
15. 庫瑪拉曼戈朗致信拉賈戈巴拉查理，1947年12月22日：File 82, Fifth Instalment, C. Rajagopalachari Papers, NMML. 庫瑪拉曼戈朗後來成為陸軍參謀長，這是印度軍官最高職位。
16. Harold Isaac, *Images of Asia: American Views of China and India* (1958; new edition New York, Harper and Row, 1972), 特別是第三部分。
17. 引述自S. Gopal, *Jawaharlal Nehru: A Biography*, vol. 2: *1947-1956* (London: Cape, 1979), p. 59.
18. 這些演說都重新印製於尼赫魯的著作：Jawaharlal Nehru, *Visit to America* (New York: John Day, 1950).
19. 引述自J. J. Singh, 'The Triumph of Nehru', *Indian Review*, January 1950.
20. 請見Gopal, *Nehru*, vol. 2, p. 61.
21. *Time*, 14 November 1949.
22. Acheson, *Present at the Creation: My Years in the State Department* (London: Hamish Hamilton, 1970), pp. 334-6.
23. 參見彭迪特對艾奇遜（Dean Acheson）的評論：*The Scope of Happiness: A Personal Memoir* (New Delhi: Orient Paperbacks, 1981), pp. 235-6.
24. Chester Bowles, *Ambassador's Report* (New York: Harper and Brothers, 1954), chapter 9.

50. 位於東方與印度辦公室藏書（OIOC）Mss EUr F230/26的信件。
51. *Organiser*, 7 January 1952, 引述自Margaret W. Fisher and Joan V. Bondurant, eds, *The Indian Experience with Democratic Elections*, Indian Press Digests, University of California, Berkeley, no. 3, December 1956, p. 60.
52. The *Tribune* (Ambala), 22 December 1951, and the *Hitavada*, 30 December 1951, 兩者出處同上，頁56-57、58。
53. 這段話是根據出處同上的媒體報導，頁61；尼赫魯的談話引述自W. H. Morris-Jones, 'The Indian Elections', *Economic Weekly*, 28 June and 5 July 1952.
54. Chester Bowles, *Ambassador's Report* (New York: Harper and Brothers, 1954), chapter 11.
55. Ahmed Emin Yalman, editor, *Daily Vatan* (Istanbul), 寫於《印度時報》，1951年2月21日。
56. D. P. Mukerji, 'First Fruits of General Elections', *Economic Weekly*, 26 January 1952.
57. Jawaharlal Nehru, *An Autobiography: With Musings on Recent Events in India* (1936; reprint London: The Bodley Head, 1949), p. 598 (引述自巴登韋勒1935年10月25日的附筆).

## 第八章　故鄉與世界

1. Nirad C. Chaudhuri, 'After Nehru, Who?', *Illustrated Weekly of India*, 10 May 1953.
2. Arthur Lall, *The Emergence of Modern India* (New York: Columbia University Press, 1981), p. 128. 拉爾是印度外交部高階成員並與尼赫魯密切合作。
3. 這本自傳是尼赫魯第二本著作。第一本書——書名為《世界史一瞥》——是他對於全球展望的表白，起初是一系列自獄中寫給女兒的家信。他的第三本重要著作出版於1946年，書名標題發人深省——《發現印度》（*The Discovery of India*），顯示也許這個人在成為愛國者前已是一位國際主義者，發現印度之前已經發現了全世界。
4. 'Peace and Empire', in Jawaharlal Nehru, *Peace and India* (London: The India League, 1938).
5. 請見尼赫魯致達塔（S. K. Datta）的信，1939年6月20日與1941年12月24日的信：Datta Papers, Mss Eur F178/28, OIOC.
6. 請見*Jawaharlal Nehru, India's Foreign Policy: Selected Speeches, September 1946—April 1961* (New Delhi: Publications Division, 1961), pp. 3, 24, 28-9, 31-2. 重要的是記得，尼赫魯自己撰寫講稿。

29. Lord Birdwood, *A Continent Decides* (London: Robert Hale, 1953), p. 103; TOI, 22 January 1952 (新聞報導標題：'Bovine Election Propaganda').
30. TOI, 1 January 1952.
31. S. Borzenko, 'Before the Elections in India', 原刊於《真理報》，1951年10月25日，翻譯刊載於《獨立》週報，1951年12月1日。
32. Park, 'India's General Election'.
33. Prakash, 'Lalaji', *Shankar's Weekly*, 6 January 1952.
34. 這裡與以下關於尼赫魯全印度選舉巡迴的段落是根據《印度時報》（TOI）與《印度斯坦時報》（HT）的新聞報導，以及Anon., *The Pilgrimage and After: The Story of how the Congress Fought and Won the General Elections* (New Delhi: All-India Congress Committee, 1952).
35. 請見Ajit Bhattacharjea, J.P.: His Biography (New Delhi: Orient Longman, 1975), pp. 254, 256. 甘地夫人的指控是基於這樣一個事實，即一位社會主義領導人羅希亞才剛結束美國巡迴演講回到印度，而另一位社會主義者納拉揚曾留學美國。
36. Frank Moraes, *Jawaharlal Nehru: A Biography* (New York: Macmillan, 1956), p. 413.
37. Anon., *The Pilgrimage and After*, p. 23.
38. D. F. Karaka, *Nehru: The Lotus Eater from Kashmir* (London: Derek Verschoyle, 1953), pp. 96-8.
39. 尼赫魯致信蒙巴頓女士，1951年12月3日，引述自Gopal, *Nehru*, vol. 2, p. 161.
40. 這段關於投票與投票者行為的敘述大部分是根據當代新聞敘述，特別是《印度時報》與《印度斯坦時報》。
41.《印度斯坦時報》，1951年10月26日。
42. Irene Tinker Walker, 'The General Election in Himachal Pradesh, India, 1951', *Parliamentary Affairs*, vol. 6, no. 3, summer 1953.
43. 'General Elections', lead edit, *Economic Weekly*, 5 January 1952.
44. Jean Lyon, *Just Half a World Away: My Search for the New India* (London: Hutchinson, 1955), pp. 125-30.
45. Sen, *Report on the First General Elections*, p. 135.
46. 哈德拉巴大學哈希（Rajen Harshe）教授的個人通訊，2002年5月21日。
47. Park, 'India's General Election'.
48. C. R. Srinivasan, 'The Elections Are On', Indian Review, January 1952, 粗體字為原書作者所標注。
49. Clare Woodford and Harris Woodford, Jr., *India Afire* (New York: John Day, 1951), p. 25.

10. 1950年3月28日的信件，見SPC, vol. 10, p. 19.
11. Rajmohan Gandhi, *Patel: A Life* (Ahmedabad: Navjivan Press, 1991), pp. 526-7.
12. S. Gopal, *Jawaharlal Nehru: A Biography*, vol. 2: 1947-1956 (London: Cape, 1979), p. 309.
13. Gandhi, *Patel*, p. 530.
14. 'Vallabhbhai Patel', in S. Gopal and Uma Iyengar, eds, *The Essential Writings of Jawaharlal Nehru*, vol. 1 (New Delhi: Oxford University Press, 2003), p. 633.
15. Gopal, *Nehru*, vol. 2, p. 155.
16. 請見K. Mukherjee, 'The Resurrection of Somnath', *Indian Review*, July 1951.
17. 尼赫魯致信普拉薩德，1951年3月2日的信件：copy in Subject File 46, C. Rajagopalachari Papers, Fourth Instalment, NMML.
18. 於索姆納特以印度語演說，1951年5月11日，請見Valmiki Choudhary, ed., *Dr Rajendra Prasad: Correspondence and Select Documents*, vol. 14 (New Delhi: Allied Publishers, 1991). 我十分感謝尼赫魯大學的喬許（Bhagwan Josh）教授提供此參考文獻。此處與本書其他印度語翻譯皆是由我完成。
19.《獨立》週報（*Swatantra*）社論，1951年9月8日。
20. Gopal, *Nehru*, vol. 2, p. 155.
21. Richard L. Park, 'India's General Election', *Far Eastern Survey*, 9 January 1952.
22. 關於選舉機制的敘述是根據蘇庫馬・森的研究：Sukumar Sen, *Report on the First General Elections in India, 1951-52* (New Delhi: Election Commission, 1955)；並根據下列文章補充：Park, 'India's General Election'; and Irene Tinker and Mil Walker, 'The First General Elections in India and Indonesia', *Far Eastern Survey*, July 1956.
23. *The Times of India* (Bombay—hereafter TOI), 5 November 1951.
24. 舉例而言，請見Asoka Mehta, *The Political Mind of India* (Bombay: Socialist Party, 1952).
25.《探照燈報》的新聞報導，1951年11月22日。
26. 請見Craig Baxter, *The Jana Sangh: A Biography of an Indian Political Party* (Bombay: Oxford University Press, 1971), pp. 87-8 etc.
27. Reports in *Hindustan Times* (Delhi—hereafter HT); 12 October 1951; TOI, 9 November 1951; Mehta, *The Political Mind*, p. 61.
28. TOI, 9 November 1951; Manikuntala Sen, In *Search of Freedom: An Unfinished Journey* (Calcutta: STREE, 2001), pp. 220-1; Ravi Narayan Reddy, *Heroic Telengana: Reminiscences and Experiences* (New Delhi: Communist Party of India), pp. 71-2.

60. 此處的依據是安貝卡在制憲會議的最後演說。請見CAD, vol. 11, pp. 972-81.
61. John W. Dower, *Embracing Defeat: Japan in the Wake of World War II* (New York: W. W. Norton and Co., 1999), p. 347.《日本憲法》的制定過程在第12章和第13章有所討論。
62. Courtney Whitney, quoted ibid., p. 373.
63. Austin, *The Indian Constitution*, pp. 308, 309-10, 328.

## 第七章 史上最大的賭局

1. 'Vignhneswara' (V. Raghunathan), *Sotto Voce: A Social and Political Commentary*, vol. 1: *The Coming of Freedom* (Madras: B. G. Paul and Co., 1951), p. 203.
2. 引述自《思潮》週刊，1951年7月18日。
3. 'Disintegration of the Congress', the *Current*, 9 May 1951.
4. 請見S. H. Desai, 'Sardar Patel', the *Current*, 14 August 1948; A. S. Iyengar, *All Through the Gandhian Era: Reminiscences* (Bombay: Hind Kitabs Ltd, 1950), pp. 289-95 (section titled 'Nehru and Patel'); V. Shankar, *My Reminiscences of Sardar Patel*, vol. 2 (New Delhi: Macmillan, 1975), pp. 20-3.
5. 比起拉賈吉，普拉薩德擁有更多的追隨者，因為他是出身印度北部的印度語使用者（一如當時國大黨絕大多數的政治人物一樣），也因為他與拉賈吉不同，積極參與1942年的退出印度運動。請見Rajmohan Gandhi, *The Rajaji Story, 1937-1972* (Bombay: Bharatiya Vidya Bhavan, 1984), pp. 190-4.
6. 《政治家報》，1950年1月26日。左翼評論家抱怨這場盛典，表示這是殖民時代遺緒。他們注意到「在印度人成為英國人之前便已經喜愛炫耀與浮誇，英國人利用這些點，因為他們了解印度人的心態」。請見'Shridharani in Delhi', *Swatantra*, 8 January 1950.
7. 分別是布勞契與K・A・阿巴斯的意見，請見Michael Brecher, *Nehru: A Political Biography* (London: Oxford University Press, 1959), p. 43; K. A. Abbas, 'Rajarshi Tandon—the New President', *Swatantra*, 9 September 1950; the *Current*, 13 September 1950.
8. 尼赫魯致信拉賈戈巴拉查理，1950年8月26、27日的信件：File 189, C. Rajagopalachari Papers, Fifth Instalment, NMML.
9. Nehru, 'Statement to the Press', 13 September 1950, copy in File 24, C. Rajagopalachari Papers, Fifth Instalment, NMML. 我無法在尼赫魯選集的任何一冊找到這份聲明。

33. Ibid., vol. 5, p. 271.
34. CAD, vol. 7, p. 306; CAD, vol. 8, p. 300.
35. 此介入發言來自Naziruddin Ahmad, CAD, vol. 8, pp. 296-7.
36. CAD, vol. 1, p. 138.
37. CAD, vol. 4, p. 668.
38. CAD, vol. 7, p. 356.
39. CAD, vol. 5, pp. 202-3; vol. 11, pp. 608-9.
40. CAD, vol. 9, p. 667-9.
41. 此介入發言來自Brajeshwar Prasad, CAD, vol. 10, p. 239.
42. CAD, vol. 8, pp. 344-5.
43. CAD, vol. 5, p. 210.
44. 令人遺憾的是無人替傑帕爾立傳。但是，請參閱P. G. Ganguly, 'Separatism in the Indian Polity: A Case Study', in M. C. Pradhan et al., eds, *Anthropology and Archaeology: Essays in Commemoration of Verrier Elwin* (Bombay: Oxford University Press, 1969).
45. CAD, vol. 1, pp. 143-4.
46. CAD, vol. 7, pp. 559-60.
47. 此介入發言來自Brajeshwar Prasad, CAD, vol. 9, p. 281.
48. CAD, vol. 1, pp. 26-7.
49. *Hindustan Times*, 11 December 1946.
50. CAD, vol. 8, p. 745.
51. CAD, vol. 7, pp. 20-31.
52. 請參見Suniti Kumar Chatterji, *Languages and the Linguistic Problem*, Oxford Pamphlet on Indian Affairs, no. 11 (Bombay: Oxford University Press, 1943); Alok Rai, *Hindi Nationalism* (Hyderabad: Orient Longman, 2000).
53. Nehru, 'The Question of Language', in his *The Unity of India: Collected Writings, 1937–1940* (London: Lindsay Drummond, 1941), pp. 241-61.
54. Letter to Krishnachandra, 12 May 1945, in CWMG, vol. 80, p. 117.
55. 相關信件請見CWMG, vol. 80, pp. 181, 317-18; vol. 81, pp. 33-4, 332.
56. Austin, *The Indian Constitution*, p. 267.
57. 請參照巴哈德和傑帕爾的介入發言，收於CAD, vol. 4, pp. 553, 554.
58. CAD, vol. 7, p. 235.
59.《印度憲法》第343條。

Committee, 1962).

11. 奧斯汀在自己的著作1999年版的前言中，對此做了些許修正，他談到團結、社會革命和民主是「打造一個無縫網絡的三條主線」。儘管奧斯汀的著作是不可或缺的，但是也請參閱Upendra Baxi的長篇批判：Upendra Baxi, '"The Little Done, the Vast Undone"—Some Reflections on Reading Granville Austin's *The Indian Constitution*', *Journal of the Indian Law Institute*, vol. 9, 1967, pp. 323-430.
12. CAD, vol. 7, p. 39.
13. 同上，卷7，頁219、285、350、387等。
14. 同上，卷7，頁305。
15. 關於何以做出這樣的抉擇，詳盡的討論請參見E. Sridharan, 'The Origins of the Electoral System', in Zoya Hasan, E. Sridharan and R. Sudarshan, eds, *India's Living Constitution* (New Delhi: Permanent Black, 2002). 也可參見'Report by the Constitutional Adviser on his Visit to U.S.A., Canada, Ireland and England', in Shiva Rao, *Select Documents*, vol. 3, pp. 217-26.
16. Nehru, 摘自Austin, *The Indian Constitution*, p. 121.
17. 這是奧斯汀的用語，請參見*The Indian Constitution*, p. 50.
18. 關於基本權利章節的框架的極佳討論，可參見B. Shiva Rao, ed., *The Framing of India's Constitution: A Study* (New Delhi: Indian Institute of Public Administration, 1968), chapter 7.
19. Austin, *The Indian Constitution*, p. 56.
20. CAD, vol. 4, p. 769.
21. CAD, vol. 11, pp. 711-13.
22. CAD, vol. 7, p. 360.
23. CAD, vol. 11, p. 616.
24. 此介入發言來自Shibban Lal Saxena, CAD, vol. 11, pp. 705-6.
25. 同上，頁212。
26. 此介入發言來自Loknath Misra and K. Hanumanthaiya, CAD, vol. 11, pp. 799, 617.
27. CAD, vol. 5, pp. 54-5.
28. 此介入發言來自Balkrishna Sharma, CAD, vol. 5, pp. 74-6.
29. 此演說發表於1946年12月17日。CAD, vol. 1, p. 102.
30. CAD, vol. 4, p. 546.
31. Ibid., vol. 4, p. 859.
32. CAD, vol. 5, pp. 211-13.

1949.
46. 此新聞報導刊於*Current*, 16 November 1949.
47. Dewan Chaman Lall, 摘自Tai Yong Tan and Gyanesh Kudesia, *The Aftermath of Partition in South Asia* (London: Routledge, 2000).
48. R. G. Casey, *An Australian in India* (London: Hollis and Carter, 1947), p. 114.
49. Albert Mayer, *Pilot Project, India: The Story of Rural Development at Etawah, Uttar Pradesh* (Berkeley: University of California Press, 1958), p. 13.

## 第六章　印度的概念

1. *Hindustan Times*, 10 and 11 December 1946.
2. 請參見英裔印度成員安東尼（Frank Anthony）的敘述。*Constituent Assembly Debates: Official Report* (reprint New Delhi: Lok Sabha Secretariat, 1988), 以下簡稱CAD, vol. 8, p. 329.
3. K. Santhanam, 摘自Granville Austin, *The Indian Constitution: Cornerstone of a Nation* (1966; reprint New Delhi: Oxford University Press, 2002), p. 13. 關於制憲會議呈現的不同意識型態和政治趨勢的討論，請參見S. K. Chaube, *Constituent Assembly of India: Springboard of Revolution*, 2nd edn (New Delhi: Manohar, 2000), 特別是8至10章.
4. Winston Churchill quoted in CAD, vol. 2, pp. 267, 271.
5. 請參見'Summary of representations received in office regarding "Rights of Minorities"', in File 37, C. Rajagopalachari Papers, Fifth Instalment, NMML.
6. Austin, *The Indian Constitution*, p. 71.
7. CAD, vol. 1, pp. 59-61. 尼赫魯之所以將俄國革命與其他兩個革命相提並論，有人認為可能是出自他某種開明宏觀的特質，也有人將此僅視為是因為他缺乏辨別的能力。
8. 請參見CAD, vol. 4, pp. 737-62.
9. Cf. Austin, *The Indian Constitution*, pp. 314-15.
10. 這些話是出自安貝卡之口，請見CAD, vol. 9, p. 974. 穆希、艾爾和勞對印度憲法的制定貢獻巨大，他們三人為特定主題準備了許多論據和紀錄，而比較重要的部分都重載於B. Shiva Rao, ed., *The Framing of India's Constitution: Select Documents*, 4 vols (New Delhi: Indian Institute of Public Administration, 1968). On K. M. Munshi's role, see also N. H. Bhagwati, 'An Architect of the Constitution', in *Munshi at Seventy-Five* (Bombay: Dr K. M. Munshi's 76th Birthday Celebration

chapter 4.

29. 請參見Chitra Bhanu, 'Food Situation Getting Worse in Malabar', *Swatantra*, 29 July 1947; 'Famine Conditions in East Godavari', *Swatantra*, 4 October 1947; P. V. C. Rao, 'The Food Debacle' and 'Lesson of Gujerat Famine', *Swatantra*, 7 August 1948 and 12 February 1949.
30. Clare and Harris Wofford, *India Afire* (New York: The John Day Co., 1951), pp. 105-6, 113-15; 'Communists in Hyderabad', *Swatantra*, 28 May 1949.
31. Ananth Rao Kanangi, 'Communists in Andhra', the *Current*, 3 May 1950.
32. 此處摘自John H. Kautsky, *Moscow and the Communist Party of India* (New York: John Wiley and Sons, 1956), p. 49.
33. G. S. Bhargava, 'Balchandra Triambak Ranadive', *Swatantra*, 22 April 1950.
34. D. Jayakanthan, *A Literary Man's Political Experiences*, trans. M. S. Venkataramani (New Delhi: Vikas Publishing House, 1976), pp. 19-22.
35. Gene D. Overstreet and Marshall Windmiller, *Communism in India* (Berkeley: University of California Press, 1959), chapter 13.
36. 此處摘自M. R. Masani, *The Communist Party of India: A Short History* (Bombay: Bhavan's Book University, 1967), pp. 78-9.
37. *Pravda*, 25 November 1949, quoted in Mahavir Singh, *Soviet View of the Indian National Congress* (New Delhi: Sanchar Publishing House, 1991), p. 22.
38. 沐恩寫給他父親的信件，5 February 1949, Moon Papers, Mss Eur F230/23, OIOC.
39. Anon., 'Rounding up of Communists in Hyderabad', *Swatantra*, 4 June 1949; Wofford and Wofford, *India Afire*, pp. 118-19.
40. Amit Kumar Gupta, *The Agrarian Drama: The Leftists and the Rural Poor in India, 1934-51* (New Delhi: Manohar, 1996), pp. 464-5.
41. SWJN2, vol. 4, pp. 52-3.
42. 請參見收錄的通聯文件，G. M. Nandurkar, *Sardar's Letters—Mostly Unknown—Post-Centenary*, vol. 2 (Ahmedabad: Sardar Patel Smarak Bhavan, 1981), pp. 20-2, and vol. 3 (1983), pp. 42-3.
43. Baroo, 'Enter the Sangh', *Swatantra*, 10 September 1949. 對RSS深具同情的當代描述，請參見Jagat S. Bright, *Guruji Golwalkar and R.S.S.* (Delhi: New India Publishing Co., 1951).
44. 此信件摘自*Current*, 19 October 1949.
45. N. S. Muthana, 'Golwalkar's Climb on Congress Ladder', the *Current*, 9 November

*Tensions in India* (New York: Basic Books, 1953), pp. 170-5.

14. Taya Zinkin, *Reporting India* (London: Chatto and Windus, 1962), pp. 25-6, 31.
15. Prafulla K. Chakrabarti, *The Marginal Men: The Refugees and the Left Political Syndrome in West Bengal* (Calcutta: Naya Udyog, 1999), p. 33.
16. Joya Chatterji, 'Right or Charity? The Debate over Relief and Rehabilitation in West Bengal, 1947-50', in Suvir Kaul, ed., *The Partitions of Memory: The Afterlife of the Division of India* (Delhi: Permanent Black, 2001), p. 99.
17. Sir Jadunath Sarkar, 'Brothers from over the River: The Refugee Problem of India', *The Modern Review*, September 1948.
18. Chakrabarti, *Marginal Men*, chapter 3.
19. 請參閱收錄的1948年到1950年的信件與聲明，Voice of New India, *A Tale of Woes of East Pakistan Minorities* (Calcutta: D. R. Sen, 1966), pp. 13-51.
20. The *Current*, 4 February 1953.
21. 'Squatters' Colonies', *Economic Weekly*, 5 June 1954.
22. 請參見一份日期不詳的備忘錄（c.1954?），收錄於File 6, Meghnad Saha Papers, Seventh Instalment, NMML.
23. 請參見'Report of a Tour of Inspection of some of the Refugee Homes in North-west India' (1955), 重載於*Seminar*, no. 510, February 2002.
24. 'Congress may Lose West Bengal—if Refugees Remain Unsettled', *Economic Weekly*, 10 July 1954.

    現在已經有愈來愈多孟加拉難民書寫（或口述）的回憶錄文獻，英文著作範例可參見Jasodhara Bagchi and Subhoranjan Dasgupta, eds, *The Trauma and the Triumph: Gender and Partition in Eastern India* (Kolkata: Stree, 2003); Gargi Chakravartty, *Coming out of Partition: Refugee Women of Bengal* (New Delhi: Bluejay Books, 2005); Manas Ray, 'Growing Up Refugee', *History Workshop Journal*, no. 53, 2002.
25. 請參見R. M. Lala, 'Refugees', the *Current*, 29 March 1950.
26. SWJN2, vol. 4, pp. 115-17.（原版廣播所使用的語言是印地語。）
27. Aparna Basu, *Mridula Sarabhai: Rebel with a Cause* (Delhi: Oxford University Press, 1996), chapter 8.
28. Ritu Menon and Kamla Bhasin, *Borders and Boundaries: Women in India's Partition* (New Delhi: Kali for Women), pp. 91-3, 97-8. Cf. 也請參見Urvashi Butalia, *The Other Side of Silence: Voices from the Partition of India* (New Delhi: Viking, 1998),

## 第五章　難民與共和國

1. Donald F. Ebright, *Free India, the First Five Years: An Account of the 1947 Riots, Refugees, Relief and Rehabilitation* (Nashville: Parthenon Press, 1954), pp. 46-7, 62-3 etc.
2. A. N. Bali, *Now it Can be Told* (Jullundur: The Kashvani Prakashan Ltd, 1949), esp. chapter 9.
3. V. V. Prasad, 'New Delhi Diary', *Swatantra*, 25 December 1947.
4. 這裡的敘述主要是依據M. S. Randhawa, *Out of the Ashes: An Account of the Rehabilitation of Refugees from West Punjab in Rural Areas of East Punjab* (Bombay: privately published, 1954); and Gyanesh Kudaisya, 'The Demographic Upheaval of Partition: Refugees and Agricultural Resettlement in India, 1947-67', *South Asia*, vol. 18, no. 1, 1995.

   來自西旁遮普大約250萬的農民之中，約有80%都被重新安置在東旁遮普，其餘則是獲得了之前比卡內爾土邦的岡格阿納加爾地區（Ganganagar）和北方省德賴地區（Terai regions）的土地，故而在這兩處現今有著蓬勃發展的錫克教農民社群。
5. Ian Stephen, 'A Day in Qadian', *The Statesman*, 9 January 1949. 針對喀什米爾問題在聯合國雄辯滔滔的巴基斯坦發言人扎法魯拉・汗是阿赫邁底亞教徒；物理學家薩拉姆（Abdus Salam）是唯一獲得諾貝爾獎的巴基斯坦人，而他也是阿赫邁底亞教徒。1980年代，齊亞・哈克將軍（General Zia-ul-Haq）的政權宣布阿赫邁底亞教徒是異端分子（這是因為他們信仰活先知），此後他們就遭受歧視和迫害。
6. 請參見L. C. Jain, *The City of Hope: The Faridabad Story* (New Delhi: Concept Publishing Co., 1998), 文中也描述了官僚體系對於合作精神的侵害。請同時參閱'Experiments in Living: Faridabad–Nilokheri–Etawah', *The Times of India*, 14 February 1952.
7. Dorothy Jane Ward, *India for the Indians* (London: Arthur Barker Ltd, 1949), pp. 187-9.
8. 請參見V. N. Dutta, 'Punjabi Refugees and the Urban Development of Greater Delhi', in R. E. Frykenberg, ed., *Delhi through the Ages* (Delhi: Oxford University Press, 1993).
9. Anon., 'A Glimpse into Crowded Bombay', *Swatantr*a, 7 August 1948.
10. H. L. Mansukhani, 'The Resettlement of Sind Refugees', *Swatantra*, 11 September 1948.
11. Anon., 'A Glimpse into Crowded Bombay'.
12. R. M. Lala, 'Kolwada: Landmark of Swaraj', the *Current*, 3 May 1950.
13. Gardner Murphy, *In the Minds of Men: The Study of Human Behavior and Social*

56. Sen, *Slender was the Thread*, p. 242; Prasad and Pal, *History of Operations*, pp. 276-7.
57. Penderel Moon to Major Billy Short, 18 October 1948, Short Papers, Mss Eur F189/22, OIOC, 粗體字為本書作者所標注。
58. Korbel, *Danger in Kashmir*, pp. 146-9。柯貝爾是歐布萊特（Madeleine Albright）的父親。歐布萊特是美國總統柯林頓政府時期的國務卿，故而在1990年代必須處理喀什米爾問題。
59. 相關資料請見File 74, C. Rajagopalachari Papers, Fifth Instalment, NMML.
60. *Swatantra*, 14 August 1948.
61. Anon., 'South India and Kashmir', *Swatantra*, 25 February 1950.
62. Sheikh Abdullah to C. Rajagopalachari, 27 April 1948, C. Rajagopalachari Papers, Fifth Instalment, NMML.
63. J. K. Banerji, *I Report on Kashmir* (Calcutta: The Republic Publications, 1948), pp. 9-10.
64. Y. D. Gundevia, ed., *The Testament of Sheikh Abdullah* (Dehra Dun: Palit and Palit, 1974), pp. 90-1.
65. V. V. Prasad, 'New Delhi Diary', *Swatantra*, 9 October 1948.
66. P. N. Kaula and K. L. Dhar, *Kashmir Speaks* (Delhi: S. Chand and Co., 1950), p. 71.
67. K. A. Abbas, 'The Enchanted Valley', *Swatantra*, 23 April 1949.
68. 'Marching through Kashmir', *Time*, 10 October 1949.
69. Korbel, *Danger in Kashmir*, p. 25.
70. Kingsley Martin, 'Kashmir and UNO', and 'As Pakistan Sees it', *The New Statesman and Nation*, 21 and 28 February 1948.
71. 此處摘自Dewan Ram Parkash, *Fight for Kashmir* (New Delhi: Tagore Memorial Publications, 1948), p. 99.
72. A. Lakshmana Rao, 'Brigadier Usman', *Swatantra*, 10 July 1948.
73. Parkash, *Fight for Kashmir*, p. 174.
74. K. A. Abbas, 'Will Kashmir Vote for India?', the *Current*, 26 October 1949.
75. Wares Ishaq, 'Kashmir Will Vote for Pakistan', the *Current*, 2 November 1949.
76. 這裡的代表性闡釋請參見Dasgupta, *War and Diplomacy*.
77. 關於古爾達斯普爾地區的看法，請參見Lamb, *Kashmir: A Disputed Legacy*, esp. pp. 115-16; 對此的駁斥觀點則請見Jha, *Kashmir, 1947*, p. 81.
78. Zaheer, *Rawalpindi Conspiracy*, pp. 144-5.
79. 以下引文皆摘自Brecher, *Struggle for Kashmir*, pp. ix-x.

60, Darling Papers, CSAS.

38. Baroo, 'Kashmir Interlude', *Swatantra*, 29 November 1947.
39. Bhattacharjea, *Kashmir*, pp. x-xii.
40. Lord Mountbatten, 'Note of a Discussion with Mr Jinnah in the presence of Lord Ismay at Government House, Lahore, on 1 November 1947', in SPC, vol. 1, pp. 73-81.
41. Prasad and Pal, *History of Operations*, pp. 39-40.
42. 同上，頁60; Sen, *Slender was the Thread*, pp. 111-12.
43. Nehru to Hari Singh, 13 November 1947, in S. Gopal, general ed., *Selected Works of Jawaharlal Nehru: Second Series* (New Delhi: Nehru Memorial Fund, 1984- ), hereafter SWJN2, vol. 5, pp. 324-7.
44. CWMG, vol. 90, pp. 122-3.
45. C. Dasgupta, *War and Diplomacy in Kashmir, 1947-8* (New Delhi: Sage Publications, 2002), p. 78.
46. Nehru to Hari Singh, 1 December 1947, in SPC, vol. 1, pp. 100-6.
47. H. V. Hodson, *The Great Divide: Britain–India–Pakistan* (London: Hutchinson, 1969), pp. 466-7; Lamb, *Kashmir: A Disputed Legacy*, pp. 164-5.
48. Brecher, *Struggle for Kashmir*, pp. 55-75; *Reports of the United Nations Special Commission for India and Pakistan, June 1948 to December 1949* (New Delhi: Ministry of External Affairs, 1950), pp. 53f., 281f.
49. Josef Korbel, *Danger in Kashmir* (1954; revised edition Princeton: Princeton University Press, 1966), p. 109.
50. S. Gopal, *Jawaharlal Nehru: A Biography*, vol. 2: *1947-1956* (London: Cape, 1979), pp. 26-7; Dasgupta, *War and Diplomacy*, pp. 17, 111, 134. Cf. 也可見Rajbans Krishen, *Kashmir and the Conspiracy against Peace* (Bombay: People's Publishing House, 1951).
51. H. V. Hodson to Philip Noel-Baker, 2 March 1948, copy in Short Papers, Mss Eur F189/1, OIOC.
52. 請參見Hodson, *The Great Divide*, pp. 469-70.
53. 摘自一份無標題的短箋，作者是Major General T. W. Rees, Rees Papers, Mss Eur F274/72, OIOC.
54. Dasgupta, *War and Diplomacy*, pp. 144-51, 167-8, 177-83.
55. Air Chief Marshal P. C. Lal, *My Years with the IAF* (New Delhi: Lancer International, 1987), pp. 58-67.

23. 蘭姆（Alastair Lamb）的著作*Kashmir: A Disputed Legacy*替巴基斯坦提供了最佳設想；尚卡爾・賈（Prem Shankar Jha）的*Kashmir, 1947*則以印度的觀點提出了答案。
24. 請參見Richard Symons, *In the Margins of Independence: A Relief Worker in India and Pakistan, 1942-1949* (Karachi: Oxford University Press, 2001), pp. 78-9.
25. 這個段落和接下來的數個段落都是依據蘭姆的*Kashmir: A Disputed Legacy*, pp. 122-34; Brecher, *Struggle for Kashmir*, pp. 25-33; Gupta, *Kashmir*, pp. 110-15; Zaheer, *Rawalpindi Conspiracy*, pp. 82-7, 94-6 etc.
26. Lt. Gen. L. P. Sen, *Slender was the Thread: Kashmir Confrontation, 1947-48* (New Delhi: Orient Longman, 1969), pp. 34-8.
27. Stanley Wolpert, *Jinnah of Pakistan* (New York: Oxford University Press, 1984), p. 348.
28. 取自湯姆森少校（Major J. E. Thomson）的一份無標題打字稿，稿件日期是1947年11月3日，收錄於Powell Papers, Mss Eur D862, OIOC; extracts from report in *Daily Express*, 11 November 1947, in *White Paper on Jammu and Kashmir* (New Delhi: Government of India, 1948), pp. 24-5.
29. Lamb, *Kashmir: A Disputed Legacy*, p. 143.
30. Amar Devi Gupta, 'A 1947 Tragedy of Jammu and Kashmir State: The Cleansing of Mirpur', Mss Eur C705, OIOC.
31. Lord Birdwood, 'Kashmir', *International Affairs*, July 1952.
32. 請見相關見證者的敘述，轉載於Dewan Ram Prakash, *Fight for Kashmir* (New Delhi: Tagore Memorial Publications, 1948), pp. 34-9.
33. 這段敘述是依據V. P. Menon, *Integration of the Indian States* (1956; reprint Hyderabad: Orient Longman, 1997), pp. 397-400; Gandhi, *Patel*, pp. 442-4. 不過，尚卡爾・賈（*Kashmir, 1947*, pp. 63-4）則主張哈里・辛格大君是在25/26日的晚上於斯利那加簽下加入書，之後才逃離到查謨。
34. S. N. Prasad and Dharm Pal, *History of Operations in Jammu and Kashmir (1947-48)* (New Delhi: Ministry of Defence, 1987), pp. 28f., 379.
35. Major L. E. R. B. Ferris, quoted in Lt. Col. Maurice Cohen, *Thunder over Kashmir* (1955; reprint Hyderabad: Orient Longman, 1994), pp. 3-4.
36. Nehru to Vijayalakshmi Pandit, 28 October 1947, Vijayalakshmi Pandit Papers, Nehru Memorial Museum and Library, New Delhi (hereafter NMML).
37. 這是身為退役軍官的旁遮普政治人物蒂瓦納（Khizr Hyat Tiwana）告訴前旁遮普公務員達令（Malcolm Darling）的事。請參見1948年1月9日的日誌記事，Box

p. 67.

4. V. K. Chinnammalu Amma, 'Sheikh Muhammad Abdullah', *Swatantra*, 22 May 1948; Trilok Nath Moza, 'Sher-i-Kashmir Sheikh Abdullah', *Swatantra*, 5 June 1948.
5. 此處關於1930年代和1940年代喀什米爾政治情況的段落，多半來自Bhattacharjea, *Kashmir*, pp. 65-76, and Lamb, *Kashmir*, pp. 89-95.
6. Malika Pukhraj, *Song Sung True: A Memoir*, ed. and trans. Saleem Kidwai (New Delhi: Kali for Women, 2003), pp. 200-1.
7. S. Gopal, *Jawaharlal Nehru: A Biography*, vol. 1: *1889-1947* (London: Cape, 1975), pp. 322-3.
8. SPC, vol. 1, pp. 13-15.
9. TOP, vol. 9, p. 71.
10. SPC, vol. 1, pp. 29-30; Hasan Zaheer, *The Times and Trials of the Rawalpindi Conspiracy, 1951: the First Coup Attempt in Pakistan* (Karachi: Oxford University Press, 1998), pp. 72-3.
11. 蒙巴頓致海達利爵士（阿薩姆省督）的信件，17 June 1947, Mountbatten Papers, Mss Eur F200/13, OIOC.
12. 請見卡克的短箋, 'Jammu and Kashmir in 1946–47', 寫於1960年，係其對於獨立的想法的回顧性辯護。複本收於R. Powell Papers, Mss Eur D862, OIOC.
13. TOP, vol. 11, p. 592.
14. TOP, vol. 12, pp. 3-5, 368.
15. D. G. Tendulkar, *Mahatma: Life of Mohandas Karamchand Gandhi*, 2nd edn (1963; reprint New Delhi: Publications Division, 1990), vol. 8, pp. 67-8.
16. Michael Brecher, *The Struggle for Kashmir* (New York: Oxford University Press, 1953), pp. 23-4.
17. Rajmohan Gandhi, *Patel: A Life* (Ahmedabad: Navjivan Press, 1991), p. 439.
18. SPC, vol. 1, pp. 45-7.
19. 請參見Josef Korbel, *Danger in Kashmir*, 2nd edn (Princeton: Princeton University Press, 1966), pp. 70-1.
20. SPC, vol. 1, pp. 56, 62.
21. 此處摘自Prem Shankar Jha, *Kashmir, 1947: Rival Versions of History* (Delhi: Oxford University Press, 1998), pp. 32-3.
22. R. B. Batra, 摘自Sisir Kumar Gupta, *Kashmir: A Study in India–Pakistan Relations* (Bombay: Asia Publishing House, 1966), p. 106.

Mountbatten'.
54. 請參見TOP, vol. 12, p. 121.
55. Benichou, *From Autocracy to Integration*, pp. 208-10.
56. 'Conflict in Hyderabad', *The Times*, April 1948, 此剪報收於西奧多・塔斯克文件（Theodore Tasker Papers）, Mss Eur D798/30-36, OIOC.
57. Wilfrid Russell, *Indian Summer* (Bombay: Thacker and Co., 1951), p. 210.
58. C. H. V. Pathy, 'A Close-up of Syed Kasim Razvi', *Swatantra*, 29 May 1948.
59. 關於1947年至1948年海德拉巴的社會與政治的生動描述，可見於阿肖克米特倫（Ashokamitran）的小說*The Eighteenth Parallel*，英譯本是由納拉亞南（Gomathi Narayanan）譯自泰米爾語 (Hyderabad: Orient Longman, 1993).
60. O. V. Ranga Rao, 'Exodus of C. P. Muslims to Hyderabad', *Swatantra*, 11 October 1947; Lanka Sundaram, 'Nizam's Acts of War and India's Duty', *Swatantra*, 1 November 1947.
61. S. Gopal, *Jawaharlal Nehru: A Biography*, vol. 2: *1947-1956* (London: Cape, 1979), pp. 40-1; SPC, vol. 5, pp. 236-9; SPC, vol. 7, pp. 150-1, 186-7, 194 etc.
62. 請參見Mirza Ismail, *My Public Life: Recollections and Reflections* (London: George Allen and Unwin, 1954), pp. 105-28.
63. 此處摘自 Munshi, *End of an Era*, p. 176.
64. 同上，頁230-231；Gandhi, *Patel*, pp. 482-3; Benichou, *From Autocracy to Integration*, pp. 236-7.
65. Sri Prakasa, *Pakistan: Birth and Early Days* (Meerut: Meenakshi Prakashan, 1965), p. 122.
66. Pattabhi Sitaramayya, 'The Hyderabad Tangle', *Swatantra*, 12 June 1948.
67. Abbas, 'Three Days in Hyderabad', *Swatantra*, 24 June 1950.
68. P. J. Griffiths, 'India and the Future', *The Nineteenth Century*, August 1947.
69. 請參閱*Economic Weekly*社論，1955年1月8日。
70. *Democracy on the March* (New Delhi: Publications Division, 1950), pp. 1, 9-10 etc.
71 Menon, *Integration of the Indian States*, p. 493.

## 第四章　染血的美麗山谷

1. 相關概述請參見Alastair Lamb, *Kashmir: A Disputed Legacy, 1846-1990* (Karachi: Oxford University Press, 1992).
2. Karan Singh, *Autobiography*, 修訂版 (Delhi: Oxford University Press, 1994), pp. 18-19.
3. 此處摘自 Ajit Bhattacharjea, *Kashmir: The Wounded Valley* (New Delhi: UBS, 1994),

Eur D1006 (Major A. E. G. Davy Papers), OIOC.

37. 我對博帕爾的敘述是依據TOP, vol. 12, pp. 144-5, 291-7, 436-8, 644, 671-2; Copland, *The Princes of India*, pp. 235-6, 253; Hodson, *The Great Divide*, pp. 365, 375; Menon, *Integration of the Indian States*, pp. 118-19.
38. TOP, vol. 12, pp. 603-4, 659-62, 767; Menon, *Integration of the Indian States*, pp. 116-18; K. M. Pannikar to Vallabhbhai Patel, 日期不詳，但是約於1947年7月下旬，請參見G. M. Nandurkar, ed., *Sardar's Letters–Mostly Unknown, II: Birth Centenary*, vol. 5 (Ahmedabad: Sardar Vallabhbhai Patel Smarak Bhavan, 1978), pp. 55-6.
39. R. M. Lala, 'Junagadh', the *Current*, 27 September 1950; Campbell-Johnson, *Mission with Mountbatten*, pp. 191-2; Mosley, *Last Days*, pp. 181-3.
40. 沙阿・納瓦茲・布托是佐勒菲卡爾・阿里・布托的父親和貝娜齊爾・布托（Benazir Bhutto）的祖父，他們兩人日後都相繼成為巴基斯坦總理。
41. 關於帕特爾對於朱納加德的感受描述，請參見Malcolm Darling to Guy Wint, 7 December 1947, Box 60, Darling Papers, CSAS.
42. 'Report by Secretary, Ministry of States, on Junagadh', in SPC, vol. 7, pp. 688-95.
43. 這裡的敘述主要是依據Menon, *Integration of the Indian States*, pp. 124-49; Hodson, *The Great Divide*, pp. 427-40.
44. Rafi Ahmed, 'Hyderabad Politics', *Swatantra*, 29 November 1947.
45. K. M. Munshi, *The End of an Era (Hyderabad Memoirs)* (Bombay: Bharatiya Vidya Bhavan, 1957), pp. 10-11.
46. TOP, vol. 12, pp. 31-2, 87; 'Viswamitra', 'Monckton and Mountbatten', *Swatantra*, 15 May 1948.
47. Coupland, 摘自V. B. Kulkarni, *K. M. Munshi* (New Delhi: Publications Division, 1983), p. 117; Patel, 摘自Munshi, *End of an Era*, p. 1.
48. Lucien D. Benichou, *From Autocracy to Integration: Political Developments in Hyderabad State (1938–1948)* (Hyderabad: Orient Longman, 2000), esp. chapter 5.
49. Amit Kumar Gupta, *The Agrarian Drama: The Leftists and the Rural Poor in India, 1934-51* (New Delhi: Manohar, 1996), pp. 291-317, 412-22 etc.
50. 請參見Swami Ramananda Tirtha, *Memoirs of Hyderabad Freedom Struggle* (Bombay: Popular Prakashan, 1967), pp. 181-2.
51. Benichou, *From Autocracy to Integration*, p. 178.
52. 請參見TOP, vol. 12, pp. 613-15.
53. Benichou, *From Autocracy to Integration*, pp. 230, 235; 'Viswamitra', 'Monckton and

21. Campbell-Johnson, *Mission with Mountbatten*, p. 140.
22. 'Press Communiqué of an Address by Rear-Admiral Viscount Mountbatten of Burma to a Conference of the Rulers and Representatives of Indian States', TOP, vol. 12, pp. 347-52.
23. 請參見TOP, vol. 12, pp. 585-8; Hodson, *The Great Divide*, pp. 369f.
24. 這段話出自帕特爾對王公們的聲明，發表於1947年7月5日。請參見SPC, vol. 5, p. 537.
25. 'Satyagraha Movement in Mysore', *Swatantra*, 27 September 1947; H. S. Doreswamy, *From Princely Autocracy to People's Government* (Bangalore: Sahitya Mandira, 1993), chapter 9.
26. Menon, *Integration of the Indian States*, pp. 153-4, 179.
27. 請參見E. M. S. Namboodiripad, 'Princedom and Democracy', *New Age*, August 1956 (文章評論了梅農〔V. P. Menon〕的著作*Integration of the Indian States*).
28. Robert Trumbull, *As I See India* (London: Cassell and Co., 1952), pp. 76-7.
29. 發表於齋浦爾、瓜里爾和比卡內爾的演說，請參見*Time Only to Look Forward: Speeches of Rear Admiral The Earl Mountbatten of Burma, as Viceroy of India and Governor-General of the Dominion of India, 1947–8* (London: Nicholas Kaye, 1949), pp. 76-8, 91-3, 102-4.
30. 這些段落概述了梅農花了幾百頁描述的故事，請參見他的著作*Integration of the Indian States*.
31. Menon to V. Shankar (private secretary to Vallabhbhai Patel), 9 August 1949, in G. M. Nandurkar, ed., *Sardar's Letters–Mostly Unknown: Post-Centenary*, vol. 2 (Ahmedabad: Sardar Vallabhbhai Patel Smarak Bhavan, 1981), pp. 74-6.
32. 誠如文卡塔查爾對我所言，他後來接替梅農擔任了土邦部的祕書。
33. Hodson, *The Great Divide*, pp. 367-8.
34. 這裡重述的特拉凡哥爾的故事主要是取自TOP, vol. 12, pp. 76-7, 203-4, 232-3, 281-2, 298-9, 335-6, 414, 421-2, 453; 再輔以A. Sreedhara Menon, *Triumph and Tragedy in Travancore: Annals of Sir C. P.'s Sixteen Years* (Kottayam: Current Books, 2001), esp. pp. 231-53. 但也請參見A. G. Noorani, 'C. P. and Independent Travancore', *Frontline*, 4 July 2003, and K. C. George, *Immortal Punnapra-Vayalar* (Thiruvananthapuram: Communist Party of India, 1975).
35. 最佳摯友想必是尼赫魯。
36. 博帕爾太守寫給蒙巴頓勛爵的信件草稿，日期為1947年7月18日，請參見Mss

6. Ziegler, *Mountbatten*, p. 424.
7. V. P. Menon, *Integration of the Indian States* (1956; reprint Hyderabad: Orient Longman, 1997). 雖然有一些優良研究處理了印度各個土邦和英國對大君所採用的政策，但是自梅農之後，並沒有任何研究嘗試全面解析土邦秩序的終結，以及其對獨立印度的歷史所帶來（通常深刻）的意涵。
8. 關於英國與印度土邦關係的一份極佳的簡要調查，請參見K. M. Pannikar, *Indian States*, Oxford Pamphlet on Indian Affairs, no. 4 (Bombay: Oxford University Press, 1942). 也可參見這篇文章：Robin Jeffrey, ed., *People, Princes and Paramount Power: Society and Politics in Indian Princely States* (Delhi: Oxford University Press, 1978).
9. 此處摘自Mario Rodrigues, *Batting for the Empire: A Political Biography of Ranjitsinhji* (New Delhi: Penguin India, 2003).
10. Ian Copland, *The Princes of India in the Endgames of Empire* (Cambridge: Cambridge University Press, 1999), p. 227.
11. W. H. Morris-Jones, 'The Transfer of Power, 1947: A View from the Sidelines', *Modern Asian Studies*, vol. 16, no. 1, 1982, pp. 17-18.
12. S. Gopal, *Jawaharlal Nehru: A Biography*, vol. 1: *1889-1947* (London: Cape, 1975), p. 359.
13. 請參見Rajmohan Gandhi, *Patel: A Life* (Ahmedabad: Navjivan Press, 1991), pp. 408-11; SPC, vol. 5, *passim*.
14. 首次提出這個說法的是潘尼卡，他也以此架構了自己的經典之作*Asia and Western Dominance* (London: George Allen and Unwin, 1959).
15. 'Maharaja of Bikaner's Appeal to the Princes', appendix 2 to SPC, vol. 5, pp. 518-24. 幾乎可以確定這份訴願書是出自潘尼卡之手。
16. Penderel Moon to Major Billy Short, 29 March 1947, Mss Eur F179/16, Short Papers, OIOC.
17. 土邦部最後一位部長柯爾菲德（Sir Conrad Corfield）的看法足以作為代表性觀點，請見其著作：'Some Thoughts on British Policy and the Indian States, 1935-47', in C. H. Philips and Mary Doreen Wainwright, eds, *The Partition of India: Policies and Perspectives* (London: George Allen and Unwin, 1970), pp. 527-34.
18. Menon to Sir P. Patrick (當時的英屬印度副國務大臣), 8 July 1947, in TOP, vol. 12, pp. 1-2.
19. SPC, vol. 5, pp. 536-8.
20. TOP, vol. 12, pp. 36, 51.

(London: Allen Lane, 2002), part V.

10. 法伊茲的詩作〈自由的黎明〉（Subh-e-Azadi，英譯名Freedom's Dawn），是由基爾南（V. G. Kiernan）譯自烏爾都語，收錄於*Poems by Faiz* (1958; reprint Delhi: Oxford University Press, 2000), pp. 123-4.
11. Humayan Kabir, 'Muslim Politics, 1942-7', in Philips and Wainwright, *The Partition of India*, p. 402.
12. Philip Ziegler, *Mountbatten* (London: Collins, 1985), p. 439.
13. Andrew Roberts, 'Lord Mountbatten and the Perils of Adrenalin', in his *Eminent Churchillians* (London: Weidenfeld and Nicolson, 1994).
14. Jenkins to Mountbatten, 3 May 1947, Mss Eur F200/125, OIOC.
15. Jenkins to Mountbatten, 30 July 1947, Mss Eur F200/127, OIOC.
16. J. D. Tyson to 'Dear Folk', 5 May 1946, Mss Eur E341/40, OIOC.
17. Note by Sir Francis Burrows, 14 February 1947, Mss Eur F200/24, OIOC.
18. 請參見Malcolm Darling, *At Freedom's Door* (London: Oxford University Press, 1949).
19. Nicholas Mansergh, editor-in-chief, *Constitutional Relations between Great Britain and India: Transfer of Power, 1942-47*, 12 vols (London: Her Majesty's Stationery Office, 1970-1983), 以下簡稱TOP, vol. 12, items 200, 209, 389 and 489.
20. 此處摘自Richard Symons, *In the Margins of Independence: A Relief Worker in India and Pakistan, 1924-1949* (Karachi: Oxford University Press, 2001), p. 3.

## 第三章　籃子裡的蘋果

1. Pothan Joseph, 'Mountbatten Quits India', *Swatantra*, 19 June 1948.
2. Brian Hoey, *Mountbatten: The Private Story* (London: Pan Books, 1995), pp. 3, 4, 201.
3. Denis Judd, ed., *A British Tale of Indian and Foreign Service: The Memoirs of Sir Ian Scott* (London: Radcliffe Press, 1999), p. 147.
4. 請參見Penderel Moon, ed., *Wavell: The Viceroy's Journal* (London: Oxford University Press, 1973).
5. 我想到的書籍有Alan Campbell-Johnson, *Mission with Mountbatten* (New York: E. P. Dutton and Co., 1951); H. V. Hodson, *The Great Divide: Britain–India–Pakistan* (London: Hutchinson, 1969); Dominique Lapierre and Larry Collins, *Freedom at Midnight* (New Delhi: Rupa, 1975); and Philip Ziegler, *Mountbatten: The Official Biography* (London: Collins, 1985). 關於早期的修正主義觀點，請參見Leonard Mosley, *The Last Days of the British Raj* (New York: Harcourt, Brace and World, Inc., 1961).

錄；(2)涉入協商過程的重要政治人物（如尼赫魯、甘地、真納、帕特爾和蒙巴頓等人）的傳記；(3)在旁遮普和孟加拉所施行的印巴分治的區域性研究；以及(4)較廣泛的分析性概述。此外，還必須加上原始文件的英國出版文獻（權力移交計畫〔Transfer of Power project〕），以及印度出版文獻（邁向自由計畫〔Towards Freedom Project〕，以及尼赫魯、帕特爾和甘地等人的出版通信資料）。近來有個不錯的概論，裡頭援引了許多對此的相關文獻，就是Sucheta Mahajan, *Independence and Partition: The Erosion of Colonial Power in India* (New Delhi: Sage Publications, 2000). 描述了大多數不同觀點的較早期作品為：C. H. Philips and Mary Doreen Wainwright, eds, *The Partition of India: Policies and Perspectives* (London: George Allen and Unwin, 1970).

3. 揭露私下的真納面貌的敘述，請參見其前任初級出庭律師查格拉（M. C. Chagla）的回憶錄*Roses in December: An Autobiography* (1973; reprint Bombay: Bharatiya Vidya Bhavan, 1994), chapter 5.
4. 柏肯赫德勛爵（Lord Birkenhead）寫給雷丁勛爵（Lord Reading）的話，摘自John Grigg, 'Myths about the Approach to Indian Independence', in Wm. Roger Louis, ed., *More Adventures with Britannia: Personalities, Politics and Culture in Britain* (Austin: University of Texas Press, 1998), p. 211.
5. 請參見Khalid bin Sayeed, *Pakistan: The Formative Phase, 1857-1948*, 2nd edn (Karachi: Oxford University Press, 1969), esp. chapter 6. 處理殖民統治晚期的穆斯林團結情形的兩份權威論述為C. S. Venkatachar, '1937-47 in Retrospect: A Civil Servant's View', in Philips and Wainwright, *The Partition of India*; and Hamza Alavi, 'Misreading Partition Road Signs', *Economic and Political Weekly*, 2-9 November 2002.
6. Kenneth O. Morgan, *Labour in Power, 1945-1951* (Oxford: Clarendon Press, 1984), p. 221.
7. 'The Pakistan Nettle', in Moon Papers, OIOC (Mss. Eur F230/39).
8. 此處所描述的1946年選舉大多取材自Sho Kuwajima, *Muslims, Nationalism and the Partition: 1946 Provincial Elections in India* (New Delhi: Manohar, 1998), 再輔以David Gilmartin, *Empire and Islam: Punjab and the Making of Pakistan* (Berkeley: University of California Press, 1988) and 'A Magnificent Gift: Muslim Nationalism and the Election Process in Colonial Punjab', *Comparative Studies in Society and History*, vol. 40, no. 3, July 1998; and I. A. Talbot, 'The 1946 Punjab Election', *Modern Asian Studies*, vol. 14, no. 1, 1980.
9. 請參見Peter Clarke, *The Cripps Version: The Life of Sir Stafford Cripps, 1889-1952*

'The Calcutta Fast'.

26. 請參見Richard Symons, *In the Margins of Independence: A Relief Worker in India and Pakistan, 1942-1949* (Karachi: Oxford University Press, 2001).
27. 發生在梅奧斯社群的暴力行為的描述，請參見Shail Mayaram, *Resisting Regimes: Myth, Memory and the Shaping of a Muslim Identity* (New Delhi: Oxford University Press, 1997).
28. Tendulkar, *Mahatma*, vol. 8, pp. 112-31.
29. 'To Members of the R.S.S.', *Harijan*, 28 September 1947.
30. Nehru to Patel, 30 September 1947, in Durga Das, ed., *Sardar Patel's Correspondence, 1945-50*, 10 vols (Ahmedabad: Navjivan Press, 1971-74), 以下簡稱SPC, vol. 4, pp. 297-9.
31. 登錄日期為1947年9月13日，收錄於Alan Campbell-Johnson, *Mission with Mountbatten* (New York: E. P. Dutton and Co., 1953), p. 189.
32. 'A.I.C.C. Resolutions', *Harijan*, 23 November 1947.
33. Golwalkar, *We, or Our Nation Defined* (1938; Nagpur: Bharat Prakashan, 1947), pp. 55-6, quoted in Mohan Ram, *Hindi against India: The Meaning of DMK* (New Delhi: Rachna Prakashan, 1968), p. 64.
34. *Hindustan Times*, 8 December 1947.
35. Tendulkar, *Mahatma*, vol. 8, pp. 246-66.
36. Robert Payne, *The Life and Death of Mahatma Gandhi* (New York: E. P. Dutton and Co., 1969), pp. 637-41; 亦可參閱南迪（Ashis Nandy）所寫有關甘地和戈德森的佳文，收錄於他的著作*At the Edge of Psychology and other Essays* (New Delhi: Oxford University Press, 1980).
37. 帕特爾是以印度斯坦語發表此一談話。本處援引的英文譯文是摘自*The Statesman*, 31 January 1948.
38. 此處摘自Sucheta Mahajan, *Independence and Partition: The Erosion of Colonial Power in India* (New Delhi: Sage Publications, 2000), pp. 320-1.
39. 尼赫魯和帕特爾的通信係出自SPC, vol. 6, pp. 8-31.

## 第二章　分割的邏輯

1. Khizar Hayat Tiwana to Major Short, 15 August 1947, Short Papers, OIOC (Mss Eur. 189/19).
2. 印巴分治的文獻極多，包括：(1)服務於當時政府的主要文官和軍事官員的回憶

47', in C. H. Philips and Mary Doreen Wainwright, eds, *The Partition of India: Policies and Perspectives* (London: George Allen and Unwin, 1970), p. 183.

10. The *Statesman*, 16 August 1947.
11. 新任的省長是印度文官體系中的英籍成員穆迪（R. F. Mudie），他當時被遴選出來待在當地替巴基斯坦政府做事。此處的引文是來自穆迪文件（Mudie Papers, OIOC [Mss Eur F164/12]）的一份打字稿。
12. 此引文摘自Gyanendra Pandey, *Remembering Partition: Violence, Nationalism and History in India* (Cambridge: Cambridge University Press, 2002), p. 98.
13. 請參見L/P and J/8/575, OIOC.
14. Robin Jeffrey, 'The Punjab Boundary Force and the Problem of Order, August 1947', *Modern Asian Studies*, vol. 8, no. 4, 1974.
15. 'Partition' (1968), in W. H. Auden, *Collected Poems*, ed. Edward Mendelson (New York: Vintage, 1991), pp. 803-4.
16. 此處摘自Urvashi Butalia, *The Other Side of Silence: Voices from the Partition of India* (Delhi: Viking, 1998), p. 65.

    雷德克里夫在離開印度之前就燒毀了所有的筆記和文件，他也從未寫下自己在次大陸的經驗。奧登對於他的沉默心存懷疑而說道：「他很快就忘了這件事，就像是一個好律師必然的行事作風。」
17. 此處和下文的里斯的話都是摘自他的文件，這些文件存放於OIOC (especially files Mss Eur F274/66 to Mss Eur F274/70).
18. 此引文摘自H. M. Seervai, *Partition of India: Legend and Reality* (Bombay: Emenem Publications, 1989), p. 148.
19. Nehru to Rees, 3/9/1947, Mss Eur F274/73, OIOC.
20. Baroo, 'Life in the Punjab Today', *Swatantra*, 4 October 1947.
21. 請參見Mss Eur F200/129.
22. Donald F. Ebright, *Free India; the First Five Years: An Account of the 1947 Riots, Refugees, Relief and Rehabilitation* (Nashville: Parthenon Press, 1954), p. 28. 後來估計的死亡人數則攀升至一百萬人或超過此數目。
23. 這是肖特少校（Major William Short）寫於1947年10月17日的短簽，請見Mss Eur F200/129, OIOC.
24. 此報導請參見Pyarelal, 'In Calcutta', *Harijan*, 14 September 1947.
25. 此引文與先前兩個段落的大部分文字是取自Denis Dalton, *Mahatma Gandhi: Nonviolent Power in Action* (New York: Columbia University Press, 1993), chapter 5,

2004), p. 109.

14. Tony Judt, *Postwar: A History of Europe Since 1945* (London: William Heinemann, 2005), p. xiii.
15. Marc Bloch, *French Rural History: An Essay on its Essential Characteristics* (1931; reprint London: Routledge and Kegan Paul, 1978), preface.

## 第一章　自由與弒親

1. *Collected Works of Mahatma Gandhi* (New Delhi: Government of India, 1958- ; 以下簡稱CWMG), vol. 42, pp. 398-400.
2. Jawaharlal Nehru, *An Autobiography, with Musings on Recent Events in India* (1936; reprint London: The Bodley Head, 1949), p. 209.
3. *The Indian Annual Register, 1930*, part I (Jan.-June), p. 23.
4. 這段慶典的敘述是依據下列幾篇報導：Jim Masselos; '"The magic touch of being free": The Rituals of Independence on 15 August', in Masselos, ed., *India: Creating a Modern Nation* (New Delhi: Sterling Publishers, 1990); Tai Yong Tan and Gyanesh Kudesia, *The Aftermath of Partition in South Asia* (London: Routledge, 2000), chapter 2; The *Statesman*, 15 August 1947; Philip Talbot Papers, Centre for South Asian Studies, University of Cambridge (以下簡稱CSAS); Mountbatten Papers的報導和信件 (Mss Eur F200), Tyson Papers (Mss Eur F341) 與Saumarez Smith Papers (Mss Eur C409), 都收藏於Oriental and India Office Collections, British Library, London (以下簡稱OIOC).
5. 實際上，誠如魯西迪（Salman Rushdie）曾經對此評道，一半的世界還沒有睡去，而另外一半卻已經甦醒。不過，這樣的妙語並沒有制止魯西迪把尼赫魯的這篇演說收入他所編輯的印度文集之中，並且還是其中唯一的非小說作品。
6. 相關敘述請見Rajmohan Gandhi, *The Good Boatman: A Portrait of Gandhi* (New Delhi: Viking, 1993).
7. 此處關於甘地和獨立前期的部分是取自D. G. Tendulkar, *Mahatma: Life of Mohandas Karamchand Gandhi*, 2nd edn (1963; reprint New Delhi: Publications Division, 1990), vols 7 and 8; N. K. Bose, *My Days with Gandhi* (1953; reprint Hyderabad: Orient Longman, 1990); N. K. Bose and P. H. Patwardhan, *Gandhi in Indian Politics* (Bombay: Lalvani Publishing House, 1967); 以及CWMG的相關書冊。
8. 這是當時的總督林利斯哥勛爵（Lord Linlithgow）於1940年8月8日所說的話。
9. B. R. Nanda, 'Nehru, the Indian National Congress and the Partition of India, 1935-

# 注釋

## 前言　反常的國家

1. 此詩英譯譯者為古拉圖蘭・海德（Qurratulain Hyder）。
2. 見Ralph Russell and Khurshidul Islam, ed. and trans., *Ghalib, 1797-1869: Life and Letters* (1969: reprint Delhi: Oxford University Press, 1994), chapter 7.
3. John Strachey, *India* (London: Kegan, Paul, Trench and Co., 1888), pp. 2-5.
4. 處理印度國族主義的最佳文本至今依舊是Sumit Sarkar, *Modern India: 1885-1947* (London: Macmillan, 1985). 較新的闡述可見Sekhar Bandopadhyay, *From Plassey to Partition* (Hyderabad: Orient Longman, 2004), 此書還有一個優點就是提供了極佳的參考書目。
5. 此訪談刊登於《阿德萊德廣告人報》（*Adelaide Advertiser*），1891年11月，援引自 'NB' column of *The Times Literary Supplement*, 9 March 2001.
6. E. H. D. Sewell, *An Outdoor Wallah* (London: Stanley Paul and Co., 1945), p. 110, 粗體字為本書作者所標注。這段話寫於1934年。
7. Winston Churchill, *India: Speeches and an Introduction* (London: Thornton Butterworth, 1931), pp. 38, 120, 125 etc.
8. 引文摘自Devesh Kapur, 'Globalization and the Paradox of Indian Democracy', mimeo, Department of Political Science, University of Texas at Austin, December 2005.
9. Don Taylor, 'This New, Surprising Strength of Mrs Gandhi', *Evening Standard*, 21 August 1969, 粗體字為原書作者所標注。
10. *The Statesman* (New Delhi), 10 August 1998.
11. Adam Przeworski, Michael E. Alvarez, José António Cheibub and Fernando Limongi, *Democracy and Development: Political Institutions and Well-being in the World, 1950-1990* (Cambridge: Cambridge University Press, 2000), 援引自Kapur, 'Globalization'.
12. Sunil Khilnani, *The Idea of India* (New York: Farrar, Straus and Giroux, 1997), p. 4.
13. Krishna Kumar, *What is Worth Teaching?* 3rd edn (Hyderabad: Orient Longman,